高等院校“十三五”规划会计学专业系列教材

商品流通业会计

（国内、国际贸易）

（第四版）

丁元霖　主编

上海财经大学出版社

图书在版编目(CIP)数据

商品流通业会计:国内、国际贸易/丁元霖主编．—4版．—上海:上海财经大学出版社,2017.4
(高等院校"十三五"规划会计学专业系列教材)
ISBN 978-7-5642-2691-6/F·2691

Ⅰ.①商… Ⅱ.①丁… Ⅲ.①商业会计-高等学校-教材
Ⅳ.①F715.51

中国版本图书馆 CIP 数据核字(2017)第 051480 号

□ 丛书策划 王永长
□ 责任编辑 王永长
□ 封面设计 张克瑶

SHANGPIN LIUTONGYE KUAIJI
商品流通业会计
(国内、国际贸易)
(第四版)
丁元霖 主编

上海财经大学出版社出版发行
(上海市武东路 321 号乙 邮编 200434)
网 址:http://www.sufep.com
电子邮箱:webmaster @ sufep.com
全国新华书店经销
上海译文印刷厂印刷
上海淞杨印刷厂装订
2017 年 4 月第 4 版 2017 年 4 月第 1 次印刷

787mm×960mm 1/16 28.5 印张 571 千字
印数:20 101—23 100 定价:48.00 元

第四版前言

本书初版以来深受广大读者厚爱。已出了三版，印数已达几万册。为了体现教材的先进性，又进行了第3次修订。

本书全面系统地阐述了商品流通企业的意义、职能和任务，会计基本假设和会计信息质量要求，商品流通企业的会计对象、会计要素和会计科目，货币资金和国内结算，外币业务和国际贸易结算，商品流通核算概述，国内贸易——批发商品流通，国内贸易——零售商品流通，国际贸易——出口贸易，国际贸易——进口贸易，应收及预付款项，存货，固定资产、无形资产和长期待摊费用，对外投资，负债和所有者权益，期间费用和政府补助，税金，利润和利润分配，财务报告等内容。

为了便于读者学习，本书还附有免费配套的详细的实务题解答（需要的人，可以通过电子邮件或出版社网上索取），而且免费赠送PPT课件。

本书第一章由丁辰修订，第二章、第三章由刘骥修订，其余各章由丁元霖修订，练习题由刘芳源、应红梅、杨炜之、潘桂群、马洪照、孙伟桓、石厚云、傅秋菊和吴峥修订，最后由丁元霖定稿。

这次修订除了保持原有的特点外，结构更趋合理，内容也更趋完善。但因编者水平有限，疏漏之处在所难免，恳请广大读者多提批评与建议，以利于今后改进（可以通过电子信箱 dingyuanlin@hotmail.com 与作者联系）。

联 系 人：王永长

电子邮件：wyongch@yahoo.com.cn

联系电话：021－65903826

或登陆上海财经大学出版社网站索取（www.sufep.com）

编　者

2017年1月

第三版前言

本书初版以来深受广大读者厚爱。已出了两版，印数已达12 000册。为了体现教材的先进性，又进行了第2次修订。

本书全面系统地阐述了商品流通企业的意义、职能和任务，会计基本假设和会计信息质量要求，商品流通企业的会计对象、会计要素和会计科目，货币资金和国内结算，外币业务和国际贸易结算，商品流通核算概述，国内贸易——批发商品流通，国内贸易——零售商品流通，国际贸易——出口贸易，国际贸易——进口贸易，应收及预付款项，存货，固定资产、无形资产和长期待摊费用，对外投资，负债和所有者权益，期间费用和政府补助，税金、利润和利润分配，财务报告等内容。

为了便于读者学习，本书还附有免费配套的详细的实务题解答（需要的人，可以通过电子邮件或出版社网上索取），而且免费赠送PPT课件。

这次修订除了保持原有的特点外，结构更趋合理，内容也更趋完善。但因编者水平有限，疏漏之处在所难免，恳请广大读者多提批评与建议，以利于今后改进。

马洪照和孙伟桓也参与了部分习题编写工作，在此深表感谢。

联 系 人：王永长
电子邮件：wyongch@yahoo.com.cn
联系电话：021－65903826
或登陆上海财经大学出版社网站索取（www.sufep.com）

编 者
2013年1月

前　言

为了满足高等院校财经专业对商品流通业会计教学的需要，笔者集10多年商品流通业会计的实践及20多年会计教学工作的经验，编写了这本《商品流通业会计》。

本书根据财政部新颁发的《企业会计准则——基本准则》、《企业会计准则第1号——存货》等38个具体准则和《企业会计准则——应用指南》，并结合商品流通业会计核算的特点编写而成的。其内容全面阐述了商品流通业的会计核算，包括国内贸易业务的核算和国际贸易业务的核算。

本书内容新颖，重点突出，详略得当，能理论联系实际，深入浅出，通俗易懂。

本书共有十八章，第一章由丁辰编写，第二章由杨炜之编写，第十章由潘桂群编写，其余各章均由丁元霖编写，刘芳源、刘骥、傅秋菊和吴峥参加了练习题的编写。全书由丁元霖主编并定稿。

由于编者水平有限，缺点错误在所难免，恳请广大读者批评指正。

编　者

2007年12月8日

目　录

第一章

总　论

第一节　商品流通业会计概述

一、商品流通业会计的意义和职能

(一)商品流通业会计的意义

商品流通业是指从事商品购销的行业,它是工业和农业之间、城市与乡村之间、生产和消费之间及国内市场和国际市场之间的纽带,是经济发展的支柱产业和现代服务业的基础产业,也是国民经济的一个重要的部门。

商品流通业包括商业、粮食、物资供销、供销合作社和图书发行等国内贸易企业和各种国际贸易企业。

商品流通业会计是指以货币作为主要计量单位,对商品流通企业的经济活动,通过收集、加工,提供以会计信息为主的经济信息,并为取得最佳经济效益,对经济活动进行控制、分析、预测和决策的一种经济管理活动。

(二)商品流通业会计的职能

商品流通业会计具有会计核算和会计监督两大基本职能。

会计的核算职能又称反映职能,是指运用货币形式,通过对商品流通企业的经济活动,进行确认、计量、记录、汇总和报告,将经济活动的内容转换成会计信息的功能。通过会计核算，可以反映商品流通企业经济活动的全过程及其结果。

会计的监督职能又称控制职能，是指控制、规范单位经济活动的运行，使其达到预定目标的功能。会计机构、会计人员要监督企业的经济活动是否符合国家的财经政策和财经纪律；监督会计核算反映的会计信息是否真实、完整；监督经济活动是否按照事先确定的财务目标和编制的各项预算运行；及时反馈脱离预算的偏差，并及时采取措施，予以调整。

会计核算和会计监督这两大基本职能是相辅相成的。会计核算是会计监督的基础，只有正确地进行会计核算，会计监督才有真实可靠的依据。而会计监督则是会计核算的继续，只有严格地进行会计监督，才能使经济活动按预期的目的运行，会计核算才能在企业的经济管理中充分地发挥作用。

二、商品流通业会计的任务

商品流通业会计的任务是由会计的两大职能所确定的，其任务主要有以下四个。

(一)维护国家的政策法令和财务制度

商品流通企业会计在对经济活动进行核算的同时，要必须监督企业对国家政策、法令和财务制度的执行情况，促使企业严格按照国家的政策办事，及时制止不法行为，遵守财经纪律，从而为国家宏观经济调控提供真实可靠的会计信息。

(二)加强经济核算，扩大商品流通，提高经济效益

商品流通企业是自主经营、自负盈亏的经济实体，面对剧烈的市场竞争，就必须加强经济核算，扩大商品流通，节约期间费用。通过商品流通企业会计的全面核算，监督企业在经营过程中期间费用的支出，严格审查费用的发生是否合理，防止损公肥私、贪污和浪费行为的发生，并通过分析和比较，发现经营管理中存在的问题，寻求增加商品销售收入、降低期间费用的途径，以提高企业的经济效益。

(三)及时正确地向各有关方面提供会计信息

商品流通企业应通过会计核算和分析，将取得的企业财务状况、经营成果和现金流量等会计信息，及时、正确地提供给企业的投资者、债权人、税务机关和管理当局，以便投资者预测投资报酬和投资风险，作出继续投资或转让投资的决策；以便债权人分析贷款风险，作出增加贷款或压缩贷款的决策；以便税务机关了解企业的纳税情况，以加强对企业税收的征管；以便经营管理者了解企业的经营现状和成果，使其作出正确的经营决策。

(四)保护企业商品和其他各项财产物资的安全和完整

商品流通企业的商品和其他各项财产物资是投资者拥有的资产，因此，商品流通企业通过会计核算对商品和各项财产物资的收入、发出和结存进行全面核算和监督，建立和健全商品收入和发出的手续，以及其他各项财产物资的收入、领用和报废手续，并定期进行

盘点，发生损耗、损坏或短缺应查明原因及时处理，以保护企业商品和其他各项财产物资的安全和完整，维护投资者的利益。

第二节 会计基本假设和会计信息的质量要求

一、会计基本假设

会计基本假设是企业会计确认、计量和报告的前提，它是指对会计核算所处的时间、空间环境等所作的合理设定。会计核算的基本假设包括会计主体、持续经营、会计分期和货币计量等四项。

(一)会计主体

会计主体，是指企业会计确认、计量和报告的空间范围。为了向财务报告使用者反映企业财务状况、经营成果和现金流量，提供与其决策有用的信息，企业会计确认、计量和报告必须集中反映特定对象的活动，才能实现财务报告的目标。

首先，只有明确会计主体，才能判定会计所要处理的交易或事项的空间范围，才能对那些影响会计主体经济利益的各项交易或者事项加以确认、计量和报告，才能确定会计主体资产、负债、所有者权益的增减，收入的实现与费用的发生等。其次，只有明确会计主体，才能将会计主体的交易或者事项与会计主体所有者的交易或者事项区分开来。因为无论是会计主体的交易或者事项，还是会计主体所有者的交易或者事项，最终都将影响所有者的经济利益。但是为了真实地反映会计主体的财务状况、经营成果和现金流量，必须将会计主体的交易或者事项与会计主体所有者的交易或者事项区别开来。以正确地核算会计主体的经济效益，明确经济责任和经济权利，从而为经营者加强会计主体的管理和进行经营决策提供可靠的会计信息。

(二)持续经营

持续经营是指企业的生产经营活动在可以预见的将来，将会按照目前的规模和状态持续不断地经营下去，不会停业，也不会大规模地削减业务。将持续经营作为会计基本假设，表明企业不会面临破产清算。这样，企业拥有的资产将按原定的用途在生产经营过程中被耗用、出售或转换，并按原先承诺的条件在生产经营过程中清偿它的债务。

持续经营假设为会计核算的正常进行提供了依据，它解决了财产计价、费用成本和收益的确定等问题。例如，企业经营中可供长期使用的固定资产和无形资产的价值，按使用寿命或受益期限分期进行折旧或摊销，从而转化为企业各期的成本或费用，并从各期的收益中得到补偿，就是以持续经营作为假设的。如果企业经营状况恶化，处于破产的境地，那么，这一假设就不能成立，因此对尚存的资产就不能以账面上的历史成本为准，而应按清理变现的实际价值计价，同时，也不一定按原先承诺的条件清偿债务。届时，资产按清算时实际变为现金的价值计算，就能如实地反映企业的剩余财产，有助于正确处理各方面的权益。

（三）会计分期

会计分期是指将一个企业持续不断的生产经营活动划分为一个个连续的、长短相同的期间。会计分期的目的是将持续经营的生产经营活动划分成连续的、相等的会计期间，据以分期结算账目，计算盈亏，并按期编制财务报告，及时地向财务报告使用者提供企业的财务状况、经营成果和现金流量的信息。

根据持续经营假设，企业的生产经营活动是持续不断的。那么，企业的经营成果，只有在企业生产经营结束，其变卖所有的财产、清偿所有的债务后，将所剩余的现款与投资者投资额相比较后才能确定，这显然是不可能的。为了使会计这个信息系统充分地发挥作用，以满足企业内部管理层的生产经营决策和外部投资者债权人决策的需要，就必须将持续不断的生产经营活动人为地划分为一个个连续的、相等的期间，分期确认、计量和报告企业的财务状况，经营成果和现金流量。

在会计分期假设下，企业应当划分会计期间。会计期间分为中期和年度。中期是指短于一个完整的会计年度的报告期间；会计年度是指以 1 年为标准的会计期间。我国的会计年度采用日历年度，其起讫日期为公历 1 月 1 日至 12 月 31 日；会计中期还可以具体划分为半年度、季度和月度。

（四）货币计量

货币计量是指企业在会计确认、计量和报告时以货币为基本计量单位，反映其生产经营活动。在市场经济条件下，货币是衡量一般商品价值的共同尺度，因此，只有货币计量单位才能为会计核算提供一个普遍适用的手段，以全面地反映企业的财务状况、经营成果和现金流量。

在我国，由于人民币是国家法定的货币，因此规定以人民币为记账本位币。外商投资企业等业务收支以外币为主的企业，也可以选定某种外币为记账本位币，但编制和提供的财务报告应当折算为人民币反映。在境外设立的中国企业向国内报送的财务报告，也应当折算为人民币反映。

二、会计信息质量要求

会计信息质量要求是指在会计假设制约下，会计主体在会计核算中对会计对象进行确认、计量和报告的科学规范。会计信息质量要求是人们从会计实践中总结出来的经验，这些经验在得到会计界公认以后，就成为各个会计主体进行会计核算的共同依据。会计信息质量要求能保证会计信息的质量和可比性，更好地为投资者、债权人作出正确的决策服务，并能为国家进行宏观调控服务。我国的会计信息质量要求有以下八项。

（一）可靠性

可靠性是指企业应当以实际发生的交易或事项为依据进行会计确认、计量和报告，如实反映符合确认和计量要求的各项会计要素及其他相关信息，保证会计信息真实可靠、内容完整。

会计作为一个信息系统，其提供的会计信息是投资者、债权人、企业内部管理当局和国家宏观经济管理部门进行决策的重要依据。如果会计信息不能真实客观地反映企业经济活动的实际情况，将无法满足有关各方进行决策的需要，甚至导致决策失误。

因此，可靠性要求会计核算必须以实际发生交易或事项时所取得的合法的书面凭证为依据，不得弄虚作假、伪造、篡改凭证，以保证所提供的会计信息与会计对象的客观事实相一致。

（二）相关性

相关性是指企业提供的会计信息应当与财务报表使用者的经济决策需要相关，有助于财务报表使用者对企业过去、现在或者未来的情况作出评价或者预测。

会计信息的价值在于其与决策相关、有助于决策。如果提供的会计信息没有满足会计信息使用者的需要，对其经济决策没有什么作用，就不具有相关性。因此相关性要求企业应当在确认、计量和报告会计信息的过程中，充分考虑使用者的决策模式和对信息的需要。

（三）可理解性

可理解性是指企业提供的会计信息应当清晰明了，便于财务报表使用者理解和使用。

企业编制财务报告、提供会计信息的目的在于使用，而要使使用者有效地使用会计信息，应当能让其了解会计信息的内涵，弄懂会计信息的内容，这就要求财务报告所提供的会计信息应当清晰明了，易于理解。只有这样，才能提高会计信息的有用性，实现财务报告的目标，满足向使用者提供决策有用信息的要求。

（四）可比性

可比性是指企业提供的会计信息应当具有可比性。它具体包括下列两个要求：一是同一企业不同时期发生的相同或者相似的交易或者事项，应当采用一致的会计政策，不得随意变更，确需变更的，应当在附注中说明；二是不同企业发生的相同或者相似的交易或者事项，应当采用规定的会计政策，确保会计信息口径一致、相互可比。

可比性要求各企业都采用一致的、规定的会计政策进行核算，使企业不同时期和各企业之间的会计信息建立在相互可比的基础上，使提供的会计信息便于比较、分析、汇总，这样既能使投资者和债权人对企业的财务状况、经营成果和现金流量以及发展趋势作出准确的判断，又能满足国民经济宏观调控的需要。

（五）实质重于形式

实质重于形式是指企业应当按照交易或事项的经济实质进行会计确认、计量和报告，不应仅以交易或者事项的法律形式为依据。

在实际工作中，交易或事项的外在法律形式并不总能完全真实地反映其实质内容。所以，会计信息要想反映其拟反映的交易或事项，就必须根据交易或事项的实质和经济现实来进行判断，而不能仅仅根据它们的法律形式。例如，融资租入的固定资产、在租赁未满之前、从法律形式上来看企业并不拥有其所有权，但是由于融资租赁合同中规定的租赁期长，该资产的租赁期限通常超过了该资产使用寿命的75%，而且租赁期满时承租人能以很低的价格购置该项资产。因此，从经济实质上来看，承租人能够控制融资租入固定资产所创造的未来经济利益，所以，应将融资租入的固定资产视为企业自有的固定资产。

（六）重要性

重要性是指企业提供的会计信息，应当反映企业财务状况、经营成果和现金流量等有关的所有重要交易或者事项。

重要性与会计信息的成本效益直接相关。因此，对于那些对企业资产、负债、损益等有较大影响的，并进而影响财务报表据以作出合理判断的重要性的交易或事项，必须按照规定的会计方法和程序进行处理，并在财务报表中予以充分、准确的披露；而对于次要的交易或事项，在不影响会计信息真实性和不至于误导财务报表的使用者作出正确判断的前提下，则可适当简化处理。这样，有利于抓住那些对企业经济发展和制定经营决策有重大影响作用的关键性内容，达到事半功倍的效果，有助于企业简化核算工作和提高工作效率。

（七）谨慎性

谨慎性是指企业对交易或事项进行会计确认、计量和报告应当保持应有的谨慎，不应高估资产或者收益、低估负债或者费用。

在市场经济环境下，企业的生产经营活动面临着许多风险和不确定性，如应收款项的可收回性、固定资产的使用寿命、无形资产的使用寿命、售出存货可能发生的退货或者返修等。谨慎性要求企业在面临不确定性因素的情况下作出职业判断时，保持应有的谨慎，充分估计到各种风险和损失。

（八）及时性

及时性是指企业对于已经发生的交易或者事项，应当及时进行会计确认、计量和报告，不得提前或者延后。

会计信息的价值在于帮助使用者作出经济决策，因此具有时效性。在会计确认、计量和报告过程中贯彻及时性：一是要求及时收集会计信息；二是要求及时处理会计信息；三是要求及时传递会计信息，以便于财务报表的使用者及时利用会计信息进行决策和调整。

第三节 商品流通企业的会计对象和要素

一、商品流通企业的会计对象

商品流通企业开展经营活动，必须拥有与其经营规模相当的资金。资金是指企业拥有的各种财产物资的货币表现，包括货币本身。

会计对象是指会计核算和监督的内容，即社会再生产过程中的资金及其运动。商品流通企业可以通过投资者投资及向债权人借款取得货币形态的资金，这种资金称为货币资金。货币资金的一部分用于购置商场及其他经营设施等固定资产，形成了固定资金，用另一部分资金购买商品，形成了商品资金。从货币资金转变为商品资金的过程称为购进过程。商品销售以后，取得了商品销售收入，又收回了货币，从商品资金转变为货币资金的过程称为销售过程。商品流通企业在购销商品过程中还会发生商品的采购费用、储存费用和销售费用，固定资产的损耗费用，这些费用均从商品销售收入中得到补偿，企业的商品销售收入补偿了商品采购成本和各种费用后的余额是企业的利润。企业的利润一部分以所得税的形式上交国家，一部分分配给投资者作为其对企业投资的回报，这两部分资金退出企业。其余的利润作为留存收益，用于企业的自我积累，这部分资金在未动用之前，也可以投入经营活动。

商品流通企业的资金在经营过程中，经过购进过程和销售过程，其资金的占用形态，从货币资金起，转换为商品资金，再转换为货币资金，从而形成了资金循环。企业资金周而复始不断地循环形成了资金周转。商品流通企业资金的进入、资金的循环周转和资金的退出构成了商品流通企业的资金运动。现将商品流通企业的资金运动列示如图1—1。

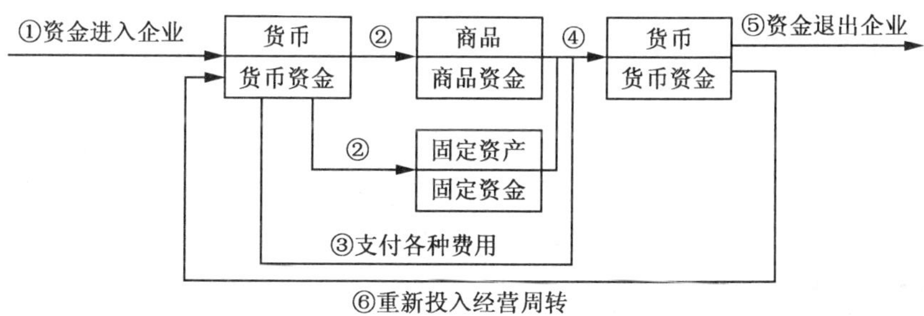

图1—1 商品流通企业的资金运动图

二、商品流通企业的会计要素

会计要素是指财务报表的基本构成要素。由于商品流通企业财务报表中最主要的是资产负债表和利润表，因此，会计要素也就是构成这两张财务报表的要素。构成资产负债表的要素有资产、负债和所有者权益三项，构成利润表的要素有收入、费用和利润三项。

（一）资产

资产是指企业过去的交易或者事项形成的、由企业拥有或者控制的、预期会给企业带来经济利益的资源。它包括各种财产、债权和其他权利。资产可以是货币的，也可以是非货币的；可以是有形的，也可以是无形的，它是商品流通企业从事商品经营业务必须具备的物质基础。

（二）负债

负债是指企业过去的交易或者事项形成的、预期会导致经济利益流出企业的现时义务。它是企业筹措资金的重要渠道，但不能归企业永久支配使用，必须按期归还或偿付，它实质上反映了企业与债权人之间的一种债务债权关系。

（三）所有者权益

所有者权益是指企业资产扣除负债后由所有者享有的剩余权益。它包括企业投资者对企业的投入资本、资本公积和留存收益等。

（四）收入

收入是指企业在日常活动中形成的、会导致所有者权益增加的、与所有者投入资本无关的经济利益的总流入。它包括主营业务收入、其他业务收入和营业外收入。企业应当合理地确认收入，并将已实现的收入及时入账。

（五）费用

费用是指企业在日常活动中所发生的、会导致所有者权益减少的、与向所有者分配利润无关的经济利益的总流出。费用按与收入的密切程度不同，可分为成本费用和期间费用。

（六）利润

利润是指企业在一定会计期间的经营成果。它是企业在一定会计期间内实现的收入减去费用后的净额。它是评价企业管理层经营业绩的一项重要指标。

三、商品流通企业的会计科目

会计科目是指为记录各项经济业务而对会计要素按其经济内容所进行分类的项目。

商品流通企业在商品经营活动中，各项资产、负债和所有者权益必然会发生增减变动，并会发生收入和费用，这些业务都是会计核算和监督的具体内容，然而资产包括不少的内容，它们分布在不同的形态上，发挥着各自的作用；负债和所有者权益也包括了不少内容，它们又来自不同的渠道；收入的来源和费用的用途又是多种多样。为了全面、系统、分类地核算和监督商品流通企业的各项经济活动，以及由此而引起资金的增减变动情况，就必须结合经营管理的需要，通过设置会计科目，对会计要素的具体内容进行科学的分类。

商品流通企业的会计科目，按照其反映的经济内容，可以划分为资产类科目、负债类科目、所有者权益类科目、成本类科目和损益类科目五个大类，损益类科目又可分为收入类科目和费用类科目两个小类。商品流通企业会计科目的具体项目如表1—1所示。

表1—1 **会计科目表**

顺序号	编号	名 称	顺序号	编号	名 称
		一、资产类	22	1412	低值易耗品
1	1001	库存现金	23	1471	存货跌价准备
2	1002	银行存款	24	1481	待摊费用
3	1003	备用金	25	1501	持有至到期投资
4	1015	其他货币资金	26	1502	持有至到期投资减值准备
5	1101	交易性金融资产	27	1503	可供出售金融资产
6	1121	应收票据	28	1511	长期股权投资
7	1122	应收账款	29	1512	长期股权投资减值准备
8	1123	预付账款	30	1521	投资性房地产
9	1131	应收股利	31	1522	投资性房地产累计折旧
10	1132	应收利息	32	1523	投资性房地产减值准备
11	1221	其他应收款	33	1531	长期应收款
12	1231	坏账准备	34	1601	固定资产
13	1321	受托代销商品	35	1602	累计折旧
14	1402	在途物资	36	1603	固定资产减值准备
15	1403	原材料	37	1604	在建工程
16	1405	库存商品	38	1605	工程物资
17	1406	发出商品	39	1606	固定资产清理
18	1407	委托代销商品	40	1701	无形资产
19	1408	商品进销差价	41	1702	累计摊销
20	1409	委托加工物资	42	1703	无形资产减值准备
21	1411	包装物	43	1711	商誉

续表

顺序号	编号	名　称	顺序号	编号	名　称
44	1801	长期待摊费用	68	4101	盈余公积
45	1811	递延所得税资产	69	4103	本年利润
46	1901	待处理财产损溢	70	4104	利润分配
		二、负债表	71	4201	库存股
47	2001	短期借款			四、成本类
48	2101	交易性金融负债	72	5002	进货费用
49	2201	应付票据	73	5201	劳务成本
50	2202	应付账款	74	5301	研发支出
51	2205	预收账款			五、损益类
52	2211	应付职工薪酬			(一)收入类
53	2221	应交税费	75	6001	主营业务收入
54	2231	应付利息	76	6051	其他业务收入
55	2232	应付股利	77	6101	公允价值变动损益
56	2241	其他应付款	78	6111	投资收益
57	2314	受托代销商品款	79	6301	营业外收入
58	2401	递延收益			(二)费用类
59	2501	长期借款	80	6401	主营业务成本
60	2502	应付债券	81	6402	其他业务成本
61	2701	长期应付款	82	6403	营业税金及附加
62	2702	未确认融资费用	83	6601	销售费用
63	2711	专项应付款	84	6602	管理费用
64	2801	预计负债	85	6603	财务费用
65	2901	递延所得税负债	86	6701	资产减值损失
		三、所有者权益	87	6711	营业外支出
66	4001	实收资本(股本)	88	6801	所得税费用
67	4002	资本公积	89	6901	以前年度损益调整

一、简答题

1. 什么是商品流通业会计？它有哪些任务？

2. 什么是会计基本假设和会计信息的质量要求？它们包括哪些内容？

3. 试述可靠性、相关性、实质重于形式和谨慎性信息质量要求的定义。

4. 试述商品流通企业的资金运动。

5. 什么是会计科目？商品流通企业的会计科目按照其反映的经济内容可以划分为哪几类？

二、名词解释题

持续经营　　会计分期　　会计要素　　负债　　所有者权益　　费用

三、是非题

1. 商品流通企业会计具有核算和监督两大职能。（　）

2. 会计监督是会计核算的基础，而会计核算则是会计监督的继续。（　）

3. 可比性是指企业提供的会计核算资料应当具有可比性。（　）

4. 会计要素由资产、负债、所有者权益、收入和费用组成。（　）

5. 负债是企业筹措资金的重要渠道，它实质上反映了企业与债务人之间的一种债权债务关系。（　）

6. 所有者权益包括企业投资者对企业的投入资本、资本公积和留存收益等。（　）

四、单项选择题

1. 会计主体是指从事经济活动，并对其进行会计核算的________。

A. 企业　　B. 特定企业　　C. 特定企业和组织　　D. 特定单位和组织

2. 可理解性会计信息质量要求是指企业提供的________应当清晰明了。

A. 会计记录　　B. 会计信息　　C. 财务报告　　D. 会计制度

3. 资产是指企业过去的交易或者事项形成的、由企业拥有或者控制的、预期会给企业带来经济利益的资源。它包括________。

A. 各种财产　　B. 各种财产和债权

C. 各种财产和其他权利　　D. 各种财产、债权和其他权利

五、多项选择题

1. 会计的核算职能是指运用货币形式，通过对商品流通企业的经济业务，进行确认、计量、记录、________，将经济活动的内容转换成会计信息的功能。

A. 报告　　B. 分析　　C. 比较　　D. 汇总

2. 商品流通企业必须向企业投资者、________等有关方面提供会计信息。

A. 债务人　　B. 税务机关　　C. 债权人　　D. 管理层

3. 会计基本假设包括会计主体、________等内容。

A. 会计分期　　B. 自主经营　　C. 货币计量　　D. 持续经营

第二章

货币资金和国内结算

第一节 货币资金概述

一、货币资金的意义

货币资金是指企业的经营资金在循环周转过程中停留在货币形态的资产。货币资金是企业流动性最强的资产,它是流动资产的重要组成部分。企业在开展经济活动中发生的资金筹集、购销货款结算、债权债务清偿、购置固定资产和无形资产、工资发放、费用开支、税金缴纳、股利支付和对外投资等交易或事项,都是通过货币资金的收付而实现的。

企业必须保持一定的货币资金持有量,确保企业具有直接支付的能力,使企业经济活动得以顺利进行。企业还必须注意对货币资金加强核算和管理,以防货币资金被丢失、挪用、侵吞和盗窃。

商品流通企业的外贸业务面临着国内和国际两个市场,在购销货结算中,既有人民币资金的收付业务,又有外币资金的收付业务。根据我国外汇管理的有关规定,商品流通企业的出口业务实现的销售收入,既可以保留现汇,也可以在国家指定的专业银行结汇。商品流通企业的进口业务所需要的外汇,有现汇的企业,可以直接用现汇支付;没有现汇或现汇不足的企业,可以按照有关规定在国家的外汇指定银行购汇支付。本章仅阐述人民币资金业务,有关外币资金部分将在第三章中阐述。

二、货币资金的分类

货币资金按其存放地点和用途不同,可分为现金、备用金、银行存款和其他货币资金四类。

(一)现金

现金有广义和狭义之分。广义的现金即货币资金;狭义的现金即库存现金,是指企业财会部门为了备付日常零星开支而保管的现金,在此阐述的是狭义的现金。

(二)备用金

备用金是指企业拨付所属有关职能部门用于收购农副产品、日常零星开支、收款部门用于现金结算的找零等所必须的周转金。

(三)银行存款

银行存款是指企业存放在银行或其他金融机构的各种款项。

(四)其他货币资金

其他货币资金是指企业除现金、备用金、银行存款以外的各种存款。它包括银行本票存款、银行汇票存款、信用卡存款、外埠存款和信用证保证金存款等。

第二节　库存现金

一、库存现金的管理

(一)库存现金限额的管理

我国颁布的《现金管理暂行条例》规定,各企业都要核定库存现金限额。库存现金限额原则上根据该企业3～5天的日常零星开支的需要来确定,边远地区和交通不发达的地区的库存现金限额可以适当地放宽,但最多不得超过15天的日常零星开支。库存现金限额由企业提出计划,报开户银行审核批准。经核定的库存现金限额,企业必须严格遵守。企业需要补充库存现金时,必须签发现金支票,向银行提取现金。

(二)库存现金收入的管理

企业收入的现金,在一般情况下必须于当天解存银行,如当天不能及时解存银行的,应于次日上午解存银行,不得予以"坐支"。"坐支"是指企业从经营业务所收入的现金中直接进行支付。

企业因特殊情况需要坐支现金的,应当事先报经开户银行审查批准,由开户银行核定坐支范围和限额。企业应定期向银行报送坐支金额和使用情况。

（三）库存现金支出的管理

企业必须严格按照财务制度规定的下列八个使用范围支用现金。

（1）职工的工资和各种工资性津贴。

（2）个人劳动报酬。

（3）支付给个人的各种奖金，包括根据国家规定颁发给个人的各种科学技术、文化艺术、体育等各种奖金。

（4）各种劳保、福利费用及国家规定的对个人的其他现金支出。

（5）收购单位向个人收购农副产品和其他物资支付的价款。

（6）出差人员必须随身携带的差旅费。

（7）结算金额较小的零星开支。

（8）中国人民银行确定需要支付现金的其他支出。这是指因采购地点不确定、交通不便、抢险救灾以及特殊情况等，办理转账结算不便，必须使用现金的单位，经开户银行核准后支用的现金。

凡不符上述支付范围的，应通过银行办理转账结算。企业应按照规定的用途使用现金，不准用不符合财务制度的凭证顶替现金；不准单位之间相互借用现金；不准谎报用途套取现金；不准利用银行账户代其他单位和个人存入或支取现金；不准将单位收入的现金以个人名义存入储蓄；不准保留账外公款；禁止发行变相货币；不准以任何票券代替人民币在市场上流通。

（四）库存现金的内部控制制度

为了加强库存现金的管理，应坚持"钱账分管"的内部控制制度。企业现金的收付保管，应由专职或兼职的出纳人员负责。出纳人员除了登记现金日记账和银行存款日记账外，不得兼办费用、收入、债务、债权账簿的登记工作，以及稽核和会计档案的保管工作，以有利于彼此制约，相互监督，以杜绝现金收付中的弊端。

二、库存现金的核算

商品流通企业应设置"库存现金"账户对库存现金进行总分类核算。"库存现金"是资产类账户，用以核算库存现金的收入、付出和结存。企业收入现金时，记入借方；企业付出现金时，记入贷方；期末余额在借方，表示企业库存现金的结存数额。

为了加强对库存现金的核算与管理，详细地掌握企业库存现金收付的动态和结存情况，企业还必须设置"现金日记账"，按照现金收支业务发生的时间先后顺序，逐日逐笔进行登记，并逐日结出余额，以便与实存现金相核对，做到日清日结、账款相符。

商品流通企业如发生库存现金短缺时，应借记"待处理财产损溢"账户，贷记"库存现金"账户；反之，如发生库存现金溢余时，则借记"库存现金"账户，贷记"待处理财产损溢"

账户，以保持账款相符。待查明原因，确定处理意见时，再予以转账。对于短缺的库存现金如决定由企业列支时，应借记“营业外支出”账户；如决定由责任人赔偿时，则借记“其他应收款”账户，贷记“待处理财产损溢”账户。对于溢余的库存现金，经批准转账时，应借记“待处理财产损溢”账户，贷记“营业外收入”账户。

第三节　备用金

一、备用金的管理

企业对备用金实行定额管理。备用金的定额应由有关职能部门或工作人员根据工作上的需要提出申请，经财会部门审核同意，报经开户银行审批后才能确定。一经确定，不得任意变更。使用备用金的部门和工作人员应根据用款情况，定期或不定期地凭付出现金时取得的原始凭证向财会部门报账，财会部门收到报账的付款凭证时，应审核其是否符合财务制度规定的现金支用范围，审核无误后，根据付款凭证的金额拨付现金，以补足其备用金定额。

二、备用金的核算

商品流通企业根据核定的定额拨付有关部门备用金，有关部门使用现金后，凭付出现金取得的原始凭证或原始凭证汇总表向财会部门报账，经财会部门审核无误后，补足其原有备用金的数额。

【例 2—1】 经银行核准，总务部门的备用金定额为 1 000 元。

(1)3 月 1 日，签发现金支票 1 000 元，拨付总务部门备用金定额，作分录如下：

借：备用金——总务部门	1 000.00	
贷：银行存款		1 000.00

(2)3 月 5 日，总务部门送来报账发票，其中：招待客户费用 520 元；快递费 125 元；账页 117 元，市内交通费 156 元，财会部门审核无误，当即以现金补足其备用金定额，作分录如下：

借：管理费用——业务招待费	520.00	
——其他费用	398.00	
贷：库存现金		918.00

“备用金”是资产类账户，用以核算企业内部周转使用的备用金。企业拨付内部职能部门或个人备用金时，记入借方；企业收回备用金时，记入贷方；期末余额在借方，表示企业备用金的结存额。

第四节 银行存款

一、银行存款的管理

商品流通企业应根据业务的需要在当地银行开设账户，进行存款、取款和各种收支转账业务的结算。企业在银行开户时，应填制开户申请书，并提供当地工商行政管理部门核发的营业执照正本等有关的文件。企业的银行存款账户分为基本存款账户、一般存款账户、临时存款账户和专用存款账户四类。

企业只能选择一家银行的一个营业机构开立一个基本存款账户，主要用于办理日常的转账结算和现金收付。企业的工资、奖金等现金的支取，只能通过该账户办理。企业可在其他银行的一个营业机构开立一个一般存款账户，该账户可办理转账结算和存入现金，但不能支取现金。临时存款账户是存款人因临时经营活动需要开立的账户，如企业异地商品展销、临时性采购资金等。专用存款账户是企业因特定用途需要开立的账户，如基本建设项目专项资金、农副产品收购资金等。企业的销货款不得转入专用存款账户。

企业在办理存款账户以后，在使用账户时应严格执行银行结算纪律的规定。其具体内容包括：合法使用银行账户，不得出租、出借账户；不得利用银行账户进行非法活动；不得签发没有资金保证的票据或远期支票套取银行信用；不得签发、取得和转让没有真实交易和债权债务的票据，套取银行和他人的资金；不准无理拒绝付款，任意占用他人资金。

商品流通企业银行存款收入的来源主要有投资者投入企业的现款；商品销售收入和提供劳务的收入、其他业务收入及营业外收入取得的款项等；企业从银行或其他金融机构取得的短期借款和长期借款；企业发行债券取得的现款。

商品流通企业银行存款的支付范围主要有支付购进商品的款项；购置其他各项流动资产和固定资产、无形资产的款项；支付各项费用、缴纳税金、支付其他业务支出、罚金、滞纳金等营业外支出的款项及对外短期投资和长期投资的款项等。

二、银行存款的核算

商品流通企业应设置“银行存款”账户对银行存款进行总分类核算。“银行存款”是资产类账户，用以核算企业银行存款的存入、付出和结存。企业向银行存入款项时，记入借方；企业从银行支付款项时，记入贷方；期末余额在借方，表示企业银行存款的结存数额。

为了加强对银行存款的核算与管理，及时地、详细地掌握银行存款的收付动态和结存情况，以及便于与银行账目的核对，商品流通企业还必须设置“银行存款日记账”，按照银行存款收支业务发生时间的先后顺序逐笔进行登记，逐日结出余额，并与银行存款总分类账户相核对，以做到账账相符。

第五节　国内结算

一、国内结算概述

商品流通企业开展经济活动，必然与国内企业发生经济往来，因此需要通过结算来拨付清偿款项。国内结算的方式有现金结算和转账结算两类。

现金结算是指企业在社会经济活动中使用现金进行货币给付的行为。转账结算又称非现金结算，是指企业在社会经济活动中，使用票据、信用卡和汇兑、托收承付、委托收款等结算方式进行货币给付及其资金清算的行为。

由于转账结算具有方便、通用、迅速和安全的特点，因此，企业的各项结算业务，除了按照国家现金管理的规定可以采用现金结算外，都必须采用转账结算。

银行和企业办理转账结算，都必须遵守“恪守信用，履约付款；谁的钱进谁的账，由谁支配；银行不予垫款”的原则。票据和结算凭证是办理转账结算的工具。

企业使用票据和结算凭证，必须符合下列规定：

(1)必须使用按中国人民银行统一规定印制的票据凭证和统一规定的结算凭证。

(2)签发票据、填写结算凭证要标准化、规范化，要素要齐全、数字要正确、字迹要清晰、不错漏、不潦草、防止涂改，票据的出票日期要使用中文大写，单位和银行的名称要记全称或规范化简称。

(3)票据和结算凭证的金额、出票或签发日期、收款人名称不得更改。而票据和结算凭证上的其他记载事项，原记载人可以更改，但应由原记载人在更改处签章证明。

(4)票据和结算凭证金额以中文大写和阿拉伯数字同时记载，二者必须一致。

(5)票据和结算凭证上的签章和其他记载事项要真实，不得伪造、变造。

二、国内转账结算

国内转账结算的方式有支票、银行本票、银行汇票、商业汇票、信用卡、汇兑、托收承付和委托收款八种。

(一)支票结算

1. 支票结算概述

支票是指出票人签发的、委托办理支票存款业务的银行在见票时无条件支付确定的金额给收款人或者持票人的票据。

开立支票存款账户，申请人必须使用其本名，并提交证明其身份的合法证件，并应当预留其本名的签名式样或印鉴，以便于付款银行在支付票款时进行核查。开立支票存款账户和领用支票，应当有可靠的资信，并存入一定的资金。

根据支票支付票款的方式不同，可分为普通支票、现金支票和转账支票三种。普通支票是指既可以转账也可以支取现金的支票。由于普通支票未限定支付方式，采用划线来区分用于转账或用于支取现金。如用于转账，应在支票左上角划两条平行线，未划线的则可用于支取现金。现金支票是指专门用于支取现金的支票，转账支票是指专门用于转账的支票。后两种支票在支票上端分别印明"现金"、"转账"字样。

支票结算作为流通手段和支付手段，具有清算及时、使用方便、收付双方都有法律保障和结算灵活的特点。它适用于单位和个人在同一票据交换区域的商品交易、劳务供应、资金调拨和其他款项的结算等。

2. 支票结算的主要规定

签发支票应使用蓝黑墨水、墨汁或碳素墨水填写；支票必须记载表明支票字样、无条件支付的委托、确定的金额、付款人名称、出票日期和出票人签章六项内容；支票的金额和收款人名称可以由出票人授权补记；禁止签发空头支票和签章与预留银行签章不符的支票；支票的提示付款期限为10天，自出票日起算；持票人可以通过背书将支票权利转让给他人等。银行对签发空头支票和签章与预留银行签章不符的支票，除予以退票外，并按票面金额处以5%但不低于1 000元的罚款。同时持票人有权要求出票人支付支票金额2%的赔偿金。

支票持票人可以通过背书将支票权利转让给他人。背书是指在票据背面或者粘单上记载有关事项并签章的票据行为。已背书转让的支票，背书应当连续。但出票人在支票上记载"不得转让"字样的支票和用于支取现金的支票不得转让。

收款人、被背书人受理支票时应审查支票收款人是否确为本单位或本人；支票是否在提示付款期限内；支票上必须记载的事项是否齐全；出票人签章是否符合规定；大小写金额是否一致、出票日期是否使用中文大写；出票金额、出票日期、收款人名称是否更改；更改的其他记载事项是否由原记载人签章；支票正面是否记载"不得转让"的字样等。

3. 支票结算的核算

企业签发现金支票后，留下存根联作为取款或付款的入账依据，凭支票联向开户银行提取现金，或者通过银行支付款项。

企业签发转账支票后，留下存根联作为付款的入账凭证，然后将支票联送交收款人，收款人据以填制"进账单"，一式两联，然后连同支票联一并送交其开户银行，取回银行加盖收款章的进账单收账通知联，作为收款的入账凭证。收款人开户银行留存另一联进账单，将支票联转交出票人开户银行划转款项。

商品流通企业购进商品以转账支票支付货款和增值税额时，根据进货凭证和支票存根联，借记“在途物资”和“应交税费”账户；贷记“银行存款”账户。根据商品验收入库凭证，借记“库存商品”账户；贷记“在途物资”账户。

商品流通企业销售商品收到客户支付货款和增值税额的转账支票并解存银行时，根据进账单收账通知联和销货凭证，借记“银行存款”账户；贷记“主营业务收入”和“应交税费”账户。

（二）银行本票结算

1. 银行本票结算概述

银行本票是指由银行签发的，承诺自己在见票时无条件支付确定的金额给收款人或者持票人的票据。

银行本票可以用于转账，注明“现金”字样的银行本票可以向出票银行支取现金。银行本票分为不定额本票和定额本票两种。定额银行本票面额为1 000元、5 000元、10 000元和50 000元。

银行本票具有信誉高，支付能力强，并有代替现金使用功能的特点。它适用于企业在同一票据交换区域内的商品交易、劳务供应和其他款项的结算。

2. 银行本票结算的主要规定

银行本票必须记载表明“银行本票”的字样、无条件支付的承诺、确定的金额、收款人名称、出票日期、出票人签章等事项；银行本票的出票人在持票人提示见票时，必须承担付款的责任；申请人应向出票银行填写“银行本票申请书”，填明收款人名称、申请人名称、支付金额、申请日期等事项并签章；银行本票自出票日起，提示付款期限为 1 个月，最长不得超过 2 个月。

银行本票持票人可以通过背书将银行本票权利转让给他人，具体转让办法与支票相同，不再重述。

收款人、被背书人受理银行本票时应审查银行本票的收款人是否确为本单位或本人；本票是否在提示付款期内；本票必须记载的事项是否齐全；出票人签章是否符合规定，不定额银行本票是否有压数机压印的出票金额，并与大写出票金额一致；出票金额、出票日期、收款人名称是否更改，更改的其他记载事项是否由原记载人签章证明；银行本票正面是否有记载“不得转让”的字样。

3. 银行本票结算的核算

商品流通企业需要使用银行本票时，应填制银行本票申请书，银行受理后，为企业签发银行本票。企业取得银行本票时，根据银行本票申请书存根联借记“其他货币资金——银行本票”账户；贷记“银行存款”账户。企业购进商品以银行本票支付货款和增值税额时，根据进货凭证，借记“在途物资”和“应交税费”账户；贷记“其他货币资金——银行本票”账户。

【例 2—2】 上海五金公司采购商品，发生下列经济业务：

(1)6 月 1 日，填制银行本票申请书23 400元，银行受理后，收到同等数额的银行本票，财会部门根据银行本票申请书存根联，作分录如下：

借：其他货币资金——银行本票　23 400
　　贷：银行存款　23 400

(2)6 月 2 日，向南浦公司购进商品一批，货款20 000元，增值税额3 400元，款项一并以面额23 400元的银行本票支付，作分录如下：

借：在途物资——南浦公司　20 000
　　应交税费——应交增值税——进项税额　3 400
　　贷：其他货币资金——银行本票　23 400

(3)6 月 3 日，上项商品验收入库，作分录如下：

借：库存商品　20 000
　　贷：在途物资——南浦公司　20 000

商品流通企业销售商品收到客户支付货款和增值税额的银行本票，经审查无误后，应在银行本票上加盖背书，并据以填制“进账单”一式两联，然后一并送交开户银行。经银行审核无误后，在进账单上加盖收款章，取回收账单收账通知联，届时，根据销货凭证和进账单收账通知联，借记“银行存款”账户；贷记“主营业务收入”和“应交税费”账户。

【例 2—3】 上海交电公司向上海电器商厦销售家用电器一批，货款30 000元，增值税额5 100元，收到面额35 100元的银行本票，存入银行，作分录如下：

借：银行存款　35 100
　　贷：主营业务收入　30 000
　　　　应交税费——应交增值税——销项税额　5 100

(三)银行汇票结算

1. 银行汇票结算概述

银行汇票是指出票银行签发的，由其在见票时按照实际结算金额无条件支付给收款人或者持票人的票据。

银行汇票具有使用面广泛，通汇面广，使用方便，灵活安全，兑现性强的特点。它适用于异地单位和个人之间的商品交易和劳务供应等。

2. 银行汇票结算的主要规定

银行汇票必须记载表明“银行汇票”的字样、无条件支付的委托、确定的金额、付款人名称、收款人名称、出票日期、出票人签章等事项；申请人应向出票银行填写“银行汇票申请书”，填明收款人名称、汇票金额、申请人名称、申请日期等事项并签章；银行汇票的提示付款期限为出票日起 1 个月。

持票人可以通过背书将银行汇票权利转让给他人，银行汇票具体转让办法与支票相同，不再重述。

收款人受理银行汇票时除了要审查与受理银行本票时的那些内容外，还要审查银行汇票和解讫通知是否齐全、汇票号码和记载的内容是否一致。

收款人受理银行汇票后，在向银行交付银行汇票时，应在出票金额以内，将实际结算金额和多余金额填入银行汇票和解讫通知的有关栏内。未填明实际结算金额和多余金额或实际结算金额超过出票金额的，银行不予受理。更改实际结算金额的银行汇票无效。

3. 银行汇票结算的核算

商品流通企业需要使用银行汇票时，应填制一式数联的“银行汇票申请书”，并在支款凭证联上加盖预留印鉴，留下存根联作为入账依据，并将其余各联送交签发银行。银行凭支款凭证收取款项，然后据以签发银行汇票，将银行汇票和解讫通知两联凭证交给企业。企业取得这两联凭证后，根据银行汇票委托书存根联，借记“其他货币资金——银行汇票”账户；贷记“银行存款”账户。

当企业持银行汇票和解讫通知去异地采购商品，支付商品货款、增值税额及其运杂费时，借记“在途物资”和“应交税费”账户，贷记“其他货币资金——银行汇票”账户；若采购商品有余款退回，则借记“银行存款”账户。

【例 2—4】 上海交电公司去山东采购电冰箱，发生下列经济业务：

(1)7 月 2 日，填制银行汇票申请书60 000元，银行受理后，收到同等数额的银行汇票及解讫通知。根据银行汇票申请书存根联，作分录如下：

借:其他货币资金——银行汇票　60 000
　贷:银行存款　60 000

(2)7 月 6 日，向山东电器公司购进电冰箱一批，计货款50 000元，增值税额8 500元，运杂费1 000元，增值税额 110 元，一并以面额60 000元的银行汇票付讫，余额尚未返回，作分录如下：

借:在途物资——山东电器公司　51 000
　应交税费——应交增值税——进项税额　8 610
　贷:其他货币资金——银行汇票　59 610

(3)7 月 10 日，银行转来多余款收账通知，金额为 390 元，系本月 2 日签发的银行汇票使用后的余额，作分录如下：

借:银行存款　390
　贷:其他货币资金——银行汇票　390

“其他货币资金”是资产类账户，用以核算银行本票存款、银行汇票存款、外埠存款、信用卡存款和在途货币资金等各种其他货币资金。企业取得银行本票、银行汇票、外埠存款、信用卡存款和在途货币资金等各种其他货币资金时，记入借方；支用或转入银行存款时，记入贷方；期末余额在借方，表示其他货币资金的实有数额。

商品流通企业在销售商品或提供劳务后，收到对方的银行汇票时，对银行汇票审查无误后，应在汇票金额栏内填写实际结算金额，多余的金额应填入“多余金额”栏内。如系全额解付的，应在“多余金额”栏内写上零，然后在汇票上加盖在银行的预留印鉴，填写进账单解入银行。经银行审核无误后，在进账单上加盖收款章，企业取回进账单收账通知联，据以借记“银行存款”账户，贷记“主营业务收入”和“应交税费”账户。

收款方开户银行留下另一联进账单和银行汇票，将解讫通知和多余款收账通知寄往签发银行，签发银行凭解讫通知入账；将多余款收账通知联送交付款方，付款方将其作为退回余额的入账凭证。

(四)商业汇票

1. 商业汇票结算概述

商业汇票是指出票人签发的、委托付款人在指定日期无条件支付确定的金额给收款人或者持票人的票据。

商业汇票根据承兑人的不同，可分为商业承兑汇票和银行承兑汇票两种。商业承兑汇票是指由出票人(收款人或付款人)签发、经付款人承兑的票据；银行承兑汇票是指由出票人(付款人)签发、并经其开户银行承兑的票据。承兑是指汇票付款人承诺在汇票到期日支付汇票金额的票据行为。

商业汇票作为一种商业信用，具有信用性强和结算灵活的特点。它同城、异地均能使用。在银行开立账户的法人以及其他组织之间必须具有真实的交易关系或债权债务关系，才能使用商业汇票。出票人不得签发无对价的商业汇票，用以骗取银行或者其他票据当事人的资金。

2. 商业汇票结算的主要规定

商业汇票必须记载表明“商业承兑汇票”或“银行承兑汇票”的字样、无条件支付的委托、确定的金额、付款人名称、收款人名称、出票日期、出票人签章等事项；商业汇票的付款期限最长不超过 6 个月，付款期限应当清楚、明确；商业汇票应按照规定提示承兑；商业承兑汇票由银行以外的付款人承兑、银行承兑汇票由银行承兑；商业汇票的提示付款期限，自汇票到期日起 10 日；持票人可以通过背书将商业汇票权利转让给他人；商业承兑汇票的付款人或银行承兑汇票的出票人应于汇票到期日前，将票款足额交存其开户银行。商业承兑汇票到期日，付款人存款账户不足支付或汇票上签章与预留银行签章不符时，其开户银行应填制付款人未付款通知书，连同商业承兑汇票提交持票人开户银行转交持票人。银行承兑汇票的出票人到期日未能足额交存票款时，承兑银行除凭票向持票人无条件付款外，并对出票人尚未支付的汇票金额按每天 5‱计收利息。

收款人、被背书人受理商业汇票时应审查商业汇票的收款人是否确为本单位或本人；必须记载的事项是否齐全；出票人、承兑人签章是否符合规定；大小写金额是否一致；出票日期是否使用中文大写；出票金额、出票日期、收款人名称是否更改，更改的其他事项是否由原记载人签章；汇票正面是否记载“不得转让”的字样。

3. 商业汇票结算的核算

商业汇票分为不带息商业汇票的核算和带息商业汇票的核算两种。

(1)不带息商业汇票的核算。当商品流通企业采购商品，以不带息商业汇票抵付采购商品货款和增值税额时，借记“在途物资”和“应交税费”账户；贷记“应付票据”账户。

【例 2－5】 上海金属公司向上海钢厂购进圆钢一批，计货款36 000元，增值税额6 120元，当即签发 2 个月期限的商业承兑汇票抵付账款，作分录如下：

借：在途物资——上海钢厂	36 000	
应交税费——应交增值税——进项税额	6 120	
贷：应付票据——面值——上海钢厂		42 120

商品流通企业签发的不带息商业汇票到期兑付票款时，则借记“应付票据”账户，登记“银行存款”账户。

当商品流通企业销售商品，在收到对方抵付货款和增值税额的不带息商业汇票时，借记“应收票据”账户，贷记“主营业务收入”和“应交税费”账户。

【例 2－6】 上海交电公司销售给南浦商厦助动车一批，计货款40 000元，增值税额6 800元，当即收到对方抵付款项的不带息商业汇票，期限为 2 个月，作分录如下：

借：应收票据——面值——南浦商厦	46 800	
贷：主营业务收入		40 000
应交税费——应交增值税——销项税额		6 800

商业汇票的执票人包括收款人或被背书人，俟汇票到期日，填制委托收款结算凭证连同商业承兑汇票或银行承兑汇票及解讫通知一并送交开户银行办理收款。执票人凭取回的委托收款收账通知联，借记“银行存款”账户，贷记“应收票据”账户。

(2)带息商业汇票的核算。商品流通企业签发的带息商业汇票，应于期末按照事先确定的利率计提利息，并将其列入“财务费用”账户。

【例 2－7】 8 月 31 日，上海金属公司将 1 个月前签发并承兑给宝山钢厂的 3 个月期限的带息商业汇票58 500元，按 6‰的月利率计提本月份应负担的利息，作分录如下：

借：财务费用——利息支出	351	
贷：应付票据——利息——宝山钢厂		351

带息商业汇票到期汇兑本息时，根据票据面值和计提的利息，借记“应付票据”账户；根据本期应负担的利息，借记“财务费用”账户；根据支付的本息，贷记“银行存款”账户。

【例 2—8】 10 月 31 日，上海金属公司 3 个月前签发给宝山钢厂带息商业汇票已到期，金额为58 500元，月利率 6‰，当即从存款户中兑付本息，作分录如下：

借：应付票据——面值——宝山钢厂　　58 500

　　　　　　——利息——宝山钢厂　　702

　　财务费用——利息支出　　351

　　贷：银行存款　　59 553

"应付票据"是负债类账户，用以核算企业购进商品和接受劳务供应等所签发并承兑的商业汇票的面值和带息汇票计提的利息。企业以商业汇票抵付款项和带息汇票期末计提利息时，记入贷方；收到银行转来到期商业汇票的付款通知予以兑付时，记入借方；期末余额在贷方，表示尚未兑付的商业汇票的本息。

应付票据到期，如企业无力支付票据，应按应付票据的账面价值，借记"应付票据"账户，贷记"应付账款"账户。倘若是带息的应付票据，转入"应付账款"账户以后，期末不再计提应付利息。

为了加强对应付票据的管理，企业除了按收款人设置明细分类账户进行核算外，还应设置"应付票据备查簿"，详细记载每一应付票据的种类、号数、签发日期、到期日、票面金额、票面利率、合同交易号、收款单位名称以及付款日期和金额等详细资料。应付票据到期结清时，应在备查簿内逐笔注销。

商品流通企业收到的带息商业汇票，俟期末应按商业汇票的面值和票面月利率计提利息，届时借记"应收票据"账户；贷记"财务费用"账户。

【例 2—9】 5 月 31 日，上海服装公司将 1 个月前收到静安商厦签发并承兑的带息商业汇票，期限为 3 个月，面值为60 000元，按 6‰的月利率计提利息，作分录如下：

借：应收票据——利息——静安商厦　　360

　　贷：财务费用——利息支出　　360

带息商业汇票到期收到本息时，根据收到的本息借记"银行存款"账户；根据票据面值和计提的利息，贷记"应收票据"账户，将本期应收的利息冲减"财务费用"账户。

【例 2—10】 7 月 31 日，上海服装公司 3 个月前收到静安商厦的带息商业汇票一张，面值60 000元，月利率 6‰，已经到期，收到本息，存入银行，作分录如下：

借：银行存款　　61 080

　　贷：应收票据——面值——静安商厦　　60 000

　　　　　　　　——利息——静安商厦　　720

　　　　财务费用——利息支出　　360

"应收票据"是资产类账户，用以核算企业因销售商品、提供劳务而收到的用以抵付款项的商业汇票的面值和带息汇票计提的利息。企业收到商业汇票和期末计提带息汇票利息时，记入借方；商业汇票到期兑现或期前背书转让以及向银行贴现时，记入贷方；期末余额在借方，表示尚未兑现的商业汇票的本息。

为了加强对应收票据的管理，以有利于及时向承兑人兑现，以及当汇票遭到拒绝承兑时及时行使追索权，企业除了按付款人设置明细分类账进行核算外，还应设置“应收票据备查簿”，逐笔登记每一应收票据的种类、号数和出票日期、票面金额、票面利率、交易合同号和付款人、承兑人、背书人的单位名称、到期日期、收回日期和金额，如贴现的应注明贴现日期、贴现率和贴现净额，并将结清的应收票据在备查簿内逐笔注销。

4. 商业汇票的贴现及核算

商业汇票的收款人在需要资金时，可持未到期的商业汇票向其开户银行申请贴现。贴现是指票据持票人在票据到期前为获得票款，向银行贴付一定的利息，而将商业汇票的债权转让给银行的一种票据转让行为。

当商业汇票的收款人需要资金时，可持未到期的商业汇票向其开户银行申请贴现。经银行审查同意后，将按票面金额扣除从贴现日至汇票到期日的利息后，予以贴现。企业将商业汇票向银行贴现的贴息及贴现所得的计算公式如下：

$$\text{贴息}=\text{票据到期值}\times\text{月贴现率}\times\frac{\text{实际贴现天数}}{30\text{天}}$$

$$\text{贴现所得}=\text{票据到期值}-\text{贴息}$$

实际贴现天数是按贴现银行向申请贴现人支付贴现所得之日起至汇票到期前一日止。

无息商业汇票到期值即票面值，而带息商业汇票到期值是票面值加上到期的利息，利息的计算公式如下：

$$\text{带息商业汇票到期利息}=\text{票面值}\times\text{月利息}\times\frac{\text{汇票期限}}{30\text{天}}$$

【例 2—11】 9 月 30 日上海食品公司将 9 月 10 日收到卢湾商厦的带息商业汇票一张，金额为50 000元，月利率为 6‰，到期日为 10 月 30 日，现向银行申请贴现，月贴现率为 6.3‰。

$$\text{票据到期值}=50\ 000+50\ 000\times6‰\times\frac{50}{30}=50\ 500(\text{元})$$

$$\text{票据贴息}=50\ 500\times6.3‰\times\frac{30}{30}=318.15(\text{元})$$

贴现所得＝50 500－318.15＝50 181.85(元)

根据计算的结果，作分录如下：

借：银行存款　　50 181.85

　　贷：应收票据——面值——卢湾商厦　　50 000.00

　　　　财务费用——利息支出　　181.85

若计算的结果到期利息小于贴现利息，其差额则应列入“财务费用”账户的借方。

商品流通企业已贴现的商业承兑汇票，在到期日承兑人的银行存款账户不足支付时，其开户银行应立即将汇票退给贴现银行。贴现银行则将从贴现申请人账户内收取汇票到期值，届时借记“应收账款”账户；贷记“银行存款”账户。

（五）信用卡结算

1. 信用卡结算概述

信用卡是指商业银行向个人和单位发行的、凭以向特约单位购物、消费和向银行存取现金，且具有消费信用的特制载体卡片。

信用卡按是否需要交存备用金，可分为贷记卡和准贷记卡。贷记卡是指发卡银行给予持卡人一定的信用额度，持卡人可在信用额度内先消费、后还款的信用卡。准贷记卡是指持卡人须先按发卡银行要求，交存一定金额的备用金，当备用金额不足支付时，可以发卡银行规定的信用额度内透支的信用卡。

信用卡按使用的对象不同，可分为单位卡和个人卡。单位卡又称商务卡，是指发卡银行向单位发行的以商务为核心的信用卡。个人卡是指发卡银行向自然人发行的信用卡。

单位或个人申领信用卡应按规定填制申请表，连同有关资料一并送交发卡银行。符合条件并按银行要求交存一定金额的备用金（贷记信用卡不需要交存备用金）后，银行为申领人开立信用卡存款账户，并发给信用卡。发卡银行可根据申请人的资信程度，要求其提供担保。担保方式可采用保证、抵押或质押。

信用卡具有安全方便、可以先消费后付款的特点。它适用于单位和个人的商品交易和劳务供应的结算，同城、异地均能使用。

2. 信用卡结算的主要规定

单位卡账户的资金一律从其基本存款账户转账存入，不得交存现金，也不得支取现金；单位卡不得用于100 000元以上的商品交易和劳务供应款项的结算；信用卡仅限于合法持卡人本人使用，持卡人不得出租或转借信用卡；特约单位受理信用卡，审查无误后，在签购单上压卡，填写实际结算金额、用途、特约单位名称和编号，然后交持卡人在签购单上签名确认，并将信用卡和签购单回单交还给持卡人；信用卡的透支额度由商业银行自行确定。

特约单位受理信用卡应审查的事项包括：受理的信用卡是否确为本单位可受理的信用卡；信用卡是否在有效期内，是否列入“止付名单”；签名条上是否有“样卡”或“专用卡”等非正常签名的字样；信用卡是否有打孔、剪角、毁坏或涂改的痕迹等。

特约单位在信用卡审查无误后，在签购单上压卡，填写实际结算金额、用途、特约单位名称和编号，然后交持卡人在签购单上签名确认，并将信用卡和签购单回单交还给持卡人。在每日营业终了，将当日受理的信用卡签购单汇总，计算手续费和净计金额，并填写汇计单和进账单，连同签购单一并送交收单银行办理进账。

3. 信用卡结算的核算

商品流通企业在银行开户存入信用卡备用金时，借记“其他货币资金——信用卡存款”账户；贷记“银行存款”账户。在开户时支付的手续费，应列入“财务费用”账户。企业持信用卡支付商品货款、增值税额或费用时，根据购进商品或支付费用的凭证和签购单回单，借记“在途物资”、“应交税费”或“管理费用”等账户，贷记“其他货币资金——信用卡存款”账户。

【例 2—12】 静安商厦在工商银行开立信用卡存款账户。

(1)3 月 1 日，存入信用卡备用金10 000元，发生开户手续费 40 元，一并签发转账支票付讫，根据转账支票存根联，作分录如下：

借：其他货币资金——信用卡存款	10 000	
财务费用	40	
贷：银行存款		10 040

(2)3 月 5 日，购进商品一批，货款8 000元，增值税额1 360元，以信用卡存款付讫，根据发票及签购单回单，作分录如下：

借：在途物资	8 000	
应交税费——应交增值税——进项税额	1 360	
贷：其他货币资金——信用卡存款		9 360

特约商品流通企业销售商品，受理客户信用卡结算时，应取得客户签字的签购单，当日营业终了，根据签购单存根联汇总后，编制计汇单，计算总计金额，根据发卡银行规定的手续费率，计算手续费，总计金额扣除手续费后为净计金额，并按净计金额填制进账单，然后一并送交开单银行办理进账，取回进账单回单入账。届时根据进账单金额借记“银行存款”账户，根据计汇单上列明的手续费借记“财务费用”账户；根据发票上列明的商品货款及增值税额与计汇单上的总计金额，贷记“主营业务收入”和“应交税费”账户。

【例 2—13】 上海百货公司采用信用卡结算，销售商品一批，货款20 000元，增值税额3 400元，信用卡结算手续费率为 5‰。根据销售发票、签购单存根联及计汇单回单和进账单回单，作分录如下：

借：银行存款	23 283	
财务费用——手续费	117	
贷：主营业务收入		20 000
应交税费——应交增值税——销项税额		3 400

(六)汇兑结算

1. 汇兑结算概述

汇兑是指汇款人委托银行将其款项支付给收款人的结算方式。

汇兑按其凭证的传递方式不同，分为信汇和电汇两种，可由汇款人选用。信汇是银行将信汇凭证通过邮电局寄给汇入银行。这种传递方式费用低，但收款较慢。电汇是银行将电汇凭证通过电报或其他电讯工具向汇入银行发出付款通知。这种传递方式收款快，但费用较高。

汇兑结算具有适用范围大，服务面广，手续简便，划款迅速和灵活易行的特点。它适用于异地各单位和个人之间的商品交易、劳务供应、资金调拨、清理旧欠等各种款项的结算。

2. 汇兑结算的主要规定

汇款人签发汇兑凭证必须记载表明"信汇"或"电汇"的字样、无条件支付的委托、确定的金额、收款人名称、汇入地点、汇入银行名称、汇款人名称、汇出地点、汇出银行名称、委托日期和汇款人签章等事项。

未在银行开立存款账户的收款人凭信、电汇取款通知向汇入银行支取款项时，必须交验本人的身份证件，在信、电汇凭证上注明证件名称、号码及发证机关，并在"收款人签章"处签章。银行审查无误后，以收款人的姓名开立的临时存款账户，只付不收，付完清户，不计付利息。需要转汇的，应由原收款人向银行填制汇兑凭证，并由本人交验其身份证件。

3. 汇兑结算的核算

汇款人委托银行办理汇款，应填制一式数联的信汇、电汇结算凭证，送交开户银行。银行审查无误，同意汇款时，在回单联上加盖印章后退回汇款人，作为其汇款的入账依据。开户银行留下一联，其余各联传递到收款方开户银行。收款方开户银行留下一联，将收款通知联转交收款人，作为其收款的入账依据或取款的凭证。

企业汇出款项采购商品时，凭信汇、电汇凭证回单联，借记"应付账款"账户，贷记"银行存款"账户；收到采购商品的凭证时，根据凭证上列明的货款、增值税额及商品的运杂费，借记"在途物资"、"应交税费"账户，贷记"应付账款"账户。

【例 2—14】 (1)6 月 1 日，上海百货公司向济南针织厂函购运动衫一批。填制电汇结算凭证，汇出金额24 000元，作分录如下：

借：应付账款——济南针织厂　　24 000

　　贷：银行存款　　24 000

(2)6 月 8 日，济南针织厂发来函购运动衫一批，并收到其附来的发票和运杂费凭证，开列货款20 000元，增值税额3 400元，运杂费 500 元，增值税额 55 元，并收到退回余款45元，存入银行，作分录如下：

借:在途物资——济南针织厂　　20 500
　应交税费——应交增值税——进项税额　　3 455
　银行存款　　45
　　贷:应付账款——济南针织厂　　24 000

商品流通企业收到购货方汇入购买商品的信汇、电汇收款通知联时,据以借记"银行存款"账户,贷记"应收账款"账户;当企业将商品发给购货方时,借记"应收账款"账户,并根据商品的货款、增值税额和为其支付的商品运杂费分别贷记"主营业务收入"、"应交税费"和"银行存款"账户。

【例 2—15】 上海服装公司承接武汉商厦函购时装业务。

(1)9 月 5 日,收到银行转来电汇收账通知一张,金额60 000元,系武汉商厦汇来函购时装的款项,作分录如下:

借:银行存款　　60 000
　　贷:应收账款——武汉商厦　　60 000

(2)9 月 7 日,武汉商厦函购的时装一批,货款50 000元,增值税额8 500元,委托运输公司代运,当即签发转账支票支付应由武汉商厦负担的时装运杂费900元,增值税额 99 元,并退回多余现金 501 元,商品已运出,作销售入账,作分录如下:

借:应收账款——武汉商厦　　60 000
　　贷:主营业务收入　　50 000
　　　应交税费——应交增值税——销项税额　　8 500
　　　银行存款　　1 500

(七)托收承付结算

1. 托收承付结算概述

托收承付是指根据购销合同由收款人发货后,委托银行向异地付款人收取款项,由付款人向银行承认付款的结算方式。

托收承付结算具有物资运动与资金运动紧密结合,由银行维护收付双方正当权益的特点。它适用于商品交易,以及因商品交易而产生的劳务供应。代销、寄销、赊销商品的款项,不得办理托收承付结算。

2. 托收承付结算的主要规定

办理托收承付结算的收付双方必须签有符合《经济合同法》的购销合同,并在合同上订明使用托收承付结算方式;收款人办理托收,必须具有商品确已发运的证件(包括铁路、航路、公路等运输部门签发的运单、运单副本和邮局包裹回执);每笔金额的起点为10 000元,新华书店系统每笔的金额起点为1 000元;签发托收承付凭证必须记载表明"托收承付"的字样;确定的金额;付款人名称、账号及开户银行名称;收款人名称、账号及开户银行名称;托收附寄单证张数或册数;合同名称、号码;委托日期和收款人签章等;收款人按照签订的购销合同发货后,应将托收凭证并附发运证件和交易单证送交银行,委托银行办理托收。

付款人收到托收承付结算凭证后,应在承付期内审查核对,安排资金。承付货款的方式有验单付款和验货付款两种。验单付款是指付款方接到开户银行转来的承付通知联及有关单证等,与合同核对相符后就应承付货款,承付期为3天。从付款人开户银行发出承付通知的次日算起(承付期内遇法定休假日顺延)。验货付款是指付款单位除了收到开户银行转来的承付通知联及有关单证外,还必须等商品全部运到并验收入库后才承付货款,承付期为10天,从运输单位发出提货通知的次日算起。

付款人收到托收承付结算凭证后,应在承付期内审查核对,安排资金。付款人若发现收款人的托收款不符合托收承付结算的有关规定可以拒绝付款;付款人在承付期满日银行营业终了时,如无足够资金支付,其不足部分按逾期付款处理。付款人开户银行根据逾期付款金额和天数,按每天5‱计算逾期付款赔偿金。

3. 托收承付结算的核算

销货方在发货后成为收款人,收款人应填制一式数联的托收承付结算凭证,连同销货凭证及运单等一并送交银行。有关单证经审核无误后,银行在回单联上加盖业务公章,退给收款人,表示同意托收。银行留下一联,其余三联连同有关单证一并寄交付款人开户银行,付款人开户银行留下两联,将付款通知联及有关单证送交付款人。付款人验单付款后,以付款通知联作为付款的入账凭证,付款人开户银行留下一联,将收账通知联通过收款人开户银行转交收款人,作为其收款的入账凭证。

商品流通企业发生异地销货采用托收承付结算方式,一般要委托运输单位运送货物,则要支付运输单位运杂费,这笔运杂费一般是由购货方负担的。销货方在垫付时,应借记"应收账款"账户,贷记"银行存款"账户。

收款人在办理托收时,应将垫付的运杂费与销货款、增值税额一并向购货方托收,届时根据银行退回的托收承付结算凭证存根联借记"应收账款"账户;根据销货凭证和收回代垫运杂费凭证分别贷记"主营业务收入"、"应交税费"和"应收账款"账户。当银行转来托收承付结算凭证收账通知联时,表示托收款已回笼。届时据以借记"银行存款"账户,贷记"应收账款"账户。

【例2—16】 上海金属公司销售给杭州机器厂一批圆钢。

(1)2月11日,签发转账支票1 110元,为杭州机器厂代垫圆钢的运杂费1 000元,增值税额110元,根据转账支票存根联,作分录如下:

借:应收账款——代垫运杂费　　1 110

　　贷:银行存款　　1 110

(2)2月12日,将销售给杭州机器厂圆钢的货款52 000元,增值税额8 840元,连同垫

付的运杂费和增值税额1 110元一并向银行办理托收手续,根据托收承付结算凭证回单联及有关单证,作分录如下:

借:应收账款——杭州机器厂 61 950
　　贷:主营业务收入 52 000
　　　　应交税费——应交增值税——销项税额 8 840
　　　　应收账款——代垫运杂费 1 110

(3)2 月 20 日,收到银行转来杭州机器厂承付款项及运杂费的收账通知,金额为62 060元,作分录如下:

借:银行存款 61 950
　　贷:应收账款——杭州机器厂 61 950

付款人在购进商品支付款项时,根据购进商品凭证和商品运杂费凭证借记"在途物资"和"应交税费"账户,贷记"银行存款"账户。

(八)委托收款

1. 委托收款概述

委托收款是指收款人委托银行向付款人收取款项的结算方式。

委托收款结算具有恪守信用、履约付款、灵活性强和不受结算金额起点限制的特点。它适用于单位和个人凭已承兑的商业汇票、债券、存单等付款人债务证明办理款项的结算,同城异地均可以使用。

2. 委托收款结算的主要规定

收款人签发委托收款凭证必须记载表明"委托收款"的字样,确定的金额,付款人名称、账号及银行名称,收款人名称、账号及开户银行名称;委托收款凭据名称及附寄单据张数;委托日期和收款人签章等;收款人办理委托收款应向银行提交委托收款凭证和有关的债务证明;付款人应在接到银行转来的委托收款凭证付款通知及债务证明审核无误后,通知银行付款。

付款人在 3 天付款期内未向银行表示拒绝付款,银行则视作同意付款,就在付款期满的次日上午银行开始营业时,将款项划给收款人;付款人审查有关债务证明后,对收款人委托收取的款项需要拒绝付款的,必须在 3 天付款期内填写拒绝付款理由书,并连同有关债务证明送交开户银行,由其寄给被委托银行转交收款人。托收款收回的方式有邮划和电划两种,由托收方选用。

3. 委托收款的核算

收款人在收到托收款项时,借记"银行存款"账户;贷记"应收票据"等有关账户。付款人收到委托付款的付款通知支付款项时,借记"应付票据"等有关账户;贷记"银行存款"账户。

此外,在同城范围内,收款人收取公用事业费或根据国务院的规定,可以使用同城特约委托收款。收取公用事业费必须具有收付双方事先签订的经济合同,由付款人向开户银行授权,并经开户银行同意,报经中国人民银行当地分支行批准。

第六节 企业与银行对账的方法

一、企业与银行对账的目的及其方法

企业对外结算主要是通过银行转账的,因此,银行存款的收支比较频繁。为了加强对银行存款收支的监督与控制,保证银行存款账目的正确无误,企业的银行存款日记账应经常与银行对账单进行核对,每月至少核对一次,以做到账实相符。为了完善企业的内部控制制度,出纳人员、银行存款日记账登记人员不宜参与核对,而应另行指定专人负责进行核对,以防发生弊端。

企业与银行对账时,将企业的银行存款日记账与银行转来的"对账单"逐笔进行核对。在核对过程中,如发现本单位记账错误,应按照错账更正的方法予以更正;如发现银行转来的"对账单"错误,应通知银行予以更正。核对的结果往往会发现未达账项,因此应通过编制"银行存款余额调节表"进行调节,经调节后双方的余额应该相等。

二、未达账项含义及其四种情况

"未达账项"是指企业与银行之间,由于结算凭证在传递时间上有先后,而造成一方已登记入账,另一方因凭证未达而尚未登记入账的款项。未达账项通常有下列四种情况:

(1)银行已收款入账,企业尚未收款入账的款项。如托收承付结算、委托收款结算和汇兑结算,银行已收到收账通知,而当天未及通知收款单位。

(2)银行已付款入账,企业尚未付款入账的款项。如短期借款、长期借款利息等,银行已结算入账,而当天未及通知借款单位。

(3)企业已收款入账,而银行尚未收款入账的款项。如企业将收到的转账支票或信用卡结算取得客户签字的签购单填制进账单送交银行办理收款,取得回单入账,而当天银行未及办妥转账手续。

(4)企业已付款入账,而银行尚未付款入账的款项。如企业签发转账支票付款后,凭支票存根入账,而收款单位尚未将支票解存银行,或虽已解存银行,但银行未及办妥转账手续。

三、银行存款余额调节表的编制方法

银行存款余额调节表是在银行存款日记账余额和银行对账单余额的基础上,加减双方各自的未达账项,使双方的余额达到平衡,其调节公式如下:

银行存款日记账余额＋银行已收账而企业尚未收账数－银行已付账而企业尚未付账数
＝银行对账单余额＋企业已收账而银行尚未收账数－企业已付账而银行尚未付账数

【例 2－17】 上海服装公司 4 月 28～30 日银行存款日记账和银行对账单如表2－1、表 2－2 所示。

表 2－1 银行存款日记账

2016 年		凭证号数	摘 要	借 方	贷 方	借或贷	余 额
月	日						
4	28		承上页			借	125 800
	28	略	支付购货款(转支＃67 125)		67 540	借	58 260
	29		收到销货款(托收承付)	45 260		借	103 520
	29		销货款(转支＃87 268)	27 800		借	131 320
	30		兑付空调设备款(商业汇票)		25 200	借	106 120
	30		销货款(转支＃66 811)	30 520		借	136 640
	30		支付购货款(转支＃67 126)		42 300	借	94 340
	30		提取现金(现支＃24 680)		1 020	借	93 320

表 2－2 银行对账单

2016 年		摘 要	借 方	贷 方	借或贷	余 额
月	日					
4	28	承上页			贷	125 800
	28	托收承付(收到货款)		45 260	贷	171 060
	29	转支＃67 125(支付购货款)	67 540		贷	103 520
	29	商业汇票(兑付空调设备款)	25 200		贷	78 320
	30	托收承付(收到货款)		39 920	贷	118 240
	30	转支＃87 268(销货款)		27 800	贷	146 040
	30	短期借款计息单	3 240		贷	142 800
	30	银行存款计息单		780	贷	143 580
	30	现支＃24 680(提取现金)	1 020		贷	142 560

通过核对后，有 5 笔未达账项，据以编制银行存款余额调节表如表 2－3 所示。

表 2—3 **银行存款余额调节表**

2016 年 4 月 30 日

项　目	金　额	项　目	金　额
银行存款日记账余额	93 320	银行对账单余额	142 560
加:银行已收账,而企业尚未收账数:		加:企业已收账,而银行尚未收账数:	
托收承付　　收到货款	39 920	转账支票#66 811　　销货款	30 520
银行存款计息单	780		
减:银行已付账,而企业尚未付账数:		减:企业已付账,而银行尚未付账数:	
短期借款计息单	3 240	转账支票#67 126　支付购货款	42 300
调节后余额	130 780	调节后余额	130 780

银行存款日记账的余额与银行对账单的余额通过调节后取得了平衡,表明账簿的记录基本上是正确的。对于本企业的未达账项,应于下次银行对账单到达时继续进行核对,如未达账项超过了正常的期限,应及时与银行联系,查明原因,予以解决,以免造成不必要的损失。

一、简答题

1. 谈谈库存现金的限额管理和库存现金的内部控制制度。
2. 分述各种银行存款账户的用途。
3. 什么是现金结算? 什么是转账结算? 谈谈转账结算的特点、原则和种类。
4. 企业使用票据和结算凭证必须符合哪些规定?
5. 支票有哪些种类? 支票结算有哪些特点和主要规定?
6. 分述银行本票和银行汇票结算的特点和主要规定。
7. 什么是商业汇票? 它有哪些种类? 商业汇票结算有哪些特点和主要规定?
8. 什么是信用卡? 信用卡结算有哪些主要规定?
9. 分述汇兑、托收承付和委托收款等结算的主要规定。
10. 试述企业与银行对账的目的和方法。

二、名词解释题

货币资金　支票　银行本票　银行汇票　商业汇票　贴现　汇兑
托收承付　委托收款　未达账项

三、是非题

1. 库存现金是指企业为了备付日常零星开支而保管的现金。（　）
2. 转账结算具有方便、通用、灵活和安全的特点。（　）
3. 票据的出票日期要使用中文大写。（　）
4. 银行对签发空头支票和签章与预留银行签章不符的支票，除予以退票外，并按票面金额处以5%的罚款。（　）
5. 支票的提示付款期限为10天，自出票的次日起算。（　）
6. 银行本票自出票日起，提示付款期限为1个月，最长不得超过2个月。（　）
7. 商业承兑汇票是指由出票人签发，并经其承兑的票据。（　）
8. 单位信用卡账户的资金一律从其基本存款账户转账存入，不得交存现金。（　）
9. 各种结算方法中，只有托收承付有结算的起点，每笔金额为1万元（新华书店系统每笔金额为1 000元）。（　）

四、单项选择题

1. ________账户主要用于办理日常的转账结算和现金收付。

A. 一般存款　B. 基本存款　C. 临时存款　D. 专用存款

2. ________具有清算及时、使用方便、收付双方都有法律保障和结算灵活的特点。

A. 支票　B. 银行本票　C. 银行汇票　D. 商业汇票

3. 银行汇票的提示付款期限为________。

A. 10天　B. 15天　C. 1个月　D. 2个月

4. ________适用于商品交易，以及因商品交易而产生的劳务供应。

A. 银行汇票　B. 商业汇票　C. 托收承付　D. 委托收款

5. 金额和收款人名称可以由出票人授权补记的票据是________。

A. 支票　B. 银行本票　C. 银行汇票　D. 商业汇票

五、多项选择题

1. 其他货币资金包括银行本票存款、________。

A. 外埠存款　B. 在途货币资金　C. 银行汇票存款　D. 信用卡存款

2. 出纳人员不得兼办________。

A. 稽核工作　B. 会计档案保管工作
C. 费用、收入、债务、债权账簿的登记工作　D. 银行存款日记账的登记工作

3. 通过"其他货币资金"账户核算的结算方式有________。

A. 银行本票　B. 银行汇票　C. 商业汇票　D. 信用卡

4. 同城采用的结算方式有________。

A. 支票　B. 银行本票　C. 银行汇票　D. 商业汇票

E. 信用卡　　F. 汇兑　　G. 委托收款　　H. 托收承付

5. 异地可采用的结算方式有________。

A. 支票　　B. 银行本票　　C. 银行汇票　　D. 商业汇票

E. 信用卡　　F. 汇兑　　G. 委托收款　　H. 托收承付

六、实务题

习题(一)

目的:练习票据和信用卡结算的核算。

资料:上海百货公司为信用卡结算特约单位,6月份发生下列经济业务:

(1)2日,向上海日化厂购进商品一批,货款40 000元,增值税额6 800元,款项当即签发转账支票付讫。

(2)3日,上海日化厂商品已运到,验收入库。

(3)4日,销售商品一批,货款32 000元,增值税额5 440元,款项收到转账支票,当即存入银行。

(4)6日,填制银行本票申请书一份,金额29 250元,银行受理后,收到同等数额的银行本票。

(5)7日,向上海毛巾厂购进商品一批,货款25 000元,增值税额4 250元,款项当即以昨天银行签发的银行本票付讫。

(6)8日,上海毛巾厂商品已运到,验收入库。

(7)10日,签发现金支票2 500元,提取现金备用。

(8)11日,填制银行汇票申请书一份,金额42 000元,银行受理后,收到同等数额的银行汇票。

(9)12日,销售商品一批,货款22 000元,增值税额3 740元,款项收到票面金额为26 000元的银行汇票一张,当即按实际销售金额结算,并存入银行。

(10)13日,向杭州伞厂购进商品一批,货款35 000元,增值税额5 950元,运杂费500元,增值税额55元,款项一并以面额42 000元的银行汇票支付,余款尚未退回。

(11)14日,杭州伞厂的商品已运到,验收入库。

(12)15日,销售给光华商厦商品一批,货款20 000元,增值税额3 400元,款项收到3个月到期的不带息商业汇票一张。

(13)16日,银行转来多余款收账通知,金额为495元,系本月11日签发的银行汇票使用后的余款。

(14)17日,向上海牙膏厂购进商品一批,货款30 000元,增值税额5 100元,商品已验收入库,款项当即签发2个月期限的不带息商业汇票付讫。

(15)18日,销售给武宁商厦商品一批,货款24 000元,增值税额4 080元,款项收到3个月期限的带息商业汇票,月利率为6‰。

(16)20日,向沪光日化厂购进商品一批,货款40 000元,增值税额6 800元,款项当即签发3个月期限的带息商业汇票付讫,月利率为6‰。

(17)21日,存入信用卡备用金12 000元,发生开户手续费40元,一并签发转账支票付讫。

(18)23日,将本月15日收到的不带息商业汇票一张,金额23 400元,向银行申请贴现,月贴现率为6.3‰,银行审查后同意贴现,并将贴现金额存入银行。

(19)25日,45天前签发并承兑给沪光日化厂的带息商业汇票已到期,金额为58 500元,月利率为

6‰，当即从存款中支付本息，查该汇票上月末已计提过应付利息。

(20)27 日，向城西批发市场购进商品一批，货款9 000元，增值税额1 530元，款项以信用卡存款支付。

(21)28 日，45 天前收到武昌商厦的带息商业汇票一张，金额为35 100元已经到期，月利率为 6‰。收到本息，存入银行，查该汇票上月末已计提了应收利息。

(22)29 日，销售商品一批，货款8 000元，增值税额1 360元，款项采用信用卡结算，信用卡结算手续费率为 5‰，当即将签购单和计汇单存入银行。

(23)30 日，计提本月 20 日签发给沪光日化厂的带息商业汇票的应付利息。

(24)30 日，计提本月 18 日收到武宁商厦付来的带息商业汇票的应收利息。

要求：编制会计分录。

习题(二)

目的：练习汇兑、托收承付和委托收款结算的核算。

资料：上海服装公司 1 月份发生下列经济业务：

(1)2 日，向深圳服装厂函购服装一批，填制电汇结算凭证，汇出金额66 500元。

(2)5 日，银行转来电汇收账通知一张，金额为45 500元，系西安服装公司汇来函购服装的款项。

(3)8 日，将西安服装公司函购的服装一批，委托运输公司代运，当即签发转账支票支付应由西安服装公司负担的运杂费 500 元，增值税额 55 元。

(4)9 日，销售给西安服装公司函购的服装一批，货款38 000元，增值税额6 460元，今扣除货款、运杂费和增值税额后，填制信汇结算凭证将余款汇还对方。

(5)11 日，深圳服装厂发来函购的服装一批，并收到对方寄来发票和运杂费凭证，计服装货款56 000元，增值税额9 520元，运杂费 600 元，增值税额 66 元，余款 314 元也已汇还，存入银行。

(6)12 日，深圳服装厂发来函购的服装已验收入库。

(7)14 日，签发转账支票 444 元，为南京商厦代垫发运商品的运杂费 400 元，增值税额 44 元。

(8)15 日，销售给南京商厦服装一批，货款39 000元，增值税额6 630元，款项连同昨日垫付的运杂费和增值税额一并向银行办妥托收承付结算手续。

(9)17 日，银行转来苏州服装厂托收承付结算凭证，金额为64 890元，并附来发票一张，开列服装一批，计货款55 000元，增值税额9 350元，运杂费凭证一张，金额 500 元，增值税额 55 元，经审核无误，当即承付。

(10)19 日，签发转账支票 333 元，为武汉商厦代垫发运商品的运杂费 300 元，增值税额 33 元。

(11)20 日，销售给武汉商厦服装一批，货款27 000元，增值税额4 590元，今连同昨日垫付的运杂费和增值税额一并向银行办妥托收承付结算手续。

(12)24 日，收到银行转来南京商厦承付款项的收账通知，金额为46 074元。

(13)26 日，收到银行转来武汉商厦承付款项的收账通知，金额为31 923元。

(14)28 日，银行转来电力公司特约委托收款凭证付款通知联，金额为1 180元，系支付本月份电费。

要求：编制会计分录。

习题(三)

目的：练习银行存款余额调节表的编制。

资料：上海交电公司 4 月 28～30 日银行存款日记账及银行对账单如下：

银行存款日记账

2016 年 月	日	凭证号数	摘　要	借　方	贷　方	借或贷	余　额
4	28	(略)	承上页			借	151 200
	28		支付运输设备款(转支＃53 422)		68 750	借	82 450
	28		汇出函购款(电汇)		24 000	借	58 450
	29		收到销货款(托收承付)	65 420		借	123 870
	29		支付进货款(转支＃53 423)		31 860	借	92 010
	29		销货款(转支＃23 172)	57 160		借	149 170
	30		提现(现支＃33 575)		1 140	借	148 030
	30		房租(特约委托收款)		2 720	借	145 310
	30		销货款(转支＃76 294)	48 290		借	193 600
	30		支付进货款(转支＃53 424)		37 680	借	155 920

银行对账单

2016 年 月	日	摘　要	借　方	贷　方	借或贷	余　额
4	28	承上页			贷	151 200
	28	托收承付(收到货款)		65 420	贷	216 620
	28	电汇(函购款)	24 000		贷	192 620
	29	特约委托收款(房租)	2 720		贷	189 900
	29	转支＃53 422(支付运输设备款)	68 750		贷	121 150
	30	托收承付(收到销货款)		32 280	贷	153 430
	30	转支＃23 172(销货款)		57 160	贷	210 590
	30	提现	1 140		贷	209 450
	30	短期借款计息单	3 690		贷	205 760
	30	特约委托收款(水费)	580		贷	205 180

要求：

(1)将银行存款日记账与银行对账单逐笔核对，找出未达账项。

(2)编制银行存款余额调节表，验算企业与银行双方账目是否相符。

第三章

外币业务和国际贸易结算

第一节　外汇与外汇管理

一、外汇概述

(一)外汇和外币

商品流通企业开展国际贸易经营活动时,要进行国际贸易结算,届时要使用外汇或取得外汇。外汇是国际汇兑的简称,它是指以外国货币表示的可用以国际结算的支付手段和资产。

外汇包括以下四项内容:外国货币,它包括纸币和铸币;外币支付凭证,它包括票据、银行存款凭证和邮政储蓄凭证;外币有价证券,它包括政府债券、公司债券、股票、息票等;其他外汇资产。

外汇必须同时具备以下三个条件:以外币表示的国外资产;在国外能得到偿付的货币债权;可以兑换成其他支付手段的外币资产。

(二)外汇的分类

外汇可以按不同的标准分类,主要有以下两种。

1. 按外汇能否自由兑换分

按外汇能否自由兑换可分为自由外汇和记账外汇两种。

(1)自由外汇。它是指不需要经过外汇管理当局批准,在国际金融市场上可以随时自由兑换成其他国家的货币,或可以随时自由买卖并可以对任何国家自由支付的货币。目前全世界属于自由外汇的货币有50多种,使用最广泛的是美元、日元、欧元、英镑、瑞士法郎和港元等。

(2)记账外汇。它也称协定外汇或清算外汇,是指不经货币发行国批准,不能自由兑换成其他国家货币,或对第三国进行支付,只能在两国政府间签订的支付协定项目所使用的外汇。

2. 按外汇的来源分

按外汇来源可分为贸易外汇和非贸易外汇两种。

(1)贸易外汇。它是指来源于进口贸易的外汇,包括货款及其从属费用。

(2)非贸易外汇。它是指除贸易外汇以外通过其他方面所收付的外汇,如旅游外汇、劳务外汇、驻外机构经费,以及运输、邮电、银行、保险等部门业务的收支外汇。

(三)外汇汇率

外汇汇率简称汇率,又称汇价、牌价、兑换率,它是指一种货币折算为另一种货币的比率,也就是用某一种货币表示的另一种货币的价格,或外汇市场买卖外汇的价格。外汇汇率为商品流通企业在国际贸易中的外汇结算提供了依据。

1. 外汇汇率的标价方法

外汇汇率的确定,应先选用一种货币作为折合标准。根据选用本国货币还是外国货币作标准来表示外汇汇率的方法不同,标价方法分为以下两种。

(1)直接标价法,又称应付标价法,它是指以一定单位的外国货币作为标准来折算本国货币的标价方法。采用这种标价方法,外国货币数量固定不变,直接反映本国货币价值的增减变化。目前世界上绝大多数国家都实行直接标价法。我国国家外汇管理局公布的外汇牌价也采用这种方法,例如1美元=6.75元人民币。

采用直接标价法,如折合成本国货币的数量增加,说明本国货币币值下降,外国货币币值相对上升,即外汇汇率上升或本币汇率下降;反之,折合成本国货币的数量减少,说明本国货币币值上升,外国货币币值相对下降,即外汇汇率下降或本币汇率上升。外汇汇率的升降与本国货币数额增减变动的方向是一致的。

(2)间接标价法,又称应收标价法,它是指将本国货币单位固定不变,用若干单位的外国货币来标出本国货币的单位价格,间接地显示出外国货币价值的标价方法。现在仅有美国、英国、澳大利亚和新西兰等少数国家采用间接标价法。例如,美国采用间接标价法,1美元=0.8152英镑。

采用间接标价法,如折合成外国货币的数量增加,表示外国货币币值下降,本国货币的币值上升,即外汇汇率下降或本币汇率上升;反之,折合成外国货币的数量减少,表示外国货币币值上升，本国货币的币值下降，即外汇汇率上升或本币汇率下降。外汇汇率的升降与本国货币增减变化的方向是相反的。

为了便于标价和记账，人民币和外汇业务所涉及的外币一般均以简写符号表示。人民币、美元、日元、欧元、英镑、港元的简写符号分别为￥、US＄、J￥、€、£、HK＄。

2. 外汇汇率的分类

外汇汇率根据汇率的不同作用主要有以下三种分类。

(1)按银行买卖外汇的汇率分。按银行买卖外汇的汇率可分为买入汇率、卖出汇率和中间汇率。

①买入汇率，又称买入价，它是指银行向客户买入外汇时所使用的汇率。

②卖出汇率，又称卖出价，它是指银行向客户卖出外汇时所使用的汇率。

③中间汇率，又称中间价，它是指银行买入汇率与卖出汇率之间的平均汇率。

(2)按汇率发生的时间分。按汇率发生的时间可分为即期汇率和历史汇率。

①即期汇率，它是指企业发生外币业务时的市场汇率，即中国人民银行当日公布的外币汇率。

②历史汇率，它是指企业以前的外币业务发生时所使用的汇率。

(3)按企业记账所依据的汇率分。按企业记账所依据的汇率可分为记账汇率和账面汇率。

①记账汇率。它是指企业对发生的外币业务进行会计核算时所采用的汇率。

②账面汇率。它是指企业以前发生的外币业务登记入账时所采用的汇率。账面汇率也就是历史汇率。

二、外汇管理

(一)外汇管理的意义

外汇管理是指政府制定外汇管理法令及相应的制度，对境内外汇买卖、国际结算和外汇汇率所实施的管理。这种管理是由政府指定或授权某一机构履行实施的。国家通过外汇管理来维持本国的国际收支平衡，稳定本国货币汇率，保护国内市场，促进本国对外经济的发展。

我国的外汇管理机关是国务院外汇管理部门及其分支机构。

(二)外汇账户的开立

随着改革开放的深入，我国对外汇账户管理进行了改革，只要企业有需求，即可申请开立外汇账户。

单位开立外汇账户必须向外汇管理机关提交开立外汇账户申请报告，盖上单位公章，并根据外汇管理机关的要求，提供在工商行政管理部门登记的法人营业执照、各行业主管部门的核准件、相应外汇收入证明、审计报告(如新成立的企业，则需提供合同、协议)和其他资料，据以向外汇管理机关领取“外汇账户使用证”，并按规定填写用途、币种、收支范围、使用期限以及相应的结汇方式等，经外汇管理机关审查批准后，商品流通企业才能在指定的银行开设外汇账户。

境内单位开立外汇账户，必须由本单位人员办理，如需开户银行代办，必须出具企业授权书。

国家为了在外汇管理上给予企业一定的自主权，允许境内企业开立外汇账户，保留外汇收入，这样不但可以减少企业在结售汇过程中发生的财务费用，而且企业可以自行决定收汇后保留外汇资金的数额与时机，防范外汇风险。

(三)购汇的管理

外汇银行对企业购汇实行售汇制。售汇制是指外汇银行受理企业提供国家认可的进口用汇有效凭证，用人民币办理购买及对外支付外汇的制度。

1. 购汇的条件

商品流通企业需要购汇时，必须提供贸易合同、正本提单、发票、费用收据、进口许可证、进口登记表等与支付方式相适应的有效商业单据和凭证。如果采取信用证结算方式，还需提供开证申请书；如果采取进口托收结算方式，还需提供有关付款通知单；如果采取进口汇款结算方式，还需提供汇款申请书。

2. 购汇的程序

购汇程序有以下三方面：

(1)将购汇所需要的人民币资金足额地存放在商品流通企业在指定的外汇银行开设的账户中。

(2)填写一式数联的“购买外汇申请书”，并将其连同购汇所必须提供的有效商业单据和凭证一并送交外汇指定银行。

(3)外汇指定银行对商品流通企业提供的资料审核无误后，即办理售汇，并将“购买外汇申请书”中的一联退还商品流通企业，以完成购汇。

3. 购汇应遵守和注意的事项

购汇应遵守和注意的事项有以下三项：

(1)企业购汇必须按规定的要求提供合法的商业单据和凭证，不得伪造，更不得非法套取外汇。

(2)企业购入尚未支付的外汇，期末应根据有关规定确认汇兑损益。

(3)企业使用远期支付合同或偿债协议的，可按有关规定向外汇指定银行办理人民币与外币的远期买卖及其他保值业务，以防范汇率风险。

第二节　外币业务

一、外币业务的记账方法

外币业务是指企业以记账本位币以外的其他货币进行款项收付、往来结算和计价的经济业务。它主要包括企业购买或销售以外币计价的商品或劳务、企业借入或出借外币资金、承担或清偿以外币计价的债务等。记账本位币是指在会计记账上所采用的、作为会计计量基本尺度的货币币种。

商品流通企业开展进出口贸易业务，往往会使用各种可自由兑换的货币，届时必然会发生款项收付、债权债务结算和计价等外币业务。外币业务的账务处理有外币统账制和外币分账制两种方法。

外币统账制是指企业在发生外币业务时，必须及时折算为记账本位币记账，并以此编制财务报告的制度。外币分账制是指企业对外币业务在日常核算时按照外币原币进行记账，分别不同的外币币种核算其所实现的损益，编制各种货币币种的财务报告，在资产负债表日一次性地将外币财务报告折算为记账本位币表示的财务报告，并与记账本位币业务编制的财务报告汇总编制整个企业一定会计期间的财务报告的制度。

二、外币业务的核算

企业发生的外币业务都应当采用复币记账，在按外币原币登记有关外币明细账户的同时，还应当采用外币交易日的即期汇率或者即期汇率的近似汇率将外币金额折算为记账本位币(即人民币)金额记账。即期汇率的近似汇率是指按照系统合理的方法确定的，与交易发生日即期汇率近似的汇率，通常采用当期平均汇率或加权平均汇率等。

(一)外币收入的核算

商品流通企业出口商品取得的外币收入存入外汇账户后，可以根据企业具体的财务状况，作出结汇或不结汇的决定，并据以进行核算。

【例3—1】 东方土产进出口公司出口茶叶发生的有关业务如下：

(1)5月5日，销售给美国亨特公司茶叶一批，发票金额为50 000美元，当日中间汇率为6.72元。作分录如下：

借：应收外汇账款[①](US＄50 000×6.72)　　　336 000

　　贷：主营业务收入——自营出口销售收入　　　336 000

① 该账户是“应收账款”的明细账户。商品流通企业可以根据核算的需要，将其上升为一级账户。

(2)5月20日,银行收妥款项,送来现汇收账通知,当日美元汇率中间价为6.72元。作分录如下:

借:银行存款——外币存款(US＄50 000×6.72)　　336 000

　贷:应收外汇账款(US＄50 000×6.72)　　336 000

(3)5月25日,将30 000美元向银行办理结汇,当日买入汇率为6.70元。作分录如下:

借:银行存款——人民币存款(30 000×6.70)　　201 000

　汇兑损益[①]　　600

　贷:银行存款——外币存款(US＄30 000×6.72)　　201 600

商品流通企业向境外销售商品收取外汇,都必须向外汇管理机关办理收汇核销手续。

商品流通企业在商品报关出口前,应向外汇管理机关申领外汇管理机关加盖“监督收汇”章的收汇核销单。在商品报关时,商品流通企业必须向海关出示收汇核销单,凭与收汇核销单编号相符的报关单办理报关手续,否则海关不予受理。商品报关后,海关在收汇核销单和报关单上加盖“放行”章。商品流通企业报关后,必须及时将有关报关单、汇单、发票和收汇核销单存根送交当地外汇管理机关以备核销。商品流通企业在向银行交单时,银行必须凭盖有“放行”章的收汇核销单受理有关出口单据,凡没有附收汇核销单的出口,银行不予受理。出口收汇核销单还是商品流通企业办理出口退税的重要依据。

(二)外币付出的核算

商品流通企业进口商品,需要以外币支付货款及劳务供应时,可以凭有效商业单据和凭证直接从其外汇账户中支付,也可以提供有效商业单据和凭证,向银行购入外汇后再予以支付。

【例3—2】 上海日用化工进出口公司向法国巴黎公司进口化妆品一批,发票金额为72 000美元,以外汇存款账户款项支付。外汇账户的记账汇率和当日市场中间汇率均为6.72元。作分录如下:

借:在途物资　　483 840

　贷:银行存款——外币存款(US＄72 000×6.72)　　483 840

商品流通企业向境外采购商品支付进货款,无论以外汇账户中现汇支付,还是购汇支付,都必须向外汇管理机关办理付汇核销手续。

货到汇款结算方式项下的进口付汇,由外汇指定银行在凭正本进口货物报关单付汇核销专用联办理进口付汇的同时视为办妥付汇核销手续;其他结算方式项下的进口付汇,由商品流通企业凭正本进口货物报关单、贸易进口付汇核销单和进口付汇备案表直接向

① 该账户是“财务费用”的明细账户。商品流通企业可以根据核算的需要,将其上升为一级账户。

外汇管理局办理付汇核销手续。

第三节　汇兑损益

一、汇兑损益的内容

汇兑损益是指企业在持有外币货币性资产和发生外币货币性负债期间，由于外币汇率变动而引起的外币货币性资产或负债的价值发生变动而产生的损益。汇兑损益由外币折算差额和外币兑换差额两个部分组成。

(一)外币折算差额

外币折算差额是指企业各外币账户的记账本位币由于折算的时间不同，采用的折算汇率不同而产生的差额。外币折算差额应当分别外币货币性项目、外币非货币性项目和外币投入资本项目进行会计处理。

1. 外币货币性项目

货币性项目是指企业持有的货币资金和将以固定或可确定的金额收取的资产或者偿付的负债。外币货币性项目是指以外币计量的货币性项目。货币性项目分为货币性资产项目和货币性负债项目。货币性资产项目包括库存现金、银行存款、应收账款、其他应收款和长期应收款等；货币性负债项目包括短期借款、应付账款、长期借款、应付债券和长期应付款等。

对于外币货币性项目，因结算或采用期末的即期汇率折算而产生的汇兑差额，计入当期损益，同时调增或调减外币货币性项目的记账本位币金额。

2. 外币非货币性项目

非货币性项目是指货币性项目以外的项目，包括交易性金融资产、存货、长期股权投资、固定资产、无形资产等。外币非货币性项目是指以外币计量的非货币性项目。

(1)以历史成本计量的外币非货币性项目。这些项目如存货，由于已在交易发生日按当日即期汇率折算，期末不应改变其原记账本位币金额，不产生汇兑差额。

(2)以公允价值计量的外币非货币性项目。这些项目如交易性金融资产等，采用公允价值确定日的即期汇率折算，折算后的记账本位币金额与原记账本位币金额的差额，作为公允价值变动(含汇率变动)处理，计入当期损益。

3. 外币投入资本项目

企业收到投资者以外币投入的资本，应当采用交易发生日即期汇率折算，不得采用合同约定汇率和即期汇率的近似汇率折算，外币投入资本与相应的货币性项目的记账本位币金额之间不产生外币资本折算差额。

（二）外币兑换差额

外币兑换差额是指外币与记账本位币之间的兑换和不同外币之间的兑换，由于实际兑换的汇率与记账汇率不同而产生的差额。

实际兑换汇率是指兑入外币金额时的银行卖出价和兑出外币金额时的银行买入汇率。记账汇率是指外币业务发生的当日的市场汇率的中间汇率。因此，实际兑换汇率与记账汇率之间必然存在差异，从而产生了外币兑换差额。

二、汇兑损益的归属

(1)因日常经营业务发生的汇兑损益。商品流通企业因日常购进、销售商品和接受、提供劳务而发生的汇兑损益，应归属于“汇兑损益”账户。

(2)筹建期间发生的汇兑损益。商品流通企业在筹建期间发生的汇兑损益，应归属于“管理费用”账户。

(3)为购建固定资产而发生的汇兑损益。商品流通企业为购建固定资产而发生的汇兑损益，在固定资产达到预定可使用状态前发生的，应归属于固定资产的购建成本；在固定资产达到预定可使用状态后发生的，应归属于“汇兑损益”账户。

(4)为购置无形资产而发生的汇兑损益。商品流通企业为购置无形资产而发生的汇兑损益，应归属于无形资产的购置成本。

(5)支付股利发生的汇兑损益。商品流通企业支付境外投资者股利或利润发生的汇兑损益，应归属于“汇兑损益”账户。

三、汇兑损益的核算

外币业务按汇兑损益计算和结转的时间不同可以分为逐笔结转法和集中结转法两种。

（一）逐笔结转法

逐笔结转法是指企业每结汇一次，就计算并结转一次汇兑损益的方法。

采用逐笔结转法，平时发生的外币业务通常按当日的市场汇率的中间价或买入价、卖出价折算，如与原账面汇率不同时，就立即计算并结转该笔业务的汇兑损益。至期末，再将所有的外币账户的期末原记账本位币金额按当日公布的市场汇率的中间价折算的金额作为该外币账户的记账本位币金额。该余额与外币账户原记账本位币之间的差额作为汇兑损益予以转销。本章第二节外币收入的核算中举例阐述的就是逐笔结转法，在此不再重复。

逐笔结转法能够分别反映各笔结汇业务发生的汇兑损益和期末因汇率变动而发生的汇兑损益；但核算的工作量较大。该法适用于外币业务不多，但每笔业务交易金额较大的企业。

（二）集中结转法

集中结转法是指企业平时结汇时，按当日的市场汇率核销相关的外币账户，将汇兑损益集中在期末结转的方法。

采用集中结转法，企业平时结汇时，根据具体情况，按当日市场汇率的中间价或买入价、卖出价核销相关的外币账户，不计算结转汇兑损益。至期末，再将所有的外币账户的期末原记账本位币金额按当日公布的市场汇率的中间价计算的金额作为该外币账户的记账本位币余额，该余额与外币账户原记账本位币之间的差额作为汇兑损益，予以集中一次转销。

【例 3—3】 新光服装进出口公司"应收外汇账款"账户 1 月 1 日余额为90 000美元，汇率 6.72 元，人民币为604 800元。接着发生有关的经济业务如下：

(1)1 月 10 日，销售给美国底特律公司服装一批，发票金额为60 000美元，当日中间汇率为 6.72 元。作分录如下：

借：应收外汇账款(US＄60 000×6.72)　　403 200
　　贷：主营业务收入——自营出口销售收入　　403 200

(2)1 月 16 日，银行收妥上月结欠外汇账款90 000美元，转来收汇通知，当日美元汇率中间价为 6.71 元，作分录如下：

借：银行存款——外币存款(US＄90 000×6.71)　　603 900
　　贷：应收外汇账款(US＄90 000×6.71)　　603 900

(3)1 月 26 日，销售给美国休斯顿公司服装一批，发票金额为52 000美元，当日美元中间汇率价为 6.72 元。作分录如下：

借：应收外汇账款(US＄52 000×6.72)　　349 440
　　贷：自营出口销售收入　　349 440

(4)1 月 31 日，美元市场中间汇率为 6.71 元，计算汇兑损益[①]如下：

应收外汇账款按期末市场汇率计算记账本位币余额＝112 000[②]×6.71＝75 520(元)

应集中结转的汇兑损益＝753 540[③]－751 520＝2 020(元)

根据计算的结果结转汇兑损益，作分录如下：

借：汇兑损益　　2 020
　　贷：应收外汇账款　　2 020

---

① 为了便于阐述，本例以"应收外汇账款"账户代表了所有的外币货币性资产和负债账户。在实际工作中，所有的外币货币性资产和负债账户都要计算并结转汇兑损益。

② 见表 3－1"应收外汇账款"账户 1 月 31 日美元的余额。

③ 见表 3－1"应收外汇账款"账户 1 月 26 日人民币的余额。

根据上列资料登记“应收外汇账款”账户如表3—1所示。

集中结转法能够集中一次结转汇兑损益，简化了核算工作，但平时不能反映各笔结汇业务的汇兑损益。这种方法适用于外汇业务多，但每笔业务交易金额不大的企业。

表3—1 应收外汇账款

2016年		凭证	摘要	借方			贷方			余额		
月	日	号数		美元	汇率	人民币	美元	汇率	人民币	美元	汇率	人民币
1	1		期初余额							90 000	6.72	604 800
	10	1	销售商品款	60 000	6.72	403 200				150 000		1 008 000
	16	2	收到货款				90 000	6.71	603 900	60 000		404 100
	26	3	销售商品款	52 000	6.72	349 440				112 000		753 540
	31	4	结转汇兑损益						2 020	112 000	6.71	751 520

“汇兑损益”是损益类账户，用以核算经营国际贸易的商品流通企业由于外币汇率变动而引起的外币货币性资产或负债的价值发生变动而产生的损益。企业发生汇兑损失及将汇兑收益结转“本年利润”账户时记入借方；企业发生汇兑收益及将汇兑损失结转“本年利润”账户时，记入贷方。

第四节 国际贸易术语

一、国际贸易术语的意义

国际贸易术语又称国际贸易价格条件，是指用一个简短的概念或英语缩写表示国际贸易商品价格的构成和交易双方各自承担的费用、义务、责任及风险。它是进出口商品价格的一个重要的组成部分。

由于在国际贸易中，交易双方路途相距遥远，商品由销售方所在地运交购买方所在地的过程中，不仅要支付运费、保险费等多种费用，还要承担商品在运输途中可能遭受的各种损失和风险，有时中间商还要索取佣金。因此，国际贸易术语在国际贸易中得到广泛地运用。它确定了商品交易双方的责任，对进出口商品的运输、保险等各种手续由谁办理，费用由谁负担都作出了规定。它代表了交易双方承担责任的大小，因而表现出不同的价格水平；明确了风险负担，为可能的意外损失的处理提供了依据；确定了商品所有权转移的界限，从而明确了双方的责任，避免了交易中的摩擦。

二、国际贸易术语的种类

由国际商会制定的、经过多次修订而不断完善的《国际贸易术语解释通则》,已成为当今国际公认的、具有权威性的国际贸易术语解释通则。国际贸易术语种类较多,在我国常用的有三种。

(一)装运港船上交货价格(Free on Board,缩写 FOB)

装运港船上交货价格简称离岸价格(FOB),它是指由卖方负责在合同规定的日期或期限内,在指定的装运港将商品装上买方指定的船只,并向买方发出装船通知,负担到装船为止的一切费用和风险的价格条件。这一术语使用时,通常应同时明确装运港的名称,如上海港的船上交货价格即为 FOB Shanghai。

(二)成本加运费价格(Cost and Freight,缩写 CFR)

成本加运费价格简称到岸价格(CFR),它是指由卖方负责租船订舱,在合同规定的期限内将商品装上运往指定目的港的船只,支付运费,负担装船前的一切费用和风险,而买方负担保险费的价格条件。这一术语使用时通常应同时明确到达的目的港,如到达伦敦的成本加运费价格即为 CFR London。

(三)成本加保险费、运费价格(Cost Insurance and Freight,缩写 CIF)

成本加保险费、运费价格简称到岸价格(CIF),它是指由卖方负责租船订舱,在合同规定期限内将商品装上运往指定目的港的船上,支付保险费和运费,负担装船前的一切费用和风险的价格条件。这一术语使用时,也应同时明确到达的目的港,如到达纽约的成本加保险费、运费价格即为 CIF New York。

在以上三种国际贸易术语中,风险转移的标志是相同的,都是以商品装船,越过船舷为标准的;在不同的国际贸易术语中,虽然国外运费和保险费有的由买方支付,有的由卖方支付,但是最终均是由买方负担的,成为买方商品采购成本的组成部分;在国际贸易中,交易双方相距遥远,实际交货的时间较长,因此,通常采用象征性的交货,即买方承兑或付款后,取得代表商品所有权的货运单据时,就拥有了该商品的所有权。因此,与以商品装船为标志的风险的转移往往不一致。

第五节 国际贸易结算

一、国际贸易结算概述

国际贸易结算是指国际之间由于贸易活动所发生的国际货币收支和国际债权债务的结算。

国际贸易结算可分为记账结算和现汇结算两种类型。记账结算是指贸易双方按照两国政府间签订的支付协定中的有关条款，双方贸易结算都通过两国银行间开立的清算账户记账办理，平时结算不必动用现汇支付，至协定年度终了，对账户的差额进行清算。现汇结算是指以两国贸易部门签订的贸易合同为依据，办理进出口业务时，双方均以现汇逐笔结清。

现汇结算主要采用信用证、汇付和托收三种结算方式。

二、信用证结算方式

信用证是指由开证行根据开证申请人(进口商)的要求和指示向受益人(出口商)开立一定金额的、并在一定期限内凭规定的单据承诺付款的凭证。

(一)信用证结算方式的当事人

(1)开证申请人。它是指向银行申请开立信用证的单位，也就是进口商。

(2)开证行。它是指接受开证申请人的申请，开立并签发信用证的银行。开证行通常在开证申请人的所在地。

(3)通知行。它是指收到开证行的信用证，核实其真实性，并通知受益人的银行。通知行通常在受益人的所在地。

(4)受益人。它是指信用证的权利拥有者，也就是出口商。

(5)议付行。它是指应受益人的请求，买入或贴现信用证项下票据及单据的银行。

(6)付款行。它是指由开证行指定的在单据相符时付款给受益人的银行。

(二)信用证的基本内容

世界各国的信用证的格式和内容虽然有所不同，但其基本上具有下列各项内容：

(1)开证行名称、地址和开证日期。

(2)信用证的性质及号码。

(3)开证申请人名称。

(4)受益人名称、通知行名称和地址。

(5)信用证的最高金额和采用的货币。

(6)开证的依据。

(7)信用证的有效期限和到期地点。有效期限是指银行承担信用证付款的期限。出口商交单的时间如果超过了规定的有效期限，银行可因信用证逾期而解除其付款责任。到期地点是指在哪个国家及地区到期。

(8)汇票和单据条款。受益人(出口商)应凭汇票取款，信用证应列明汇票的付款人、汇票是即期还是远期，以及汇票应附的单据、单据的份数以及单据所列商品的名称、品质、数量、单价、金额、包装等。

(9)商品装运条款。它包括装运港、目的港、装运期限、运输方式、能否分批装运和转运等。

(10)保证责任条款。它是开证行确定履行付款责任的依据。

(三)信用证结算方式的基本程序

采取信用证结算方式,进口商和出口商应在贸易合同中规定使用信用证方式支付。信用证结算方式的基本程序有如下九个部分。

(1)进口商申请开立信用证。进口商向其所在地的银行填写开证申请书,根据贸易合同填写各项规定和要求,并按信用证金额的一定比例交付押金或提供其他保证,请开证行开证。

(2)开证行开立信用证电传通知行。开证行根据申请书的内容,向受益人(出口商)开立信用证,并向进口商收取开证手续费,然后将信用证电传给通知行,请其转递受益人。

(3)通知行将信用证转递受益人。通知行收到信用证,核对印鉴无误后,根据信用证的要求,将信用证转递给受益人(出口商)。

(4)出口商备齐单据向议付行办理议付。出口商收到信用证,审核其所列条款与贸易合同相符后,按信用证的规定和要求装运商品,并备齐各项单据,签发汇票,连同信用证在有效期内送交当地议付行办理议付。

(5)议付行向出口商垫付票款。议付行接受出口商交来信用证、汇票和各项单据,将信用证条款与单据核对相符,根据汇票金额,扣除利息和手续费后,将票据垫付给出口商。

(6)议付行向开证行索偿票款。议付行将汇票和全部单据寄往开证行或开证行指定的付款行索偿票款。

(7)开证行向议付行偿付票款。开证行收到议付行交来的单据后,经与信用证条款核对无误后,向议付行偿付票款。

(8)开证行通知进口商付款赎单。开证行将款项拨付议付行后,应立即通知进口商付款赎单。

(9)进口商付款赎单。进口商付清开证行垫付的票款,赎取单据,凭货运单据提货。

进口商如发现所提商品的数量、规格等与贸易合同规定不符,不能向开证行提出赔偿要求,只能向责任人即出口商、运输公司或保险公司索赔。

信用证结算方式的基本程序如图 3—1 所示。

信用证结算方式的另一种程序是:①进口商申请开立信用证。②开证行开立信用证电传通知行。③通知行将信用证传递出口商。④出口商备齐单据委托通知行收款。⑤通知行向开证行传递汇票和单据,索偿票款。⑥开证行通知进口商付款赎单。⑦进口商付款赎单。⑧开证行向通知行偿付票款。⑨通知行通知出口商票款收妥入账。

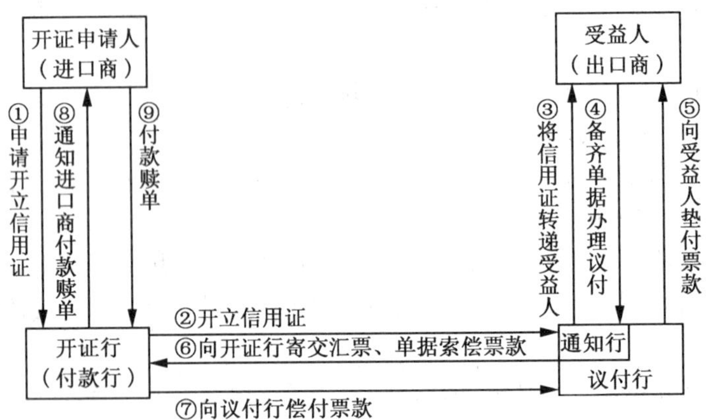

图 3—1 信用证结算方式的基本程序

（四）信用证结算方式的特点

（1）开证行负第一性付款责任。信用证是一种银行信用，开证行以自身的信用作出付款的承诺，对受益人承担第一性的付款责任，是首先付款人。

（2）信用证是一项独立文件。信用证的开立虽然是以贸易合同为依据的，但是它与贸易合同是两种不同性质的文件，银行只对信用证负责，不受贸易合同的约束，也不对贸易合同负任何责任。

（3）信用证结算业务以单据为依据。根据国际惯例，信用证的当事人只对信用证负责，受益人提交的单据只有符合信用证条款的规定，开证行才能凭以付款，以维护开证申请人和受益人各方的权益。

（五）信用证的分类

1. 信用证按是否规定附有货运单据分为光票信用证和跟单信用证。

（1）光票信用证。它是指仅凭汇票而不附货运单据的信用证。有的信用证要求出具汇票并附有非货运单据，如发票、垫款清单等，也属于光票信用证。由于不附货运单据，出口商可在商品装运并取得提单以前就开出汇票，请求银行议付。因此，对于出口商来说，光票信用证实际上具有预先取得货款的作用。

（2）跟单信用证。它是指附有货运单据的汇票或仅凭货运单据付款的信用证。货运单据一般是指代表商品所有权或证明商品已发运的凭证。采取跟单信用证结算时，银行以自己的信用担保进口商在支付货款时一定能够得到代表商品所有权的单据；同时也担保出口商在运出商品、交出货运单据后就一定能收到货款。采取跟单信用证结算为购销双方的利益提供了一定程度的安全保障。因此跟单信用证在国际贸易结算中被广泛地采用。

2. 信用证按开证行承担的责任分为可撤销信用证和不可撤销信用证。

(1)可撤销信用证。它是指开证行对所开信用证不必征得收益人同意，在议付行议付之前，可随时撤销或修改的信用证。由于这种信用证对出口商风险较大，因此极少被采用。

(2)不可撤销信用证。它是指开证行对所开出的信用证，未征得收益人的同意，不得单方面撤销或修改所规定的各项条款的信用证。由于这种信用证对出口商有保障，因此在国际贸易中被广泛地采用。

按照国际惯例，信用证如未注明"可撤销"字样，即视为不可撤销信用证。

3. 信用证按对汇票支付的期限分为即期信用证和远期信用证。

(1)即期信用证。它是指开证行或付款行在收到符合信用证条款规定的汇票和单据后，立即履行付款义务的信用证。即期信用证有利于迅速安全地收汇，在国际贸易结算中使用得较多。

(2)远期信用证。它是指开证行或付款行收到符合信用证条款规定的汇票和单据后，不立即履行付款义务，待汇票到期时才能支付票款的信用证。远期信用证对于出口商来说，其将要先垫付款项，并承担汇票有效期内汇率变动的风险，收汇的安全程度也低于即期信用证。

(六)信用证结算方式的核算

1. 进口商的核算

进口商进口商品采用信用证结算，向银行申请开证。届时银行将根据进口商的信用等级，确定其交存保证金的比率，进口商按确定的比率向银行存入保证金时，借记"其他货币资金"账户；贷记"银行存款"账户。支付的开证手续费列入"财务费用"账户。进口商付款赎取单证时，借记"在途物资"账户；贷记"其他货币资金"和"银行存款"账户。

【例 3—4】 长城服装进出口公司向美国耐克公司进口运动鞋一批。

(1)9 月 15 日，向银行申请开立信用证80 000美元，按开证金额的 25% 支付保证金20 000美元，当日中间汇率为 6.72 元。作分录如下：

借：其他货币资金——信用证存款(US＄20 000×6.72)　　134 400

　　贷：银行存款——外币存款(US＄20 000×6.72)　　134 400

(2)9 月 15 日，以银行存款支付银行开证手续费 806 元。作分录如下：

借：财务费用——手续费　　806

　　贷：银行存款　　806

(3)9 月 25 日，收到银行转来进口运动鞋的发票、提单等单据，计金额80 000美元，当日中间汇率为 6.72 元，扣除已支付的 25%保证金外，当即付清全部款项。作分录如下：

借:在途物资　　537 600

　　贷:其他货币资金——信用证存款(US$20 000×6.72)　　134 400

　　　　银行存款——外币存款(US$60 000×6.72)　　403 200

2. 出口商的核算。出口商在商品发运后,签发汇票,连同全套单据及信用证送交银行办理议付手续时,借记"应收外汇账款"账户;贷记"主营业务收入"账户。向银行支付的议付手续费列入"财务费用"账户。当收到银行转来的收汇通知时,借记"银行存款"账户;贷记"应收外汇账款"账户。

【例3—5】 东方土产进出口公司向法国巴黎茶叶公司出口茶叶一批。

(1)9月5日,向法国巴黎茶叶公司发运茶叶一批,计金额65 000欧元,当日中间汇率为7.40元,送交银行办理议付手续,作分录如下:

借:应收外汇账款(€65 000×7.40)　　481 000

　　贷:主营业务收入——自营出口销售收入　　481 000

(2)9月5日,支付银行议付手续费610元,作分录如下:

借:财务费用——手续费　　601

　　贷:银行存款　　601

(3)9月16日,收到银行转来收汇通知,金额为65 000欧元,当日欧元汇率中间价为7.40元,作分录如下:

借:银行存款——外币存款(€65 000×7.40)　　481 000

　　贷:应收外汇账款(€65 000×7.40)　　481 000

三、汇付结算方式

汇付是指汇款人(进口商)主动将款项交给汇出行,由该汇出行委托收款人所在地的汇入行将款项转交收款人(出口商)的结算方式。

(一)汇付结算方式的当事人

(1)汇款人,即付款方,也就是进口商。

(2)汇出行,它是指受汇款人即进口商的委托将款项付给收款人的银行。

(3)汇入行,它是指受汇出行的委托将款项付给收款人的银行。

(4)收款人,即受益人,也就是出口商。

(二)汇付结算方式的种类

汇付结算方式按采用通知的方式不同可分为三类。

(1)电汇。它是指汇出行应汇款人的要求以电讯方式委托汇入行向收款人付款的结算方式。采用电汇方式,收款人能迅速收取款项,但付款人要承担较多的费用。

(2)信汇。它是指汇出行应汇款人的要求以信函方式委托汇入行向收款人付款的结算方式。采用信汇方式，信汇的费用较小，但汇款的速度较慢。

(3)票汇。它是指汇款人向汇出行购买银行汇票寄给收款人，由收款人据以向汇票上指定的银行收取款项的结算方式。票汇是以银行即期汇票作为结算工具的。

汇票有单张汇票和复张汇票两种。单张汇票为防止遗失，应双挂号，它通常用于数额较小的汇票；复张汇票有正副两张，如遇汇票迟到或遗失时，可凭副张兑换。因此正、副两张汇票应分别邮寄，它通常用于数额较大的汇票。

(三)汇付结算方式的基本程序

1. 电汇、信汇结算方式的基本程序

(1)进口商交付款项委托汇款。进口商(汇款人)根据合同或经济事项将汇款交付汇出行，并填写电汇或信汇申请书，委托汇款行汇出款项。

(2)汇出行接受委托。汇出行接受汇款委托，将电汇或信汇申请书回执退给汇款人。

(3)汇出行通知汇入行付款。汇出行通过电讯工具或邮寄信汇委托书，委托汇入行解付汇款。

(4)汇入行通知收款人收取汇款。汇入行收到电讯通知或信汇委托书，经审核无误后，将汇款通知单交付收款人。

(5)出口商收取汇款。出口商(收款人)持盖章后的汇款通知单向汇入行收取汇款。

电汇、信汇结算方式的基本程序如图 3－2 所示。

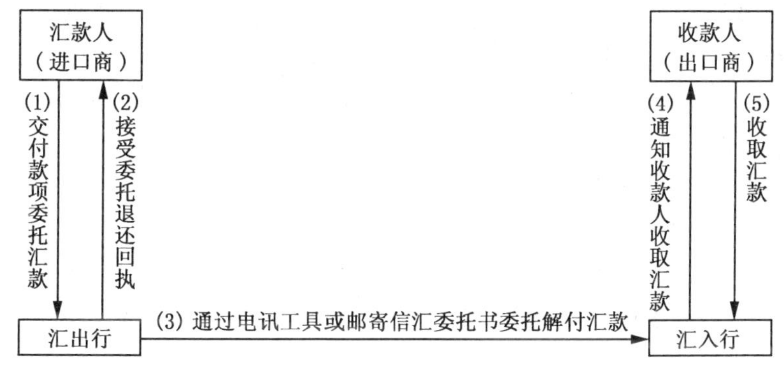

图 3－2　电汇、信汇结算方式基本程序图

2. 票汇结算方式的基本程序

(1)交付款项购买银行汇票。进口商(汇款人)根据合同或经济事项向汇出行交付款项，购买银行汇票。

(2)交付银行汇票。经汇出行审核无误后，交付汇款人银行汇票。

(3)邮寄银行汇票。汇款人将银行汇票邮寄给收款人(出口商)。

(4)邮寄汇付通知书。汇出行将汇付通知书邮寄给汇入行通知其付款。

(5)凭银行汇票取款。收款人凭银行汇票向汇入行收取汇款。

(6)汇入行解付汇款。经汇入行审核无误后,解付汇款。

票汇结算方式的基本程序如图 3—3 所示。

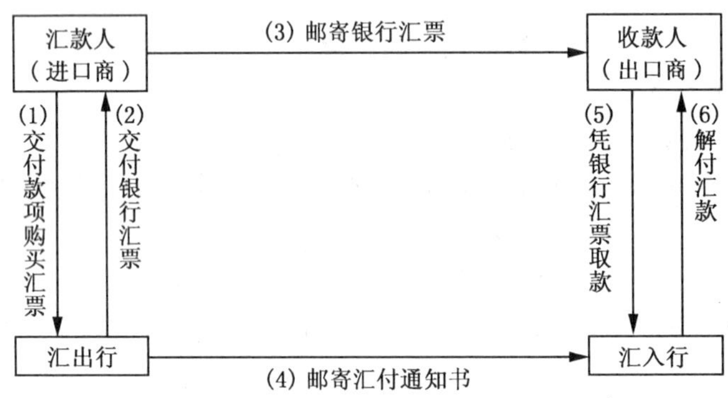

图 3—3　票汇结算方式基本程序图

(四)汇付结算方式的特点及适用性

汇付结算方式完全是建立在商业信用基础上的结算方式。交易双方根据合同或经济事项预付货款或货到付款,预付货款进口商有收不到商品的风险;而货到付款则出口商有收不到货款的风险。由于汇付结算方式的风险较大,这种结算方式只有在进出口双方高度信任的基础上才适用。此外,结算货款尾差、支付佣金、归还垫款、索赔理赔、出售少量样品等也可以采用。

(五)汇付结算方式的核算

1. 进口商的核算

进口商采取预付货款方式进口商品,在预付货款时,借记“预付外汇账款”①账户,贷记“银行存款”账户。在收到商品提单和发票等单证时,借记“在途物资”账户,贷记“预付外汇账款”账户。

【例 3—6】 沪光化工国际贸易公司向美国杜邦公司进口化工商品一批。

(1)11 月 6 日,根据合同规定预先汇付美国杜邦公司货款70 000美元,当日中间汇率为 6.72 元,作分录如下:

借:预付外汇账款(US＄70 000×6.72)　　470 400

　　贷:银行存款——外币存款(US＄70 000×6.72)　　470 400

① 该账户是“预付账款”的明细账户,商品流通企业可以根据核算的需要,将其上升为一级账户。

(2)11 月 20 日,收到杜邦公司发来商品的发票、提单等单据,计金额70 000美元,当日美元中间汇率为 6.73 元,作分录如下:

借:在途物资(US＄70 000×6.73)　　471 100

　　贷:预付外汇账款(US＄70 000×6.72)　　470 400

　　　　汇兑损益　　700

进口商采取货到付款方式进口商品,在收到出口商寄来商品提单和发票等单据时,借记"在途物资"账户;贷记"应付外汇账款"[①]账户。在汇付商品货款时,借记"应付外汇账款"账户;贷记"银行存款"账户。

【例 3—7】 上海服装进出口公司向法国巴黎服装公司进口服装一批。

(1)11 月 15 日,根据合同收到法国巴黎服装公司寄来商品提单和发票等单据,计金额65 000欧元,当日中间汇率为 7.40 元。作分录如下:

借:在途物资　　481 000

　　贷:应付外汇账款(€65 000×7.40)　　481 000

(2)11 月 18 日,汇付法国巴黎服装公司货款65 000欧元,当日中间汇率为 8.50 元。作分录如下:

借:应付外汇账款(€65 000×7.40)　　481 000

　　贷:银行存款——外币存款(€65 000×7.40)　　481 000

2. 出口商的核算

出口商出口商品要求进口商采取预付货款方式,在收到货款时,借记"银行存款"账户;贷记"预收外汇账款"[①]账户。然后在销售发运商品时,再借记"预收外汇账款"账户;贷记"主营业务收入"账户。

【例 3—8】 上海服装进出口公司向美国洛杉矶公司出口服装一批。

(1)7 月 16 日,根据合同规定预收美国洛杉矶公司订购的服装款55 000美元,存入银行,当日中间汇率为 6.72 元。作分录如下:

借:银行存款——外币存款(US＄55 000×6.72)　　369 600

　　贷:预收外汇账款(US＄55 000×6.72)　　369 600

(2)7 月 22 日,销售发运给美国洛杉矶公司服装一批,金额55 000美元,当日美元汇率中间价为 6.72 元。作分录如下:

借:预收外汇账款(US＄55 000×6.72)　　369 600

　　贷:主营业务收入——自营出口销售收入　　369 600

---

① 这两个账户分别是"应付账款"和"预收账款"的明细账户,商品流通企业可以根据核算的需要,将其上升为一级账户。

当进口商要求采取货到付款方式时，出口商必须先发运商品，寄出商品提单和发票。届时借记“应收外汇账款”账户；贷记“主营业务收入”账户。当收到货款时，再借记“银行存款”账户；贷记“应收外汇账款”账户。

四、托收结算方式

托收是指由委托人(出口商)开立汇票或者连同货运单据，委托托收行通过其在付款人所在地的分行或代理行向债务人(进口商)收取款项的结算方式。

(一)托收结算方式的当事人

(1)委托人。它是指开立汇票或连同单据委托银行向付款人办理托收的单位，也就是出口商。

(2)托收行。它是指接受委托人的委托，再转托付款人所在地银行办理托收的银行。它通常在委托人所在地。

(3)代收行。它是指接受托收行的委托，参与处理托收代向付款人收款的银行。它通常是付款人的往来银行。

(4)付款人。它又称受票人，是指根据托收指示被提示单据并被要求付款或承兑汇票的单位，也就是进口商。

(二)托收结算方式的种类

托收结算方式按照托收汇票是否附有商业货运单据，可分为光票托收和跟单托收两种。

1. 光票托收

它是指委托人仅开立汇票，而不随附任何商业货运单据，委托银行收取款项的托收方式。在汇票托收时虽附有发票、垫款清单等单据，但不是整套货运单据，这也属于光票托收。

光票托收通常适用于收取货款尾数、代垫费用、佣金、样品费、索赔款等小额款项。

2. 跟单托收

它是指委托人开立跟单汇票，连同整套货运单据一并交给银行并委托银行收取款项的托收方式。跟单托收根据交单的条件不同，又可分为付款交单和承兑交单两种。

(1)付款交单。它是指代收行必须在付款人付清票款后，才将货运单据交给付款人的一种交单条件。付款交单按其支付的时间不同，还可分为即期付款交单和远期付款交单两种。

①即期付款交单。它是指代收行提示汇票给付款人，付款人见票后立即付款赎单的交单条件。

②远期付款交单。它是指代收行提示汇票给付款人要求承兑，付款人承兑汇票后，待

汇票到期日付清票款，赎取货运单据的交单条件。

（2）承兑交单。它是指代收行待付款人承兑汇票后，就将货运单据交给付款人，于汇票到期日由付款人履行付款义务的一种交单条件。

（三）托收结算方式的基本程序

1. 跟单托收即期付款交单结算方式的基本程序

（1）出口商装运商品上船。它是指出口商按合同的要求装运商品上船。

（2）开出即期汇票办理托收。它是指出口商开出即期汇票，填写托收申请书，连同全套货运单据，送交托收行办理托收。

（3）向代收行邮寄即期汇票及货运单据。它是指托收行将即期汇票连同全套货运单据邮寄给代收行。

（4）代收行向进口商提示付款。它是指代收行收到即期汇票连同全套货运单据后向进口商提示付款。

（5）进口商付款赎单。它是指进口商付清款项，赎取全套货运单据。

（6）汇交托收行已收妥的款项。它是指代收行收取款项后，将款项汇交托收行。

（7）通知款项收妥入账。它是指托收行通知出口商款项收妥入账。

跟单托收即期付款交单结算方式的基本程序如图3—4所示。

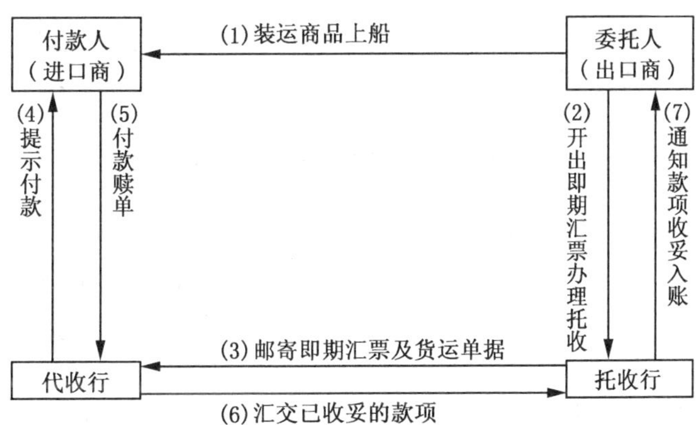

图3—4　跟单托收即期付款交单结算方式的基本程序图

2. 跟单托收远期付款交单的基本程序

（1）出口商装运商品上船。它是指出口商按合同的要求装运商品上船。

（2）开出远期汇票办理托收。它是指出口商开出远期汇票，填写托收申请书，连同全套货运单据送交托收行办理托收。

（3）向代收行邮寄远期汇票及货运单据。它是指托收行将远期汇票连同全套货运单据邮寄给代收行。

(4)代收行向进口商提示承兑。它是指代收行收到远期汇票和全套货运单据后向进口商提示承兑。

(5)进口商承兑汇票。它是指进口商承兑汇票后代收行保留汇票及全套货运单据。

(6)到期日进口商付款赎单。它是指汇票到期日进口商付清票款,赎取全套货运单据。

(7)汇交已收妥的款项。它是指代收行收取款项后向托收行汇交已收妥的款项。

(8)通知款项收妥入账。它是指托收行通知出口商款项已收妥入账。

跟单托收远期付款交单结算方式的基本程序如图 3—5 所示。

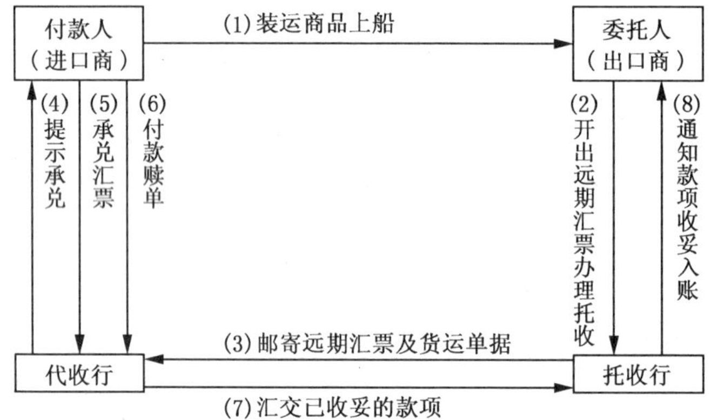

图 3—5 跟单托收远期付款交单结算方式的基本程序图

3. 跟单托收承兑交单结算方式的基本程序

(1)出口商装运商品上船。它是指出口商按合同的要求装运商品上船。

(2)开出远期汇票办理托收。它是指出口商开出远期汇票,填写托收申请书,连同全套货运单据送交托收行办理托收。

(3)向代收行邮寄远期汇票及货运单据。它是指托收行将远期汇票连同全套货运单据邮寄给代收行。

(4)代收行向进口商提示承兑。它是指代收行收到远期汇票和全套货运单据向进口商提示承兑。

(5)进口商承兑汇票取得货运单据。它是指进口商承兑汇票后,取得全套货运单据,代收行仍保留汇票。

(6)到期日进口商付清款项。它是指汇票到期,代收行提示付款,进口商付清款项。

(7)汇交已收妥的款项。它是指代收行向托收行汇交已收妥的款项。

(8)通知款项收妥入账。它是指托收行通知出口商款项已收妥入账。

跟单托收承兑交单结算方式的基本程序如图 3—6 所示。

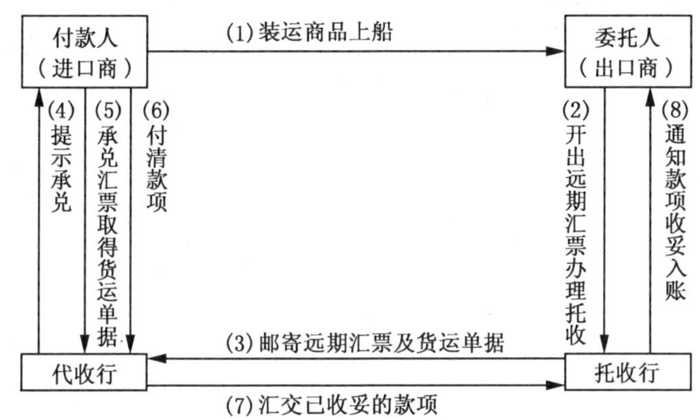

图 3—6　跟单托收承兑交单结算方式的基本程序图

(四)托收结算方式的特点

托收结算方式手续较简单，银行费用较低，出口商必须先将商品装运上船后，才能向银行办理托收。这样做，收汇较有把握，不会轻易发生钱、货两空。然而托收毕竟是建立在商业信用基础之上的，如果进口商由于某种原因，不按合同履行付款义务，出口商将蒙受损失。即使跟单托收，也有可能承担风险，即：发货后进口地的货价下跌，进口商不愿付款，就借口货物规格不符或包装不良等原因而要求减价；因政治或经济原因，进口国家改变进口政策，进口商没有领到进口许可证，或是申请不到进口所需的外汇，以致货物运抵进口地而无法进口，不能付款等。

(五)托收结算方式的核算

(1)进口商的核算。进口商收到银行转来的跟单托收付款交单结算凭证，在支付款项赎取全套货运单据时，借记“在途物资”账户；贷记“银行存款”账户。

【例 3—9】 上海烟草进出口公司向英国进口卷烟一批，收到银行转来的跟单托收付款交单凭证及全套货运单据，计货款60 000英镑，予以支付，当日中间汇率为 8.28 元。作分录如下：

借：在途物资　　　　496 800

　　贷：银行存款——外币存款(£60 000×8.28)　　　　496 800

当进口商收到银行转来的跟单托收承兑交单结算凭证，予以承兑，取得了全套货运单据时，借记“在途物资”账户；贷记“应付票据——外汇票据”账户。在付清货款时，再借记“应付票据——外汇票据”账户；贷记“银行存款”账户。

(2)出口商的核算。出口商按合同要求装运商品上船，在向银行办妥托收手续后，借记“应收外汇账款”账户；贷记“主营业务收入”账户。俟收到货款时，再借记“银行存款”账户；贷记“应收外汇账款”账户。

【例 3—10】 天成化工国际贸易公司向澳大利亚悉尼公司出口农药一批。

(1)9 月 1 日，根据合同规定销售给澳大利亚悉尼公司农药一批，货款80 000美元，当日中间汇率为 6.72 元，农药已装运上船，并向银行办妥跟单托收手续。作分录如下：

借：应收外汇账款(US＄80 000×6.72)　　537 600

　贷：主营业务收入——自营出口销售收入　　537 600

(2)9 月 20 日，收到银行转来澳大利亚悉尼公司支付80 000美元的收账通知，当日中间汇率为 6.71 元。作分录如下：

借：银行存款——外币存款(US＄80 000×6.71)　　536 800

　汇兑损益　　800

　贷：应收外汇账款——(US＄80 000×6.72)　　537 600

一、简答题

1. 外汇有哪两种分类？分述各种外汇的定义。
2. 外汇汇率有哪两种标价方法？分述两种标价方法的定义。
3. 外汇汇率有哪四种分类？
4. 什么是外汇管理？试述购汇的管理。
5. 汇兑损益由哪两个部分组成？分述这两个部分的定义。
6. 什么是逐笔结转法？什么是集中结转法？分述这两种方法的定义、优缺点和适用性。
7. 国际贸易术语有哪些种类？分述各种国际贸易术语的定义。
8. 国际贸易结算有哪两种类型？分述各种类型的定义。
9. 什么是信用证？它有哪些基本内容？
10. 试述信用证结算方式的基本程序。
11. 信用证结算方式有哪些特点？
12. 试述电汇、信汇和票汇结算方式的基本程序。

二、名词解释题

外汇　外汇汇率　外币业务　外币统账制　汇兑损益　国际贸易术语　国际贸易结算　跟单信用证　汇付　托收

三、是非题

1. 外汇必须同时具备以外币表示的国外资产、在国外能得到偿付的货币债权和可以兑换成其他支付手段的外币资产这三个条件。　(　　)

2. 买入汇率或卖出汇率是指客户向银行买入外汇或客户向银行卖出外汇时所使用的汇率。（　）

3. 实际兑换汇率是指兑入外币金额时银行的卖出汇率和兑出外币金额时的银行买入汇率。（　）

4. 记账汇率是指外币业务发生当日的市场汇率的中间汇率。（　）

5. 以人民币为记账本位币的企业，采用逐笔结转法与集中结转法计算的汇兑损益，其最终结果是相同的。（　）

6. 采用汇付结算方式，预付货款进口商有收不到商品的风险；而货到付款则出口商有收不到货款的风险。（　）

7. 托收结算方式具有手续较简单、银行费用低，但收汇有风险的特点。（　）

8. 跟单托收根据交单的条件不同，可分为即期付款交单和远期付款交单两种。（　）

四、单项选择题

1. 企业对发生的外币业务，在按外币原币登记有关外币明细账户的同时还应当采用________将外币金额计算为记账本位币记账。

A. 记账汇率　　B. 即期汇率　　C. 中间汇率　　D. 历史汇率

2. ________发生的汇兑损益，应归属于“汇兑损益”账户。

A. 支付股利发生的汇兑损益　　B. 筹建期间发生的汇兑损益

C. 为购置无形资产而发生的汇兑损益　　D. 为购建固定资产而发生的汇兑损益

3. 采用信用证结算方式，进口商如发现所提商品的数量、规格等与贸易合同规定不符，不能向________提出赔偿要求。

A. 运输公司　　B. 开证行　　C. 出口商　　D. 保险公司

五、多项选择题

1. 外汇包括________和其他外汇资产。

A. 外国货币　　B. 外币支付凭证

C. 用以国际结算的资产　　D. 外币有价证券

2. 采用直接标价法时________。

A. 本国货币的数量固定不变　　B. 外国货币的数量固定不变

C. 汇率升降通过本国货币变动来反映　　D. 汇率升降通过外国货币变动来反映

3. 境内企业开立外汇账户，保留外汇收入可以________。

A. 减少企业的财务费用　　B. 增加外贸收入

C. 防范外汇风险　　D. 加强外汇监管

4. 货币性资产项目包括库存现金、银行存款、________等。

A. 应收账款　　B. 预收账款　　C. 其他应收款　　D. 固定资产

5. 在我国常用的国际贸易术语有________。

A. 装运港船上交货价格　　B. 目的港船上交货价格

C. 成本加运费价格　　D. 成本加保险费、运费价格

6. 信用证结算方式的特点有________。

A. 收汇有保证　　B. 开证行负第一性付款责任

C. 信用证是一项独立文件　　D. 信用证结算业务以单据为依据

7. 在国际贸易中被广泛采用的有________。

A. 光票信用证　　B. 跟单信用证

C. 可撤销信用证　　D. 不可撤销信用证

8. 汇付结算方式除了用于货款结算外，还可用于________及出售少量样品等。

A. 结算货款尾差　　B. 支付佣金　　C. 索赔理赔　　D. 归还垫款

六、实务题

习题(一)

目的：练习外币业务的核算。

资料：武泰电器进出口公司 6 月份发生下列有关的经济业务：

(1)5 日，销售给美国洛杉矶公司电器一批，发票金额为56 000美元，当日中间汇率为 6.72 元。

(2)12 日，向荷兰飞利浦公司进口电器一批，发票金额为68 000美元，以外汇存款账户款项支付。外汇账户的记账汇率和当日市场汇率均为 6.72 元。

(3)15 日，银行收妥美国洛杉矶公司款项56 000美元，送来收汇通知，当日中间汇率为 6.72 元。

(4)18 日，销售给美国波士顿公司电器一批，发票金额65 000美元，当日中间汇率为 6.72 元。

(5)22 日，向德国柏林公司进口电器一批，发票金额72 000美元，外汇账户金额不足，向银行购汇20 000美元。当日汇率卖出价为 6.74 元，购汇后付清全部款项。外汇账户原有金额的记账汇率和市场汇率均为 6.72 元。

(6)28 日，银行收妥美国波士顿公司款项65 000美元，送来收汇通知，当日中间汇率为 6.72 元。

(7)30 日，将18 000美元向银行办理结汇手续，当日买入汇率为 6.70 元。

要求：编制会计分录。

习题(二)

目的：练习汇兑损益的核算。

资料：

1. 6 月 1 日，上海电器进出口公司外币账户余额如下：

账　户　名　称	外币余额	账面汇率	人民币金额
银行存款——外币存款	US$75 000	6.72	504 000
应收外汇账款	US$56 000	6.72	376 320
应付外汇账款	US$50 000	6.72	336 000

2. 6 月份接着发生下列有关的经济业务：

(1)1 日，支付上月结欠法国巴黎公司外汇账款50 000美元，当日中间汇率为 6.72 元。

(2)3 日，销售给英国伦敦公司电器一批，发票金额为62 000美元，当日中间汇率为 6.72 元。

(3)7 日，向荷兰飞利浦公司进口电器一批，发票金额为58 000美元，款项尚未支付，当日中间汇率为6.71 元。

(4)9 日，向银行购汇35 000美元，以备支付前欠荷兰飞利浦公司货款，当日卖出汇率为 6.73 元，中间价为 6.71 元。

(5)10 日，支付前欠荷兰飞利浦公司货款58 000美元，当日中间汇率为 6.72 元。

(6)12 日，银行收妥上月美国洛杉矶公司结欠款项56 000美元，送来收汇通知，当日中间汇率为6.71 元。

(7)15 日，银行收妥英国伦敦公司款项62 000美元，送来收汇通知，当日中间汇率为 6.71 元。

(8)20 日，今将31 000美元向银行办理结汇手续，当日买入汇率为 6.70 元，中间汇率为 6.72 元。

(9)23 日，销售给美国洛杉矶公司电器一批，发票金额为60 000美元，当日中间汇率为 6.71 元。

(10)27 日，向日本东京公司购进电器一批，发票金额为58 000美元，款项尚未支付，当日中间汇率为6.71 元。

(11)30 日，美元市场中间汇率为 6.70 元，调整各外币账户的期末余额。

要求：

(1)根据“资料 1”、“资料 2”，外币账户按当日汇率折算，用逐笔结转法编制会计分录并设置登记各外币账户。

(2)根据“资料 1”、“资料 2”，外币账户按当日汇率折算，用集中结转法编制会计分录并设置登记各外币账户。

习题(三)

目的：练习信用证结算方式的核算。

资料：东方化工国际贸易公司 12 月份发生下列有关的经济业务：

(1)2 日，因从美国纽约公司进口涂料，向银行申请开立信用证90 000美元，按开证金额的 30%支付保证金27 000美元，当日中间汇率为 6.72 元。

(2)2 日，以银行存款支付银行开证手续费 907.20 元。

(3)5 日，销售给澳大利亚悉尼公司农药一批，已经发运，计80 000美元，当日中间汇率为 6.72 元，送交银行办理议付手续。

(4)5 日，以银行存款支付银行议付手续费 672 元。

(5)12 日，收到银行转来收汇通知，系澳大利亚悉尼公司货款，金额为80 000美元，当日中间汇率为6.72 元。

(6)14 日，收到银行转来美国纽约公司涂料的发票、提单等单据，计金额90 000美元。今扣除已支付的 30%的保证金外，付清全部款项，当日中间汇率为 6.72 元。

(7)15 日，因从德国柏林公司进口农药一批，向银行申请开立信用证72 000欧元，按开证金额的30%支付保证金，当日中间汇率为 7.40 元。

(8)15 日，以银行存款支付银行开证手续费799.20元。

(9)18 日，销售给英国伦敦公司农药一批，已经发运，计48 000英镑，当日中间汇率为 8.28 元，送交银行办理议付手续。

(10)18 日,以银行存款支付议付手续费 496.80 元。

(11)28 日,收到银行转来收汇通知,系英国伦敦公司的货款,金额48 000英镑,当日中间汇率为8.28 元。

(12)31 日,收到银行转来德国柏林公司农药的发票、提单等单据,计金额72 000欧元。今扣除已支付的 30%的保证金外,付清全部款项,当日中间汇率为 7.47 元。

要求:编制会计分录。

习题(四)

目的:练习汇付和托收结算方式的核算。

资料:天马服装进出口公司 12 月份发生下列有关的经济业务:

(1)1 日,根据合同规定预先汇付意大利米兰公司货款54 000欧元,当日中间汇率为 7.40 元。

(2)2 日,根据合同规定收到韩国汉城公司寄来商品提单和发票等票据,计金额52 000美元,当日中间汇率为 6.72 元。

(3)4 日,汇付韩国汉城公司货款52 000美元,当日中间汇率为 6.72 元。

(4)6 日,根据合同规定预收印尼雅加达公司订购服装款48 000美元,存入银行,当日中间汇率为6.72 元。

(5)8 日,销售发运给印尼雅加达公司订购的服装,金额48 000美元,当日中间汇率为 6.72 元。

(6)9 日,收到意大利米兰公司发来商品的发票等单据,计金额54 000欧元,当日中间汇率为 7.40元。

(7)10 日,根据合同规定,销售发运给菲律宾马尼拉公司服装一批,金额42 000美元,当日中间汇率为 6.72 元。

(8)14 日,收到菲律宾马尼拉公司汇付的货款42 000美元,当日中间汇率为 6.73 元。

(9)15 日,向法国巴黎公司进口服装一批,收到银行转来的跟单托收付款交单凭证及全套货运单据,计货款59 500欧元,予以支付,当日中间汇率为 7.40 元。

(10)17 日,根据合同规定销售给美国波士顿公司服装一批,货款48 500美元,当日中间汇率为 6.72元,货已装运上船,并向银行办妥跟单托收手续。

(11)20 日,向韩国仁川公司进口服装一批,收到银行转来的跟单托收承兑交单结算凭证,计货款45 000美元。予以承兑后,取得全套货运单据。当日中间汇率为 6.72 元。

(12)27 日,收到银行转来美国波士顿公司支付48 500美元的收账通知,当日中间汇率为 6.72 元。

(13)31 日,本月 20 日承兑的韩国仁川公司的汇票已到期,金额为45 000美元,予以支付。当日中间汇率为 6.71 元。

要求:编制会计分录。

第四章

商品流通核算概述

第一节　商品流通的含义

商品流通是指商品流通部门通过购销活动，将工农业生产者生产的商品从生产领域向消费领域转移的过程，也是商品价值实现的过程，它是社会再生产过程的重要环节。科学地组织商品流通，对于促进工农业生产的发展，密切国际间的分工协作，扩大就业机会，提高人民生活水平，加速国民经济的建设和发展都具有重要的意义。

商品流通业务主要包括商品购进、商品销售和商品储存三个环节。

一、商品购进的含义

商品购进是指商品流通企业为了销售或加工后销售，通过货币结算而取得商品所有权的交易行为，它是商品流通的起点。商品购进的过程，也就是货币资金转变为商品资金的过程。商品流通企业商品购进的渠道主要有：向工农业生产部门和个体生产者购进的商品；向商品流通部门内其他独立核算单位购进的商品以及在国际贸易中进口的商品等。

凡是不通过货币结算而收入的商品，或者不是为销售而购进的商品，都不属于商品购进的范围，它主要有：收回加工的商品；溢余的商品；收回退关甩货的商品；收回销货退回的商品和购货单位拒收的商品；因企业并购而接受的商品和其他单位赠送的样品；为收取手续费替其他单位代购的商品以及购进专供本单位自用的商品等。

二、商品销售的含义

商品销售是指商品流通企业通过货币结算而售出商品的交易行为，它是商品流通的终点。商品销售的过程，也就是商品资金转变为货币资金的过程。在这一过程中资金得到了增值。商品流通企业商品销售的对象主要有：销售给工农业生产部门和个体经营者的商品；销售给机关、团体、事业单位和个人消费者的商品；销售给商品流通部门内其他独立核算单位的商品以及在国际贸易中出口的商品等。

凡是不通过货币结算而发出的商品，则不属于商品销售的范围，它主要有：发出加工的商品；损耗和短缺的商品；进货退出的商品和退出拒收的商品；因企业并购而交出的商品和赠送其他单位的样品；为收取手续费替其他单位代销的商品以及虽已发出但仍属于本单位所有的委托代销商品和分期收款发出商品等。

三、商品储存的含义

商品储存是指商品流通企业购进的商品在销售以前在企业的停留状态。它以商品资金的形态存在于企业之中。商品储存是商品购进和商品销售的中间环节，也是商品流通的重要环节。保持合理的商品储存是商品流通企业开展经营活动必不可少的条件。

商品储存包括库存商品、委托代销商品、受托代销商品、发出商品和购货方拒收的代管商品等。

第二节　商品购销的交接方式和入账时间

一、商品购销的交接方式

在商品购销业务活动中，商品的交接方式一般有送货制、提货制、发货制和厂商就地保管制四种。

(1)送货制。它是指商品流通企业将商品送到购货单位指定的仓库或其他地点，由购货单位验收入库的一种方式。

(2)提货制，又称取货制。它是指购货单位指派专人到商品流通企业指定的仓库或其他地点提取并验收商品的一种方式。

(3)发货制。它是指商品流通企业根据购销合同规定的发货日期、品种、规格和数量等条件，将商品委托运输单位由铁路或公路、水路、航空运送到购货单位所在地或其他指定地区，如车站或码头、机场等，由购货单位领取并验收入库的一种方式。

(4)厂商就地保管制。它是指商品流通企业委托供货厂商代为保管商品，到时凭保管凭证办理商品交接的一种方式。

二、商品购销的入账时间

商品购进和商品销售是商品流通企业重要的经济指标，为了使商品流通部门内各企业统一核算口径，以保证经过汇总后商品购销指标的正确性，需要明确规定商品购销的入账时间。

在市场经济条件下，商品购销的过程，也就是商品所有权的转移过程，因此，商品购销的入账时间应以商品所有权转移的时间为依据。也就是说，购货方以取得商品所有权的时间作为商品购进的入账时间，销货方以失去商品所有权的时间为商品销售的入账时间。

（一）商品购进的入账时间

商品购进以支付货款或收到商品的时间为入账时间。在商品先到，货款尚未支付的情况下，以收到商品的时间作为购进的入账时间。因为商品到达，并经验收入库，购货方即有权安排商品。同时销货方也取得了向购货方索取货款的权利。在货款先付、商品后到的情况下，以支付货款的时间作为商品购进的入账时间。因为购货方收到销货方发货凭证后，支付了货款，说明购货方已取得商品的所有权。

商品流通企业正确确定商品购进的入账时间是正确核算商品购进总额和监督检查商品采购计划完成情况的前提条件，它对正确掌握商品储备力量，合理组织商品供应具有重要的作用。

（二）商品销售的入账时间

商品销售是以发出商品、收取货款的时间；或以发出商品、取得收取货款权利的时间作为入账时间。

商品流通企业正确确定商品销售的入账时间，是正确核算商品总销售额和监督检查销售指标完成情况的基础，它对正确核算企业的营业利润有着重要的意义。

第三节　商品销售收入确认的条件

企业在进行商品销售收入核算时，必须先确认商品销售收入实现的条件。企业实现商品销售收入必须同时符合下列五个条件：

一、企业已将商品所有权上的主要风险和报酬转移给购货方

主要风险是指商品可能发生减值或毁损等所形成的损失。报酬是指商品价值的增值或通过使用商品等形成的经济利益。当一项商品发生的任何损失均不需要本企业承担，带来的经济利益也不归本企业所有，则意味着该商品所有权上的风险和报酬已转移出该企业。

判断一项商品所有权上的主要风险和报酬是否已转移给购货方，需要视不同情况而定：

(1)在大多数情况下，所有权上的风险和报酬的转移伴随着所有权凭证的转移或实物的交付而转移，例如，大多数零售交易。

(2)在有些情况下，企业已将所有权凭证或实物交付给购货方，但商品所有权上的主要风险和报酬并未转移。企业可能在以下几种情况下保留商品所有权上的主要风险和报酬：

①企业销售的商品在质量、品种、规格等方面不符合合同规定的要求，又未根据正常的保证条款予以弥补，因而仍负有责任。例如，企业已将商品发出，发票已交付购货方，并收到部分货款，但因购货方发现商品质量未达到合同规定的要求，且双方在商品质量的弥补方面未达成一致意见，商品可能被退回，因此商品所有权上的主要风险和报酬仍留在企业，企业那时不能确认收入。收入应递延到已按购货方要求进行弥补时予以确认。

②企业销售商品的收入是否能够取得，取决于销货方销售其商品的收入是否能够取得，例如，代销商品，受托方仅仅是代理商，委托方将商品发出后，所有权上的风险和报酬仍在委托方。只有当受托方将商品售出后，商品所有权上的风险和报酬才移出委托方。因此委托方应在受托方售出商品，并取得受托方提供的代销清单时确认收入。

③企业尚未完成售出商品的安装或检验工作，且此项安装或检验任务是销售合同的重要组成部分。例如，企业销售商品、商品和发票均已交付购货方，购货方已预付了部分货款，但根据合同规定，销货方负责安装，并经检验合格后，购货方支付余款。在这种情况下，发出商品的所有权上的主要风险和报酬并未转移给购货方，因为安装过程中可能会发生一些不确定因素，阻碍该项销售的实现。因此，只有在商品安装完毕，并经检验合格后才能确认收入。

④销售合同中规定了由于特定原因购货方有权退货的条款，而企业又不能确定退货的可能性。例如，企业为了推销新商品，规定凡购买商品者均有一个月试用期，不满意的，一个月以内给予退货。在这种情况下，虽然商品已售出，货款已收回，但由于是新商品，无法估计退货的可能性，商品所有权上的风险和报酬实质上并未转移给购货方，因此，只有在退货期满时确认收入。

(3)在有些情况下，企业已将商品所有权上的主要风险和报酬转移给购货方，但实物尚未交付。这时应在所有权上的主要风险和报酬转移时确认收入，而不管实物是否交付。如交款提货的销售，购货方支付完货款，并取得提货单，即认为该商品所有权已经转移，销货方应确认收入。

二、企业失去了对商品的管理权与控制权

企业失去对商品的管理权与控制权是指企业既没有保留通常与所有权相联系的继续

管理权，也没有对已售出的商品实施有效控制。

企业将商品所有权上的主要风险和报酬转移给购货方后，如仍然保留通常与所有权相联系的继续管理权，或仍然对售出的商品实施控制，则此项销售不能成立，不能确认相应的销售收入。

三、收入能够可靠地计量

收入能否可靠地计量是确认收入的基本前提。企业在销售商品时，售价通常已经确定。但在销售过程中由于某种不确定因素，也有可能出现售价变动的情况，则在新的售价未确定前不应确认收入。

四、相关的经济利益很可能流入企业

相关的经济利益很可能流入企业是指销售商品价款收回的可能性大于不能收回的可能性，即销售商品价款收回的可能性超过 50%。企业在确定销售商品的价款能否收回时，应当结合以前和购货方交往的直接经验、政府的有关政策、其他方面取得的信息等因素进行综合判断。例如，企业根据以前与购货方交往的经验直接判断其信誉较差；或在销售商品时，得知购货方在另一项交易中发生了巨额亏损，资金周转十分困难；或在出口商品时，不能肯定进口企业所在国政府是否允许款项汇出等，在这些情况下，企业应推迟确认收入，直至这些不确定因素消除。

企业在确定销售商品价款收回的可能性时，应当进行定性分析，如果确定销售商品价款收回的可能性大于不能收回的可能性时，即可认为价款很可能流入企业。

通常情况下，企业销售的商品符合合同或协议规定的要求，并已将发票账单交付购货方，购货方也承诺付款，即表明销售商品价款收回的可能性大于不能收回的可能性。如企业判断销售商品价款不是很可能收回的，应当提供确凿的证据。

五、相关的已发生或将发生的成本能够可靠地计量

相关的已发生或将发生的成本能够可靠地计量是指与销售商品有关的已发生或将发生的成本能够合理地估计。企业的收入和费用应当配比，与同一项销售有关的收入和成本应在同一会计期间内予以确认。因此，即使在其他条件均已满足的情况下，若相关的成本不能合理地估计，则相关的收入也不能确认。例如，订货销售，企业已收到购货方全部或部分货款，但库存无现货，需要通过第三方交货，在这种情况下，虽然企业已收到全部或部分货款，但商品仍在第三方，相关的成本不能可靠地计量，因此对收到的货款仅能确认其为一项负债。

第四节 商品流通企业类型和商品流通核算方法

一、商品流通企业的类型

商品流通企业作为生产与消费的纽带，对促进生产、引导生产、繁荣市场起着积极作用。为此，必须科学地、合理地设置各种组织形式，使商品流通渠道畅通无阻。商品流通企业按照经营方向和结算货币的不同，可以分为国内贸易企业和国际贸易企业。

（一）国内贸易企业

国内贸易企业是指在国内市场上组织各种商品，包括进口商品，并在国内市场上销售的企业。国内贸易企业的组织形式，按其在商品流通中所处的地位和作用不同，可以分为批发企业和零售企业两种类型。

1. 批发企业

批发企业是指向生产企业或其他企业购进商品，供应给零售企业或其他批发企业用以转售，或供应给其他企业用以进一步加工的商品流通企业。它处于商品流通的起点或中间环节，是组织城乡之间、地区之间商品流通的桥梁。

2. 零售企业

零售企业处于商品流通的终点，是指向批发企业或生产企业购进商品，销售给个人消费，或销售给企事业单位等用以生产和非生产消费的商品流通企业，是直接为人民生活服务的基层商品流通企业。

零售企业按其经营商品种类的多少，可分为专业性零售企业和综合性零售企业。专业性零售企业是指专门经营某一类或几类商品的零售企业，如钟表、眼镜、交通器材、家用电器、照相器材、金银首饰等商店。综合性零售企业是指经营商品类别繁多的零售企业，如百货、食品、服装鞋帽、五金、日用杂货、综合商店等。

在实际工作中，有的批发企业还兼营零售业务，以了解市场信息；有的零售企业也兼营批发业务，以扩大经营范围。

（二）国际贸易企业

国际贸易企业是指组织各种商品在国际市场上销售，或者在国际市场上采购商品，满足国内企业生产和人民生活需要的企业。它是国内市场与国际市场之间商品流通的桥梁。

二、商品流通的核算方法

商品流通企业类型较多，它们的规模大小不同，经营方式、经营商品的品种不同，购销对象也不同。企业根据各自经营的特点和管理的需要，对商品流通业务的核算，采用了各种不同的方法，归纳起来主要分为数量金额核算法和金额核算法两种类型。

(一)数量金额核算法

数量金额核算法是指库存商品以数量和金额两种指标来反映和控制商品购进、销售和储存情况的一种核算方法。这种核算方法又可再分为数量进价金额核算和数量售价金额核算两种。

1. 数量进价金额核算

数量进价金额核算是指库存商品的总分类账户和明细分类账户除均按进价金额反映外，同时明细分类账户还必须反映商品实物数量的一种核算方法。采用这种核算方法，可以根据已销商品的数量按进价结转商品销售成本。

这种核算方法的优点是能够按品名、规格来反映和监督每种商品进、销、存的数量和进价金额的变动情况，有利于加强对库存商品的管理与控制。缺点是每笔销售业务都必须填制销售凭证，并按商品的品名、规格登记商品明细账，记账工作量较大。这种方法主要适用于国内贸易的批发企业和国际贸易企业。有些专业性零售企业也采用这种方法。

2. 数量售价金额核算

数量售价金额核算是指库存商品除总分类账户和明细分类账户均按售价金额反映外，同时明细分类账户还必须反映商品实物数量的一种核算方法。采用这种核算方法，必须按每一商品的品名、规格设置商品明细账，以随时掌握各种商品的结存数量。

这种核算方法的优点是能够按商品的品名、规格来反映和监督每种商品进、销、存的数量和售价金额的变动情况，便于加强对库存商品的管理和控制。由于按售价记账，对商品销售收入的管理与控制也较为严密。缺点是在进货时既要复核商品的进价，又要计算商品的售价和进销差价，每笔销售业务都要填制销售凭证或做好销售记录，并按商品的品名、规格登记商品明细账，记账的工作量较大。这种核算方法主要适用于部分专业性零售企业和小型批发企业。

(二)金额核算法

金额核算法是指库存商品账户仅以金额指标来反映和控制商品购进、销售和储存情况的一种核算方法。这种核算方法又可再分为售价金额核算和进价金额核算两种。

1. 售价金额核算

售价金额核算是指库存商品总分类账户和明细分类账户都只反映商品的售价金额，不反映实物数量的一种核算方法。采用这种核算方法，库存商品的结存数量，只能通过实地盘点来掌握，其商品明细分类账则按经营商品的营业柜组或门市部(也称实物负责人)设置。营业柜组或门市部对其经营的商品承担经济责任。财会部门通过商品的售价来控制营业柜组或门市部的商品。

这种核算方法的优点是控制了商品的售价，一般不必为每笔销售业务填制销售凭证，也不必登记大量的实物数量明细账，记账较为简便。缺点是由于明细分类核算不反映和控制商品的数量，平时不易发现商品溢缺，一般要定期盘点时才能发现，难以分清溢缺商品的品种与数量，也难以分析溢缺的原因和责任。这种核算方法主要适用于综合性零售企业。有些专业性零售企业也采用这种方法。

2. 进价金额核算

进价金额核算是指库存商品总分类账户和明细分类账户都只反映商品的进价金额，不反映实物数量的一种核算方法。采用这种方法，由于缺乏实物数量的记载，必须通过对库存商品进行实地盘点，计算出期末结存金额后，才能倒轧商品销售成本。

这种核算方法的优点是记账手续最为简便，工作量小。缺点是平时不能反映商品进、销、存的数量，由于月末采用盘存计销的办法，将商品销售成本、商品损耗和差错事故混在一起，容易产生弊端，不易发现企业经营管理中存在的问题。因此，这种方法只适用于经营鲜活商品的零售企业。

在实际工作中，数量进价金额核算和售价金额核算得到了广泛的应用，以下章节将着重阐述这两种方法。

三、商品采购费用的处理方法

商品流通企业在采购商品过程中发生的运输费、装卸费、保险费以及其他可归属于商品采购成本的费用有三种不同的处理方法。

（一）采购费用直接计入商品采购成本

将商品采购费用连同商品的买价（即货款）一并计入商品采购成本。这种方法的核算工作量最大，因此，通常适用于商品采购费用数额较大，商品品种规格不太多的国际贸易企业和批发企业。

（二）采购费用先在“进货费用”账户中归集

将商品采购费用先在“进货费用”账户中归集，期末将归集的进货费用按商品的存销比例分摊，将已销商品的进货费用转入“主营业务成本”；将未销商品的进货费用，计入期末库存商品的成本。这种方法的核算工作量较大，因此通常适用于商品采购费用数额较大，商品品种规格较多的批发企业和零售企业。

（三）采购费用直接计入当期损益

将商品采购费用直接计入当期损益，列入“销售费用”账户。这种方法核算最为简便，但商品采购费用全部由已销商品负担，不太合理，因此通常适用于商品采购费用数额较小，商品品种规格繁多的零售企业。

练习题

一、简答题

1. 什么是商品流通？科学地组织商品流通有哪些重要的意义？
2. 试述商品销售收入确认的条件。
3. 商品流通有哪些核算方法？并分别说明这些核算方法的定义和优缺点。
4. 商品采购费用有哪几种处理方法？

二、名词解释题

商品购进　　商品销售　　发货制　　国际贸易企业

三、是非题

1. 向外单位购进专供本单位自用的商品不属于商品购进的范围。（　　）
2. 商品储存是指商品流通企业购进的商品在销售以前在企业的停留状态。（　　）
3. 商品流通企业按其在商品流通中所处的地位和作用不同，可分为国内贸易企业和国际贸易企业。（　　）
4. 批发企业是指向生产企业或其他企业购进商品，供应给零售企业或其他企业用以转售的商品流通企业。（　　）
5. 数量金额核算法能够按品名、规格来反映和监督每种商品进、销、存的数量和进价金额的变动情况，有利于加强对库存商品的管理与控制。（　　）

四、单项选择题

1. ________是指商品流通企业将商品送到购货单位指定的仓库或其他地点，由购货单位验收入库的一种方式。

A. 送货制　　B. 提货制　　C. 发货制　　D. 厂商就地保管制

2. 国际贸易企业应采用________。

A. 进价金额核算　　B. 售价金额核算
C. 进价数量金额核算　　D. 售价数量金额核算

3. 采购费用直接计入当期损益适用于________。

A. 批发企业　　B. 专业性零售企业　　C. 国际贸易企业　　D. 零售企业

五、多项选择题

1. 作为商品购进的入账时间有________。

A. 付出货款的时间　　B. 收到商品的时间
C. 支付货款同时收到商品的时间　　D. 预付货款的时间

2. 作为商品销售的入账时间有________。

A. 付出商品的时间　　B. 付出商品同时收到货款的时间
C. 付出商品并得到收取货款权利的时间　　D. 预收货款的时间

3. 售价金额核算适用于________。

A. 专业性零售企业　　B. 批发企业
C. 经营鲜活商品的零售企业　　D. 综合性零售企业

第五章

国内贸易——批发商品流通

第一节　批发商品的购进

批发企业的经营特点是：大批地向工农业生产部门或国际贸易企业采购商品，又成批地供应出去，将社会产品从生产领域转入流通领域和再生产领域，它是工业与农业、地区与地区、生产企业与零售企业之间的纽带。批发企业需要储备一定数量的商品，随时掌握各种商品进、销、存的数量和结存金额；同时，批发企业是经营大宗的商品购销活动，交易次数较少，而每次的成交额却较大，并且每次交易都必须填制各种有关的凭证，以反映和控制商品的交易活动。根据这些经营特点，批发企业应采用数量进价金额核算，以加强对商品的管理。

批发企业商品购进的主要业务过程是由企业内部的业务、储运和财会等部门共同完成的。因此，企业除了要合理组织商品购进的业务外，还要求各职能部门密切配合、相互合作，以加速商品的流通。商品购进按照地区不同，可分为同城购进和异地购进两种。

一、商品购进的业务程序及其核算

商品流通企业主要经营工业品，因此先阐述工业品购进的业务程序及其核算。

(一)同城商品购进的业务程序及其核算

我国税法规定销售商品要缴纳增值税。增值税是价外税，不包括在商品货款之中。

增值税的纳税人同负税人是分离的，纳税人是销售商品或者提供加工、修理修配劳务和提供交通运输服务等的单位和个人，负税人却是消费者，因此，企业在购进商品时，除了要支付货款外，还要为消费者垫支增值税。这部分垫支的增值税，在企业转售商品后，在按期缴纳增值税时，予以抵扣。因此，企业在购进商品时，必须取得增值税专用发票（后文简称专用发票）的发票联和抵扣联两联单据。发票联作为入账的依据，抵扣联则作为日后抵扣增值税的依据。专用发票的格式如表 5－1 所示。

表 5－1

上海市增值税专用发票

发 票 联

编号 517801

开票日期：2016 年 1 月 3 日

<table>
<tr><td colspan="5">购货单位
名　　称：上海电器公司
纳税人识别号：310678154374369
地 址 ，电 话：（略）
开户行及账号：工行上海分行 110157861329</td><td>密码区</td><td colspan="2"></td></tr>
<tr><td>货物或应税劳务名称</td><td>规格型号</td><td>单位</td><td>数量</td><td>单价</td><td>金额</td><td>税率</td><td>税额</td></tr>
<tr><td>北极牌电冰箱</td><td>200 升</td><td>台</td><td>100</td><td>1 500</td><td>150 000.00</td><td>17%</td><td>25 500.00</td></tr>
<tr><td></td><td></td><td></td><td></td><td></td><td></td><td></td><td></td></tr>
<tr><td>合 计</td><td></td><td></td><td></td><td></td><td>150 000.00</td><td></td><td>25 500.00</td></tr>
<tr><td colspan="5">价税合计（大写）人民币壹拾柒万伍仟伍佰元整</td><td colspan="3">（小写）￥175 500.00</td></tr>
<tr><td colspan="5">销货单位
名　　称：浦东电冰箱厂
纳税人识别号：310568193656536
地 址 ，电 话：（略）
开户行及账号：工行上海分行 110123795421</td><td>备注</td><td colspan="2"></td></tr>
</table>

第三联：发票联 购货方记账凭证

收款人：（签章）　　复核：（签章）　　开票人：（签章）　　销售单位：（盖章）

同城商品购进，主要是批发企业从当地的生产企业或其他商品流通企业购进商品。商品的交接方式一般采用“送货制”、“提货制”或厂商就地保管制。货款的结算方式通常采用转账支票和商业汇票结算，也可以采用银行本票、信用卡等结算方式。

同城商品购进的业务程序，一般由业务部门根据事先制订的进货计划，与供货单位签订购销合同组织进货。如果采取送货制，业务部门根据供货单位开来的专用发票，与合同核对相符后，即填制“收货单”一式数联，将专用发票和“收货单”（结算联）送交财会部门，其余各联收货单送交储运部门，财会部门将购货凭证审核无误后，作为付款的依据。根据专用发票（发票联）上列明的货款，借记“在途物资”账户；根据列明的增值税额借记“应交税费”账户；根据列明的价税合计额贷记“银行存款”账户。储运部门根据“收货单”验收商品，如商品的数量、质量全部相符，应在“收货单”各联上加盖“收讫”印章，其中一联退回业务部门，由其注销合同，储运部门自留一联，登记商品保管账，将“收货单”(入库联)送交财会部门，经审核无误后，据以借记“库存商品”账户；贷记“在途物资”账户。

如果采取“提货制”，当业务部门收到供货单位的专用发票，并与合同核对相符后，填制“收货单”一式数联，连同专用发票(提货联)一并送交储运部门提货，并将专用发票(发票联)和“收货单”(结算联)送交财会部门，经审核无误后，据以支付货款。储运部门提回商品验收入库后，自留一联收货单登记商品保管账，将一联退回业务部门，由其注销合同，将“收货单”(入库联)送交财会部门，审核无误后，据以借记“库存商品”账户。

【例 5—1】 1月3日，上海电器公司向浦东电冰箱厂购进200升北极牌电冰箱100台，每台1 500元，计货款150 000元，增值税额25 500元，业务部门根据供货单位的专用发票填制收货单如表5—2所示。

表 5—2 收 货 单 编号:00010

供货单位:浦东电冰箱厂 2016年1月3日 存放地点:第一仓库

货号	品 名	规格	单位	应收数量	实收数量	单价	金额
2005	北极牌电冰箱	200升	台	100	100	1 500.00	150 000.00
商品类别:电冰箱类							

(1)财会部门根据业务部门转来的专用发票(发票联)和自行填制的“收货单”(结算联)，经审核无误后，签发转账支票支付货款和增值税额，共计175 500元，作分录如下：

借:在途物资——浦东电冰箱厂 150 000

应交税费——应交增值税——进项税额 25 500

贷:银行存款 175 500

(2)财会部门根据储运部门转来的“收货单”，经审核无误后，结转商品采购成本，作分录如下：

借:库存商品——电冰箱类 150 000

贷:在途物资——浦东电冰箱厂 150 000

如果以商业汇票承兑账款的，在承兑账款时，借记“在途物资”和“应交税费”账户；贷记“应付票据”账户。

(二)异地商品购进的业务程序及其核算

异地商品购进主要是批发企业从其他地区的生产企业或商品流通企业购进商品，以充实本地区的货源。商品的交接方式，通常采用“发货制”。货款的结算方式，通常采用托收承付结算。此外，也能采用银行汇票和商业汇票等结算方式。

异地商品购进的业务程序一般是供货单位根据购销合同发运商品后，由于商品所有权已经转移，供货单位就可以委托银行向购货单位收取货款。从供货单位所在地的运输单位到购货单位所在地的商品运费，一般由购货单位负担，供货单位预先予以垫付，然后同货款一并委托银行收回。购货单位的财会部门收到银行转来的“托收凭证”及附来的专用发票(发票联)和“运单”时，应先送交业务部门，经查对购销合同无误后，填制“收货单”一式数联，送交储运部门，并将“托收凭证”及其附件退还财会部门，经审核无误后，即支付账款。当商品到达时，由储运部门根据“收货单”与供货单位随货同行的专用发票(发货联)核对无误后将商品验收入库，并在“收货单”各联上加盖“收讫”印章，自留一联据以登记商品保管账；一联退回业务部门，由其注销合同；另一联连同专用发票(发货联)一并转交财会部门，经审核无误后，据以进行库存商品的总分类核算和明细分类核算。

批发企业商品采购费用有多种处理方法，为了便于阐述，本书采用在“进货费用”账户归集的核算方法。

外购货物所支付的运输费用，应列入“进货费用”账户，因运输费用而发生的增值税额，应列入“应交税费”账户。支付货款和商品验收入库的核算方法与同城购进基本相同。

【例 5—2】 上海服装批发公司向深圳服装厂购进女时装 300 件，每件 200 元，计货款60 000元，增值税额10 200元，运费 800 元，增值税额 88 元[①]采用托收承付结算方式。

(1)银行转来深圳服装厂托收凭证，并附来专用发票(发票联)及运费凭证，经审核无误后，当即承付，作分录如下：

借：在途物资——深圳服装厂　　60 000
　　应交税费——应交增值税——进项税额　　10 288
　　进货费用——女装类　　800
　　贷：银行存款　　71 088

(2)上项商品运到，储运部门验收入库后，送来“收货单”及随货同行的专用发票(发货联)，审核无误后，作分录如下：

借：库存商品——女装类　　60 000
　　贷：在途物资——深圳服装厂　　60 000

“库存商品”是资产类账户，用以核算企业全部自有的库存商品。企业购进、加工收回商品验收入库和发生商品盘盈时，记入借方；企业销售、发出加工和盘亏商品时，记入贷方；期末余额在借方，表示企业库存商品的结存数额。

---

① 交通运输业的增值税税率为 11%。

二、农副产品购进的业务程序及其核算

(一)农副产品购进的业务程序

农副产品是农、林、牧、副、渔业生产产品的总称。农副产品的交售者主要是集体或个体的农、林、牧、副、渔业的生产者,商品流通企业必须严格按照规定的质量标准和收购价格,做好评级、验质、定价、点数、过秤、开票和结算工作。由于农副产品的生产与工业品的生产不同,它受自然条件的制约,生产有一定的季节性,因此,农副产品收购有旺季和淡季之分。同时农副产品的品种、规格、等级复杂,又不易保管,容易变质,所以需要多设收购网点,配备必要的设备和人员,以便利生产者交售,并筹备好必要的收购资金,做好农副产品的收购工作。

商品流通企业收购农副产品的业务程序一般是:经过评级、验质、定价、过秤后,由收购员填制"收购凭证"一式三联,一联由收货员作为农副产品验收入库的依据,一联交付款员复核后据以支付货款,一联给交售方作为其交售农副产品的凭证。

农副产品的进项税额根据税法规定按照买价 13%的扣除率计算,其计算公式如下:

购进农副产品的进项税额=买价×13%

农副产品的购进按收购方式的不同,可分为直接购进、委托代购和预购三种,现分述之。

(二)农副产品的核算

1. 农副产品直接购进的核算

直接购进是指企业直接向交售人收购农副产品,这是商品流通企业主要采用的收购方式,其核算方法与前述的数量进价金额核算基本相同。企业对其所属的报账制单位,一般根据收购计划和淡旺季节等不同情况拨给一定数额的备用金。备用金只能用于商品收购和与其有关的费用开支,不得挪作他用,其使用和补充通常采用报账付款的方法。

报账付款是指拨款单位先拨付一定数额农副产品收购的铺底资金给收购单位,收购单位使用后,向拨款单位报送"农副产品收购汇总表",拨款单位据以补足其收购的铺底资金。这种方式适用于收购农副产品的品种、数量和资金需要比较稳定的单位。

【例 5—3】 金山食品公司收购生猪,对其所属的报账单位枫泾收购站采用报账付款方式。

(1)根据枫泾收购站收购业务的需要拨付其收购农副产品的铺底资金60 000元,当即从银行汇付,作分录如下:

借:其他应收款——枫泾收购站　　60 000

　　贷:银行存款　　60 000

(2)枫泾收购站报来"农业产品收购汇总表",计收购生猪金额52 000元,其中 13%作

为进项税额，经审核无误，当即签发转账支票，以补足其铺底资金，作分录如下：

借：在途物资——枫泾收购站　45 240

　应交税费——应交增值税——进项税额　6 760

　贷：银行存款　52 000

(3)生猪采购完毕，结转生猪的采购成本，作分录如下：

借：库存商品——枫泾收购站　45 240

　贷：在途物资——枫泾收购站　45 240

2. 农副产品委托代购的核算

委托代购是指商品流通企业在未设收购网点的地区，委托其他企业代购的一种收购农副产品的方式。由于农、林、牧、副、渔产品生产分散，采用这一方式，可以弥补农副产品收购网点的不足，委托代购农副产品的资金一般由受托单位自行解决。委托单位除了要承担代购农副产品的收购价格外，还要承担代购费用和代购手续费。这样，农副产品的采购成本就由扣除10%进项税额后的买价和代购费用组成。

委托代购的农副产品，其代购费用有“费用包干”和“实报实销”两种方式。

代购费用包干是指委托单位只按代购额的一定比例支付代购费用，如实际发生的代购费用超过包干定额费用，由代购单位负担，如有节余，作为其收益，采用这种方式能促进代购单位改善经营管理，精打细算，节约费用开支。

代购费用实报实销是指委托单位根据受托单位实际支出的代购费用给予报销。这种方式一般在代购费用难以预先确定时采用。

无论代购费用采用包干方式，还是采用实报实销方式，发生的代购费用和代购手续费均应计入农副产品成本。

【例5—4】　青浦食品公司委托朱家角购销站代购鸭蛋4 000千克，合同规定每千克收购价7.50元，计收购金额30 000元，代购包干费用率为5%，收购手续费为7%，鸭蛋已运到。

(1)财会部门将业务部门送来的商品验收单审核无误后，将全部收购款项汇付对方，按收购金额的13%作为进项税额，作分录如下：

借：在途物资——朱家角购销站　29 700

　应交税费——应交增值税——进项税额　3 900

　贷：银行存款　33 600

(2)鸭蛋已由乙仓库全部验收入库，结转鸭蛋的采购成本，作分录如下：

借：库存商品——乙仓库　29 700

　贷：在途物资——朱家角购销站　29 700

3. 农副产品预购的核算

农副产品预购是国家为了支持一些主要农副产品的生产，以保证收购计划的完成，对一些主要农副产品实行预购的形式，由收购企业与生产单位或个人签订预购合同，明确规定预购农副产品的品种、等级、数量、价格、发放定金的时间和金额、交货和收回定金的时间等。

预购定金的款项来源由收购企业根据国家政策的规定，向银行办理农副产品预购定金借款，企业取得和归还借款时通过"短期借款"账户核算，发放和收回预购定金时，通过"预付账款"账户核算。

【例 5—5】 宝山供销社与张明专业户签订预购棉花合同，预购棉花合同规定预购棉花50 000元，按收购金额发放预购定金 30%；分批交售时，按同等比例收回预购定金。

(1)向银行办理并取得预购定金借款15 000元时，作分录如下：

借：银行存款　　15 000

　　贷：短期借款——预购定金借款　　15 000

(2)向张明专业户发放预购定金 15 000 元时，作分录如下：

借：预付账款——张明　　15 000

　　贷：银行存款　　15 000

(3)张明专业户交售第一批棉花，收购金额30 000元，其中 13%作为进项税额，作分录如下：

借：在途物资——张明　　26 100

　　应交税费——应交增值税——进项税额　　3 900

　　贷：预付账款——张明　　30 000

(4)扣回定金 9 000 元，签发现金支票21 000元，以清偿张明专业户第一批棉花货款，作分录如下：

借：预付账款——张明　　21 000

　　贷：银行存款　　21 000

(5)收购的棉花采购完毕，结转其采购成本，作分录如下：

借：库存商品　　26 100

　　贷：在途物资——张明　　26 100

(6)归还银行 9 000 元预购定金借款时，作分录如下：

借：短期借款——预购定金借款　　9 000

　　贷：银行存款　　9 000

"在途物资"是资产类账户，用以核算企业购入商品的采购成本。企业购入商品支付货款，及应计入成本的采购费用时，记入借方；商品验收入库时，记入贷方；期末余额在借方，表示企业货款已付尚未验收入库的在途商品的成本。该账户应按供货单位名称进行明细分类核算。通过"在途物资"账户，可以掌握企业购进商品总额。

三、在途物资的明细分类核算

为了掌握商品采购的详细情况，加强对商品采购的管理，并促使在途商品尽快验收入库投放市场，就必须对在途物资进行明细分类核算。在途物资的明细分类核算，主要采用同行登记法和抽单核对法。

（一）同行登记法

同行登记法，又称平行记账法，就是采用两栏式账页，将同一批次购进的商品，对于支付货款和商品验收入库，都分别记入账页同一行次的“借方栏”和“贷方栏”。通过借贷方的相互对照，逐一核销，以反映商品采购的动态，有利于检查和监督购进商品的结算和入库情况。由于同一批次购进的商品可能分批到达，因此在账页每一行次的贷方，可以根据各单位的具体需要，再增加若干小行，以便反映商品分批到达验收入库的情况。在途物资两栏式明细账的格式及登记方法如表 5－3 所示。

表 5－3　　在途物资明细分类账

进货批次	供货单位	借方					贷方					转销符号
		2016 年		凭证号数	摘要	金额	2016 年		凭证号数	摘要	金额	
		月	日				月	日				
1	宁波服装公司	1	23	2	承付货款 收货单＃112 ＃113	45 000	1	22	1	商品入库 收货单＃112	25 000	✓
								25	4	商品入库 收货单＃113	20 000	
2	上海服装厂	1	27	5	支付货款 收货单＃114	32 000	1	24	3	商品入库 收货单＃114	32 000	✓
3	广州服装公司	1	28	6	承付货款 收货单＃115	38 000						
4	深圳服装厂	1	30	7	承付货款 收货单＃116	50 000						
5	昆山服装厂						1	31	8	商品入库 收货单＃117	27 000	

1	月	31	日	借方余额	88 000	贷方金额	27 000

从表 5－3 在途物资明细分类账中可以看到：第一、第二批次的进货，借方栏的金额等于贷方栏的金额，就需要在“转销符号”栏内作转销符号“✓”，表示这两批次的进货已经“钱货两讫”；第三、第四批次的进货，只登记了借方栏的金额，表示这两批次的进货，货款已支付，而商品尚未验收入库；第五批次的进货，只登记了贷方栏的金额，表示这批进货已验收入库，而货款尚未支付。

月末应将在途物资明细分类账中只有借方栏发生额，没有贷方栏发生额各行次的金额，以及借方栏发生额大于本行贷方栏发生额差额之和，作为在途物资明细分类账的借方余额，表示已经支付了货款的在途商品的成本，是企业的资产。将只有贷方栏发生额，没有借方栏发生额各行次的金额之和，作为在途物资明细分类账的贷方余额，表示商品已验收入库，而货款尚未支付的应付账款，是企业的负债。为了反映企业资产与负债的真实情况，应根据在途物资明细分类账的贷方余额借记“在途物资”账户；贷记“应付账款”账户。下月初再用红字借记“在途物资”账户；贷记“应付账款”账户，以冲转上月末的会计分录。

这两笔业务应记入相关的总分类账户，而不必记入相关的明细分类账户。以便在结算凭证到达支付货款时，能记入在途物资账户该批商品同一行次的借方。

因此，在表中第三、第四批次借方发生额相加之和为88 000元，作为在途物资明细分类账的借方余额，第五批次贷方发生额为27 000元，作为在途物资明细分类账的贷方余额，这两笔金额应分别列入账页下端的“借方余额”和“贷方余额”空格内。还应根据其贷方余额27 000元，作分录如下：

借：在途物资　　27 000

　　贷：应付账款　　27 000

该业务记入“在途物资”总分类账户后，其余额应与在途物资明细分类账的借方余额相一致。

下月初再根据在途物资明细分类账的贷方余额27 000元，用红字作分录如下：

借：在途物资　　[27 000]

　　贷：应付账款　　[27 000]

上述同行登记法是根据经济业务发生的顺序，以供货单位分行次进行记载，对在途物资进行明细分类核算的。这在进货业务频繁的企业可能不太适用，这些企业可以按照供货单位的户名，分户设置“在途物资”明细分类账进行同行登记，以便反映向每一供货单位购进商品的入库与结算情况。

采用同行登记法能够清楚地反映每批购进商品结算和验收入库的情况，便于加强对商品采购的管理，能够督促在途商品的及时到达，发生差错后便于查找。但是这种方法核算的工作量大，如发生悬账，往往拖延日久，账页长期不能结清。

（二）抽单核对法

抽单核对法是指不设置“在途物资”明细分类账，而是充分利用自制的两联收货单，即“结算联”和“入库联”，来代替“在途物资”明细分类账的一种简化的核算方法。

企业在购进商品时，财会部门根据业务部门转来的“收货单”（结算联）支付货款后，在“收货单”（结算联）上加盖付款日期的戳记，以代替“在途物资”明细分类账借方发生额的记录，根据储运部门转来的“收货单”(入库联)作商品入库的核算后，在“收货单”(入库联)上加盖入库日期的戳记，以代替“在途物资”明细分类账贷方发生额的记录。

在收货单中，表示“在途物资”明细分类账借方发生额和贷方发生额的两套凭证应用专门的账夹或账箱分别存放。每日通过核对后，将供货单位名称、凭证号数、商品的数量和金额均相符的“收货单”(结算联)和“收货单”(入库联)从账夹或账箱中抽出，表示这批购进业务已经钱货两讫，予以转销，并将抽出的凭证，按抽出的日期，分别装订成册，同其他会计账簿一样归入会计档案。期末结账时，检查账夹或账箱，将尚存的“收货单”(结算联)加总的金额，表示“在途物资”明细分类账的借方余额；将尚存的“收货单”(入库联)加总的金额，表示“在途物资”明细分类账的贷方余额。

采用抽单核对法能简化核算工作，节约人力、物力，提高核算工作效率。但是这种方法以单代账，对商品采购的管理不够严密，发生差错时，查找比较困难。因此，一定要严格遵守凭证传递的程序，加强凭证的管理和对账工作，以防凭证的散乱丢失，造成核算工作的紊乱。

此外，在途物资明细账也可以采用三栏金额式账页进行登记。

四、进货退出的核算

进货退出是指商品购进验收入库后，因质量、品种、规格不符，再将商品退回原供货单位。

批发企业对于原箱整件包装的商品，在验收时只作抽样检查，因此，在入库后复验商品时，往往会发现商品的数量、质量、品种、规格不符，批发企业应在及时与供货单位联系后，调换或补回商品，或者作进货退出处理。在发生进货退出业务时，由供货单位开出红字专用发票，企业收到后由业务部门据以填制“进货退出单”，通知储运部门发运商品；财会部门根据储运部门转来的“进货退出单”，据以进行进货退出的核算。

【例 5—6】 上海电器公司日前向浦东电冰箱厂购进 200 升北极牌电冰箱 100 台，每台1 500元，货款已付讫。今复验发现其中 5 台质量不符要求，经联系后同意退货。

(1)1 月 15 日，收到浦东电冰箱厂退货的红字专用发票，开列退货款7 500元，退增值税额1 275元，并收到业务部门转来的“进货退出单”(结算联)002 号，作分录如下：

借：在途物资——浦东电冰箱厂　　[7 500]

　　应交税费——应交增值税——进项税额　　[1 275]

　　贷：应收账款——浦东电冰箱厂　　[8 775]

(2)1 月 16 日，收到本公司储运部门转来的“进货退出单”(出库联)002 号，作分录如下：

借：库存商品——电冰箱类　　[7 500]

　　贷：在途物资——浦东电冰箱厂　　[7 500]

(3)1月17日,收到对方退来货款及增值税额的转账支票8 775元,存入银行,作分录如下:

借:银行存款　　8 775

　　贷:应收账款——浦东电冰箱厂　　8 775

五、购进商品退补价的核算

批发企业购进的商品,有时由于供货单位疏忽,发生单价开错,价格计算错误等情况,需要调整商品的货款,因此就发生了商品退补价的核算。在发生商品退补价时,应由供货单位填制更正发票交给购货单位,由业务部门审核后,送交财会部门,经复核无误,据以进行退补价款的核算。

(一)购进商品退价的核算

购进商品退价是指原先结算货款的进价高于实际进价,应由供货单位将高于实际进价的差额退还给购货单位。

【例5—7】 上海服装公司向上海针织厂购进全棉男运动服2 000件,每件36.50元,已钱货两清。今收到上海针织厂开来红字更正发票,列明每件应为35.60元,应退货款1 800元,增值税额306元,退货和退税款尚未收到。

(1)冲减商品采购额和增值税额,作分录如下:

借:在途物资——上海针织厂　　1 800

　　应交税费——应交增值税——进项税额　　306

　　贷:应收账款——上海针织厂　　2 106

(2)同时冲减库存商品的价值,作分录如下:

借:库存商品——运动服类　　1 800

　　贷:在途物资——上海针织厂　　1 800

(二)购进商品补价的核算

购进商品补价是指原先结算货款的进价低于实际进价,应由购货单位将低于实际进价的差额补付给供货单位。

【例5—8】 上海电器公司日前向上海电视机厂购进环宇牌彩色电视机100台,每台1 560元,已钱货两清。今收到上海电视机厂更正发票,列明每台应为1 580元,应补付货款2 000元,增值税额340元。

(1)增加商品采购额和增值税额,作分录如下:

借：在途物资——上海电视机厂　　2 000
　应交税费——应交增值税——进项税额　　340
　　贷：应付账款——上海电视机厂　　2 340

(2)同时增加库存商品的价值，作分录如下：

借：库存商品——电视机类　　2 000
　　贷：在途物资——上海电视机厂　　2 000

六、购进商品发生短缺和溢余的核算

批发企业购进商品在验收时，如果商品发生短缺或溢余情况，除根据实收数量入账外，还应查明缺溢原因，及时予以处理。购进商品发生短缺或溢余的主要原因有：在运输途中由于不可抗拒的自然条件和商品性质等因素，使商品发生损耗或溢余；运输单位的失职造成事故或丢失商品；供货单位工作上的疏忽造成少发或多发商品，以及不法分子贪污盗窃等。因此，对于商品短缺或溢余，要认真调查，具体分析，明确责任，及时处理，以保护企业财产的安全。

储运部门在验收商品时，如发现实收商品与供货单位专用发票（发货联）上所列数量不符时，必须会同运输单位进行核对，做好签定证明，以便查明原因后进行处理，并在"收货单"上注明实收数量，填制"商品购进短缺溢余报告单"一式数联。其中一联连同鉴定证明送交业务部门，由其负责处理；另一联送交财会部门，审核后作为记账的依据。

（一）购进商品发生短缺的核算

购进商品发生短缺时，在查明原因前，应通过"待处理财产损溢"账户进行核算。查明原因后，如果是供货单位少发商品，经联系后，可由其补发商品或作进货退出处理；如果是运输途中的自然损耗，则应作为"进货费用"列支；如果是责任事故，应由运输单位或责任人承担经济责任的，则作为"其他应收款"处理；如由本企业承担损失的，报经批准后，在"营业外支出"账户列支。

【例5—9】 上海烟糖公司向广西糖业公司购进白砂糖8 000千克，每千克6.50元，计货款52 000元，增值税额8 840元，运费900元，增值税额 99 元，采用托收承付结算方式。

(1)接到银行转来的托收凭证及附来专用发票（发票联）、运费凭证，经审核无误后，予以承付，作分录如下：

借：在途物资——广西糖业公司　　52 000
　应交税费——应交增值税——进项税额　　8 939
　进货费用——食糖费　　900
　　贷：银行存款　　61 839

(2)白砂糖运到后，储运部门验收时，实收7 956千克，发现短缺 44 千克，计货款 286

元，填制“商品购进短缺溢余报告单”如表5—4所示。

表5—4　　**商品购进短缺溢余报告单**

2016年1月10日

货号	品名	单位	应收数量	实收数量	单价	短缺		溢余	
						数量	金额	数量	金额
1122	白砂糖	千克	8 000	7 956	6.50	44	286.00		
合　计							286.00		
供货单位：广西糖业公司 专用发票号码：54871			处理 意见：			溢余或短缺 原　　因：　待查			

财会部门根据储运部门转来的“收货单”及“商品购进短缺溢余报告单”，复核无误后，结转已入库的商品采购成本，并对短缺商品进行核算，作分录如下：

借：库存商品——食糖类　　51 714.00

　　待处理财产损溢　　286.00

　　贷：在途物资——广西糖业公司　　52 000.00

(3)经联系后，查明短缺的白砂糖中，有40千克是对方少发商品，已开来退货的红字专用发票，应退货款200元，增值税额34元。

①冲减商品采购额和增值税额，作分录如下：

借：在途物资——广西糖业公司　　260.00

　　应交税费——应交增值税——进项税额　　44.20

　　贷：应收账款——广西糖业公司　　304.20

②冲转待处理财产损溢，作分录如下：

借：待处理财产损溢　　260.00

　　贷：在途物资——广西糖业公司　　260.00

(4)今查明其余5千克短缺的白砂糖是自然损耗，经批准予以转账，作分录如下：

借：进货费用——食糖类　　26.00

　　贷：待处理财产损溢　　26.00

(二)购进商品发生溢余的核算

购进商品发生溢余，在查明原因前，应通过“待处理财产损溢”账户进行核算。查明原因后，如果是运输途中的自然升溢，应冲减“进货费用”账户，如果是供货单位多发商品，可与对方联系，由其补来专用发票后，作为商品购进处理，也可以将多余商品退还对方。

【例5—10】 上海烟糖公司向云南糖业公司购进白冰糖5 000千克，每千克8元，计货款40 000元，增值税额6 800元，运费600元，增值税额66元，采用托收承付结算方式。

(1)接到银行转来的托收凭证及附来专用发票(发票联)和运费凭证，经审核无误后，予以承付，作分录如下：

借：在途物资——云南糖业公司　40 000
　　应交税费——应交增值税——进项税额　6 866
　　进货费用——食糖类　600
　贷：银行存款　47 466

(2)白冰糖到达后，验收时实收5 102千克，溢余102千克，计货款816元。财会部门根据储运部门转来的“收货单”及“商品购进短缺溢余报告单”，经复核无误后，结转入库商品采购成本，并对溢余商品进行核算，作分录如下：

借：库存商品——食糖类　40 816
　贷：在途物资——云南糖业公司　40 000
　　　待处理财产损溢　816

(3)经联系后查明溢余的白冰糖中，有100千克是对方多发商品，已补来专用发票，开列货款800元，增值税额136元，现作为商品购进，其余2千克系自然升溢，作分录如下：

借：待处理财产损溢　816
　贷：在途物资——云南糖业公司　800
　　　进货费用——食糖类　16

(4)从银行汇付云南糖业公司100千克白冰糖的货款800元及增值税额136元，作分录如下：

借：在途物资——云南糖业公司　800
　　应交税费——应交增值税——进项税额　136
　贷：银行存款　936

“待处理财产损溢”是资产类账户，用以核算企业的各项财产的盘亏、盘盈、短缺、溢余和毁损的价值。发生财产盘亏、短缺、毁损以及转销盘盈、溢余时，记入借方；发生盘盈、溢余以及转销盘亏、短缺、毁损时，记入贷方。该账户应在期末结账前处理完毕，处理完毕后应无余额。

七、购进商品发生拒付货款和拒收商品的核算

批发企业从异地购进商品，对于银行转来供货单位的托收凭证及其所附的专用发票

(发票联)、运费凭证等,必须认真地与合同进行核对,如发现与购销合同不符、重复托收以及货款或运费多计等情况,应在银行规定的承付期内填制“拒绝承付理由书”,拒付托收款。对于与购销合同不符或重复托收的,应拒付全部托收款;对于部分与购销合同不符的,应拒付不符部分的托收款;对于多计的货款或运费,则应拒付多计的数额。企业在提出拒付款项时,应实事求是,不能因供货单位的部分差错而拒付全部账款,更不能借故无理拒付账款,从而损害供货单位的利益。

对于供货单位发来的商品及随货同行的专用发票(发货联),同样要与购销合同进行核对,并要认真检验商品的品种、规格、数量和质量,如有不符,可以拒收商品。在拒收商品时,应由业务部门填制“拒收商品通知单”,尽快通知供货单位,并需填制“代管商品收货单”一式数联,其中两联送交储运部门。储运部门验收后,加盖“收讫”戳记,将其数量作账外记录,并将拒收商品妥善保管,与库存商品分别存放,不能动用。一联由储运部门转交财会部门,据以记入“代管商品物资”账户的借方。

“代管商品物资”是表外账户,用以核算企业受托代管的各项商品、物资及借入的包装物等。收进时,记入借方;发出时,记入贷方。该账户可只记数量,不记金额。“代管商品物资”账户不与其他账户发生对应关系,只作单式记录。

异地商品购进,由于托收凭证的传递与商品运送的渠道不同,因此,支付账款与商品验收入库的时间往往不一致,从而引起拒付账款与拒收商品有先有后,这样将会出现下列三种情况:

(1)先拒付账款,后拒收商品。企业收到银行转来的托收凭证,发现内附的专用发票与购销合同不符,拒付账款。等商品到达后,再拒收商品。由于没有发生结算与购销关系,只需在拒收商品时,将拒收商品记入“代管商品物资”账户。

(2)先拒收商品,后拒付账款。企业收到商品时,发现商品与购销合同不符,可拒收商品,将拒收商品记入“代管商品物资”账户的借方,等银行转来托收凭证时,再拒付账款。

(3)先承付账款,后拒收商品。企业收到银行转来的托收凭证,将内附的专用发票与购销合同核对相符后,承付了账款。等商品到达验收时,发现商品与购销合同不符,除了将拒收商品记入“代管商品物资”账户的借方外,还应将拒收商品的货款、增值税额及运杂费,分别从“在途物资”账户、“应交税费”账户和“进货费用”账户一并转入“应收账款”账户。俟业务部门与供货单位协商解决后,再进一步作出账务处理。

【例 5—11】 上海电器公司向广东电器厂购进向阳牌微波炉 300 台,每台 300 元,计货款90 000元,增值税额15 300元,运费700元,增值税额 77 元,采用托收承付结算方式。

(1)银行转来广东电器厂托收凭证,内附专用发票(发票联)、运费凭证等,经审核无误,予以承付,作分录如下:

借：在途物资——广东电器厂　　90 000
　应交税费——应交增值税——进项税额　　15 377
　进货费用——小家电类　　700
　　贷：银行存款　　106 077

(2)微波炉运到后，验收时发现其中有30台微波炉质量不符合同规定，予以拒收，由业务部门与对方联系解决。

①270台微波炉验收入库，结转商品采购成本，作分录如下：

借：库存商品——小家电类　　81 000
　　贷：在途物资——广东电器厂　　81 000

②将拒收30台微波炉的货款、增值税额及该部分商品应承担的运费转入"应收账款"账户，拒收的30台微波炉代为保管，作分录如下：

借：在途物资——广东电器厂　　9 000.00
　应交税费——应交增值税——进项税额　　1 537.70
　进货费用——小家电类　　70.00
　　贷：应收账款——广东电器厂　　10 607.70

并在"代管商品物资"账户内借记9 000元。

(3)经联系后，广东电器厂同意将拒收的30台微波炉退回。

①签发转账支票垫付退回30台微波炉的运费70元，增值税额7.70元，作分录如下：

借：应收账款——代垫运费　　77.70
　　贷：银行存款　　77.70

并在"代管商品物资"账户内贷记9 000元。

②广东电器厂汇来退货款、增值税额及垫付的运费计10 685.40元，存入银行，作分录如下：

借：银行存款　　10 685.40
　　贷：应收账款——广东电器厂　　10 607.70
　　　　　　　——代垫运费　　77.70

八、购货折扣和购货折让的核算

(一)购货折扣的核算

批发企业在赊购商品时，赊销方为了促使赊购方尽快清偿账款而给予一定的折扣优惠，从而产生了购货折扣。购货折扣是指赊购方在赊购商品后，因迅速清偿赊购账款而从赊销方取得的折扣优惠。

批发企业赊购商品，当出现以付款日期为条件而发生购货折扣时，应采用总价法。总价法是指以商品的发票价格作为其买价入账。当企业取得购货折扣时，再冲减当期的财务费用。

【例5－12】 上海服装公司向武泰服装厂赊购女羽绒服，厂方给予的付款条件为：10天内付清货款，购货折扣为2%，超过10天支付的为全价。

(1)12月1日，赊购女羽绒服200件，每件300元，货款为60 000元，增值税额为10 200元，女羽绒服已验收入库。

①根据增值税专用发票，作分录如下：

借：在途物资——武泰服装厂　　60 000
　　应交税费——应交增值税——进项税额　　10 200
　　贷：应付账款——武泰服装厂　　70 200

②根据收货单，作分录如下：

借：库存商品——羽绒服类　　60 000
　　贷：在途物资——武泰服装厂　　60 000

(2)12月11日，签发转账支票69 000元，支付女羽绒服货款和增值税额，作分录如下：

借：应付账款——武泰服装厂　　70 200
　　贷：银行存款　　69 000
　　　　财务费用　　1 200

“应付账款”是负债类账户，用以核算企业因购买商品、材料和接受劳务等经营活动应支付的款项。企业经营活动发生应付款项时，记入贷方；支付应付款项时，记入借方；期末余额在贷方，表示企业尚未支付的应付款项。

(二)购货折让的核算

购货折让是指企业购进的商品，因品种、规格和质量等原因，从销货单位所取得的价格上的减让。

批发企业在发生购货折让时，应以商品的买价扣除购货折让后的净额入账，届时增值税额与货款同样享有购货折让。

【例5－13】 上海百货公司向上海毛巾厂购进印花毛巾被1 000条，每条40元，计货款40 000元、增值税额6 800元。

(1)签发转账支票46 800元支付货款及增值税额，作分录如下：

借：在途物资——上海毛巾厂　　40 000
　　应交税费——应交增值税——进项税额　　6 800
　　贷：银行存款　　46 800

(2)验收商品时,发现质量不符要求,与对方联系后,同意给予7%的购货折让。

①收到厂方的销货折让发票,并收到对方退回的折让款2 800元及增值税额476元,存入银行,作分录如下:

借:银行存款 3 276

　　贷:在途物资——上海毛巾厂 2 800

　　　　应交税费——应交增值税——进项税额 476

②将商品验收入库,作分录如下:

借:库存商品——巾被类 37 200

　　贷:在途物资——上海保温瓶厂 37 200

九、农副产品挑选整理的核算

批发企业对购进的农副产品往往需要进行挑选整理。挑选整理是指对农副产品进行分等、分级、清除杂质、包装整理,以提高质量和防止变质,但不改变其外形、性质或口味的工作。通过这项工作,以便于对农副产品进行保管、运输和按质论价、分等销售。

(一)农副产品挑选整理核算的原则

农副产品经过挑选整理后,清除了杂质,使其数量和等级发生了变化,同时也发生了费用开支,但它仍属于商品流通性质的业务活动。因此,在会计核算时应遵循下列四个原则:

(1)在"库存商品"账户下设置"挑选整理"专户,以专门核算挑选中的农副产品。

(2)农副产品在挑选整理过程中发生的费用,可以列入"进货费用"账户,也可以计入农副产品成本。

(3)农副产品因挑选整理而发生等级、规格和数量变化,以及发生的商品损耗,均应调整商品的数量和单价,不变更总金额。

(4)农副产品挑选整理过程中发生的事故损失,经批准后列入"营业外支出"账户,不得计入商品成本。

(二)农副产品挑选整理的核算

农副产品在进行挑选整理时,应指定专人负责管理。实物保管部门在拨出商品进行挑选整理时,应填制"商品内部调拨单"一式数联,其中,自留一联,另两联送交仓库,仓库据以验收产品,留下一联登记商品保管账,另一联转交财会部门入账。

农副产品通过挑选整理后,可能会出现下列三种情况:

(1)挑选整理后发生数量变化。农副产品挑选整理后,由于清除了水分和杂质,因而发生了数量的变化,应按挑选整理后的实际数量入账,并调整商品的单价,其计算公式如下:

$$\text{挑选整理后农副产品成本单价}=\frac{\text{挑选整理前商品进价总额}}{\text{挑选整理后实际数量}}$$

(2)挑选整理后由一种等级变为另一种等级。农副产品挑选整理后,由一种等级变为另一种等级,同时数量也发生了变化,应以原来的成本总额作为新等级的成本总额,并调整等级、数量和单价,其计算公式如下:

$$\text{新等级农副产品单价}=\frac{\text{挑选整理前商品进价总额}}{\text{挑选整理后新等级实际数量}}$$

(3)挑选整理后由一个等级变为几个等级。农副产品挑选整理后,由一个等级变为几个等级的,应按各种等级的数量和售价的比例,分摊原成本总额。其计算公式如下:

$$\text{每种新等级农副产品售价总额}=\text{每种新等级农副产品数量}\times\text{每种新等级农副产品销售单价}$$

$$\text{每种新等级农副产品应分配的成本总额}=\text{每种新等级农副产品售价总额}\times\frac{\text{挑选整理前商品进价总额}}{\text{全部新等级农副产品售价总额}}$$

$$\text{每种新等级农副产品成本单价}=\frac{\text{每种新等级农副产品分配的成本总额}}{\text{每种新等级农副产品数量}}$$

【例 5—14】 黄岩果品公司发生下列挑选整理业务:

(1)所属东安收购站将收购的统货蜜桔10 000千克,拨交挑选组进行挑选整理,蜜桔每千克 4.55 元。根据商品内部调拨单,作分录如下:

借:库存商品——挑选组　　45 500

　　贷:库存商品——东安收购站　　45 500

(2)蜜桔挑选整理完毕,分为一级品5 600千克,每千克售价 7 元;二级品4 300千克,每千克售价 6 元。

①计算每种新等级蜜桔售价总额:

一级蜜桔售价总额=5 600×7=39 200(元)

二级蜜桔售价总额=4 300×6=25 800(元)

合计　　65 000(元)

②计算每种新等级蜜桔应分配的成本总额:

$$\text{一级蜜桔应分配的成本总额}=39\ 200\times\frac{45\ 500}{65\ 000}=27\ 440(\text{元})$$

$$\text{二级蜜桔应分配的成本总额}=25\ 800\times\frac{45\ 500}{65\ 000}=18\ 060(\text{元})$$

③计算每种新等级蜜桔成本单价:

$$\text{一级蜜桔成本单价}=\frac{27\ 440}{5\ 600}=4.90(\text{元})$$

$$\text{二级蜜桔成本单价}=\frac{18\ 060}{4\ 300}=4.20(\text{元})$$

挑选组根据挑选整理和计算的结果编制“农副产品挑选整理单”，其格式如表5—5所示。

表5—5　农副产品挑选整理单　编号:3786

挑选整理部门:挑选组　2016年1月5日　验收部门:第二仓库

品名	单位	挑选整理前				挑选整理后			
		等级	数量	单价	金额	等级	数量	单价	金额
蜜桔	千克	统货	10 000	4.55	45 500.00	一级 二级	5 600 4 300	4.90 4.20	27 440.00 18 060.00
合计			10 000		45 500.00		9 900		45 500.00
备注:清除杂质及商品损耗计100千克									

(3)财会部门将转来的农副产品挑选整理单复核无误后，作分录如下：

借:库存商品——第二仓库　45 500

　贷:库存商品——挑选组　45 500

然后按蜜桔的等级登记库存商品明细分类账。

第二节　批发商品的销售

批发企业的销售业务一般是根据与购货单位订立购销合同，或由购货单位提出要货计划，然后有计划地组织供应的业务。

商品销售按照地区不同，可分为同城销售和异地销售。

一、同城商品销售的业务程序及其核算

经营工业品的批发企业，同城商品销售主要是将商品销售给零售企业、生产企业、个体经营者或基层批发企业等。同城商品销售的交接方式通常采用“送货制”或“提货制”，货款结算方式通常采用转账支票或商业汇票结算，也可以采用银行本票和现金结算的。

同城商品销售的业务程序，通常是由购货单位提出要货计划，派采购员来批发企业看样，由批发企业业务部门根据购货单位选定的商品品种和数量，填制专用发票一式数联，业务部门自留一联外，将其余各联交与采购员，据以向财会部门结算组办理结算。结算组根据销售业务的需要，收取转账支票、商业汇票或银行本票，如销售额在银行规定的现金结算限额之内的，也可以收取现金。办好结算后，结算组在专用发票各联上加盖“货款收讫”戳记，留下记账联，将其余各联退还给采购员。采购员凭“提货联”和“出库联”向储运

部门提运商品或委托其送货,"发票联"和"抵扣联"由采购员带回入账。储运部门发出商品后,根据"提货联"登记商品保管账,将"出库联"转交财会部门据以登记库存商品账户。

批发企业在销售商品后,应按专用发票列明的价税合计数收款,若收取转账支票、银行本票的,在存入银行时,借记"银行存款"账户;若收取的是已承兑的商业汇票,则借记"应收票据"账户;若收取的是现金,则借记"库存现金"账户;若尚未收到账款的,则借记"应收账款"账户,按专用发票列明的货款贷记"主营业务收入"账户,按列明的增值税额贷记"应交税费"账户。然后计算出销售商品的进价成本,予以结转时,借记"主营业务成本"账户,贷记"库存商品"账户。

【例 5—15】 上海服装公司发生下列销售业务。

(1)销售花呢男西服 50 套,每套 600 元,计货款30 000元,增值税额5 100元,价税合计35 100元,收到转账支票存入银行,作分录如下:

借:银行存款	35 100	
贷:主营业务收入——西服类		30 000
应交税费——应交增值税——销项税额		5 100

(2)花呢男西服每套进价成本为 540 元,计金额27 000元,予以结转,作分录如下:

借:主营业务成本——西服类	27 000	
贷:库存商品——西服类		27 000

"主营业务收入"是损益类账户,用以核算企业的商品销售收入。企业取得商品销售收入时,记入贷方;企业期末将其余额转入"本年利润"账户时,记入借方。

"主营业务成本"是损益类账户,用以核算企业的商品销售成本。企业结转商品销售成本时,记入借方;企业期末将其余额转入"本年利润"账户时,记入贷方。

在实际工作中,由于商品种类繁多,每天计算商品销售成本工作量很大,为了简化核算手续,主营业务成本一般在期末集中结转。

二、异地商品销售的业务程序及其核算

批发企业的异地商品销售主要是将商品销售给其他地区的批发企业、生产企业或零售企业。商品的交接方式,通常采用"发货制";货款的结算方式,通常采用托收承付结算,也可以采用银行汇票结算。

异地商品销售的业务程序一般是:由业务部门根据购销合同填制专用发票一式数联,业务部门留下存根联备查外,将其余各联转交储运部门。储运部门根据专用发票提货、包装,并委托运输单位发运商品,发货联随货同行,留下提货联登记商品保管账,将发票联、出仓联转交财会部门。运输单位在发运商品后,送来运单,向财会部门结算运费。财会部门收到发票联、出仓联及运单后,一方面支付运输单位运费;另一方面填制托收凭证,附上

发票联和运单，向银行办理托收手续，银行受理后，取回托收回单，据以作商品销售的核算，并根据出仓联登记“库存商品”账户。

异地商品的销售业务，商品要委托运输单位运往购货单位，至于支付给运输单位的运费，根据购销合同规定，一般由购货单位负担。销货单位在垫支时，通过“应收账款”账户进行核算，然后连同销货款、增值税额一并通过银行向购货单位办理托收。

【例5－16】 上海服装公司根据购销合同开出专用发票，销售给郑州服装公司女时装250件，每件200元，计货款50 000元，增值税额8 500元，商品委托运输公司运送。

(1)9月10日，运输公司开来运费凭证500元，增值税额55元，当即开出转账支票支付，作分录如下：

借：应收账款——代垫运费及税款	555	
贷：银行存款		555

(2)9月11日，上海服装公司凭专用发票(发票联)及运费凭证，共计59 055元，一并向郑州服装公司收取。根据银行给予的托收凭证回单联，作商品销售处理，作分录如下：

借：应收账款——郑州服装公司	59 055	
贷：主营业务收入——女装类		50 000
应交税费——应交增值税——销项税额		8 500
应收账款——代垫运费及税款		555

(3)7月20日，接到银行转来郑州服装公司承付59 100元货款、增值税额及运费的收款通知，作分录如下：

借：银行存款	59 055	
贷：应收账款——郑州公司		59 055

三、直运商品销售的业务程序及其核算

直运商品销售是指批发企业购进商品后，不经过本企业仓库储备，直接从供货单位发运给购货单位的一种销售方式。

直运商品销售涉及到批发企业、供货单位和购货单位三方，并且三方不在同一地点，因此，批发企业一般派有采购员驻在供货单位，当供货单位根据购销合同发运商品时，由派驻采购员填制专用发票一式数联，其中发货联随货同行，作为购货单位的收货凭证，其余各联寄回批发企业。供货单位在商品发运后，即可向批发企业收取账款，批发企业支付货款后，反映为商品购进。批发企业凭采购员寄回的专用发票(发票联)向购货单位收取货款，反映为商品销售。批发企业为了尽快收回结算资金，在征得银行同意后，采购员可以在供货单位所在地委托银行向购货单位办理托收，由购货单位开户银行将货款直接划拨给批发企业。采购员在办妥托收后，将托收凭证回单联寄回批发企业，据以作商品销售

处理。在这种情况下，批发企业的购销业务几乎同时发生。

采用直运商品销售，商品不通过批发企业仓库的储存环节，这样就可以不通过"库存商品"账户，直接在"在途物资"账户进行核算。由于直运商品购进和销售的专用发票上已经列明商品的购进金额和销售金额，因此商品销售成本可以按照实际进价成本，分销售批次随时进行结转。

【例 5－17】 上海服装公司向昆山服装厂订购男夹克衫 500 件，每件 162 元，直运给沈阳服装公司，供应价每件 180 元，购进、销售的增值税率均为 17%，昆山服装厂代垫由昆山到沈阳的运费 500 元，增值税额 55 元，购销合同规定运费由沈阳服装公司负担。

(1)根据银行转来昆山服装厂的托收凭证，内附专用发票，开列男夹克衫货款81 000元、增值税额13 770元，运费凭证 500 元，经审核无误，当即承付，作分录如下：

	借方	贷方
借：在途物资——昆山服装厂	81 000	
应交税费——应交增值税——进项税额	13 770	
应收账款——代垫运费及税款	555	
贷：银行存款		95 325

(2)直运销售男夹克衫 500 件，每件 180 元，货款90 000元，增值税额15 300元，连同垫付的运费 500 元，增值税额 55 元，一并向沈阳服装公司托收，根据专用发票(记账联)及托收凭证(回单联)，作分录如下：

	借方	贷方
借：应收账款——沈阳服装公司	105 855	
贷：主营业务收入——茄克衫类		90 000
应交税费——应交增值税——销项税额		15 300
应收账款——代垫运费		555

同时结转商品销售成本，作分录如下：

	借方	贷方
借：主营业务成本——茄克衫类	81 000	
贷：在途物资——昆山服装厂		81 000

如果合同规定运费由购销双方各负担一部分，那么，批发企业在支付供货单位垫付的运费时，对应由购货单位负担的部分，仍通过"应收账款"账户核算，对应由批发企业负担的部分，则列入"进货费用"账户。

批发企业采用直运商品销售，可以将商品及时供应给工农业生产部门和城乡消费市场，防止迂回运输，加速商品流通，降低商品消耗，节约进货费用，增加企业利润，加快流动资产的周转速度。

四、代销商品销售的核算

代销商品是销售商品的一种方式，牵涉到委托方和受托方两个方面，处在委托方立场上的商品称为委托代销商品，处在受托方立场上的商品称为受托代销商品。

代销商品销售有视同买断和收取代销手续费两种方式。

（一）视同买断方式代销商品的核算

批发企业采取视同买断方式代销商品，作为委托方的批发企业与受托方签订“商品委托代销合同”。合同上注明委托代销商品的协议价、销售价、结算方式、货款清偿时间、商品保管的要求，以及双方承担的责任等。

委托代销商品的业务程序一般是：由业务部门根据“商品委托代销购销合同”，填制“委托代销商品发货单”；然后由储运部门将商品发运给受托方，由于商品所有权上的风险和报酬并未转移给受托方，因此，委托方在交付商品时，不确认收入。到结算届期时，由受托方将已售代销商品的清单交付委托方，委托方据以按代销商品的协议价填制专用发票交付受托方时，作为商品销售入账。

【例5—18】 上海服装公司根据商品委托代销合同，将男羽绒服400件委托静安商厦代销，其购进单价为270元，协议单价为300元，增值税率为17%，合同规定每个月末受托方向委托方开具代销清单，据以结算货款。

（1）12月2日，发运商品时，作分录如下：

借：委托代销商品——静安商厦　　108 000

　　贷：库存商品——羽绒服类　　108 000

（2）12月31日，静安商厦送来的代销商品清单，填制专用发票，列明销售男羽绒服200件，单价300元，金额60 000元，增值税额10 200元，作分录如下：

借：应收账款——静安商厦　　70 200

　　贷：主营业务收入——羽绒服类　　60 000

　　　　应交税费——应交增值税——销项税额　　10 200

同时结转已售委托代销商品的销售成本54 000元，作分录如下：

借：主营业务成本——羽绒服类　　54 000

　　贷：委托代销商品——静安商厦　　54 000

（3）次年1月2日，收到静安商厦支付200件男羽绒服的货款及增值税额的转账支票一张，金额70 200元，存入银行，作分录如下：

借：银行存款　　70 200

　　贷：应收账款——静安商厦　　70 200

“委托代销商品”是资产类账户，用以核算企业委托其他单位代销的商品。企业将商品交付受托单位代销时，记入借方；企业收到受托单位已售代销商品清单确认销售收入转销其成本时，记入贷方；期末余额在借方，表示企业尚有委托代销商品的数额。该账户应按受托单位进行明细分类核算。

作为受托方的批发企业在收到代销商品并已验收入库时，虽然企业尚未取得商品的所有权，但是企业对代销商品有支配权，可以开展商品销售业务。受托方为了加强对代销商品的管理和核算，在收到商品时，应按代销商品的协议价借记"受托代销商品"账户；贷记"受托代销商品款"账户。

"商品委托代销合同"中委托方虽然注明了商品的销售价，但受托方可自行确定销售价。代销商品在销售后，应填制专用发票，据以借记"银行存款"或"应收账款"账户；贷记"主营业务收入"账户和"应交税费"账户。并按协议价款借记"主营业务成本"账户；贷记"受托代销商品"账户。同时借记"受托代销商品款"和"应交税费"账户；贷记"应付账款"账户。至结算届期时，将代销商品清单交付委托方，俟收到委托方发票后，据以支付货款和增值税额。届时借记"应付账款"账户；贷方"银行存款"账户。

【例 5－19】 上海服装公司根据商品委托代销合同，接受鸿翔服装厂 500 件女风衣的代销业务，合同规定该风衣的协议单价为 180 元，销售单价为 200 元，增值税率为 17%，每个月末向委托方开具代销清单，结算货款。

(1)1 月 2 日，收到 500 件女风衣，作分录如下：

借：受托代销商品——鸿翔服装厂	90 000	
贷：受托代销商品款——鸿翔服装厂		90 000

(2)1 月 18 日，销售女风衣 200 件，每件 200 元，计货款40 000元，增值税额为6 800元，收到转账支票存入银行。

①反映商品销售收入和销项税额，作分录如下：

借：银行存款	46 800	
贷：主营业务收入——风衣类		40 000
应交税费——应交增值税——销项税额		6 800

②结转商品销售成本，作分录如下：

借：主营业务成本——风衣类	36 000	
贷：受托代销商品——鸿翔服装厂		36 000

③结转受托代销商品款，作分录如下：

借：受托代销商品款——鸿翔服装厂	36 000	
贷：应付账款——鸿翔服装厂		36 000

(3)2 月 2 日，收到鸿翔服装厂专用发票，开列女风衣 200 件，每件 180 元，计货款36 000元，增值税额6 120元，当即签发转账支票支付全部账款，作分录如下：

借：应付账款——鸿翔服装厂	36 000	
应交税费——应交增值税——进项税额	6 120	
贷：银行存款		42 120

"受托代销商品"是资产类账户，用以核算企业接受其他单位委托代销的商品。企业收到代销商品时，记入借方；企业接受代销商品销售后，结转其销售成本时，记入贷方；期末余额在借方，表示企业尚未销售的代销商品数额。该账户应按委托单位进行明细分类核算。

"受托代销商品款"是负债类账户，用以核算企业接受代销商品的货款。企业在收到代销商品时，记入贷方；销售代销商品时，记入借方；期末余额在贷方，表示尚未销售的受托代销商品的货款。该账户应按委托单位进行明细分类核算。

（二）收取代销手续费方式的核算

批发企业采取收取手续费方式代销商品，作为委托方的批发企业，其业务程序与代销商品销售的核算方法，与视同买断方式基本相同。所不同的是，由于受托方是商品购销双方的中介人，委托方要根据合同的规定，按销售额的一定比例，支付受托方代销手续费，届时借记"销售费用"账户。

【例 5－20】 上海电器公司将长江牌电风扇1 000台委托卢湾商厦代销，该电风扇购进单价为 88 元，合同规定销售单价为 100 元，增值税率为 17%，每个月末受托方向委托方开具代销清单，据以结算货款，代销手续费率为 7%。

(1)7 月 1 日，将电风扇交付卢湾商厦时，作分录如下：

借：委托代销商品——卢湾商厦　　88 000

　　贷：库存商品——电风扇类　　88 000

(2)7 月 31 日，卢湾商厦送来代销商品清单，据以填制专用发票，开列长江牌电风扇 450 台，每台 100 元，计货款45 000元、增值税额7 650元。

①根据专用发票，作销售处理，作分录如下：

借：应收账款——卢湾商厦　　52 650

　　贷：主营业务收入——电风扇类　　45 000

　　　　应交税费——应交增值税——销项税额　　7 650

②同时结转已售委托代销商品成本，作分录如下：

借：主营业务成本——电风扇类　　39 600

　　贷：委托代销商品——卢湾商厦　　39 600

③结算代销手续费，作分录如下：

借：销售费用——手续费　　3 150

　　贷：应收账款——卢湾商厦　　3 150

(3)7 月 31 日，卢湾商厦扣除了代销手续费3 150元后，付来了已售代销的 450 台长江牌电风扇的货款及增值税额，存入银行，作分录如下：

借：银行存款　　49 500

　　贷：应收账款——卢湾商厦　　49 500

作为受托方的批发企业，采取收取代销手续费方式与视同买断方式相比较，其主要特点是受托方应按照委托方规定的价格销售代销商品，不得随意变动。

批发企业在收到代销商品时，按合同规定的代销商品的销售价格，借记“受托代销商品”账户；贷记“受托代销商品款”账户。

在代销商品销售时，应根据规定向购货方填制专用发票，按价税合计收取的款项借记“银行存款”账户；按实现的销售收入，贷记“应收账款”账户；按收取的增值税额，贷记“应交税费”账户。同时注销代销商品，借记“受托代销商品款”账户，贷记“受托代销商品”账户。

企业根据合同规定在向委托方结算代销手续费时，作为其他业务收入处理。

【例5—21】 上海电器公司根据商品委托代销合同接受新光电器厂350台三羊牌微波炉的代销业务，合同规定该微波炉的销售单价为300元，增值税率为17%，代销手续费率为7%，每月末向委托方开具代销清单，结算货款和代销手续费。

(1)9月1日，收到350台三羊牌微波炉，作分录如下：

借：受托代销商品——新光电器厂	105 000	
贷：受托代销商品款——新光电器厂		105 000

(2)9月16日，销售三羊牌微波炉175台，每台300元，计货款52 500元，增值税额8 925元，收到转账支票存入银行，作分录如下：

①反映商品销售收入和销项税额，作分录如下：

借：银行存款	61 425	
贷：应付账款——新光电器厂		52 500
应交税费——应交增值税——销项税额		8 925

②同时注销代销商品，作分录如下：

借：受托代销商品款——新光电器厂	52 500	
贷：受托代销商品——新光电器厂		52 500

(3)9月30日，开出代销商品清单及代销手续费发票，开列代销手续费3 675元，作分录如下：

借：应付账款——新光电器厂	3 675	
贷：其他业务收入		3 675

(4)9月30日，收到新光电器厂开来专用发票，开列三羊牌微波炉175台，每台300元。今扣除代销手续费3 675元后，签发转账支票57 750元，支付新光电器厂已售代销商品货款及增值税额，作分录如下：

借：应付账款——新光电器厂	48 825	
应交税费——应交增值税——进项税额	8 925	
贷：银行存款		57 750

五、分期收款商品销售的核算

批发企业对于产销具有季节性的商品、呆滞积压商品等，可以采取先发商品、分期收款的销售方式。采用这种销售方式事先由业务部门订立“分期收款商品购销合同”，合同内应注明发货日期、分期收款的期限和金额。

分期收款商品销售的业务程序一般是：由业务部门根据“分期收款商品购销合同”，填制“分期收款商品发货单”，然后由储运部门发运商品。财会部门根据“分期收款商品发货单”，借记“发出商品”账户，贷记“库存商品”账户。

商品发出以后，批发企业在合同规定的结算日期，填制专用发票收取账款，俟收到分期收款销售商品货款及增值税额时，借记“银行存款”账户，贷记“主营业务收入”账户和“应交税费”账户，并要结转其销售成本，借记“主营业务成本”账户，贷记“发出商品”账户。

【例5—22】 上海交通器材公司根据分期收款商品购销合同。将50辆飞鹰牌助动车发往浦江商厦，该助动车购进单价为1 980元，销售单价为2 200元，增值税率为17%，合同规定每月末结账，收取全部账款的50%，两个月后全部结清。

(1)9月1日，发给浦江商厦飞鹰牌助动车50辆，作分录如下：

借：发出商品——浦江商厦　　99 000

　　贷：库存商品——助动车类　　99 000

(2)9月30日，收到浦江商厦转账支票一张，金额64 350元，系付来第一期飞鹰牌助动车货款55 000元，增值税额9 350元。

①将转账支票存入银行，作分录如下：

借：银行存款　　64 350

　　贷：主营业务收入——助动车类　　55 000

　　　　应交税费——应交增值税——销项税额　　9 350

②同时结转分期收款商品的销售成本，作分录如下：

借：主营业务成本——助动车类　　49 500

　　贷：发出商品——浦江商厦　　49 500

“发出商品”是资产类账户，用以核算企业未满足收入确认条件但已发出商品的成本。企业发出商品时，记入借方；企业发出的商品满足收入确认条件，结转其销售成本时，记入贷方；期末余额在借方，表示企业发出商品的成本。

六、销货退回的核算

批发企业在商品销售后，购货单位发现商品的品种、规格、质量等购销合同不符等原因而提出退货。经批发企业业务部门同意后，由其填制红字专用发票送各有关部门办理退货手续,财会部门根据储运部门转来的专用发票(记账联)结算货款,并冲减商品销售收入。

【例 5—23】 上海电器公司日前销售给市北商厦东风牌电饭煲 500 只,每只 180 元,增值税率为 17%。今购方发现其中 50 只质量有问题,要求退货,经业务部门同意,商品已退回,验收入库,并开出转账支票一张,全额为10 530元,系支付退货款及退还增值税额,作分录如下:

	借方	贷方
借:主营业务收入——电饭煲类	9 000	
应交税费——应交增值税额——销项税额	1 530	
贷:银行存款		10 530

如果退回的商品已经结转了销售成本,那么,同时还应借记"库存商品"账户,贷记"主营业务成本"账户。

七、销售商品退补价的核算

批发企业在商品销售后,发现商品的规格和等级错发、货款计算错误等原因,需要向购货单位退还或补收货款。

实际销售价格低于已经结算货款的价格是销货退价,销货单位应将多收的差额退还给购货单位。实际销售价格高于已经结算货款的价格是销货补价,销货单位应向购货单位补收少算的差额。销售商品发生退补价时,先由业务部门填制专用发票予以更正,财会部门审核无误后,据以结算退补价款并冲减或增加商品销售收入。

【例 5—24】 上海服装公司日前销售给长宁商厦1 000条男牛仔裤,其单价为 87 元,增值税率为 17%。今发现单价开错,该牛仔裤单价应为 78 元,开出红字专用发票,应退对方货款9 000元、增值税额1 530元,签发转账支票付讫,作分录如下:

	借方	贷方
借:主营业务收入——牛仔服类	9 000	
应交税费——应交增值税——销项税额	1 530	
贷:银行存款		10 530

以上是销货退价的核算,若发生销货补价时,则借记"银行存款"账户;贷记"主营业务收入"账户和"应交税费"账户。

八、购货单位拒付货款和拒收商品的核算

批发企业在异地商品销售业务中,一般采用发货制,并采用托收承付结算方式,在商品已发运,并向银行办妥托收手续后,即作为商品销售处理。当购货单位收到托收凭证时,发现内附专用发票开列的商品与合同不符,或者与收到的商品数量、品种、规格、质量不符等原因,就会发生购货单位拒付货款和拒收商品。当财会部门接到银行转来购货单位的"拒绝付款理由书"时,暂不作账务处理,但应立即通知业务部门,及时查明原因,并尽

快与购货单位联系进行协商，然后根据不同的情况作出处理。

对于商品少发的处理有两种情况：如果补发商品，在商品发运后，收到购货单位货款、增值税额及垫付运费时，借记"银行存款"账户，贷记"应收账款"账户；如果不再补发商品，则由业务部门填制红字专用发票，作销货退回处理。

对于商品货款开错的，应由业务部门填制红字专用发票，财会部门作销货退价处理。

对于因商品质量不符要求，或因商品品种、规格发错而退回时，应由储运部门验收入库，财会部门根据转来的红字专用发票作销货退回处理，退回商品的运费列入"销售费用"账户。

对于商品短缺的情况，先要冲减"主营业务收入"账户、"应交税费"账户和"应收账款"账户，再根据具体情况进行账务处理。如属于本企业储运部门责任，应由其填制"财产损失报告单"，将商品的短缺金额转入"待处理财产损溢"账户，待领导批准后，再转入"营业外支出"账户。

如果购货单位支付了部分款项，而又拒付了部分款项，应将收到的款项借记"银行存款"账户，对于尚未收到的款项，则仍保留在"应收账款"账户内，在与对方协商解决后，再予以转销。

【例 5－25】 上海电器公司销售给武汉商厦北极牌空调机 80 台，每台1 200元，计货款96 000元、增值税额16 320元，代垫运费900元，增值税额 99 元，日前已支付。

(1)6 月 10 日，向银行办妥托收销货款、增值税额和代垫运费及增值税额的手续，作分录如下：

借：应收账款——武汉商厦　　113 319
　　贷：主营业务收入——空调机类　　96 000
　　　　应交税费——应交增值税——销项税额　　16 320
　　　　应收账款——代垫运费及税款　　999

(2)6 月 20 日，银行转来收账通知，武汉商厦支付货款、增值税额及运费101 987.10元，同时收到"拒绝付款理由书"，拒付其中 8 台空调机的货款、增值税额及该部分商品的运费及增值税额计11 331.90元，作分录如下：

借：银行存款　　101 987.10
　　贷：应收账款——武汉商厦　　101 987.10

(3)6 月 28 日，今查明该 8 台空调机是质量不好，商品已退回，业务部门转来红字专用发票，财会部门审核无误后，作分录如下：

借：主营业务收入——空调机类　　9 600.00
　　应交税费——应交增值税——销项税额　　1 632.00
　　销售费用——运杂费　　99.90
　　贷：应收账款——武汉商厦　　11 331.90

同时信汇给武汉商厦退回空调机的运费100元，增值税额11元，作分录如下：

借：销售费用——运杂费　　100

　　应交税费——应交增值税——进项税额　　11

　贷：银行存款　　111

九、现金折扣与销售折让的核算

（一）现金折扣的核算

批发企业为了尽快收回货款，以加速资金周转，可以采用现金折扣的方式。现金折扣是指企业赊销商品时，为了使购货单位在一定期限内迅速还清账款而给予的折扣优惠。这种折扣的条件通常写成2/10、1/20、n/30。即表示在10天内付清款项给予2%的折扣优惠，超过10天，在20天内付清给予1%的折扣优惠，超过20天，在30天内付清就没有折扣优惠。因此，现金折扣实质上是企业为了尽快回笼资金而发生的理财费用，应在其实际发生时，列入“财务费用”账户。采用现金折扣方式，购销双方应事先订立合同，作为落实现金折扣的依据。

【例5-26】 上海五金装潢公司对赊销商品给予现金折扣优惠，其条件为：2/10、1/20、n/30。

(1)9月5日，赊销给南浦五金装潢公司商品一批，货款32 000元，增值税额5 440元，作分录如下：

借：应收账款——南浦五金装潢公司　　37 440

　贷：主营业务收入　　32 000

　　　应交税费——应交增值税——销项税额　　5 440

(2)9月15日，南浦五金装潢公司付来赊销商品的货款及增值税额的转账支票一张，金额为36 800元，存入银行，作分录如下：

借：银行存款　　36 800

　　财务费用　　640

　贷：应收账款——南浦五金装潢公司　　37 440

核算时需要注意的是增值税额并不同步享有现金折扣。

（二）销售折让的核算

批发企业在销售商品时发错商品的品种、规格，或商品在质量上存在问题，为了避免徒劳的往返运输，减少不必要的损失，批发企业可以采用给予购货单位销售折让的方式予以解决。销售折让是指企业在销售商品后，因品种、规格、质量等原因而给予购货单位价格上的减让。供货单位给予购货单位的销售折让，应冲减当期的商品销售收入。

【例5-27】 上海百货公司发生下列有关的经济业务：

(1)10 月 5 日，销售给西安百货公司电动卡通警车 200 箱，每箱 250 元，计货款50 000元，增值税额8 500元，以转账支票垫付运费 600 元，增值税额 66 元，今一并向银行办妥托收手续，作分录如下：

借：应收账款——西安百货公司　59 166

　贷：主营业务收入——玩具类　50 000

　　应交税费——应交增值税——销项税项　8 500

　　银行存款　666

(2)10 月 20 日，西安百货公司验收商品时，发现电动卡通警车漆水不符合同要求，予以拒付，经与对方协商后决定给予 7% 折让，开出专用发票，并收到对方汇来的账款54 925元，作分录如下：

借：银行存款　54 925

　主营业务收入——玩具类　3 640

　应交税费——应交增值税——销项税额　595

　贷：应收账款——西安百货公司　59 160

十、农副产品销售的核算

农副产品的交接货方式是由农副产品的特定的特点决定的。由于农副产品的规格、等级复杂，鲜活商品多，有些农副产品还需要由收货单位验收后定级定价，因此，主要采取送货制的方式。其结算方式可以采用汇兑结算或银行汇票结算。

批发企业销售农副产品在采取送货制时，一般要派押运员将货押送到收货单位；在发运农副产品时，一般应重新过磅、点数，按照实际数填制“农副产品拨付验收单”一式数联，其中，业务部门自留一联存根备查，将记账联转交财会部门作为商品运出的入账依据，其余各联随货同行。调入单位据以验收后，应根据验收的情况填列实收的等级、数量、单价和金额，并加盖公章后，将验收联交押运员带回。销售单位凭押运员带回的验收联填制专用发票，据以作为农副产品销售的入账凭证。“农副产品拨付验收单”的格式见表5—6。

批发企业采用送货制销售农副产品时，在收货单位验收前，农副产品的所有权尚未转移，仍属于送货单位。为了加强对这部分农副产品的管理，监督货款及时结算，应在“库存商品”账户下设置“运出在途商品”专户，在发出农副产品时，应将其采购成本从库存商品有关明细分类账户转入“运出在途商品”明细分类账户，俟收到押运员带回对方验收凭证后，填制专用发票再作商品销售处理。同时结转商品销售成本，将发出的在途商品转入“主营业务成本”账户。

表 5—6　　农副产品拨付验收单　　编号:2568

收货单位:金山县肉食品厂　　发运日期 2016 年 1 月 5 日　收到日期 2016 年 1 月 7 日　　发货单位:枫泾镇食品购销站　所属部门:刘庄收购站

品名	单位	原发数					验收数				
		等级	数量	重量(千克)	成本单价	成本金额	等级	数量	重量(千克)	销售单价	销售金额
生猪	头	一等	32	2 850	13.20	37 620.00	一等	30	2 678	15.00	40 170.00
		二等	18	1 295	12.40	16 058.00	二等	20	1 420	14.00	19 880.00
合计			50	4 145		53 678.00		50	4 198		60 250.00

备注:

【例 5—28】 枫泾镇食品购销站所属刘庄收购站采用送货制销售给金山肉食品厂生猪一批,已由押运员运出。

(1)根据农副产品拨付验收单记账联成本金额53 678元(见表 5—6),作分录如下:

借:库存商品——运出在途商品　　53 678.00

　　贷:库存商品——刘庄收购站　　53 678.00

(2)根据专用发票列明的销售金额60 250元,增值税额7 832.50元,作分录如下:

借:应收账款——金山肉食品厂　　68 082.50

　　贷:主营业务收入——刘庄收购站　　60 250.00

　　　　应交税费——应交增值税——销项税额　　7 832.50

同时结转已销商品成本,作分录如下:

借:主营业务成本——刘庄收购站　　53 678.00

　　贷:库存商品——运出在途商品　　53 678.00

(3)收到金山肉食品厂电汇收账通知68 082.50元时,作分录如下:

借:银行存款　　68 082.50

　　贷:应收账款——金山肉食品厂　　68 082.50

对于活畜禽在销售过程中,在头数、只数不变的情况下,发生等级升降,增重或减重,先按验收的等级和价格作为商品销售,然后仍按原发的等级和价格结转商品销售成本,其等级的升降,重量的增减均体现在商品经营损益中;若发生零星死亡,或急宰的销售收入低于进价的差额,以及肉食蛋品的自然损耗,应列入“销售费用——商品损耗”账户;若发生零星走失、疫病流行、自然灾害，以及责任事故所造成的大量死亡、走失、被盗等损失，经批准后作营业外支出处理或由责任人赔偿。

第三节　批发商品的储存

为了加强对商品储存的核算与管理，批发企业财会部门必须与有关各部门密切配合，做到库存结构合理、商品保管完好、收发制度严密、定期盘点商品，以达到账实相符，并正确计算和结转商品销售成本，以保证企业利润核算的准确性。

一、商品盘点短缺和溢余的核算

批发企业储存的大量商品是保证市场供应、满足生产和人民生产需要的物质基础。但是，这些商品在储存过程中，由于自然条件或人为原因，可能会引起商品数量上的短缺或溢余以及质量上的变化，因此，必须建立和健全各项规章制度，并采取财产清查的措施，以确保商品的安全。财产清查是提高商品储存质量的必要手段，它的方法主要是进行定期盘点和不定期盘点。通过盘点，清查商品在数量上有无短缺损耗和溢余，在质量上有无残次、损坏、变质等情况。同时，通过盘点还可以发现在库存结构上可能出现呆滞冷背商品、销小存大商品等问题，这样就能及时采取措施，减少企业损失，达到保护企业财产安全和改善企业经营管理的目的。

商品盘点是一项细致复杂的工作，必须有领导、有组织、有计划地进行。在盘点前，应根据盘点的范围，确定参加盘点的人员与组织分工，财会部门与储运部门应将有关商品收发业务的凭证全部登记入账，并结出余额，以便与盘点出来的实存数量进行核对。盘点时，要根据商品的特点，采用不同的盘点方法和操作规程，避免发生重复盘、遗漏盘和错盘的现象。盘点以后，由保管人员负责填制“商品盘存表”，先根据账面资料填写商品名称、规格、单价及账存数量，再填列实存数量。“商品盘存表”上账存数与实存数如不相符，应填制“商品盘点短缺溢余报告单”一式数联，其中一联转交财会部门，财会部门据以将商品短缺或溢余的金额分别转入“待处理财产损溢”账户，以做到账实相符。等查明原因后，再区别情况，转入各有关账户。

【例 5—29】 上海土产公司根据盘点的结果，填制“商品盘点短缺溢余报告单”如表5—7所示。

表 5—7

商品盘点短缺溢余报告单

2016 年 1 月 26 日

品名	计量单位	单价	账存数量	实存数量	短缺		溢余		原因
					数量	金额	数量	金额	
香菇	千克	70.00	3 255	3 243	12	840.00			待查
黑木耳	千克	80.00	2 712	2 763			51	4 080.00	
合计	—	—	—	—	—	840.00	—	4 080.00	

(1)财会部门审核无误,据以调整库存商品结存额。

①根据短缺金额,作分录如下:

借:待处理财产损溢　　840

　贷:库存商品——干菜类　　840

②根据溢余金额,作分录如下:

借:库存商品——干菜类　　4 080

　贷:待处理财产损溢　　4 080

(2)查明原因后:

①现查明香菇短缺 12 千克,其中:2 千克系自然损耗,10 千克系收发过程中的差错,经领导批准,予以核销转账,作分录如下:

借:销售费用——商品损耗　　140

　营业外支出——盘亏损失　　700

　贷:待处理财产损溢　　840

②现查明黑木耳溢余 51 千克,其中 50 千克系销货时少发商品,当即补发对方黑木耳 50 千克,其余 1 千克系自然升溢,作分录如下:

借:待处理财产损溢　　4 080

　贷:库存商品——干菜类　　4 000

　　销售费用——商品损耗　　80

二、库存商品的期末计量

批发企业的库存商品是存货的主要组成部分。在会计期末,应按照成本与可变现净值孰低对库存商品进行计量。当成本低于可变现净值时,库存商品按成本计量;当成本高于可变现净值时,库存商品按可变现净值计量。可变现净值是指企业在日常活动中,以存货的估计售价减去存货成本、估计的销售费用以及相关税费后的金额。

批发企业在期末或年度终了时，应对商品进行全面的清查，如果由于商品遭受毁损、全部或部分陈旧过时等原因使其可变现净值低于成本，应将其低于成本的金额计提存货跌价准备。存货跌价准备应按单个商品项目计提。对于数量繁多、单价较低的商品，也可以按商品类别计提。

不同的库存商品，计提存货跌价准备的核算方法也有所不同，现分别予以阐述。

（一）尚有使用价值和转让价值的库存商品

当企业的库存商品存在下列情况之一的，则属尚有使用价值和转让价值的库存商品。

（1）市价持续下跌，并且在可预见的未来无回升的希望。

（2）企业因商品更新换代，原有商品已不适应新商品的需要；而该商品的市场价格又低于其账面成本。

（3）因企业所提供的商品或劳务过时，或者消费者偏好改变，而市场的需求发生变化，导致市场价格逐渐下跌。

（4）其他足以证明该商品实质上已经发生减值的情形。

由于这些库存商品尚有使用价值和转让价值，因此在期末，企业计算出库存商品可变现净值低于成本的差额时，借记“资产减值损失——存货减值损失”账户；贷记“存货跌价准备”账户。如已计提跌价准备的商品的价值以后又得以恢复，应按恢复增加的数额，借记“存货跌价准备”账户；贷记“资产减值损失——存货减值损失”账户。

【例 5—30】 上海服装公司对商品在期末采用存货成本与可变现净值孰低法计价。

（1）2016 年 1 月 31 日，储运部门送来商品可变现净值报告单，列明女时装 180 件，成本单价 200 元，可变现净值单价 175 元，计减值金额4 500元，予以转账，作分录如下：

借：资产减值损失——存货减值损失　　4 500
　　贷：存货跌价准备　　4 500

（2）2016 年 2 月 18 日，销售减值的女时装 100 件，每件 175 元，计货款17 500元、增值税额2 975元，收到转账支票，存入银行。

①反映商品销售收入，作分录如下：

借：银行存款　　20 475
　　贷：主营业务收入　　17 500
　　　　应交税费——应交增值税——销项税额　　2 975

②结转商品销售成本，作分录如下：

借：主营业务成本　　20 000
　　贷：库存商品　　20 000

（3）2016 年 2 月 28 日，结转本月份已销女时装计提的存货跌价准备，作分录如下：

借:存货跌价准备　　2 500

　　贷:主营业务成本　　2 500

“存货跌价准备”是资产类账户,它是“库存商品”、“原材料”等存货账户的抵减账户,用以核算企业提取的存货跌价准备。企业期末发生存货可变现净值低于成本时,记入贷方;企业在已计提跌价准备的存货出售、领用或者价值恢复,转销其已计提的跌价准备时,记入借方;期末余额在贷方,表示企业已经提取但尚未转销的存货跌价准备的数额。

(二)完全丧失使用价值和转让价值的库存商品

当企业的库存商品存在以下一项或若干项情况的,则属完全丧失使用价值和转让价值的库存商品。

(1)已霉烂变质的商品。

(2)已过期且无转让价值的商品。

(3)其他足以证明已无使用价值和转让价值的商品。

这些库存商品已经完全丧失了使用价值和转让价值,届时,应区别情况进行核算。企业对于未计提过跌价准备的商品,应按其账面价值,借记“资产减值损失——存货减值损失”账户;贷记“库存商品”等账户。对于事前曾计提过跌价准备的商品,则应按该商品已计提的跌价准备,借记“存货跌价准备”账户,按商品的账面价值,贷记“库存商品”账户;两者的差额则应列入“资产减值损失——存货减值损失”账户的借方。

三、库存商品非正常损失的核算

批发企业的库存商品有时会发生火灾、水灾等非正常损失,那么商品购进时所发生的进项税额将不能从销项额中抵扣,因此要按照规定从进项税额中予以转出。届时,按非正常损失商品的成本及其进项税额借记“待处理财产损溢”账户;按非正常损失商品的成本贷记“库存商品”账户;按非正常损失商品的进项税额贷记“应交税费——应交增值税——进项税额转出”账户。然后与保险公司联系,按保险公司承诺理赔的金额,借记“其他应收款”账户;按作为企业损失的金额,借记“营业外支出”账户;按损失的总金额,贷记“待处理财产损溢”账户。

【例5—31】 东海服装公司因火灾损失女时装一批。

(1)火灾损失女时装的成本为22 000元,进项税额为3 740元,予以转账,作分录如下:

借:待处理财产损溢　　25 740

　　贷:库存商品——时装类　　22 000

　　　　应交税费——应交增值税——进项税额转出　　3 740

(2)与保险公司联系后,保险公司同意赔偿18 000元,其余部分作为企业损失,作分录如下:

借：其他应收款——保险公司　18 000
　营业外支出　7 740
　　贷：待处理财产损溢　25 740

四、库存商品账户的设置与登记方法

批发企业财会部门为了加强对库存商品的管理和控制，正确计算库存商品的期末结存额与商品销售成本，采取数量进价金额核算，对库存商品实行总账、类目账、明细账三级控制。总账通过金额控制类目账，类目账通过数量、金额控制明细账。

（一）库存商品类目账的设置与登记方法

库存商品类目账是指按商品类别分户设置，登记其收入、发出与结存情况的账簿。它是处于总账与明细账之间的二级账户。由于批发企业商品品种规格繁多，通过类目账可以加强和完善对商品明细账的数量和金额的双重控制；有利于账账之间的核对，如有不符时，可缩小查找的范围；通过类目账集中计算商品销售成本，可以简化计算工作，减轻工作量；还有利于掌握各类商品进、销、存的动态和毛利，为企业领导经营决策提供依据。

库存商品类目账的登记方法，因企业计算和结转商品销售成本的时间不同而有所区别。逐日结转商品销售成本的企业，应根据每日收入与发出商品的数量和金额登记库存商品类目账；定期结转商品销售成本的企业，应根据每日收入与非销售发出商品的数量和金额登记库存商品类目账，对于每日销售的商品平时只登记数量，待月末计算出商品销售成本后，再将金额一次记入库存商品类目账。

（二）库存商品明细账

库存商品明细账是指按商品的品名、规格、等级分户设置，登记其收入、发出和结存情况的账簿。一般采用数量金额三栏式账页，以反映和控制每一种商品的数量和金额。

由于企业的商品销售成本主要是通过库存商品明细账进行计算的，因此要求库存商品明细账能够正确地反映商品的购进、销售和结存的情况。而库存商品明细账的记账方法与一般明细账有所不同，现说明如下：

（1）购进。根据商品入库凭证记入该账户收入方的购进数量、单价和金额栏。

（2）销售。根据商品销售的发货凭证，记入该账户的发出方。若逐日结转成本的，应登记销售数量、单价和金额栏；若定期结转成本的，则平时只登记销售数量栏，不登记单价和金额栏，销售成本金额在月末一次登记。

（3）进货退出。根据进货退出凭证，用红字记入该账户收入方的购进数量和金额栏，表示购进的减少，并用蓝字登记单价。

（4）销货退回。根据销货退回凭证记入该账户的发出方。若逐日结转成本的，用红字登记销售数量栏和金额栏，用蓝字登记单价栏；若定期结转成本的，平时只用红字登记销售数量栏，不登记单价和金额栏，红字表示销售的减少。

(5)购进商品退补价。将退补价款的差额记入收入方的单价和金额栏，退价用红字反映，补价用蓝字反映。

(6)商品加工收回。根据商品加工成品收回单记入该账户收入方的其他数量、单价和金额栏。

(7)商品发出加工。根据商品加工发料单记入该账户发出方的其他数量、单价和金额栏。

(8)商品溢余。根据商品溢余报告单记入该账户收入方的其他数量、单价和金额栏。

(9)商品短缺。根据商品短缺报告单记入该账户发出方的其他数量、单价和金额栏。

五、商品销售成本的计算和结转

批发企业应根据企业的特点和管理的需要，在确定商品销售成本结转的时间、计算的程序和结转的方式的基础上，再确定商品销售成本的计算方法。

商品销售成本按照结转的时间分，有逐日结转和定期结转两种。逐日结转是逐日计算出商品销售成本后，逐日从"库存商品"账户上转销，故又称随销随转。这种方法能随时反映库存商品的结存金额，但工作量较大。定期结转是在期末即月末集中计算出商品销售成本后，从"库存商品"账户上一次转销，故又称月末一次结转。这种方法，工作量较小，但不能随时反映库存商品的结存金额。

商品销售成本按照计算的程序分，有顺算成本和逆算成本两种。顺算成本是先计算各种商品的销售成本后，再计算各种商品的结存金额。这种方法一般采用逐日结转，所以工作量较大。逆算成本又称倒挤成本，是先计算各种商品的期末结存金额，然后据以计算商品销售成本。这种方法一般采用定期结转，所以工作量较小。

商品销售成本按照结转的方式分，有分散结转和集中结转两种。分散结转是按每一库存商品明细账户逐户计算出商品销售成本，逐户转销，然后加总后作为类目账结转商品销售成本的依据。采用这种方法，账簿记录清楚完整，有利于加强对各种商品的经营业绩进行分析考核，但工作量较大。集中结转是期末在每一库存商品明细账上只结出期末结存金额，再按类目加总后作为类目账的期末结存金额，然后在类目账上计算并结转商品销售成本。这种方法可以简化计算和记账手续，但账簿记录不够完整，只能按商品类别来考核分析其经营业绩。

计算商品销售成本是一项重要而繁重的工作，它直接关系到期末库存商品的价值及企业的经营成果是否正确。因此，采用适当的方法，应正确地计算商品销售成本。商品销售成本的计算方法主要有个别计价法、综合加权平均法、移动加权平均法、先进先出法和毛利率推算法等。一旦确定了商品销售成本的计算方法后，在同一会计年度内不得随意变更。

（一）个别计价法

个别计价法又称分批实际进价法，是指认定每一件或每一批商品的实际进价，计算该件或该批商品销售成本的一种方法。在整批购进分批销售时，可以根据该批商品的实际购进单价，乘以销售数量来计算商品销售成本，其计算公式如下：

商品销售成本＝商品销售数量×该件（批次）商品购进单价

【例5—32】 上海百货公司1月份期初结存第112进货批次的提花毛巾被2 800条，规格5尺，单价35.50元，金额99 400元，销售单价为40元。本月商品进销业务记录如表5—8所示。

表5—8　　本月份提花毛巾被进销业务记录

2016年		业务号数	购进				销售			
月	日		批次	数量	单价	金额	批次	数量	单价	金额
1	3	5					112	1 200	40.00	48 000.00
	10	17	001	2 400	35.75	85 800.00				
	15	26					112	1 100	40.00	44 000.00
	22	34					112 001	500 1 000	40.00	60 000.00
	25	41	002	3 600	35.60	128 160.00				
	30	50					001 002	790 1 000	40.00	71 600.00
	31	合计		6 000		213 960.00		5 590		223 600.00

1月31日盘缺提花毛巾被10条，进货批次为001。据以计算商品销售成本如下：

1月3日商品销售成本＝1 200×35.50＝42 600（元）

1月10日商品销售成本＝1 100×35.50＝39 050（元）

1月22日商品销售成本＝500×35.50＋1 000×35.75＝53 500（元）

1月30日商品销售成本＝790×35.75＋1 000×35.60＝63 842.50（元）

1月份商品销售成本＝42 600＋39 050＋53 500＋63 842.50＝198 992.50（元）

采用个别计价法，对每件或每批购进的商品应分别存放，并分户登记库存商品明细账。对每次销售的商品，应在专用发票上注明进货件别或批次，便于按照该件或该批的实际购进单价计算商品销售成本。

采用个别计价法计算商品销售成本，可以逐日结转商品销售成本。这种方法计算的商品销售成本最为准确，但计算起来工作量最为繁重，适用于能分清进货件别或批次的库存商品、直运商品、委托代销商品和分期收款发出商品等。

(二)综合加权平均法

综合加权平均法是指在一个计算期内(一般为一个月),综合计算每种商品的加权平均单价,再乘以销售数量,计算商品销售成本的一种方法。其计算公式如下:

$$\text{加权平均单价}=\frac{\text{期初结存商品金额}+\text{本期收入商品金额}-\text{本期非销售发出商品金额}}{\text{期初结存商品数量}+\text{本期收入商品数量}-\text{本期非销售发出商品数量}}$$

$$\text{本期商品销售成本}=\text{本期商品销售数量}\times\text{加权平均单价}$$

在计算公式中,本期非销售发出商品数量和金额,是指除销售以外其他的商品发出,包括分期收款发出商品、发出加工商品、盘缺商品等。这些非销售发出的商品,在发生时,即在库存商品账户予以转销,所以在期末计算加权平均单价时要剔除这些因素。

在日常工作中,由于计算加权平均单价往往不能整除,计算的结果必然会发生尾差,为了保证期末库存商品数额的准确性,可以采用逆算成本的方法。其计算公式如下:

$$\text{期末结存商品金额}=\text{期末结存商品数量}\times\text{加权平均单价}$$

$$\text{本期商品销售成本}=\text{期初结存商品金额}+\text{本期收入商品金额}-\text{本期非销售发出商品金额}-\text{期末结存商品金额}$$

【例 5—33】 根据前例资料登记库存商品明细账如表 5—9 所示,用综合加权平均法计算商品销售成本如下:

表 5—9 库存商品明细账

类别:巾被　　货号:2002　　品名:提花毛巾被　　规格:5尺　　单位:条　　牌价:40元

2016年		凭证号数	摘要	收入				发出				结存		
月	日			购进数量	其他数量	单价	金额	销售数量	其他数量	单价	金额	数量	单价	金额
1	1		期初余额									2 800	35.50	99 400.00
	3	5	销售					1 200				1 600		
	10	17	购进	2 400		35.75	85 800.00					4 000		
	15	26	销售					1 100				2 900		
	22	34	销售					1 500				1 400		
	25	41	购进	3 600		35.60	128 160.00					5 000		
	30	50	销售					1 790				3 210		
	31	56	盘缺						10	35.50	355.00	3 200		
	31	60	结转商品销售成本								199 055.56	3 200	35.6092	113 949.44
1	31		本月合计	6 000			213 960.00	8 790	10		199 410.56	3 200	35.6092	113 949.44

注:1 月 31 日盘缺商品的单价按期初结存商品的单价计量。

$$加权平均单价=\frac{99\ 400+213\ 960-355}{2\ 800+6\ 000-10}=35.609\ 2(元)$$

期末结存商品金额=3 200×35.6092=113 949.44(元)

本期商品销售成本=99 400+213 960−355−113 949.44=199 055.56(元)

采用综合加权平均法计算出来的商品销售成本较为均衡，也较为准确，但计算的工作量较大，一般适用于经营品种较少，或者前后购进商品的单价相差幅度较大，并定期结转商品销售成本的企业。

(三)移动加权平均法

移动加权平均法是指以各次收入数量和金额与各次收入前的数量和金额为基础，计算出移动加权平均单价，再乘以销售数量，计算商品销售成本的一种方法。其计算公式如下：

$$移动加权平均单价=\frac{本次收入前结存商品金额+本次收入商品金额}{本次收入前结存商品数量+本次收入商品数量}$$

$$商品销售成本=商品销售数量\times 移动加权平均单价$$

【例 5−34】 根据前例采用个别计价法计算商品销售成本的资料，登记库存商品明细账如表 5−10 所示，并计算移动加权平均单价如下：

$$1月10日加权平均单价=\frac{56\ 800+85\ 800}{1\ 600+2\ 400}=35.65(元)$$

$$1月25日加权平均单价=\frac{49\ 910+128\ 160}{1\ 400+3\ 600}=35.614(元)$$

表 5−10 **库存商品明细账**

类别:巾被 货号:2002 品名:提花毛巾被 规格:5 尺 单位:条 牌价:40 元

2016 年		凭证号数	摘要	收入				发出				结存		
月	日			购进数量	其他数量	单价	金额	销售数量	其他数量	单价	金额	数量	单价	金额
1	1		期初余额									2 800	35.50	99 400.00
	3	5	销售					1 200		35.50	42 600.00	1 600	35.50	56 800.00
	10	17	购进	2 400		35.75	85 800.00					4 000	35.65	142 600.00
	15	26	销售					1 100		35.65	39 215.00	2 900	35.65	103 385.00
	22	34	销售					1 500		35.65	53 475.00	1 400	35.65	49 910.00
	25	41	购进	3 600		35.60	128 160.00					5 000	35.614	178 070.00
	30	50	销售					1 790		35.614	63 749.06	3 210	35.614	114 320.94
	31	56	盘缺						10	35.614	356.14	3 200	35.614	113 964.80
1	31		本月合计	6 000			213 960.00	5 590	10		199 395.20	3 200	35.614	113 964.80

采用移动加权平均法,计算出来的商品销售成本比加权平均法更为均衡和准确,但计算起来的工作量大,一般适用于经营品种不多、或者前后购进商品的单价相差幅度较大、并逐日结转商品销售成本的企业。

(四)先进先出法

先进先出法是指根据先购进先销售的原则,以先购进商品的价格,先作为商品销售成本的一种计算方法。

采用先进先出法计算商品销售成本的具体做法是:先按最早购进商品的进价计算,销售完了,再按第二批购进商品的进价计算,依次类推。如果销售的商品属于前后两批购进的,单价又不相同时,就要分别用两个单价计算。

【例 5—35】 根据前例采用个别计价法计算商品销售成本的资料,用先进先出法登记并计算商品销售成本如表 5—11 所示。

表 5—11 **库存商品明细账**

类别:巾被　　货号:2002　　品名:提花毛巾被　　规格:5尺　　单位:条　　牌价:40元

2016年		凭证号数	摘要	收入				发出				结存		
月	日			购进数量	其他数量	单价	金额	销售数量	其他数量	单价	金额	数量	单价	金额
1	1		期初余额									2 800	35.50	99 400.00
	3	5	销售					1 200		35.50	42 600.00	1 600	35.50	56 800.00
	10	17	购进	2 400		35.75	85 800.00					4 000	1 600×35.50 2 400×35.75	142 600.00
	15	26	销售					1 100		35.50	39 050.00	2 900	500×35.50 2 400×35.75	103 550.00
	22	34	销售					1 500		500×35.50 1 000×35.75	53 500.00	1 400	35.75	50 050.00
	25	41	购进	3 600		35.60	128 160.00					5 000	1 400×35.75 3 600×35.60	178 210.00
	30	50	销售					1 790		1 400×35.75 3 900×35.60	63 934.00	3 210	35.60	114 276.00
	31	56	盘缺						10	35.60	356.00	3 200	35.60	113 920.00
1	31		本月合计	6 000			213 960.00	5 590	10		199 440.00	3 200	35.60	113 920.00

以上采用的是顺算成本逐日结转商品销售成本的方法。为了简化核算手续,也可以采用逆算成本定期结转商品销售成本的方法。

采用逆算成本方法是先计算期末结存商品金额,再据以计算商品销售成本。

【例 5—36】 根据上例用先进先出法逆算商品销售成本如下:

期末结存商品金额＝3 200×35.60＝113 920(元)

本期商品销售成本＝99 400＋213 960－10×35.50[①]－113 920＝199 085(元)

采用先进先出法计算商品销售成本，由于期末结存商品金额是根据近期进价成本计价的，因此，它的价值接近于市场价格，但每次销售要根据先购进的单价计算，工作量较大，一般适用于收、发货次数不多的商品。

(五)毛利率推算法

毛利率推算法是指根据本期商品销售收入乘以上季度实际毛利率，或本季度计划毛利率，推算出商品销售毛利，进而推算商品销售成本的一种方法。其计算公式如下：

本期商品销售毛利＝本期商品销售收入×上季度实际毛利率

本期商品销售成本＝本期商品销售收入－本期商品销售毛利

上列计算公式可以化简如下：

本期商品销售成本＝本期商品销售收入×(1－上季度实际毛利率)

【例 5－37】 提花毛巾被上季度实际毛利率为 10.90%，根据表 5－8 的资料用毛利率推算法计算商品销售成本如下：

本期商品销售成本＝223 600×(1－10.90%)＝199 227.60(元)

采用毛利率推算法，不是按库存商品品名、规格逐一计算商品销售成本，而是按商品类别进行计算，大大简化了企业的计算工作。由于同一类别内商品的毛利率不尽相同，因此，计算出来的商品销售成本不够准确，一般适用于经营商品品种较多、按月计算商品销售成本有困难的企业。

不论采用哪一种计算方法，都要根据计算的结果结转商品销售成本，届时借记“主营业务成本”账户，贷记“库存商品”账户。

六、不同成本计算方法的结合应用

由于毛利率推算法计算简便，因此，采用逆算成本方法计算商品销售成本的企业，在毛利率相对稳定的情况下，为了既能准确计算商品销售成本，又能减少计算工作量、提高工作效率，可以将毛利率推算法与先进先出法或综合加权平均法结合应用。即在每个季度的前两个月采用毛利率推算法，第三个月采用先进先出法或综合加权平均法计算商品销售成本。

采用这种方法，其商品销售成本在库存商品类目账上计算和结转。库存商品类目账结存栏平时只反映商品的数量，俟月末结转商品销售成本时才反映结存商品的金额。

【例 5－38】 上海服装公司衬衫类商品内有男衬衫和女衬衫两种商品，在第一季度内，前

---

① 按期初结存商品的单价计量。

两个月采用毛利率推算法,3 月份采用先进先出法计算商品销售成本。该类商品 1、2、3 月份的销售收入分别为98 100元、83 250元和64 350元,上季度实际毛利率为 7.44%,计算 3 个月的商品销售成本并登记库存商品类目账和明细账如表 5—12、表 5—13 和表 5—14 所示。

表 5—12 **库存商品类目账**

商品类别:衬衫 单位:件

2016 年		凭证号数	摘要	收入		发出		结存	
月	日			数量	金额	数量	金额	数量	金额
1	1		上年结转					6 000	103 300.00
	5	(略)	销售			2 700		3 300	
	12		购进	4 800	82 920.00			8 100	
	25		销售			2 550		5 550	
	31		结转商品销售成本				90 801.36	5 550	95 418.64
2	11		销售			2 050		3 500	
	20		购进	4 700	80 502.00			8 200	
	27		销售			2 450		5 750	
	28		结转商品销售成本				77 056.20	5 750	98 864.44
3	15		购进	4 000	68 886.00			9 750	
	29		销售			3 450		6 300	
	31		结转商品销售成本				58 982.44	6 300	108 768.00
3	31		本季度合计	13 500	232 308.00	13 200	226 840.00	6 300	108 768.00

表 5—13 **库存商品明细账**

商品类别:衬衫类 品名:男衬衫 计量单位:件 牌价:20.00 元

2016 年		凭证号数	摘要	收入		发出数量	结存		
月	日			数量	单价		数量	单价	金额
1	1		上年结转				3 200	18.50	59 200.00
	5	(略)	销售			1 500	1 700		
	12		购进	2 800	18.40		4 500		
	25		销售			1 450	3 050		
2	11		销售			1 000	2 050		
	20		购进	2 500	18.42		4 550		
	27		销售			1 250	3 300		
3	15		购进	2 200	18.45		5 500		
	29		销售			1 900	3 600	1 400×18.42 2 200×18.45	66 378.00

表 5－14　　库存商品明细账

商品类别:衬衫类　　品名:女衬衫　　计量单位:件　　牌价:17.00 元

2016 年		凭证号数	摘　要	收　入		发出	结　存		
月	日			数量	单价	数量	数量	单价	金额
1	1		上年结转				2 800	15.75	44 100.00
	5	(略)	销售			1 200	1 600		
	12		购进	2 000	15.70		3 600		
	25		销售			1 100	2 500		
2	11		销售			1 050	1 450		
	20		购进	2 200	15.66		3 650		
	27		销售			1 200	2 450		
3	15		购进	1 800	15.72		4 250		
	29		销售			1 550	2 700	900×15.66 1 800×15.72	42 390.00

1 月份衬衫类商品销售成本＝98 100×(1－7.44%)＝90 801.36(元)

2 月份衬衫类商品销售成本＝83 250×(1－7.44%)＝77 056.20(元)

3 月份采用倒挤商品销售成本的方法,先在库存商品明细账上用先进先出法计算商品结存金额,然后将该类别所属的库存商品明细账的结存金额相加,就是该类别商品类目账上的期末金额。库存商品明细账的结存栏内,平时只反映数量,只有在季末才反映其结存金额。

衬衫类库存商品类目账 3 月末余额＝66 378＋42 390＝108 768(元)

3 月份衬衫类商品销售成本＝98 864.44＋68 886.00－108 768.00＝58 982.44(元)

如果上列业务 3 个月全部采用先进先出法计算,则衬衫类所属的库存商品明细账每个月都要计算出期末结存金额,加总后作为衬衫类类目账的期末结存金额,进而倒挤每个月的商品销售成本。现将上列资料每个月都采用先进先出法的计算结果列示如表 5－15。

表 5－15

项目 月 份	期初结存商品金额	本期收入商品金额	期末结存商品金额	本期商品销售成本
(1)	(2)	(3)	(4)	(5)＝(2)＋(3)－(4)
1 月份	103 300.00	82 920.00	95 420.00	90 800.00
2 月份	95 420.00	80 502.00	99 147.00	76 775.00
3 月份	99 147.00	68 886.00	108 768.00	59 265.00
本季度合计	—	232 308.00	—	226 840.00

将这两种方法计算的结果进行对比可以看出：虽然3个月的商品销售成本各不相同，但从整个季度来看，两种方法计算的商品销售成本还是一致的。用毛利率推算法与其他成本计算方法结合应用，虽然前两个月的成本计算不够准确，但是在每个季度的第三个月，既结转了当月的商品销售成本，又调整了该季度前两个月所存在的偏差。因此，两种方法的结合应用，既减少了计算的工作量，又保证了核算资料的准确性。

七、进货费用的分摊

批发企业平时按商品类别在“进货费用”账户中归集商品采购费用，期末应将进货费用在结存商品和已销商品之间进行分摊，其计算公式如下：

$$\text{某类商品进货费用分摊率}=\frac{\text{该类商品期初结存进货费用}+\text{该类商品本期增加进货费用}}{\text{该类商品期初余额}+\text{该类商品本期增加金额}}\times 100\%$$

$$\text{某类结存商品应分摊进货费用}=\text{该类商品期末余额}\times\text{该类商品进货费用分摊率}$$

$$\text{某类已销商品应分摊进货费用}=\text{该类商品进货费用合计}-\text{该类结存商品应分摊进货费用}$$

【例5—39】 上海服装公司“库存商品——男装类”账户1月份期初余额为432 000元，本期增加金额为396 000元，期末余额为426 000元，“进货费用——男装类”账户期初余额为5 812元，本期增加金额为5 366元，分摊本月份男装类商品进货费用如下：

$$\text{男装类商品进货费用分摊率}=\frac{5\ 812+5\ 366}{432\ 000+396\ 000}\times 100\%=1.35\%$$

男装类结存商品应分摊进货费用＝426 000×1.35%＝5 751(元)

男装类已销商品应分摊进货费用＝5 812＋5 366－5 751＝5 427(元)

根据计算的结果，作以下账务处理。

(1)1月31日，结转已销商品进货费用，作分录如下：

借：主营业务成本　　5 427
　　贷：进货费用——男装类　　5 427

(2)1月31日，结转结存商品的进货费用，作分录如下：

借：库存商品——男装类——进货费用　　5 751
　　贷：进货费用——男装类　　5 751

(3)2月1日，将“库存商品”账户中的进货费用转回，作分录如下：

借：进货费用——男装类　　5 751
　　贷：库存商品——男装类——进货费用　　5 751

“进货费用”是成本类账户，用以核算企业归集的商品采购费用。企业发生商品采购费用时，记入借方；月末按存销比例分摊商品采购费用时，记入贷方，分摊后应无余额。

第四节 批发商品的委托加工

批发企业为了适应市场变化情况，增加商品花色品种，扩大货源，发扬经营特色，更好地满足社会上的需求，以增强企业参与市场竞争的能力，提高经济效益，除了积极开展商品购销业务外，还可以根据经营需要，采取定点定牌的方式，将初级库存商品委托其他单位进行加工，或者将不适销的库存商品，根据市场新的需求，委托其他企业进行加工改制。当加工成品收回后，按照规定的加工计费标准支付加工费用和增值税额等。

批发企业在委托加工前，应先与接受加工的单位签订"委托加工商品合同"，列明加工商品的品种、规格、数量、质量要求、交货期限、耗用定额、加工计费标准等，作为双方执行的依据。

商品委托加工的业务程序一般有发出库存商品、支付加工费用和增值税额及加工成品收回验收入库等环节。

一、发出库存商品的核算

批发企业业务部门在按"委托加工商品合同"发出库存商品给加工单位时，应填制"发出商品委托加工单"一式数联，该单经收发双方签章后，各自留下一联，加工单位作为收到商品的凭证，发货部门作为发出商品的依据；一联送交财会部门，财会部门复核无误后，据以借记"委托加工物资"账户，贷记"库存商品"账户。

【例 5—40】 上海服装公司委托金山针织厂加工男羊毛衫750件，根据合同规定由仓库发出商品后，填制发出商品委托加工单如表 5—16 所示。

表 5—16　发出商品委托加工单

加工单位：金山针织厂　2016 年 1 月 2 日

编号	材料名称	计量单位	应发数量	实发数量	单位	金　额
1101	全毛针织绒	千克	345	345	150.00	51 750.00
	合　计					51 750.00
加工内容：男羊毛衫 750 件		成品收回日期：1 月 26 日		商品加工合同：001 号		

借：委托加工物资——男羊毛衫　51 750

　贷：库存商品　51 750

二、支付加工费用和增值税额的核算

批发企业一般在收回加工成品时，按"委托加工商品合同"的规定，支付加工企业加工费用，并要交纳增值税额，届时，借记"委托加工物资"账户和"应交税费"账户，贷记"银行存款"账户。

【例 5—41】 1月6日，上海服装公司支付金山针织厂加工750件男羊毛衫的加工费用，计33 000元，增值税额5 610元，作分录如下：

借：委托加工物资——男羊毛衫　　33 000
　应交税费——应交增值税——进项税额　　5 610
　贷：银行存款　　38 610

三、加工成品收回的核算

批发企业在收回加工成品时，由业务部门填制"委托加工商品收回单"一式数联，商品由有关部门负责验收，验收完毕后，由交接双方分别在"委托加工商品收回单"上签章，接受加工企业留下一联，作为交货凭证；收货部门自留一联，作为收货凭证；另一联送交财会部门，复核无误后，据以入账。届时，应根据加工商品的实际成本，借记"库存商品"账户，贷记"委托加工物资"账户。

【例 5—42】 金山针织厂送来加工完毕的男羊毛衫1 500件，经仓库验收全部合格，填制"委托加工商品收回单"如表 5—17 所示。

表 5—17 　委托加工商品收回单

收货部门：甲仓库　　2016 年 1 月 26 日

货号	加工商品名称	计量单位	数量	原材料成本	加工费用	加工商品成本	加工商品单位成本
2501	男羊毛衫	件	750	51 750	33 000	84 750.00	113.00
	合　计	件	750	51 750	33 000	84 750.00	113.00
商品加工合同：第 001 号			备　注				

财会部门复核无误后，结转加工商品成本，作分录如下：

借：库存商品——羊毛衫类　　84 750
　贷：委托加工物资——男羊毛衫　　84 750

如果收回成品未达到合同规定的数量或质量要求，则应根据合同的有关规定，责成加工单位赔偿损失，以维护企业的经济利益。

"委托加工物资"是资产类账户，用以核算企业委托外单位加工的各种商品物资的实际成本。发生加工物资的各种耗费时,记入借方;加工商品物资完工验收入库、结转其加工成本时,记入贷方;期末余额在借方,表示期末尚未完工加工商品物资的实际成本。

一、简答题

1. 在途物资明细分类核算一般有哪些方式?试比较其缺点。
2. 什么是购货折扣和购货折让?它们在核算上有何不同?
3. 委托代销商品和受托代销商品销售后有哪两种不同的处理方法?它们在核算上有何不同?
4. 批发企业“库存商品”账户分几级设置?为何要这样设置?
5. 商品销售成本有哪些计算方法?试分别说明各种计算方法的优缺点和适用性。

二、名词解释题

报账付款　同行登记法　抽单核对法　直运商品销售　现金折扣
销售折让　库存商品类目账　库存商品明细账　逐日结转　定期结转
集中结转　逆算成本

三、是非题

1. 享有购货折扣和购货折让的情况虽然是不同的,但它们在核算上都是以实际支付的货款作为商品的采购成本。 (　　)
2. 农副产品在挑选整理过程中发生的自然损耗可以列入“进货费用”账户。 (　　)
3. 仓库商品销售和直运商品销售都属于商品销售,在核算上没有什么不同。 (　　)
4. 视同买断方式的受托代销商品,在商品销售的同时转销受托代销商品,并将代销商品款确认为应付账款。 (　　)
5. 库存商品发生短缺,不论是自然损耗还是责任事故,经领导批准由企业列支时,均列入“营业外支出”账户。 (　　)
6. 可变现净值是指企业在日常活动中,存货的估计售价减去存货的成本、估计的销售费用以及相关税费后的金额。 (　　)
7. 企业对于未计提过跌价准备的、完全丧失了使用价值的商品,应按其账面价值借记“资产减值损失”账户;贷记“存货跌价准备”账户。 (　　)

四、单项选择题

1. 企业取得的购货折扣应________。

A. 列入“营业外收入”账户　B. 冲减“财务费用”账户
C. 归入小金库不入账　D. 冲减商品采购成本

2. 直运商品、委托代销商品和分期收款发出商品销售成本的计算方法,应采用________。

A. 个别计价法　B. 综合加权平均法　C. 移动加权法　D. 先进先出法

3. 期末结存商品金额比较接近市场价格的计算方法是________。

A. 个别计价法　B. 综合加权平均法　C. 移动加权法　D. 先进先出法

4. 应在库存商品明细账发出方“其他数量”栏内登记的业务是________。

A. 商品短缺　　B. 进货退出　　C. 销货退回　　D. 销售商品

5. 毛利率推算法与先进先出法结合运用，计算出第三个月的商品销售成本，实质上是________。

A. 第三个月的商品销售成本

B. 对前两个月商品销售成本的调整

C. 第三个月的商品销售成本及对前两个月商品销售成本的调整

D. 对第三个月商品销售成本的调整

6. 期末结存商品金额偏低，________。

A. 商品销售成本就会偏高，毛利额就偏低　　B. 商品销售成本就会偏高，毛利额也偏高

C. 商品销售成本就会偏低，毛利额就偏高　　D. 商品销售成本就会偏低，毛利额也偏低

五、多项选择题

1.“在途物资”账户用以核算企业购入商品的采购成本，它包括________。

A. 商品的货款　　B. 应计入成本的采购费用

C. 采购商品的运杂费　　D. 采购商品的税金

2.“在途物资”明细分类账可采用的登记方法有________。

A. 采用三栏式账页进行登记　　B. 采用两栏式(平行式)账页进行登记

C. 采用多栏式账页进行登记　　D. 采用抽单核对法以单代账

3. 采用逆算成本的可以是________。

A. 逐日结转　　B. 定期结转　　C. 分散结转　　D. 集中结转

4. 采用顺算成本的计算方法有________。

A. 移动加权平均法　　B. 综合加权平均法　　C. 个别计价法　　D. 先进先出法

5. 采用逆算成本的计算方法有________。

A. 移动加权平均法　　B. 综合加权平均法　　C. 个别计价法　　D. 先进先出法

6. 毛利率推算法可以与________结合运用。

A. 移动加权平均法　　B. 综合加权平均法　　C. 个别计价法　　D. 先进先出法

六、实务题

习题(一)

目的：练习商品购进的核算。

资料：上海服装公司 2 月份发生下列经济业务：

(1)2 日，业务部门转来上海服装厂开来的专用发票，开列男羽绒服 260 件，每件 300 元，计货款 78 000元，增值税额13 260元，并收到自行填制的收货单(结算联)722 号，经审核无误，当即签发转账支票付讫。

(2)5 日，储运部门转来收货单(入库联)722 号，向上海服装厂购进的男羽绒服 260 件，每件 300 元，已全部验收入库，结转男羽绒服的采购成本。

(3)8 日，业务部门转来上海童装厂开来的专用发票，开列童装500套，每套 132 元，计货款66 000元，增值税额11 220元，并收到自行填制的收货单(结算联)723 号，经审核无误，当即以商业承兑汇票支付。

(4)11 日，储运部门转来收货单(入库联)723 号，向上海童装厂购进的童装500套，每套 132 元，已全部验收入库，结转童装的采购成本。

(5)15 日，银行转来宁波服装厂托收凭证，附来专用发票(发票联)521 号，开列女时装 240 套，每套 250 元，计货款60 000元，增值税额10 200元，运费凭证计 300 元，增值税额 33 元，并收到自行填制的收货单(结算联)724 号，经审核无误，当即承付。

(6)18 日，银行转来广州服装厂托收凭证，附来专用发票(发票联)398 号，开列男牛仔服750件，每件 158 元，计货款118 500元，增值税额20 145元，运费凭证计900元，增值税额 99 元，并收到自行填制的收货单(结算联)725 号，经审核无误，当即承付。

(7)20 日，储运部门转来宁波服装厂专用发票(发货联)521 号，开列女时装 240 套，每套 250 元，并收到自行填制的收货单(入库联)724 号。女时装已全部验收入库，结转其采购成本。

(8)25 日，银行转来昆山服装厂托收凭证，附来专用发票(发票联)368 号，开列女牛仔裤600条，每条 90 元，计货款54 000元，增值税额9 180元，运费凭证 500 元，增值税额 55 元，并收到自行填制的收货单(结算联)726 号。经审核无误，当即承付。

(9)28 日，储运部门转来收货单(入库联)727 号，向浦江服装购进女时装 300 套，每套 260 元。女时装已全部验收入库，结转其采购成本。

要求：编制会计分录。

习题(二)

目的：练习农副产品购进的核算。

资料：

(一)青浦食品公司为独立核算单位，下设沈巷收购站和大盈收购站两报账单位，采用报账付款的方法，11 月份发生下列经济业务。

(1)1 日，签发现金支票121 000元拨付备用金，其中沈巷收购站为66 000元，大盈收购站为55 000元。

(2)9 日，沈巷收购站报来农副产品收购汇总表，计收购生猪金额60 000元，其中 13%作为进项税额，当即签发转账支票，以补足其铺底资金。

(3)10 日，生猪采购完毕，结转其采购成本。

(4)14 日，大盈收购站报来农副产品收购汇总表，计收购生猪金额50 000元，其中 13%作为进项税额，当即签发转账支票，以补足其铺底资金。

(5)15 日，生猪采购完毕，结转其采购成本。

(6)25 日，委托金泽购销站代购的冻兔肉2 500千克，合同规定每千克收购价 26 元，其中 13%作为进项税额，代购包干费用率为 5%，代购手续费为 7%，商品送到。当即将款项全部汇付对方。

(7)6 日，昨日购进的冻兔肉已由甲仓库全部验收入库，结转冻兔肉的采购成本。

(二)奉贤供销社与农户签订预购棉花合同，合同规定预购棉花60 000元，按收购金额发放预购定金 40%，分两批交售，交售时按同等比例收回预购定金，现发生下列有关的经济业务：

(1)4 月 5 日，为了向农户预购棉花，向银行申请并取得预购定金借款24 000元，存入银行。

(2)4 月 5 日，签发现金支票向周瑛农户发放预购定金24 000元。

(3)10 月 8 日，周瑛专业户交售第一批棉花，收购金额为28 000元，其中 13%作为进项税额，扣回预购定金11 200元后,签发现金支票16 800元,以清偿收购款。

(4)10 月 9 日,昨天收购棉花采购完毕,结转其采购成本。

(5)11 月 6 日,周瑛专业户交售第二批棉花,收购金额为32 000元,其中 13%作为进项税额,扣回预购定金12 800元后,签发现金支票19 200元以清偿收购款。

(6)11 月 7 日,昨天收购的棉花采购完毕,结转其采购成本。

(7)11 月 8 日,签发转账支票24 000元,归还银行预购定金借款。

要求:编制会计分录。

习题(三)

目的:练习在途物资明细账的登记。

资料:本章习题(一)的资料及据以编制的会计分录。

要求:

(1)用两栏式账页登记在途物资明细账。

(2)根据在途物资明细账登记的结果,编制必要的会计分录。

习题(四)

(一)目的:练习进货退出及购进商品退补价的核算。

(二)资料:上海电器公司 6 月份发生下列有关的经济业务:

(1)1 日,业务部门转来上海电器厂开来的专用发票,开列火炬牌电熨斗1 000只,每只 50 元,计货款50 000元,增值税额8 500元,并收到自行填制的收货单(结算联)581 号。经审核无误,当即签发转账支票付讫。

(2)3 日,储运部门转来收货单(入联库)581 号,向上海电器厂购进的火炬牌电熨斗1 000只,每只 50 元。电熨斗已全部验收入库,结转其采购成本。

(3)8 日,开箱复验商品,发现 3 日入库的火炬牌电熨斗中有 50 只质量不符要求,与上海电器厂联系后其同意退货,收到其退货的红字专用发票,应退货款2 500元,增值税额 425 元,并收到业务部门转来的进货退出单(结算联)008 号。

(4)9 日,储运部门转来进货退出单(出库联)008 号,将 50 只质量不符要求的火炬牌电熨斗退还厂方,并收到对方退还货款及增值税额的转账支票2 925元,存入银行。

(5)14 日,业务部门转来上海电扇厂开来的专用发票,开列华生牌台扇 500 台,每台 120 元,计货款60 000元,增值税额10 200元,并收到自行填制的收货单(结算联)582 号。经审核无误,当即签发转账支票付讫。

(6)15 日,储运部门转来收货单(入库联)582 号,向上海电扇厂购进的华生牌台扇 500 台,每台 120 元。台扇已全部验收入库,结转其采购成本。

(7)18 日,业务部门转来上海电扇厂的更正专用发票,更正本月 14 日发票错误,列明华生牌台扇每台应为 122 元,补收货款1 000元、增值税额 170 元。经审核无误,当即以转账支票付讫。

(8)25 日,储运部门转来收货单(入库联)235 号,向星火电器厂购进光明牌微波炉 300 台,每台 210 元。微波炉已全部验收入库,结转其采购成本。

(9)27 日,业务部门转来星火电器厂开来的专用发票,开列光明牌微波炉 300 台,每台 298 元,计货款89 400元，增值税额15 198元，并收到自行填制的收货单(结算联)583号。经审核无误，当即签发转账支票付讫。

(10)30日，业务部门转来星火电器厂的更正专用发票，更正本月27日发票错误，列明光明牌微波炉每台应为289元，应退货款2 700元，增值税额459元。

要求：编制会计分录。

习题(五)

目的：练习购进商品发生短缺溢余的核算。

资料：上海土产公司1月份发生下列有关经济业务：

(1)2日，银行转来哈尔滨土产公司托收凭证，附来专用发票(发票联)112号，开列黑木耳1 000千克，每千克85元，计货款85 000元，增值税额14 450元，运费凭证500元，增值税额55元，查验与合同相符，当即承付。

(2)6日，哈尔滨土产公司发来黑木耳，附来专用发票(发货联)112号，验收时实收黑木耳969千克，短缺31千克，每千克85元。储运部门送来商品购进短缺报告单，原因待查。

(3)12日，业务部门查明6日短缺31千克黑木耳，每千克85元，其中：1千克是运输途中的自然损耗；20千克系供货单位少发商品，经联系后，已开来退货的红字专用发票，应退货款1 700元，增值税额289元；10千克是储运部门提货人员失职造成的，经领导审批后决定，其中40%责成失职人员赔偿，其余60%作为企业损失处理。

(4)18日，银行转来福州土产公司托收凭证，附来专用发票(发票联)356号，开列香菇1 200千克，每千克72元，计货款86 400元，增值税额14 688元，运费凭证400元，增值税额44元，查验与合同相符，当即承付。

(5)24日，福州土产公司发来香菇，附来专用发票(发货联)356号，验收时实收香菇1 251千克，溢余51千克，每千克72元。储运部门送来商品购进溢余报告单，原因待查。

(6)30日，业务部门查明24日溢余的51千克香菇，其中1千克是运输途中自然升溢，50千克系对方多发，经联系后同意作为购进，已由对方补来专用发票365号，同时，汇出货款3 600元，增值税额612元。

要求：编制会计分录。

习题(六)

目的：练习购进商品拒付货款和拒收商品的核算。

资料：上海服装公司3月份发生下列有关的经济业务：

(1)2日，宁波服装厂发来男夹克衫900件，每件180元，计货款162 000元，附来专用发票(发货联)298号。验收时，发现其中90件是女夹克衫，予以拒收，商品代为保管，合格的810件已全部验收入库。

(2)6日，银行转来宁波服装厂托收凭证，附来专用发票(发票联)298号，开列男夹克衫900件，每件180元，计货款162 000元，增值税额27 540元，运费凭证400元，增值税额44元，查商品已于2日入库，其中有90件拒收，当即开具拒绝付款的理由书，拒付90件男夹克衫货款、运费和增值税额，同时承付已入库810件男夹克衫的货款、运费和增值税额。

(3)10日，银行转来广州服装厂托收凭证，附来专用发票(发票联)517号，开列女牛仔服750件，每件

140 元，计货款105 000元，增值税额17 850元、运费凭证 600 元，增值税额 66 元。查验与合同相符，当即承付全部款项。

(4)12 日，本月 2 日拒收的 90 件女夹克衫经联系后同意购进，开来专用发票(发票联)和(发货联)191 号，开列女夹克衫 90 件，每件 160 元，计货款14 400元，增值税额2 448元，当即由银行汇去账款及以前拒付的运费和增值税额。

(5)15 日，广州服装厂发来女牛仔服750件，附来专用发票(发货联)517 号，验收时发现其中 75 件质量不符要求，予以拒收，商品代为保管，由业务部门与对方联系解决，合格的675件女牛仔服已验收入库。

(6)19 日，银行转来昆山服装厂托收凭证，附来专用发票(发票联)602 号，开列女童装800套，每套125 元，计货款100 000元，增值税额17 000元，运费凭证 500 元，增值税额 55 元，查验与合同相符，当即承付款项。

(7)23 日，经联系后广州服装厂要求将拒收的女牛仔服 75 件退回，今以现金 77.70 元代垫退回广州服装厂的运费和增值税额，同时向银行办妥退货款、增值税额及代垫运费和增值税额的托收手续。

(8)26 日，昆山服装厂发来女童装800套，附来专用发票(发货联)602 号，验收时发现短少 80 套，先按实收数入库，短少的 80 套女童装由业务部门与对方联系解决。

(9)31 日，查明 26 日短少的 80 套女童装系厂方少发，现开来红字专用发票一张，同时汇来退货款及增值税额11 700元。

要求：编制会计分录。

习题(七)

目的：练习购货折扣和购货折让的核算。

资料：上海百货公司 7 月份发生下列有关的经济业务：

(1)1 日，向上海运动器具厂赊购羽毛球拍2 000副，每副 40 元，计货款80 000元、增值税额13 600元。厂方给予的付款条件为：10 天内付清货款，购货折扣为 2%；20 天内付清货款，购货折扣为 1%；超过 20 天付款为全价。羽毛球拍已验收入库。

(2)4 日，向上海乒乓球厂赊购乒乓球拍2 000副，每副 30 元，计货款60 000元，增值税额10 200元。厂方给予的付款条件为：15 天内付清货款，购货折扣为 1.5%；超过 15 天付款为全价。乒乓球拍已验收入库。

(3)8 日，向上海玩具厂购进遥控汽车800辆，每辆 110 元，计货款88 000元，增值税额14 960元，当即签发转账支票付讫。

(4)12 日，上海玩具厂发来遥控汽车800辆，验收时发现外观质量不符要求。与厂方联系后，其同意给予 6%的购货折让，当即收到厂方的销货折让发票，并收到对方退回的折让款4 400元，增值税额 748 元；款项已存入银行，商品也已验收入库。

(5)17 日，签发转账支票一张，金额为69 300元，系支付赊购上海乒乓球厂2 000副乒乓球拍的全部款项。

(6)19 日，银行转来大连玩具厂托收凭证，附来专用发票(发票联)345 号，开列遥控飞机600架，每架160 元，计货款96 000元，增值税额16 320元，运费凭证 400 元，增值税额 44 元。查验与合同相符，当即承付全部款项。

(7)21 日，签发转账支票一张，金额为92 800元，系支付赊购上海运动器具厂2 000副羽毛球拍的全部款项。

(8)26 日，大连玩具厂发来遥控飞机600架，每架 160 元，计货款96 000元，附来专用发票(发货联)345 号。验收时发现漆水不符合同要求，予以拒收，商品代为保管，由业务部门与对方联系解决。

(9)30 日，经联系后，大连玩具厂同意对漆水不符要求的遥控飞机给予 5%的购货折让，当即收到厂方的销货折让发票。折让款4 800元，增值税额 816 元均未收到，商品已验收入库。

要求：编制会计分录。

习题(八)

目的：练习农副产品挑选整理的核算。

资料：安康果品公司 11 月上旬发生下列有关挑选整理的经济业务：

(1)2 日，所属旬阳收购站开出商品内部调拨单将收购的红富士苹果20 000千克，每千克 5.796 元，计115 920元，拨交挑选组进行挑选整理。

(2)3 日，签发转账支票一张，计金额 1 000 元，购置挑选整理用箩筐 25 只，每只 40 元，当即由挑选组领用。

(3)30 日，红富士苹果经挑选整理完毕，分为一级品5 000千克，每千克售价 8.00 元；二级品6 500千克，每千克售价 7.20 元；三级品8 000千克，每千克售价 6.40 元。全部交由 A 库验收保管，其余作为杂质和商品损耗，予以转账。

要求：

(1)编制农副产品挑选整理单。

(2)编制会计分录。

习题(九)

目的：练习商品销售和直运商品销售的核算。

资料：上海服装公司 3 月份发生下列经济业务：

(1)1 日，销售给静安商厦男西服 150 套，每套 600 元，计货款90 000元，增值税额15 300元，款项尚未收到。

(2)3 日，销售给卢湾商厦女西服 100 套，每套 560 元，计货款56 000元，增值税额9 520元，款项当即收到已承兑的商业汇票。

(3)6 日，签发转账支票777元，支付代垫运费和增值税额，其中西安服装公司 333 元，大连服装公司 444 元。

(4)8 日，销售给西安服装公司男牛仔服 250 件，每件 180 元，计货款45 000元，增值税额7 650元，当即连同代垫的运费和增值税额一并向银行办妥托收手续。

(5)9 日，销售给大连服装公司女牛仔服 400 件，每件 154 元，计货款61 600元，增值税额10 472元，当即连同代垫的运费和增值税额一并向银行办妥托收手续。

(6)12 日，银行转来昆山服装厂托收凭证，附来专用发票(发票联)823 号，开列男夹克衫 500 件，每件 170 元，计货款85 000元，增值税额14 450元。该商品已直接由铁路运给天津服装公司，杭州至天津的运费 400 元，增值税额 44 元。经审核与合同相符，当即承付。

(7)4 日,收到本公司驻昆山服装厂采购员寄来专用发票(记账联)591 号,500 件男夹克衫已发往天津服装公司,该男夹克衫销售单价为 189 元,计货款94 500元,增值税额16 065元,当即连同垫付的 444 元运费和增值税额一并向银行办妥托收手续。

(8)18 日,银行转来购货单位支付货款的收账通知,其中西安服装公司52 983元,大连服装公司72 516元,天津服装公司111 009元。

(9)5 日,银行转来昆山服装厂托收凭证,附来专用发票(发票联)852 号,开列女夹克衫 800 件,每件 160 元,计货款128 000元,增值税额21 760元。该商品已直接发往杭州服装公司,昆山至杭州的运费 500 元,增值税额 55 元。经审核与合同相符,予以承付,根据合同规定运费及相应增值税额本企业负担 40%,购货方负担 60%。

(10)8 日,收到本公司驻昆山服装厂采购员寄来专用发票(记账联)592 号,800 件女夹克衫已发往杭州服装公司,该女夹克衫销售单价为 176 元,计货款140 800元,增值税额23 936元,当即连同应由其负担的运费及相应的增值税额一并向银行办妥托收手续。

要求:编制会计分录。

习题(十)

目的:练习销货退回和销售商品退补价的核算。

资料:上海电器公司 1 月份发生下列经济业务:

(1)3 日,销售给徐汇商厦天仙牌取暖器 300 台,每台 230 元,计货款69 000元,增值税额11 730元,当即收到转账支票存入银行。

(2)5 日,徐汇商厦发现 3 日购入的天仙牌取暖器中有 30 台质量不符要求,经联系后业务部门同意退货。商品已退回并验收入库,退货款6 900元,增值税额1 173元,当即签发转账支票付讫。

(3)14 日,销售给黄浦商厦快乐牌洗衣机 100 台,每台 670 元,计货款67 000元,增值税额11 390元,当即收到转账支票存入银行。

(4)15 日,今发现昨天所售快乐牌洗衣机,每台应为 720 元,当即开出专用发票,应补收货款5 000元、增值税额 850 元。

(5)20 日,收到黄浦商厦付来补价补税款5 850元,存入银行。

(6)26 日,销售给大洋商厦保洁牌吸尘器 200 台,每台 240 元,计货款48 000元,增值税额8 160元,款项尚未收到。

(7)28 日,发现 26 日所售保洁牌吸尘器每台应为 204 元,当即开出更正发票,应退货款7 200元,增值税额1 224元,款项从应收款项中抵扣。

(8)31 日,大洋商厦付来 200 台保洁牌吸尘器货款及增值税额,当即存入银行。

要求:编制会计分录。

习题(十一)

目的:练习购货单位拒付货款和拒收商品的核算。

资料:上海服装公司 5 月份发生下列经济业务:

(1)3 日,销售给天津服装公司男夹克衫 800 件,每件 175 元,计货款140 000元,增值税额23 800元,连同昨天代垫运费 600 元,增值税额 66 元,一并向银行办妥托收手续。

(2)8 日，销售给广州服装公司女夹克衫1 000件，每件 150 元，计货款150 000元，增值税额25 500元，以转账支票支付代垫运费 700 元，增值税额 77 元，今一并向银行办妥托收手续。

(3)16 日，银行转来天津服装公司承付款项的收账通知，支付 720 件男夹克衫货款、增值税额及该部分商品的运费及相应的增值税额，同时收到拒绝付款理由书，拒付 80 件男夹克衫的货款、增值税额及该部分商品的运费及相应的增值税额。

(4)20 日，银行转来广州服装公司承付货款的收账通知，支付 900 件女夹克衫货款、增值税额及该部分商品的运费及相应的增值税额，同时收到拒绝付款理由书，拒付 100 件女夹克衫货款、增值税额及该部分商品运费及相应的增值税额。

(5)25 日，经联系查明天津服装公司拒付账款的 80 件男夹克衫系质量不好，商品已退回，业务部门转来红字专用发票，作销货退回处理，并汇去退回商品的运费 70 元，及增值税额 7.70 元。

(6)31 日，经联系，广州服装公司拒付账款的 100 件女夹克衫的原因是商品失落，查明系运输单位责任，与运输单位联系后同意按原进价赔偿。该商品的单位进价为 135 元，拒付的运费及相应的增值税额也由运输单位负担，赔偿款尚未收到。

要求：编制会计分录。

习题(十二)

目的：练习现金折扣与销售折让的核算。

资料：上海百货公司对赊销商品给予现金折扣优惠，其条件为：2/10、1/20、n/30，1 月份发生下列有关的经济业务：

(1)2 日，赊销给南方商厦毛巾一批，货款32 000元，增值税额5 440元。

(2)10 日，销售给南昌百货公司遥控汽车 400 辆，每辆 125 元，计货款50 000元，增值税额8 500元，以转账支票垫付运费 400 元，增值税额 44 元，今一并向银行办妥托收手续。

(3)12 日，南方商厦付来本月 2 日赊购毛巾账款的转账支票一张，存入银行。

(4)15 日，赊销给嘉定商厦牙膏一批，货款28 000元，增值税额4 760元。

(5)18 日，销售给南京百货公司缩折伞1 000把，每把 20 元，计货款20 000元，增值税额3 400元，以转账支票垫付运费 300 元，增值税额 33 元，今一并向银行办妥托收手续。

(6)22 日，南昌百货公司因遥控汽车漆水质量不符而拒付货款，经联系协商后，决定给予对方 6%的折让，开出专用发票，并收到对方汇来账款55 434元。

(7)28 日，嘉定商厦付来本月 15 日赊购牙膏货款及增值税额的转账支票一张，存入银行。

(8)31 日，南京百货公司因缩折伞外观质量不符而拒付货款，经联系后协商，决定给予对方 8%的折让，当即开出专用发票，折让货款1 600元，增值税额 272 元，发票已寄交对方。

要求：编制会计分录。

习题(十三)

目的：练习农副产品销售的核算。

资料：青浦食品公司 4 月下旬发生下列销售经济业务：

(1)22 日，公司本部从甲库销售给东方肉食品厂一等生猪 105 头，生猪重8 880千克，每千克成本单价 13.25 元，计成本金额117 660元，当即开出农副产品拨付验收单，生猪已由押运员运出。

(2)23 日，收到押运员带回的农副产品拨付验收单验收联，在验收联栏内填列实收生猪 105 头，生猪重8 800千克，每千克销售价 15 元，计销售金额132 000元，增值税额17 160元。

(3)25 日，收到东方肉食品厂汇来款项149 160元，存入银行。

(4)29 日，公司本部从乙库销售给浦东肉食品厂二等生猪 90 头，生猪重6 480千克，成本单价 12.40 元，计成本金额80 352元，当即开出农副产品拨付验收单，生猪已由押运员运出。

(5)30 日，收到押运员带回的农副产品拨付验收单验收联，在验收联栏内填列实收生猪 89 头，其重 6 350千克，每千克销售价 14 元，计销售金额88 900元；备注栏内注明死猪一头，估重 72 千克，作价 500 元，增值税额为11 622元。

要求：编制会计分录。

习题(十四)

目的：练习商品储存的核算。

资料：上海烟酒糖业公司发生下列有关的经济业务：

(1)1 月 26 日，储运部门送来商品盘点短缺溢余报告单如下：

商品盘点短缺溢余报告单

2016 年 1 月 26 日

类别	品名	计量单位	单价	账存数量	实存数量	短缺		溢余		原因
						数量	金额	数量	金额	
糖类	白砂糖	千克	7.00	5 560	5 456	104	728.00			待查
	绵白糖	千克	7.50	3 120	3 322			202	1 515.00	
	白冰糖	千克	8.80	1 230	1 180	50	440.00			
	合计						1 168.00		1 515.00	

(2)1 月 29 日，今查明短缺 104 千克白砂糖，其中：4 千克系自然损耗，100 千克系销货时多发给浦南食品公司，经联系后，补作销货，已开出专用发票，列明货款 700 元，增值税额 119 元，款项尚未收到。

(3)1 月 30 日，今查明溢余 202 千克绵白糖，其中：2 千克系自然升溢，200 千克是东北糖业公司多发，作为商品购进，现对方补来专用发票，列明货款 1 500 元，增值税额 255 元，款项尚未支付。

(4)1 月 31 日，今查明白冰糖短缺 50 千克系保管员失职，经领导批准，60%由其负责赔偿，40%作为企业损失。

(5)1 月 31 日，储运部门送来商品成本高于可变现净值报告单，列明干红葡萄酒500瓶，成本单价 60 元，可变现净值单价 50 元，予以转账。

(6)2 月 20 日，销售干红葡萄酒 300 瓶，每瓶 50 元，计货款15 000元，增值税额2 550元，当即收到转账支票，存入银行，并结转其销售成本和计提的跌价准备。

(7)2 月 22 日，因火灾损失葡萄酒一批，成本10 000元，进项税额1 700元，予以转账。

(8)2 月 25 日，火灾损失的葡萄酒与保险公司联系后，同意其赔偿8 000元，其余部分作为企业损失。

要求：编制会计分录。

习题(十五)

目的：练习商品销售成本的计算和结转。

资料：上海电器公司2月份有关电熨斗的期初余额、进销业务记录等有关资料如下：

<table>
<tr><td colspan="12">期　初　余　额</td></tr>
<tr><td colspan="2">商品类别</td><td>货号</td><td>品　名</td><td>规格</td><td colspan="2">计量单位</td><td>数量</td><td>单价</td><td>金额</td><td>销售牌价</td><td>购进批次</td></tr>
<tr><td colspan="2">小家电类</td><td>3325</td><td>电熨斗</td><td>500W</td><td colspan="2">只</td><td>2 500</td><td>35.00</td><td>87 500</td><td>38.00</td><td>004</td></tr>
<tr><td colspan="12">本　月　份　进　销　业　务　记　录</td></tr>
<tr><td colspan="2">2016年</td><td rowspan="2">业务号数</td><td colspan="4">购　进</td><td colspan="5">销　售</td></tr>
<tr><td>月</td><td>日</td><td>批次</td><td>数量</td><td>单价</td><td>金　额</td><td>批次</td><td>数量</td><td>单价</td><td colspan="2">金　额</td></tr>
<tr><td>2</td><td>1</td><td>2</td><td></td><td></td><td></td><td></td><td>004</td><td>1 200</td><td>38.00</td><td colspan="2">45 600.00</td></tr>
<tr><td></td><td>5</td><td>14</td><td>005</td><td>2 400</td><td>35.10</td><td>84 240.00</td><td></td><td></td><td></td><td colspan="2"></td></tr>
<tr><td></td><td>9</td><td>20</td><td></td><td></td><td></td><td></td><td>004
005</td><td>1 000
500</td><td>38.00</td><td colspan="2">57 000.00</td></tr>
<tr><td></td><td>12</td><td>29</td><td>006</td><td>2 800</td><td>35.05</td><td>98 140.00</td><td></td><td></td><td></td><td colspan="2"></td></tr>
<tr><td></td><td>16</td><td>38</td><td></td><td></td><td></td><td></td><td>005</td><td>1 400</td><td>38.00</td><td colspan="2">53 200.00</td></tr>
<tr><td></td><td>20</td><td>48</td><td></td><td></td><td></td><td></td><td>004
006</td><td>280
1400</td><td>38.00</td><td colspan="2">63 840.00</td></tr>
<tr><td></td><td>25</td><td>59</td><td>007</td><td>2 000</td><td>35.08</td><td>70 160.00</td><td></td><td></td><td></td><td colspan="2"></td></tr>
<tr><td></td><td>28</td><td>71</td><td></td><td></td><td></td><td></td><td>005
007</td><td>500
1 200</td><td>38.00</td><td colspan="2">64 600.00</td></tr>
<tr><td colspan="12">2月28日盘缺电熨斗20只，购进批号为004，毛利率为7.89%</td></tr>
</table>

要求：分别用各种方法计算并结转商品销售成本。

习题(十六)

目的：练习各种不同商品销售成本计算方法的结合应用。

资料：

(1)上海百货公司1月份库存商品保温杯类目账期初余额为103 120元，其所属明细账的资料如下：

品　名	规格	计量单位	数量	单价	金额
不锈钢保温杯	中号	只	2 600	20.20	52 520
不锈钢保温杯	大号	只	2 200	23.00	50 600

(2)1～3月份保温杯类进销业务记录及商品盘点短缺溢余等有关资料如下：

2016 年		业务单位	原始凭证	品　　名	规格	计量单位	数量	单价	金　额
月	日								
1	3	东方制杯厂	收货单#01	不锈钢保温杯	中号	只	2 000	20.25	40 500.00
	8	市南商厦	专用发票#21	不锈钢保温杯	中号	只	900	22.00	19 800.00
		市南商厦	专用发票#22	不锈钢保温杯	大号	只	780	25.00	19 500.00
	15	东方制杯厂	收货单#02	不锈钢保温杯	大号	只	1 800	23.06	41 508.00
	29	市北商厦	专用发票#23	不锈钢保温杯	中号	只	960	22.00	21 120.00
2	15	武宁商厦	专用发票#24	不锈钢保温杯	大号	只	800	25.00	20 000.00
	20	东方制杯厂	收货单#03	不锈钢保温杯	中号	只	2 200	20.30	44 660.00
	27	闸北商厦	专用发票#25	不锈钢保温杯	中号	只	980	22.00	21 560.00
		闸北商厦	专用发票#26	不锈钢保温杯	大号	只	840	25.00	21 000.00
3	5	东方制杯厂	收货单#4	不锈钢保温杯	大号	只	2 000	23.08	46 160.00
	12	东昌商厦	专用发票#27	不锈钢保温杯	中号	只	740	22.00	16 280.00
		东昌商厦	专用发票#28	不锈钢保温杯	大号	只	820	25.00	20 500.00
	16	东昌商厦	专用发票#29（红字）	不锈钢保温杯	中号	只	50	22.00	110.00
	28	沪西商厦	专用发票#30	不锈钢保温杯	中号	只	910	22.00	20 020.00
		沪西商厦	专用发票#31	不锈钢保温杯	大号	只	755	25.00	18 875.00
	31		商品盘点短缺报告单	不锈钢保温杯	中号	只	10	20.20	202.00
			商品盘点溢余报告单	不锈钢保温杯	大号	只	5	23.00	115.00

注：上列表格原始凭证栏内凡是专用发票均为销货业务。

(3)上年第四季度保温杯类的实际毛利率为 8.08%。

要求：

(1)设置“库存商品——保温杯类”类目账及其所属的明细账；设置“主营业务收入——保温杯类”、“主营业务成本——保温杯类”明细账及“本年利润”账户。

(2)编制会计分录并登记要求(1)所开设的账户。

(3)1、2 月份用毛利率推算法，3 月份用先进先出法计算并结转商品销售成本。

(4)月末将损益类账户结转“本年利润”账户。

(5)计算第一季度毛利率。

习题(十七)

目的：练习进货费用分摊的核算。

资料:上海木材公司6月份有关资料如下:

(1)有关账户的期初余额

库存商品——方木类 356 000元　　进货费用——方木类 12 282元

库存商品——圆木类 338 000元　　进货费用——圆木类 11 436元

(2)有关账户的本期增加额

库存商品——方木类 332 000元　　进货费用——方木类 11 138元

库存商品——圆木类 315 000元　　进货费用——圆木类 10 476元

(3)有关账户的期末余额

库存商品——方木类 368 000元　　库存商品——圆木类 345 000元

要求:6月30日编制分摊进货费用的会计分录,7月1日编制相应的会计分录。

习题(十八)

目的:练习商品委托加工的核算。

资料:上海服装公司4月份发生下列经济业务:

(1)1日,仓库根据合同发给南汇服装厂全毛花呢1 000米,每米90元,计货款90 000元,委托其加工400套男西服。

(2)6日,仓库根据合同发给奉贤服装厂全毛花呢660米,每米90元,计货款59 400元,委托其加工300套女西服。

(3)22日,南汇服装厂送来加工完毕的男西服400套,加工费为48 000元,增值税额为8 160元,当即签发转账支票付讫。

(4)24日,400套男西服全部验收入库,结转加工商品成本。

(5)28日,奉贤服装厂送来加工完毕的300套女西服,加工费为30 000元,增值税额为5 100元,当即签发转账支票付讫。

(6)30日,300套女西服全部验收入库,结转加工商品成本。

要求:

(1)编制会计分录。

(2)开设并登记"委托加工物资"总账账户和明细账户。

第六章

国内贸易——零售商品流通

本章前三节专门阐述主流零售商品流通的核算，即综合性零售企业商品的核算，第四节阐述鲜活商品流通的核算。

第一节 零售商品的购进

综合性零售企业与批发企业相比较，在业务经营和管理上有其自己的特点：经营的商品品种繁多；交易次数频繁而数量零星，销售的对象主要是广大消费者；销售时一般是“一手交钱，一手交货”，并不一定都要填制销货凭证；售货部门对其所经销的商品负有物资保管责任。因此，综合性零售企业在进行会计核算时，不具备按照商品的品名、规格、等级设置库存商品明细账的条件来控制每种商品的数量和金额。综合性零售企业为了适应其经营特点，有利于其开展商品经营业务，充分发挥营业员的工作效率，并简化记账工作，通常采用售价金额核算。

一、售价金额核算的主要内容

(一)建立实物负责制

企业为了加强对库存商品的管理和控制，将经营商品的柜组或门市部划分为若干实物负责小组，实物负责小组对其经营的全部商品承担经济责任。在实物负责小组内，要建立岗位责任制，明确每个成员的职责分工，对商品的购进、销售、调拨、调价、削价、缺溢等，都要建立必要的手续制度，这是实行售价金额核算的基础。

（二）库存商品按售价记账

库存商品总分类账及其所属的明细分类账都必须按售价记账，并按实物负责小组设置库存商品明细分类账，以随时反映和掌握各实物负责小组对其经营商品所承担经济责任的情况，这是售价金额核算的核心。

由于零售企业销售商品时在柜面上的标价包含了销项税额，因此，售价记账的售价由销售价格和销项税额两个部分组成，也就是说，售价是含税价格。

（三）设置"商品进销差价"账户

由于库存商品按售价记账，在商品购进时，"库存商品"账户里反映的是商品的售价，这就与购进商品实际支付的价格不一致。因此，需要设置"商品进销差价"账户，以反映商品进价与售价之间的差额。在月末要分摊和结转已销商品所实现的商品进销差价。

（四）加强商品盘点

由于库存商品明细分类账户只反映和控制库存商品的售价金额指标，不反映数量和进价金额指标，期末为了核实各实物负责小组库存商品的实有数额，每月必须进行一次全面盘点，计算出实际结存库存商品的售价金额，并与账面结存金额进行核对。如发生不符时，要及时查明原因，进行处理，以达到账实相符、保护企业财产安全和完整的目的。对于有自然损耗的商品，应当核定损耗率作为考核的依据。此外，遇到实物负责人调动，必须进行临时盘点，以分清责任；遇到商品调价，必须通过商品盘点，才能确定调价金额，进行账面调整。

二、商品购进的业务程序与核算

零售企业应根据市场的需要，有计划地从批发企业和生产企业购进商品。商品购进的交接方式，同城购进一般采用"提货制"或"送货制"，异地购进一般采用"发货制"。

同城商品购进的业务程序一般是：由零售企业的采购员到供货单位挑选商品，取得供货单位的专用发票，据以办理结算，以转账支票或商业汇票等支付货款和增值税额。如果采取"提货制"，采购员就可以提取商品，取回专用发票（发票联和抵扣联）交与业务部门，由其核对专用发票上开列的购进单价是否正确，以维护企业的利益，经核定零售单价后在发票联上加盖价格核讫章，并根据专用发票上列明的商品货号、品名、规格、等级、数量与实物进行核对，检查其质量是否符合要求。验收无误后，由业务部门在专用发票上签收后，转交财会部门入账。零售企业也可以根据管理上的需要，由业务部门另行填制收货单一式数联，其中一联连同供货单位的专用发票一并送交财会部门。收货单的格式如表6－1所示。如果采取"送货制"，则由采购员去供货单位储运部门办理送货手续。其核价和验收手续与"提货制"相同，不再重述。

财会部门根据采购员交来的结算凭证和核价人员送来的专用发票（发票联），复核无误后，按其所列的货款借记“在途物资”账户；按其所列的增值税额，借记“应交税费”账户；按价税合计贷记“银行存款”或“应付票据”等账户。根据实物负责小组送来的商品验收入库凭证复核无误后，按售价金额借记“库存商品”账户，按进价金额贷记“在途物资”账户；将两者之间的差额贷记“商品进销差价”账户。

【例6—1】 沪光商厦向上海服装公司购进牛仔裤一批，根据上海服装公司的专用发票填制收货单如表6—1所示。

表6—1　　收　货　单

收货部门：服装组　　2016年1月5日　　供货单位：上海服装公司

商品名称	计量单位	购进价格			零售价格			进销差价
		数量	单价	金额	数量	单价	金额	
男牛仔裤	条	400	90.00	36 000.00	400	120.00	48 000.00	12 000
女牛仔裤	条	200	82.50	16 500.00	200	110.00	22 000.00	5 500
合　计				52 500.00			70 000.00	17 500

(1)财会部门收到专用发票(发票联)，列明货款52 500元，增值税额8 925元，当即签发转账支票付讫，作分录如下：

借：在途物资——上海服装公司　　52 500
　　应交税费——应交增值税——进项税额　　8 925
　贷：银行存款　　61 425

(2)财会部门收到服装组转来的收货单，列明售价金额70 000元，商品已全部验收入库，结转商品采购成本，作分录如下：

借：库存商品——服装组　　70 000
　贷：在途物资——上海服装公司　　52 500
　　　商品进销差价——服装组　　17 500

“商品进销差价”账户是资产类账户，它是“库存商品”账户的抵减账户，用以反映库存商品售价金额与进价金额之间的差额。商品购进、溢余及调价增值发生差价时，记入贷方；结转已销商品进销差价、商品短缺、削价及调价减值等而注销差价时，记入借方；期末余额在贷方，表示期末库存商品的进销差价。期末“库存商品”账户余额，减去“商品进销差价”账户余额，就是库存商品的进价金额。

三、进货退出的核算

零售企业购进商品后，发现商品的品种、规格与专用发票所列不符，或质量不符要求等情况，应及时与供货单位联系，经其同意后，由供货单位开出退货的红字专用发票，办理退货手续，然后将商品退还供货单位，作进货退出处理。

【例 6—2】 沪光商厦发现日前购进的男牛仔裤中有 20 条质量不符要求，与上海服装公司联系后同意退货。该牛仔裤每条进价 90 元，售价 120 元。

(1)商品退出后，根据服装组转来的红字收货单，作分录如下：

借：库存商品——服装组　　[2 400.00]

　　贷：在途物资——上海服装公司　　[1 800.00]

　　　　商品进销差价——服装组　　[600.00]

(2)收到对方开来退货的红字专用发票，应退货款 1 800 元，增值税额 306 元，款项均未收到，作分录如下：

借：在途物资——上海服装公司　　[1 800.00]

　　应交税费——应交增值税——进项税额　　[306.00]

　　贷：应收账款——上海服装公司　　[2 106.00]

四、购进商品退补价的核算

零售企业购进商品后，有时会收到供货单位开来的更正发票，更正其开错的商品货款。

当供货单位开来更正发票时，如果只更正购进价格，没有影响到商品的零售价格，因此，核算时应调整“商品进销差价”账户，而不能调整“库存商品”账户。若是供货单位退还货款，应根据其红字专用发票冲减商品采购额和进项税额。用红字借记“在途物资”账户和“应交税费”账户，贷记“应收账款”账户；同时还要增加商品的进销差价，用红字借记“商品进销差价”账户，贷记“在途物资”账户。若是供货单位补收货款，则应根据专用发票增加商品采购额和进项税额，借记“在途物资”账户和“应交税费”账户，贷记“应付账款”账户；同时还要减少商品的进销差价，借记“商品进销差价”账户，贷记“在途物资”账户。

【例 6—3】 黄浦商厦日前从三友毛巾厂购进毛巾被 250 条，每条进价 38 元，售价 48 元，商品已由百货组验收入库，现收到厂方的更正发票，毛巾被每条单价应为 36 元，应退货款 500 元，增值税额 85 元。

(1)冲减商品采购额和进项税额，作分录如下：

借：在途物资——三友毛巾厂　　[500]

　　应交税费——应交增值税——进项税额　　[85]

　　贷：应收账款——三友毛巾厂　　[585]

(2)同时调整商品进销差价，作分录如下：

借:商品进销差价——百货组　　500

　　贷:在途物资——三友毛巾厂　　500

当供货单位由于商品品种、等级搞错等原因而开错价格,事后开来更正发票需要更正批发价和零售价,如因更正价格而使供货单位应退还货款时,除了应根据更正专用发票冲减商品采购额、进项税额和应收账款外,还要冲减库存商品的售价金额、进价成本和商品进销差价。如因更正价格而使供货单位应补收货款时,除了应根据其开来的更正发票增加商品采购额、进项税额和应收账款外,还要增加库存商品的售价金额、进价成本和商品进销差价。

【例 6—4】 广安商厦日前从上海土产公司购进一级木耳 100 千克,每千克进价 102 元,售价 136 元。商品已由食品组验收入库,现收到对方的更正发票,该黑木耳系二级,每千克进价为 90 元,售价为 120 元,应退货款 1 200 元,增值税额 204 元。

(1)冲减商品采购额和进项税额,作分录如下:

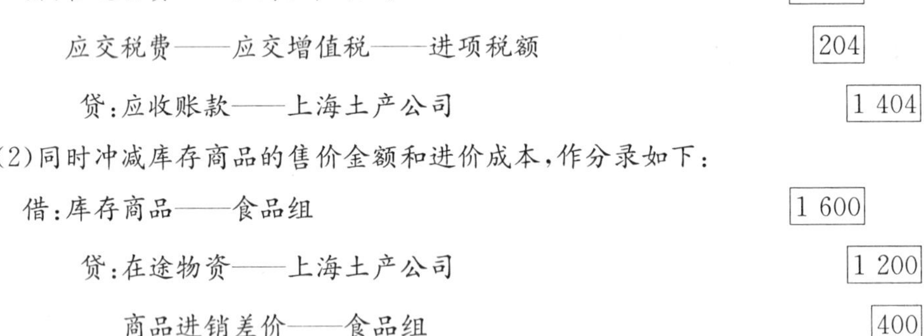

借:在途物资——上海土产公司　　1 200

　　应交税费——应交增值税——进项税额　　204

　　贷:应收账款——上海土产公司　　1 404

(2)同时冲减库存商品的售价金额和进价成本,作分录如下:

借:库存商品——食品组　　1 600

　　贷:在途物资——上海土产公司　　1 200

　　　　商品进销差价——食品组　　400

五、购进商品发生短缺和溢余的核算

零售企业购进商品在验收过程中,发现商品数量有短缺或溢余时,若是同城购进即可与供货单位联系,或从对方补回其少发的商品,或将对方多发的商品退还;若是从异地购进,一时难以查明原因,应由验收柜组填制“商品购进短缺溢余报告单”,财会部门据以按进价将短缺或溢余的商品先记入“待处理财产损溢”账户,并按实收商品数量的售价金额借记“库存商品”账户。查明原因后,再根据不同的原因从“待处理财产损溢”账户,转入各有关的账户。

零售企业发生的商品采购费用由于数额较小,通常直接列入“销售费用”账户。

【例 6—5】 黄浦商厦向福建土产公司购入香菇 600 千克,每千克进价 84 元,售价 112 元,采用托收承付结算。

(1)1 月 3 日,收到银行转来托收凭证,内附专用发票(发票联)计货款 50 400 元,增值税额 8 568 元,运费凭证 400 元,增值税额 44 元,查验与合同相符,予以承付,作分录如下:

借:在途物资——福建土产公司　50 400
　应交税费——应交增值税——进项税额　8 596
　销售费用——运杂费　416
　贷:银行存款　59 412

(2)1 月 6 日,香菇已运到,由食品组验收,实收 549 千克,短缺 51 千克,原因待查。

①根据验收入库的收货单,结转商品采购成本,作分录如下:

借:库存商品——食品组　61 488
　贷:在途物资——福建土产公司　46 116
　　商品进销差价——食品组　15 372

②根据商品购进短缺溢余报告单,作分录如下:

借:待处理财产损溢　4 284
　贷:在途物资——福建土产公司　4 284

(3)1 月 10 日,查明短缺的香菇中有 1 千克是自然损耗,经领导批准予以转账,作分录如下:

借:销售费用——商品损耗　84
　贷:待处理财产损溢　84

(4)1 月 12 日,经查明短缺的香菇中有 50 千克是对方少发,经联系后,对方决定不再补发商品,开来红字专用发票,开列应退货款 4 200 元,应退增值税额 714 元。

①根据红字专用发票冲销商品采购额和进项税额,作分录如下:

借:在途物资——福建土产公司　[4 200]
　应交税费——应交增值税——进项税额　[714]
　贷:应收账款——福建土产公司　[4 914]

②冲转待处理财产损溢,作分录如下:

借:待处理财产损溢　[4 200]
　贷:在途物资——福建土产公司　[4 200]

第二节　零售商品的销售

一、商品销售的业务程序与核算

零售企业的商品销售业务，一般按营业柜组或门市部组织进行。商品销售的业务程序，根据企业的规模、经营商品的特点以及经营管理的需要而有所不同。

零售企业的商品销售收入，除少数企事业单位采取转账结算外，主要是收取现金或采用信用卡结算。收款的方式有分散收款和集中收款两种。分散收款是指营业员直接收款，除了企事业单位外，一般不填制销售凭证，手续简便，交易迅速，但销货与收款由营业员一人经手，容易发生差错与弊端。集中收款是指设立收款台，由营业员填制销货凭证，消费者据以向收款台交款，然后由消费者凭盖有收款台"现金收讫"印章的销货凭证向营业员领取商品。采用集中收款，每日营业结束后，营业员应根据销货凭证计算出销货总金额，并与收款台实收金额进行核对，以检查收款是否正确，这种方式由于钱货分管，职责分明，制度严密，因此不易发生差错，但手续繁琐。

不论采用哪一种收款方式，均应在当天解缴销货款，解缴的方式有分散解缴和集中解缴两种。分散解缴就是在每天营业结束后，若采取分散收款的，由各营业柜组或门市部安排专人负责；若采取集中收款的，则由收款员负责，都按其所收的销货款，填制解款单，将现金直接解存银行，取得解款单回单后，将其送交财会部门。集中解缴是每天营业结束后，若采取分散收款的，由各营业柜组或门市部安排专人负责；若采取集中收款的，则由收款员负责，都按其所收的销货款，填制"商品销售收入缴款单"，其格式如表6—2所示。

表6—2　　商品销售收入缴款单

缴款部门：服装组　　2016年1月5日

货款种类	张数	金　额	货款种类	张数	金　额
现金		10 599.20	信用卡签购单	5	2 600.00
其中：票面100元	65	6 500.00	转账支票	2	1 500.00
票面50元	45	2 250.00	银行本票		
票面20元	34	680.00			
票面10元	83	830.00			
票面5元	38	190.00			
票面2元	32	64.00			
票面1元	80	80.00			
角票、分币		5.20			
缴款金额人民币（大写）壹万肆仟陆佰玖拾玖元贰角					￥14 699.20

商品销售收入缴款单一式两联，连同销货款一并送交财会部门，财会部门应当面点收，加盖"收讫"戳记，一联退还缴款部门，作为其缴款的依据；一联留在财会部门，作为收款的入账凭证。财会部门将各营业柜组或门市部的销货款集中汇总后填制解款单，将销售收入的现金全部解存银行。

零售企业商品销售业务是通过"主营业务收入"和"主营业务成本"账户进行核算。为了简化核算手续，平时在"主营业务收入"账户中反映含税的销售收入，期末再将其调整为真正的商品销售额，即不含税的销售额。商品销售后，财会部门要反映商品销售收入和收入货款的情况，同时为了能及时反映商品实物负责小组库存商品的购销动态和结存情况，便于各实物负责小组随时掌握其经营商品的价值，明确其所承担的经济责任，需要随时结转已销库存商品的成本。由于零售企业库存商品是按售价反映的，因此，转销库存商品的金额同反映商品销售收入增加的金额是一致的。而商品进价与售价之间的差价，在"商品进销差价"账户内反映，所以，当已销商品按售价从"库存商品"账户内转销时，从理论上讲，应该同时将这部分已销商品的进销差价也从"商品进销差价"账户内转销，将已销商品的成本调整为进价，即在"主营业务成本"账户内用进价反映。但是，每天计算已销商品进销差价的工作量很大，因此，在实际工作中，平时将已销商品按售价转入"主营业务成本"账户，月末一次计算出当月已销商品的进销差价，再将商品销售成本调整成为进价。这是售价金额核算企业商品销售核算的特点。

【例 6—6】 静安商厦为信用卡特约单位，信用卡结算手续费率为 5‰，1 月 5 日各营业柜组商品销售及货款收入情况如表 6—3 所示。

表 6—3 商品销售及货款收入情况表

柜组 \ 项目	销售金额	现金收入	信用卡签购单	转账支票	现金溢缺
服装组	14 699.20	10 599.20	2 600.00	1 500.00	
百货组	12 350.60	10 350.60	1 200.00	800.00	
食品组	11 230.80	10 230.80	1 000.00		
合　计	38 280.60	31 180.60	4 800.00	2 300.00	

(1)财会部门根据各营业柜组交来的商品销售收入缴款单及现金、签购单和转账支票，根据签购单编制计汇单，并与转账支票一并存入银行，作分录如下：

借：库存现金　　31 180.60

　　银行存款　　7 076.00

财务费用 24.00
贷:主营业务收入——服装组 14 699.20
——百货组 12 350.60
——食品组 11 230.80

(2)将现金集中解存银行,取得解款单回单,作分录如下:

借:银行存款 31 180.60
贷:库存现金 31 180.60

(3)同时转销库存商品,作分录如下:

借:主营业务成本——服装组 14 699.20
——百货组 12 350.60
——食品组 11 230.80
贷:库存商品——服装组 14 699.20
——百货组 12 350.60
——食品组 11 230.80

零售企业如果采取集中收款方式,每日营业结束后,收款员应将销货凭证或销货计数卡与收入的现金及信用卡签购单等进行核对,如有不符,应填制"销货款短缺溢余报告单",其格式如表6—4所示。

表6—4 销货款短缺溢余报告单

部门:食品组 2016年1月8日

销售金额	12 780.50	部门意见	希望领导同意报损
实收金额	12 770.50		
短缺款	10.00	领导审批	
溢余款			
溢缺原因	工作疏忽少收现金		

收款员:王佩瑶

销货款短缺溢余报告单一式数联,其中一联送交财会部门,财会部门对于短缺或溢余款,先列入"待处理财产损溢"账户。俟查清情况,短缺款经领导批准后,转入"营业外支出"账户,如果确定应由责任人赔偿时,则转入"其他应收款"账户,溢余款则转入"营业外收入"账户。

二、受托代销商品销售的核算

零售企业接受代销商品业务,事先由业务部门与委托方订立"受托代销合同",合同上注明代销商品的协议价、销售价、货款的结算方式和时间及商品的质量和保管的责任等。

(一)视同买断方式受托代销商品的核算

零售企业收到受托代销商品时，并没有取得商品的所有权，为了加强对受托代销商品的管理，在受托代销商品验收入库时，应按代销商品的售价金额借记“受托代销商品”账户；按代销商品的协议价金额贷记“受托代销商品款”账户；售价金额与协议价金额之间的差价，则贷记“商品进销差价”账户。

代销商品销售后，借记“库存现金”账户；贷记“主营业务收入”账户，并按售价金额借记“主营业务成本”账户；贷记“委托代销商品”账户，同时按代销商品的协议价结转代销商品款，借记“受托代销商品款”账户；贷记“应付账款”账户。当结算届期时，将代销商品清单交付委托方，俟收到委托方的专用发票，并据以支付其货款和增值税额时，借记“应付账款”账户和“应交税费”账户；贷记“银行存款”账户。

【例 6—7】 静安商厦根据受托代销合同，接受浦江日化厂 1 500 瓶天宝牌洗发露的代销业务，该洗发露的协议单价 30 元，零售单价 40 元，合同规定每个月末受托方向委托方开具代销清单，据以结算货款。

(1)1 月 15 日，收到 3 000 瓶天宝牌洗发露，由百货组验收入库，作分录如下：

借:受托代销商品——百货组　　60 000
　贷:受托代销商品款——浦江日化厂　　45 000
　　商品进销差价——百货组　　15 000

(2)1 月 25 日，百货组销售天宝牌洗发露 800 瓶，收到现金 32 000 元。

①反映主营业务收入，作分录如下：

借:库存现金　　32 000
　贷:主营业务收入——百货组　　32 000

②同时注销受托代销商品，作分录如下：

借:主营业务成本——百货组　　32 000
　贷:受托代销商品——百货组　　32 000

③结转受托代销商品款，作分录如下：

借:受托代销商品款——浦江日化厂　　24 000
　贷:应付账款——浦江日化厂　　24 000

(3)1 月 31 日，开出代销商品清单后，收到浦江日化厂专用发票，开列天宝牌洗发露 800 瓶，每瓶 30 元，计货款 24 000 元，增值税额 4 080 元，当即签发转账支票支付，分录如下：

借:应付账款——浦江日化厂　　24 000
　应交税费——应交增值税——进项税额　　4 080
　贷:银行存款　　28 080

(二)收取代销手续费方式受托代销商品的核算

采取收取代销手续费方式的零售企业，在收到代销商品时，按代销商品的售价借记“受托代销商品”账户；贷记“受托代销商品款”账户。

在销售代销商品时，根据收取的现金，借记“库存现金”账户，贷记“应付账款”账户；同时注销代销商品，借记“受托代销商品款”账户，贷记“受托代销商品”账户。结算届期时，开出代销商品清单交付委托方，俟收到委托方专用发票支付已售代销商品账款时，根据专用发票上列明的价税合计借记“应付账款”账户；根据应收取的代销手续费贷记“其他业务收入”账户；根据价税合计与代销手续费之间的差额贷记“银行存款”账户。

【例 6—8】 长宁商厦根据受托代销合同接受天华皮衣厂 100 件虎牌男皮夹克的代销业务，合同规定该皮夹克的销售单价(不含税)为 800 元，增值税率为 17%，代销手续费率为 8%。

(1)1 月 2 日，收到 100 件虎牌男皮夹克，由服装组验收入库，作分录如下：

借：受托代销商品——服装组 93 600

贷：受托代销商品款——天华皮衣厂——货款 80 000

——增值税额 13 600

(2)1 月 20 日，销售虎牌男皮夹克 60 件，收到现金 56 160 元。

①反映商品销售收入，作分录如下：

借：库存现金 56 160

贷：应付账款——天华皮衣厂 56 160

②同时，注销代销商品，作分录如下：

借：受托代销商品款——天华皮衣厂——货款 48 000

——增值税额 8 160

贷：受托代销商品——服装组 56 160

(3)1 月 31 日，开出代销商品清单，收到天华皮衣厂专用发票，开列虎牌男皮夹克 60 件，每件 800 元，计货款 48 000 元，增值税额 8 160 元，扣除代销手续费3 840元，签发转账支票支付厂方已售代销商品的全部款项，作分录如下：

借：应付账款——天华皮衣厂 56 160

贷：其他业务收入 3 840

银行存款 52 320

三、商品销售成本的调整

零售企业由于平时按商品售价结转商品销售成本，月末为了核算商品销售业务的经营成果，就需要通过计算和结转已销商品的进销差价，将商品销售成本由售价调整为进价。零售企业计算已销商品进销差价的方法有综合差价率推算法、分柜组差价率推算法和实际进销差价计算法三种。

（一）综合差价率推算法

综合差价率推算法是按全部商品的存销比例，推算本期销售商品应分摊进销差价的一种方法。具体的计算方法是先将期末结转前的“商品进销差价”账户余额，除以期末“库存商品”账户余额加上“受托代销商品”账户余额[①]与本期商品销售收入之和，计算出本期商品的综合差价率，再乘以本期商品销售收入，计算出已销商品的进销差价，其计算公式如下：

$$\text{综合差价率}=\frac{\text{结转前商品进销差价账户余额}}{\text{期末库存商品账户余额}+\text{期末受托代销商品账户余额}+\text{本期商品销售收入}}\times 100\%$$

$$\text{本期已销商品进销差价}=\text{本期商品销售收入}\times\text{综合差价率}$$

【例 6—9】 静安商厦 12 月 31 日有关账户的资料如下：

库存商品账户余额	401 800
受托代销商品账户余额（全部为视同买断的代销商品）	58 000
主营业务收入账户余额	436 600
结转前商品进销差价账户余额	218 524

用综合差价率推算法计算并结转已销商品进销差价：

$$\text{综合差价率}=\frac{218\ 524}{401\ 800+58\ 000+436\ 600}\times 100\%=24.38\%$$

本期已销商品进销差价 $=436\ 600\times 24.38\%=106\ 443.08$（元）

根据计算的结果，作分录如下：

借：商品进销差价	106 443.08	
贷：主营业务成本		106 443.08

综合差价率推算法计算与核算手续最为简便，但计算的结果不够准确，适用于所经营商品的差价率较为均衡的企业。

（二）分柜组差价率推算法

分柜组差价率推算法是按各营业柜组或门市部商品的存销比例，推算本期销售商品应摊进销差价的一种方法。这种方法要求按营业柜组分别进行计算，其计算方法与综合差价率推算法相同，财会部门可编制“已销商品进销差价计算表”进行计算。

【例 6—10】 浦江商厦采用分柜组差价率推算法，在 12 月 31 日有关各明细账户的资料如下：

---

① 仅指视同买断方式的受托代销商品，不包括收取手续费方式的受托代销商品。

营业柜组	库存商品账户余额	受托代销商品账户余额	主营业务收入账户余额	结转前商品进销差价账户余额
服装组	138 300.00	38 000.00	156 200.00	80 865.00
百货组	134 600.00	20 000.00	147 600.00	71 501.00
食品组	128 900.00		132 800.00	66 158.00
合　计	401 800.00	58 000.00	436 600.00	218 524.00

根据资料编制"已销商品进销差价计算表",如表 6—5 所示。

表 6—5 已销商品进销差价计算表

2016 年 12 月 31 日

营业柜组	期末库存商品账户余额	期末受托代销商品账户余额	主营业务收入账户余额	本期存销商品合计额	结转前商品进销差价账户余额	差价率	已销商品进销差价	期末商品进销差价
(1)	(2)	(3)	(4)	(5)=(2)+(3)+(4)	(6)	$(7)=\frac{(6)}{(5)}$	(8)=(4)×(7)	(9)=(6)−(8)
服装组	138 300.00	38 000.00	156 200.00	332 500.00	80 865.00	24.32%	37 987.84	42 877.16
百货组	134 600.00	20 000.00	147 600.00	302 200.00	71 501.00	23.66%	34 922.16	36 578.84
食品组	128 900.00		132 800.00	261 700.00	66 158.00	25.28%	33 571.84	32 586.16
合　计	401 800.00	58 000.00	436 600.00	896 400.00	218 524.00	—	106 481.84	112 042.16

根据计算的结果,作分录如下:

借:商品进销差价——服装组　37 987.84

　　　　　　　——百货组　34 922.16

　　　　　　　——食品组　33 571.84

　贷:主营业务成本——服装组　37 987.84

　　　　　　　　——百货组　34 922.16

　　　　　　　　——食品组　33 571.84

分柜组差价率推算法计算较为简便,计算的结果较为准确,但与实际相比较,仍有一定的偏差。这种方法适用于经营柜组间差价率较大的企业;或者需要分柜组核算其经营成果的企业。

(三)实际进销差价计算法

实际进销差价计算法是先计算出期末商品的进销差价,进而逆算已销商品进销差价的一种方法。这种方法的具体做法是:期末由各营业柜组或门市部通过商品盘点,编制"库存商品盘存表"和"受托代销商品盘存表"[①],根据各种商品的实存数量,分别乘以销售

① 它仅指视同买断方式的受托代销商品,不包括收取手续费方式的受托代销商品。

单价和购进单价，计算出期末库存商品的售价金额和进价金额及期末受托代销商品的售价金额和进价金额。“库存商品盘存表”和“受托代销商品盘存表”一式数联，其中一联送交财会部门，复核无误后，据以编制“商品盘存汇总表”。期末商品进销差价、已销商品进销差价的计算公式如下：

$$\text{期末商品进销差价}=\text{期末库存商品售价金额}-\text{期末库存商品进价金额}+\text{期末受托代销商品售价金额}-\text{期末受托代销商品进价金额}$$

$$\text{已销商品进销差价}=\text{结账前商品进销差价账户余额}-\text{期末商品进销差价}$$

【例 6—11】 静安商厦采用实际进销差价计算法，12 月 31 日服装组“库存商品盘存表”如表 6—6 所示。

表 6—6　　库存商品盘存表

部门：服装组　　2016 年 12 月 31 日　　第 5 页

品名	规格	计量单位	盘存数量	销售价格		购进价格	
				单　价	金　额	单　价	金　额
男牛仔裤	（略）	条	72	90.00	6 480.00	67.80	4 881.60
女牛仔裤		条	75	82.00	6 150.00	61.80	4 635.00
童牛仔裤		条	52	70.00	3 640.00	52.90	2 750.80
小　计					16 270.00		12 267.40
合　计					138 300.00		104 832.50

百货组和食品组库存商品盘存表与服装组和百货组的受托代销商品盘存表均从略。

根据各营业柜组的库存商品盘存表和受托代销商品盘存表编制商品盘存汇总表如表 6—7 所示。

表 6—7　　商品盘存汇总表

2016 年 12 月 31 日

营业柜组	库存商品售价金额	库存商品进价金额	受托代销商品售价金额	受托代销商品进价金额	商品进销差价
服装组	138 300.00	104 832.50	38 000.00	28 785.70	42 681.80
百货组	134 600.00	102 888.20	20 000.00	15 284.60	36 427.20
食品组	128 900.00	96 262.70			32 637.30
合　计	401 800.00	303 983.40	58 000.00	44 070.30	111 746.30

各营业柜组结转前商品进销差价账户余额与前例相同，计算本期已销商品进销差价如下：

服装组已销商品进销差价＝80 865.00－42 681.80＝38 183.20(元)

百货组已销商品进销差价＝71 501.00－36 427.20＝35 073.80(元)

食品组已销商品进销差价＝66 158.00－32 637.30＝33 520.70(元)

根据计算的结果，作分录如下：

借：商品进销差价——服装组　　38 183.20
　　　　　　　　——百货组　　35 073.80
　　　　　　　　——食品组　　33 520.70
　贷：主营业务成本——服装组　　38 183.20
　　　　　　　　　——百货组　　35 073.80
　　　　　　　　　——食品组　　33 520.70

实际进销差价计算法计算的结果准确，但计算的工作量很大。适用于经营商品品种较少的企业，或在企业需要反映其期末库存商品实际价值时采用。

在实际工作中，为了做到既简化计算手续，又准确地计算已销商品进销差价，往往在平时采取分柜组差价率推算法，到年末采用实际进销差价计算法，以保证整个会计年度核算资料的准确性。

四、商品销售收入的调整

由于零售企业平时在“主营业务收入”账户中反映的是含税收入，因此至月末就需要进行调整，将含税收入中的销项税额分离出来，使“主营业务收入”账户反映企业真正的销售收入。含税收入的调整公式如下：

$$销售收入=\frac{含税收入}{1+增值税率}$$

$$销项税额=含税收入-销售收入$$

【例6—12】 卢湾商厦月末“主营业务收入”账户余额为400 725元，增值税率为17%，调整商品销售收入，计算的结果如下：

$$销售收入=\frac{400\ 725}{1+17\%}=342\ 500(元)$$

销项税额＝400 725－342 500＝58 225(元)

根据计算的结果，作分录如下：

借：主营业务收入　　58 225
　贷：应交税费——应交增值税——销项税额　　58 225

零售企业采取分柜组核算库存商品时，也应分柜组调整商品销售收入。

第三节　零售商品的储存

零售企业为了使商品流通正常进行，满足市场的需求，就需要保持适当的商品储存。由于采用售价金额核算，因此平时应特别加强对库存商品的管理和监督，以保护企业财产的安全与完整。

商品储存的核算，包括商品的调价、削价、内部调拨、盘点缺溢及库存商品和商品进销差价明细核算等内容。

一、商品调价的核算

商品调价是商品流通企业根据市场供需状况或国家物价政策，对某些正常商品的价格进行适当地调高或调低。

由于售价金额核算的企业平时不核算商品的数量，因此，在规定调价日期的前一天营业结束后，由核价人员、财会人员会同营业柜组对调价商品进行盘点，按照实际库存数量由营业柜组填制"商品调价差额调整单"一式数联，其中一联送交财会部门。财会部门复核无误后，将调价差额全部体现在商品经营损益内。发生调高售价金额时，借记"库存商品"账户，贷记"商品进销差价"账户；发生调低售价金额时，则借记"商品进销差价"账户，贷记"库存商品"账户。

【例 6－13】 中兴商厦根据市场情况将羊毛衫从 1 月 10 日起调整零售价格，服装组经过盘点后，编制商品调价差额调整单如表 6－8 所示。

表 6－8　　**商品调价差额调整单**　　编号：1257

填报部门：服装组　　2016 年 1 月 10 日　　调价通知：调字第 2 号

品　名	计量单位	盘存数量	零售单价		调整单价差额		调高金额	调低金额
			新价	原价	增加	减少		
男羊毛衫	件	45	250.00	228.00	22.00		990.00	
女羊毛衫	件	56	220.00	200.00	20.00		1 120.00	
合　计							2 110.00	

财会部门收到服装组转来的商品调价差额调整单，作分录如下：

借：库存商品——服装组　　2 110

　　贷：商品进销差价——服装组　　2 110

二、商品削价的核算

商品削价是对库存中呆滞、冷背、残损、变质的商品所作的降价处理。

零售企业由于盲目采购造成商品呆滞积压或运输不慎、保管不妥等因素，而发生了商品残损变质等情况，影响了商品内在与外观的质量。为了减少商品损失，应根据商品呆滞积压情况或残损变质的程度，按照规定的审批权限，报经批准后进行削价处理。

残损变质商品削价时，一般由有关营业柜组盘点数量后，填制“商品削价报告单”，一式数联，报经有关领导批准后，进行削价处理。

商品削价后不含增值税的新售价高于其可变现净值时，根据削价减值金额借记“商品进销差价”账户；贷记“库存商品”账户，以调整其账面价值。商品削价后不含增值税的新售价低于其可变现净值时，除了根据削价减值金额借记“商品进销差价”账户；贷记“库存商品”账户，以调整其账面价值外，还应计提存货跌价准备。

【例 6－14】 中兴商厦鞋帽组发现 20 双女皮鞋的式样已陈旧，其原零售单价为 350 元，经批准削价为 234 元，该女皮鞋每双进价为 259 元。估计销售费用为 3 元，增值税税率为 17%，计算其可变现净值如下：

女皮鞋削价后不含增值税售价＝234×20÷1.17＝4 000(元)

女皮鞋可变现净值＝4 000－(3×20)＝3 940(元)

女皮鞋可变现净值低于成本的差额＝259×20－3 940＝1 240(元)

(1)根据削价减少的售价金额调整其账面价值，作分录如下：

借：商品进销差价——鞋帽组　　2 320

　　贷：库存商品——鞋帽组[(350－234)×20]　　2 320

(2)同时，根据可变现净值低于存货成本的差额计提存货跌价准备，作分录如下：

借：资产减值损失——存货减值损失　　1 240

　　贷：存货跌价准备　　1 240

(3)销售削价的女皮鞋 10 双，收入现金 2 340 元，作分录如下：

借：库存现金　　2 340

　　贷：主营业务收入——鞋帽组　　2 340

(4)同时，结转其销售成本，作分录如下：

借：主营业务成本——鞋帽组　　2 340

　　贷：库存商品——鞋帽组　　2 340

(5)并转销其计提的存货跌价准备，作分录如下：

借：存货跌价准备　　620

　　贷：主营业务成本　　620

三、商品内部调拨的核算

商品内部调拨是指零售企业在同一独立核算单位内部各实物负责小组之间的商品转移。具体表现为各营业柜组或门市部之间为了调剂商品余缺所发生的商品转移；或设有专职仓库保管员，对在库商品单独进行核算和管理的企业，当营业柜组或门市部向仓库提取商品时，所发生的商品调拨转移。

商品内部调拨不作为商品销售处理，也不进行结算，而只是转移各实物负责小组所承担的经济责任。在调拨商品时，一般由调出部门填制商品内部调拨单一式数联，调出部门在各联上签章后，连同商品一并转交调入部门。调入部门验收无误后，在调入部门处签章，表示商品已收讫，然后调入与调出部门各留一联，作为商品转移的依据，另一联转交财会部门入账。商品内部调拨，在核算时借记调入部门库存商品的明细分类账户，贷记调出部门库存商品的明细分类账户，"库存商品"账户的总额保持不变。采取分柜组差价率推算法分摊已销商品进销差价的企业，还要相应调整"商品进销差价"账户。

【例 6—15】 城南商厦早晚服务部从食品组调入商品，食品组填制商品内部调拨单如表 6—9 所示。

表 6—9　　商品内部调拨单

调入部门：早晚服务部　　2016 年 1 月 8 日　　调出部门：食品组

品　名	计量单位	数量	零售价格		购进价格		商品进销差价
			单价	金额	单价	金额	
雀巢咖啡	瓶	75	50.00	3 750.00	37.60	2 820.00	930.00
咖啡伴侣	瓶	75	25.00	1 875.00	18.80	1 410.00	465.00
巧克力饼干	盒	120	12.00	1 440.00	9.00	1 080.00	360.00
合　计				7 065.00		5 310.00	1 755.00

财会部门复核无误后，作分录如下：

借：库存商品——早晚服务部　　7 065
　　贷：库存商品——食品组　　7 065

采取分柜组差价率推算法分摊已销商品进销差价的企业，还要将商品进销差价转账，作分录如下：

借：商品进销差价——食品组　　1 755
　　贷：商品进销差价——早晚服务部　　1 755

四、商品盘点短缺和溢余的核算

零售企业对库存商品采取售价金额核算时，库存商品明细分类账一般按营业柜组或门市部设置，平时只反映和掌握各营业柜组或门市部商品进、销、存的售价金额，而不反映和掌握各种商品的结存数量。因此，只有通过商品盘点，逐项计算出各种商品的售价金额及售价总金额，再与当天“库存商品”账户余额进行核对，才能了解和控制各种商品的实存数量，确保账实相符。通过商品盘点，可以检查商品的保管情况，如果发现商品残损变质，应及时采取措施，改进商品保管方法，从而减少商品损失。通过商品盘点，还可以为企业决策部门了解和掌握商品库存结构状况、制订最佳进货计划提供依据，促使企业合理使用商品资金，以保证零售企业商品流通的正常进行。

零售企业要严格遵守和执行商品盘点制度，根据规定，每个月至少进行一次定期的全面盘点。在发生部门实物负责人调动、企业内部柜组调整、商品调价等情况时，可根据具体需要，进行不定期的全面盘点或局部盘点，以加强对库存商品的管理。

商品盘点发生账实不符时，营业柜组或门市部应填制“商品盘点短缺溢余报告单”一式数联，其中一联报送领导审批，另一联送交财会部门作为记账的依据。

商品盘点短缺或溢余是以商品的售价金额来反映的，在“商品盘点短缺溢余报告单”中，还需要将其调整为进价金额。财会部门在商品短缺或溢余原因尚未查明前，应将短缺或溢余商品的进价金额先转入“待处理财产损溢”账户，以确保账实相符，等原因查明后，再根据具体情况转入各有关账户。对于商品短缺，如属自然损耗，应转入“销售费用”账户；如属责任事故，则应根据领导的批复，若由企业负担，转入“营业外支出”账户；若由当事人负责赔偿，则转入“其他应收款”账户。对于商品溢余，如属供货单位多发商品，应作为商品购进补付货款，如属自然升溢，则应冲减“销售费用”账户。

【例6—16】 长宁商厦食品组1月27日盘点商品，发现短缺50元，填制商品盘点短缺溢余报告单如表6—10所示。

表6—10 **商品盘点短缺溢余报告单**

部门：食品组 2016年1月27日

账存金额	136 960.00	溢余金额		短缺或溢余原因	销货发错商品
实存金额	136 910.00	短缺金额	50.00		
上月本柜组差价率			24.80%		
溢余商品差价		溢价商品进价			
短缺商品差价	12.40	短缺商品进价	37.60		
领导批复			部门意见	要求作企业损失处理	

(1)财会部门根据商品盘点短缺溢余报告单，作分录如下：

借:待处理财产损溢　　　　　　　　　　　　　　37.60
　　商品进销差价——食品组　　　　　　　　　　12.40
　　贷:库存商品——食品组　　　　　　　　　　　　50.00

(2)31 日领导批复,将 27 日盘缺商品 37.60 元作企业损失处理,作分录如下:

借:营业外支出——盘亏损失　　　　　　　　　　37.60
　　贷:待处理财产损溢　　　　　　　　　　　　　37.60

零售企业在期末或年度终了时,应对商品进行全面的清查盘点,当发现商品的可变现净值低于其成本时,应计提存货跌价准备,计提的方法在商品削价中已作了阐述,不再重复。

五、库存商品和商品进销差价账户的明细分类核算

实行售价金额核算的零售企业,库存商品明细分类账是按营业柜组或门市部设置的,在账户中反映按售价计算的总金额,用以控制各营业柜组或门市部的库存商品数额。采取分柜组差价率推算法调整商品销售成本的企业,还必须按营业柜组或门市部设置“商品进销差价”明细账户,由于“商品进销差价”是“库存商品”账户的抵减账户,在发生经济业务时,这两个账户往往同时发生变动,为了便于记账,可以将“库存商品”与“商品进销差价”账户的明细账合在一起,设置“库存商品和商品进销差价联合明细分类账”,其格式如表 6—11 所示。

表 6—11　　库存商品和商品进销差价联合明细分类账

部门:服装组

2016 年		凭证号数	摘要	库存商品											商品进销差价			
				借方				贷方					借或贷	余额	借方	贷方	借或贷	余额
月	日			购进	调入	调价增值	溢余	销售	调出	调价减值	削价	短缺						
2	1		余额										借	145 200			贷	35 574
	1		购入	12 500												3 050		
	1		进货退出	1 800												441		
	1		调入		1 500											366		
	1		调价增值			280										280		
	1		销售					6 780										
	1		调出						1 000						244			
	1		削价								600		借	149 300	600		贷	37 985

各营业柜组或门市部为了掌握本部门商品进、销、存的动态和销售计划的完成情况，便于向财会部门报账，每天营业结束后，应根据商品经营的各种原始凭证，编制"商品进销存日报表"一式数联，营业柜组或门市部自留一联，一联连同有关的原始凭证一并送交财会部门。财会部门复核无误后，据以入账。

【例 6－17】 长宁商厦食品组 2 月 26 日编制"商品进销存日报表"如表 6－12 所示。

表 6－12 商品进销存日报表

营业柜组：食品组 2016 年 2 月 26 日

<table>
<tr><th colspan="2">项 目</th><th>金 额</th><th colspan="2">项 目</th><th>金 额</th></tr>
<tr><td colspan="2">昨日结存</td><td>127 864.80</td><td rowspan="6">今日发出</td><td>销售</td><td>5 250.70</td></tr>
<tr><td rowspan="6">今日收入</td><td>购进</td><td>9 880.00</td><td>调出</td><td></td></tr>
<tr><td>调入</td><td>775.00</td><td>发出委托加工</td><td></td></tr>
<tr><td>加工成品收回</td><td></td><td>调价减值</td><td>869.30</td></tr>
<tr><td>调价增值</td><td></td><td>削价</td><td>512.80</td></tr>
<tr><td>溢余</td><td>39.20</td><td>短缺</td><td></td></tr>
<tr><td></td><td></td><td colspan="2">今日结存</td><td>131 926.20</td></tr>
<tr><td colspan="2">本月销售计划</td><td>120 000.00</td><td colspan="2">本月销售累计</td><td>112 276.60</td></tr>
</table>

由于"商品进销存日报表"反映的是各营业柜组或门市部库存商品每天进销等业务的变动和结存情况，其反映的内容与库存商品明细分类账核算的内容是一致的。因此，可以将该表分营业柜组或门市部按时间顺序装订成册，代替库存商品明细分类账，以简化核算手续。

第四节 鲜活商品的流通

鲜活商品是指鱼、肉、禽、蛋、蔬菜和瓜果等商品。由于鲜活商品在零售流通中具有以下四个特点：第一，鲜活商品在经营过程中，一般需要经过清选整理，分等分级，按质论价；第二，随着商品鲜活程度的变化，随时需要调整零售价格，由此而产生早晚不同的时价；第三，鲜活商品交易频繁，且数量零星；第四，鲜活商品容易干耗、腐烂变质，损耗数量难以掌握。因此，在会计核算时难以控制其售价，也难以控制其数量，通常采用进价金额核算。

进价金额核算又称"进价记账、盘存计销"，是指以进价总金额控制实物负责人（或柜组）经营商品进、销、存情况的一种核算方法。它的核算特点是：商品购进后，登记按实物负责人设置的库存商品明细账，只记进价金额，不记数量；商品销售后，按实际取得的销售收入，贷记“主营业务收入”账户，平时不结转商品销售成本，定期进行实地盘点，查明实存数量，用最后进价法计算并结转商品销售成本。

一、鲜活商品购进的核算

经营鲜活商品的零售企业，主要是向批发企业购进商品，也可以直接向农户采购商品。商品的交接方式，一般采用“提货制”或“送货制”。货款结算方式主要采用转账支票结算和现金结算。

商品购进的业务程序一般是：由购货单位委派采购员到供货单位采购商品，由供货单位填制专用发票。在采用“提货制”的情况下，采购员取得专用发票后，当场据以验收商品。商品运回后，由实物负责人（或柜组）根据采购员带回的专用发票，对商品进行复验。在采用“送货制”的情况下，则由采购员取回专用发票，直接交与实物负责人（或柜组），由其负责验收。

不论采用何种商品交接方式，实物负责人（或柜组）验收商品后，都要填制“收货单”一式数联，其中一联连同供货单位的专用发票一并送交财会部门。财会部门审核无误后，根据专用发票和转账支票存根联，借记“在途物资”账户和“应交税费”账户，贷记“银行存款”账户；根据“收货单”，借记“库存商品”账户，贷记“在途物资”账户。库存商品一般按经营类别进行明细分类核算。

【例6－18】 闸北副食品商厦向上海水产公司购入各种海鱼一批，计货款23 700元，增值税额4 029元，当即签发转账支票付讫，海鱼已由水产组验收后，填制“收货单”如表6－13所示。

表6－13　　收　货　单

收货部门：水产组　　2016年1月11日　　编号：1086

品名	单位	应收数量	实收数量	单价	应收金额	实收金额	溢余金额	短缺金额	处理意见
鲳鱼	千克	180	180	36.00	6 480.00	6 480.00			
小黄鱼	千克	270	270	30.00	8 100.00	8 100.00			
带鱼	千克	380	380	24.00	9 120.00	9 120.00			
合计					23 700.00	23 700.00			

（1）根据供货单位的专用发票和转账支票存根审核无误，作分录如下：

借：在途物资——上海水产公司　　23 700

　　应交税费——应交增值税——进项税额　　4 029

　　贷：银行存款　　27 729

（2）根据营业部门转来的“收货单”审核无误，作分录如下：

借:库存商品——水产组　　23 700

　　贷:在途物资——上海水产公司　　23 700

并按照营业柜组以进价金额登记库存商品明细分类账。

零售企业在验收鲜活商品时,如发生实收数量与应收数量不符,要及时查明原因。对于短缺商品,若确属供货单位少发,可以要求其补发商品或退回多收货款;若属途中损耗,则作为销售费用列支。对于溢余商品,若确属供货单位多发,应补作进货,并补付供货单位货款,或者将其多发商品如数退回;若属途中升溢,则冲减"销售费用"账户。

二、鲜活商品销售的核算

经营鲜活商品的零售企业,其销售方式主要是采用现金交易。当天营业结束后,由各营业部门根据实收销货款填制"商品销售收入缴款单"一式数联,连同当天的销货款一并送交财会部门。财会部门当面点收无误后,应由出纳员在"商品销售收入缴款单"上签收,并加盖现金收讫章,其中一联退回缴款部门留存备查,财会部门自留一联。然后将各营业部门交来的销售款汇总后,全部解存银行。然而,企业取得的销货是含税收入,其中包含了销项税额,因此,需要将含税收入调整为真正的销售收入。其计算公式如下:

$$销售收入=\frac{含税收入}{1+增值税率}$$

然后,根据"商品销售收入缴款单"及计算的结果,借记"库存现金"账户,贷记"主营业务收入"账户和"应交税费"账户;根据银行解款单回单,借记"银行存款"账户,贷记"库存现金"账户。

【例 6—19】 1 月 1 日,闸北副食品商厦财会部门收到各营业部门缴来销货现金及商品销售收入缴款单。其中,肉食品组为 15 093 元,水产组为 14 742 元,禽蛋组为12 753 元,蔬菜组为5 967元,增值税税率为 17%。

(1)分离销项税额,将销售收入入账,作分录如下:

借:库存现金　　48 555

　　贷:主营业务收入——肉食品组　　12 900

　　　　　　　　　——水产组　　12 600

　　　　　　　　　——禽蛋组　　10 900

　　　　　　　　　——蔬菜组　　5 100

　　　　应交税费——应交增值税——销项税额　　7 055

(2)将上列现金全部解存银行,取得解款单回单,作分录如下:

借:银行存款　　48 555

　　贷:库存现金　　48 555

三、鲜活商品储存的核算

鲜活商品在储存过程中发生损耗、调价、削价等情况，不进行账务处理，月末体现在商品销售成本内。但发生责任事故时，应及时查明原因，以分清责任，在报经领导批准后，根据不同情况，若作为企业损失时，应列入“营业外支出”账户；若由当事人承担经济责任时，则列入“其他应收款”账户。

【例6—20】 闸北副食品商厦有20千克带鱼，每千克24元，全部变质报废。现查明是保管员失职，报经领导批准，其中60%作为企业损失处理，其余40%由保管员负责赔偿，作分录如下：

借：营业外支出　288
　其他应收款——保管员　192
　贷：库存商品——水产组　480

至期末，由各营业部门对实存商品进行盘点，将盘存商品的数量填入“商品盘存表”，以最后一次进货单价作为期末库存商品的单价，计算出各种商品的结存金额，进而计算出期末库存商品结存金额，然后采取逆算的方法计算商品销售成本。其计算公式如下：

$$\text{本期商品销售成本}=\text{期初结存商品金额}+\text{本期收入商品金额}-\text{本期非销售发出商品金额}-\text{期末结存商品金额}$$

在实际工作中，一般可编制“商品销售成本计算表”进行计算。

【例6—21】 张江副食品商厦1月31日编制商品销售成本计算表如表6—14所示。

表6—14　商品销售成本计算表

2016年1月

项目 部门	期初结存商品金额	本期收入商品金额	本期非销售发出商品金额	期末商品结存金额	本期商品销售成本
(1)	(2)	(3)	(4)	(5)	(6)=(2)+(3)-(4)-(5)
肉食品组	23 840.00	178 600.00	420.00	25 020.00	177 000.00
水产组	22 920.00	155 800.00		23 980.00	154 740.00
禽蛋组	21 130.00	143 100.00		22 110.00	142 120.00
蔬菜组	5 440.00	77 700.00		5 580.00	77 560.00
合　计	73 330.00	555 200.00	420.00	76 690.00	551 420.00

财会部门据以结转商品销售成本，作分录如下：

借：主营业务成本——肉食品组　　177 000
　　　　　　　　——水产组　　154 740
　　　　　　　　——禽蛋组　　142 120
　　　　　　　　——蔬菜组　　77 560
　贷：库存商品——肉食品组　　177 000
　　　　　　　——水产组　　154 740
　　　　　　　——禽蛋组　　142 120
　　　　　　　——蔬菜组　　77 560

进价金额核算虽然核算手续简便，便利开展商品销售业务，但是由于平时不能反映出商品的实际库存，月末采用“盘存计销”的方法逆算商品销售成本，将差错事故和商品损耗均计入了商品销售成本，不易发现企业在经营管理中存在的问题，因此，必须加强进货验收制度和严格销货管理制度。

一、简答题

1. 试述售价金额核算的主要内容。

2. 采用售价金额核算的企业对商品购进与销售是如何进行核算的？与采用数量进价金额核算的企业有何不同？为什么？

3. 零售企业商品销售收入的收款方式有哪些？各有何优缺点？

4. 采用售价金额核算为什么要调整商品销售成本和商品销售收入？如何进行调整？

5. 计算已销商品进销差价的方法有哪些？如何进行计算？并说明这些方法的适用范围及优缺点。

6. 商品削价有哪些类型？它们是怎样核算的。

二、名词解释题

分散缴款　集中缴款　综合差价率推算法　实际进销差价计算法　商品调价　商品削价

三、是非题

1. 售价金额核算的企业购进商品发生短缺或溢余时，应按商品的售价记入“待处理财产损溢”账户。（　）

2. 采用集中收款方式难以分清销货现金的缺溢和商品的缺溢。（　）

3. 平时将已销商品按售价转入主营业务成本账户，月末再将其调整为购进价，这是售价金额核算企业商品销售核算的特点。（　）

4. 采用售价金额核算的企业，由于库存商品按售价记账，因此视同买断方式的受托代销商品也应按售价记账。（　）

5. 计算和结转已销商品进销差价是手段，调整商品销售成本是目的。（　）

6. 在年终，企业可以根据具体情况采用分柜组差价率推算法或实际差价计算法计算已销商品进销

差价。 （　　）

7. 实物负责小组为了掌握本部门商品进销存的动态和销售计划完成情况，便于向财会部门报账，因此要编制“商品进销日报表”。 （　　）

8. 采用进价金额核算的企业，其用逆算成本方法计算商品销售成本的公式，与数量进价金额核算相同，因此它们计算商品销售成本的方法，在本质上没有什么不同。 （　　）

四、单项选择题

1. 采用售价金额核算的企业在商品销售的同时，将库存商品按售价金额转入“主营业务成本”账户是为了________。

A. 及时反映各营业柜组经营商品的库存额　　B. 及时反映各营业柜组的经济责任

C. 月末计算和结转已销商品进销差价　　D. 简化核算工作

2. 已销商品进销差价计算偏低，那么________。

A. 期末库存商品价值偏高，毛利也偏高　　B. 期末库存商品价值偏高，毛利则偏低

C. 期末库存商品价值偏低，毛利也偏低　　D. 期末库存商品价值偏低，毛利则偏高

3. 平时采取分柜组差价率推算法，年终采用实际进销差价计算法计算已销商品进销差价，那么12月份结转的已销商品进销差价是________。

A. 12月份的已销商品进销差价

B. 对前11个月已销商品进销差价偏差的调整

C. 12月份的已销商品进销差价及对前11个月已销商品进销差价偏差的调整

D. 12月份已销商品进销差价的调整数

五、多项选择题

1. 用综合差价推算法计算已销商品进销差价，需要根据期末“商品进销差价”、“库存商品”及________等账户的余额。

A.“主营业务收入”　　B. 视同买断方式的“受托代销商品”

C. 结算代销手续费方式的“受托代销商品”　　D.“主营业务成本”

2. 用实际进销差价计算法计算已销商品进销差价需要根据期末的“商品进销差价”账户余额、库存商品售价总金额及________等资料。

A.“主营业务收入”账户余额　　B. 受托代销商品售价总金额

C. 库存商品进价总金额　　D. 受托代销商品进价总金额

3. 借记“商品进销差价”账户；贷记“库存商品”账户的会计分录反映的经济业务有________。

A. 购进商品退价　　B. 商品调价　　C. 商品削价　　D. 商品内部调拨

4. 采用售价金额核算，月末需要调整的账户有________。

A. 库存商品　　B. 商品进销差价　　C. 主营业务收入　　D. 主营业务成本

六、实务题

习题(一)

目的：练习商品购进、进货退出及进货退补价的核算。

资料：宝山商厦2月份发生下列经济业务：

(1)2 日，业务部门转来上海服装公司的专用发票，开列男夹克衫 200 件，每件 180 元，计货款36 000 元，增值税额 6 120 元，经审核无误，当即签发转账支票付讫。

(2)4 日，服装组转来收货单，2 日购进的男夹克衫 200 件已验收入库，结转其采购成本。该夹克衫零售单价为 240 元。

(3)5 日，今发现 4 日入库的男夹克衫中有 20 件质量不符要求，与上海服装公司联系后同意退货，收到其开来退货的红字专用发票，今退出 20 件男夹克衫，退货款项尚未收到。

(4)7 日，银行转来宁波服装厂托收凭证，附来专用发票(发票联)，开列男大衣 100 件，每件 385 元，计货款 38 500 元，增值税额 6 545 元，运费凭证 300 元，增值税额 33 元，经审核无误，当即承付。

(5)9 日，宁波服装厂发来男大衣 100 件，附来专用发票(发货联)，开列男大衣货款 38 500 元，商品由服装组验收。该男大衣零售单价为 500 元。

(6)11 日，宁波服装厂开来红字专用发票，更正本月 7 日所售男大衣的单价，每件应为 380 元，应退货款 500 元，应退增值税额 85 元。

(7)12 日，业务部门转来新光玩具厂的专用发票，开列遥控汽车 300 辆，每辆 120 元，计货款 36 000 元，增值税额 6 120 元，以商业汇票付讫。

(8)14 日，百货组转来收货单，12 日购进的遥控汽车 300 辆已验收入库，结转其采购成本。该遥控汽车零售单价为 160 元。

(9)16 日，新光玩具厂开来更正专用发票，更正本月 12 日所售遥控汽车的单价，每辆应为 121 元，补收货款 300 元、增值税额 51 元。

(10)17 日，业务部门转来益民食品厂专用发票，开列巧克力糖 1 000 听，每听 32.10 元，计货款 32 100元，增值税额5 457元，经审核无误，以转账支票支付。

(11)18 日，食品组转来收货单，昨日购进的巧克力糖 1 000 听已验收入库，结转其采购成本，该商品零售单价为 40 元。

(12)20 日，益民食品厂开来更正发票，更正本月 17 日所售巧克力糖的单价，每听应为 31.20 元，应退货款 900 元、增值税额 153 元。

(13)23 日，业务部门转来奉贤服装厂的专用发票，开列男牛仔裤 500 条，每条 69 元，计货款34 500 元，增值税额 5 865 元，经审核无误，签发转账支票付讫。

(14)25 日，服装组转来收货单，本月 23 日向奉贤服装厂购进的男牛仔裤 500 条已验收入库，该牛仔裤的零售单价为 92 元，结转男牛仔裤的采购成本。

(15)28 日，奉贤服装厂开来更正专用发票，更正本月 23 日所售男牛仔裤单价，每条应为 72 元，补收货款 1 500 元、增值税额 255 元，并更正零售单价为 96 元。

要求：编制会计分录。

习题(二)

目的：练习购进商品发生短缺溢余的核算。

资料：黄浦食品商厦 11 月份发生下列经济业务：

(1)5 日，银行转来山东果品公司托收凭证，附来专用发票(发票联)278 号，开列红枣 2 500 千克，每千克 18 元，计货款 36 000 元，增值税额 6 120 元，运费凭证 500 元，增值税额 55 元，经审核无误，当即承付。

(2)10 日，山东果品公司发来红枣，附来专用发票(发货联)278 号。红枣由干果组验收，实收 2 205 千克，溢余 205 千克，干果组送来商品购进溢余报告单，原因待查，结转红枣采购成本，红枣每千克零售价为 24 元。

(3)17 日，银行转来山西果品公司托收凭证，附来专用发票(发票联)191 号，开列核桃 1 000 千克，每千克 39 元，计货款 39 000 元，增值税额 6 630 元，运费凭证 300 元，增值税额 33 元，查验与合同相符，当即承付。

(4)22 日，山西果品公司发来核桃，附来专用发票(发货联)191 号。核桃由干果组验收，实收 949 千克，短缺 51 千克。干果组送来商品购进短缺报告单，原因待查。结转核桃采购成本，核桃每千克零售价 50 元。

(5)25 日，今查明 10 日溢余红枣 205 千克中，有 200 千克是对方多发商品，经联系后同意作为购进，山东果品公司已补来专用发票。其余 5 千克是自然升溢，予以转账。

(6)28 日，今查明 22 日短缺的核桃中，有 50 千克是对方少发，联系后，山西果品批发公司决定不再补发商品，已开来红字专用发票作退货处理。其余 1 千克是自然损耗，予以转账。

要求：编制会计分录。

习题(三)

目的：练习商品销售的核算。

资料：天河商厦为信用卡特约单位，信用卡手续费率为 5‰，1 月份发生下列经济业务：

(1)10 日，各营业柜组商品销售收入的情况如下：

项目 柜组	销售收入	实收现金	信用卡签购单	应收货款
服装组	28 690.00	25 090.00	2 600.00	1 000.00
百货组	25 370.00	23 770.00	1 600.00	
食品组	23 180.00	21 980.00	1 200.00	
合　计	77 240.00	70 840.00	5 400.00	1 000.00

实收现金和根据签约单编制的计汇单当天已解存银行，应收货款1 000元的客户是沪江工厂。

(2)15 日，沪江工厂付来转账支票 1 张，金额 1 000 元，系付前欠货款。

(3)25 日，各营业柜组商品销售收入情况如下表所示：

项目 柜组	销售收入	实收现金	信用卡签购单	应收货款	现金溢缺
服装组	29 120.00	27 020.00	2 100.00		
百货组	23 720.00	20 932.00	1 600.00	1 200.00	+12.00
食品组	22 600.00	21 282.00	1 300.00		−18.00
合　计	75 440.00	69 234.00	5 000.00	1 200.00	−6.00

实收现金和根据签约单编制的计汇单当天已解存银行，现金溢缺的原因待查，应收货款1 200元的

客户是泰兴公司。

(4)30 日,本月发生的销货溢缺款,查明系工作中的差错,经领导批准予以转账。

要求:编制会计分录。

习题(四)

目的:练习受托代销商品的核算。

资料:徐汇商厦发生下列有关的经济业务:

(1)1 月 2 日,鞋帽组根据视同买断方式的受托代销合同,将大浪皮鞋厂 300 双代销的男牛皮鞋验收入库,该牛皮鞋的协议单价为 225 元,零售单价为 300 元。合同规定每个月末向委托方开具代销清单,据以结算货款。

(2)1 月 18 日,鞋帽组销售男牛皮鞋 200 双,收到现金 60 000 元,已全部解存银行,注销代销商品。

(3)1 月 31 日,开出代销商品清单后,收到大浪皮鞋厂专用发票,开列男牛皮鞋 200 双,每双 225 元,计货款 45 000 元,增值税额 7 650 元,当即签发转账支票付讫。

(4)2 月 1 日,服装组根据收取手续费方式的受托代销合同,将风光服装厂的 300 件男羽绒服验收入库。合同规定该羽绒服的销售单价(不含税)为 400 元,增值税率为 17%,代销手续费率为 8%。

(5)2 月 15 日,服装组销售 125 件男羽绒服,收到现金 58 500 元,已全部解存银行,注销代销商品。

(6)2 月 28 日,开出代销商品清单后,收到风光服装厂专用发票,开列男羽绒服 125 件,每件 400 元,计货款 50 000 元,增值税额 8 500 元,扣除代销手续费4 000元,签发转账支票支付厂方已售代销商品的全部款项。

要求:编制会计分录。

习题(五)

目的:练习商品销售成本和商品销售收入的调整。

资料:

(1)武泰商厦 12 月 31 日有关明细账户的余额如下:

营业柜组	库存商品账户余额	受托代销商品账户余额	主营业务收入账户余额	结转前商品进销差价账户余额
服装组	142 700.00	36 000.00	161 700.00	84 282.00
百货组	137 800.00	21 000.00	153 900.00	75 110.00
食品组	132 600.00	11 000.00	140 200.00	71 265.00
合　计	413 100.00	68 000.00	455 800.00	230 657.00

(2)各柜组商品的增值税率均为 17%。

(3)年末各营业柜组编制商品盘存表,分别计算出实际结存商品的购进金额,服装组为124 565元,百货组为 120 530 元,食品组为 107 703 元,受托代销商品为 59 500 元。

要求:

(1)根据“资料(1)”,分别用综合差价率推算法和分柜组差价率推算法调整商品销售成本。

(2)根据“资料(1)”、“资料(2)”,调整本月份商品销售收入。

(3)根据“资料(1)”、“资料(3)”,用实际进销差价计算法调整商品销售成本。

(4)比较用三种调整方法的结果,并说明它们为何不同。

习题(六)

目的:练习商品进销存核算。

资料:

(1)虹口商厦1月31日发生下列经济业务:

①业务部门转来太平洋服装厂专用发票,开列女羊毛衫100件,每件302元,计货款30 200元,增值税额5 134元,经审核无误,当即签发转账支票付讫。

②服装组转来收货单,今日购进的100件女羊毛衫已全部验收入库,该羊毛衫零售单价为400元。

③业务部门转来泰康食品厂开来专用发票,开列奶油夹心饼干1 000盒,每盒25元,计货款25 000元,增值税额4 250元,款项以商业汇票付讫。

④食品组转来收货单,今日购进的1 000盒奶油夹心饼干已全部验收入库,该饼干零售单价为33元。

⑤服装组销售收入为12 280元,食品组销售收入为11 340元,全部为现金,并已解存银行。

⑥接到新艺服装厂更正发票,昨日购进的女羽绒服100件,原购进单价为312元,更正为321元,应补付货款900元、增值税额153元。

⑦根据市场情况,将下列商品调整零售价。男大衣原零售单价为600元,调整为540元,服装组盘点后,库存男大衣25件;桂圆原零售单价为70元,调整为77元,食品组盘点后,库存310千克。

⑧接到广安食品厂开来的更正发票,昨天购进的凤尾鱼600听,原购进单价为2.70元,更正为3元,应补付货款180元、增值税额30.60元,同时更正零售单价为4元,其原零售单价为3.60元。

⑨食品组有即将到期的巧克力饼干300盒,零售单价为32元,经批准削价为22元,该饼干每盒进价24元,估计销售费用为0.20元,增值税税率为17%,予以转账。

⑩服装组送来商品盘点短缺报告单,列明短缺商品60元,上月该柜组的差价率为24.95%,其原因待查。

⑪食品组送来商品盘点溢余报告单,列明溢余商品25元,上月该柜组的差价率为25.20%,其原因待查。

⑫本企业经营商品的增值税率均为17%,调整本月份各营业柜组的商品销售收入。

(2)虹口商厦2月份发生下列有关的经济业务:

①5日,今查明上月31日服装组盘点短缺的商品系工作中的差错,经领导批准,予以转账。

②6日,今查明上月31日食品组盘点溢余的商品系自然升溢,经领导批准,予以转账。

③15日,销售削价的巧克力饼干250盒,每盒22元,收入现金5 500元,存入银行,并结转其销售成本和已计提的商品跌价准备。

(3)虹口商厦1月30日的有关资料如下:

库存商品账户的结存额:服装组为372 560元,食品组为331 780元。本月销售累计额:服装组为

362 780 元,食品组为 324 660 元。

(4)虹口商厦 1 月份的商品销售计划百货组为 368 200 元,食品组为 332 100 元。

要求:

(1)根据"资料(1)"、"资料(2)"编制会计分录。

(2)根据"资料(1)"、"资料(2)"、"资料(3)"、"资料(4)"编制商品进销存日报表。

第七章

国际贸易——出口贸易

第一节 出口贸易业务概述

一、出口贸易业务的意义

出口贸易业务是指商品流通企业组织工农业产品在国际市场上销售，取得外汇的业务。出口贸易业务是由商品流通企业中的外贸企业经营的，它是外贸企业的一项重要的业务。商品出口收汇是我国外汇收入的主要来源，它为进口我国经济发展所需要的先进生产设备和用于满足提高人民生活水平的商品创造了条件。

一个国家的出口贸易和进口贸易是相辅相成的，没有出口贸易，也就没有了进口贸易。出口贸易大于进口贸易，外汇收支表现为顺差，构成了外汇储备的来源，它标志着一个国家的支付能力和经济实力。

外贸企业应积极拓展出口贸易业务，加强出口贸易业务的核算和管理，这对于密切国际间的分工协作，扩大就业机会，安全及时收汇，降低出口成本，提高人民生活水平，加快国民经济的建设和发展都具有重要的意义。

二、出口贸易业务的种类

出口贸易业务按其经营的性质不同，可分为自营出口业务、代理出口业务和加工补偿出口业务等。

1. 自营出口业务

自营出口业务是指外贸企业自己经营出口贸易，并自负出口贸易盈亏的业务。企业在取得出口销售收入、享受出口退税的同时，要承担出口商品的进价成本以及与出口贸易业务有关的一切国内外费用、佣金支出，并且还要对索赔、理赔、罚款等事项加以处理。

2. 代理出口业务

代理出口业务是指外贸企业代理国内委托方办理对外洽谈、签约、托运、交单和结汇等全过程的出口贸易业务，或者仅代理对外销售、交单和结汇的出口贸易业务。代理企业仅收取一定比例的手续费。

3. 加工补偿出口业务

加工补偿出口业务也称"三来一补"业务，即来料加工、来件装配、来样生产和补偿贸易业务。"三来"业务是指外商提供一定的原材料、零部件、元器件，必要时提供某些设备，由我方按对方的要求进行加工或装配成产品交给对方销售，我方收取外汇加工费的业务。补偿贸易业务是指由外商提供生产技术、设备和必要的材料，由我方生产，然后用生产的产品分期归还外商的业务。

第二节　出口商品购进

一、出口商品购进的方式

出口商品的购进按照收购方式不同，可分为直接购进和委托代购两种。

1. 直接购进

直接购进是指外贸企业直接向工矿企业、农场及有关单位直接签订购销合同或协议收购出口产品。它适用于收购大宗工矿产品、农副产品和土特产品。

2. 委托代购

委托代购是指外贸企业以支付手续费的形式委托内贸企业收购出口商品。它适用于收购货源零星分散的农副土特产品。

二、出口商品购进的业务程序

出口商品购进的业务程序主要有签订购销合同、验收出口商品和支付商品货款。

1. 签订购销合同

外贸企业应根据国际市场的需求，按照经济合同法的有关规定，及时与供货单位签订购销合同，明确规定商品的名称、规格、型号、商标、等级和质量标准；商品的数量、计量单位、单价和金额;商品的交货日期、方式、地点、运输和结算方式,以及费用负担、违约责任和索赔条件等,以明确购销双方的权利和义务。

2. 验收出口商品

外贸企业对购进的出口商品应按照购销合同、协议的规定进行验收。对于一般的技术性不强的出口商品,应进行品种、规格、型号、商标、等级、花色、质量、包装等方面的检查验收。对外贸企业无条件验收的技术复杂、规格特殊的出口商品,如精密仪器、成套设备和化工产品等,应按购销合同或协议的规定,由供货企业提供商品检验证明书,并点验商品的数量,检查商品的包装。对于应由商品检验单位检验的出口商品,应取得该单位的合格证明书,并点验商品的数量,检查商品的包装。

3. 支付商品货款

外贸企业除了经批准发放的农副产品预购定金,以及定购大型机器设备、船舶、特殊专用材料、设备,可以预付定金或货款外,同城商品采购主要采用支票结算,外贸企业在收到商品后,就应支付货款;异地商品采购主要采用托收承付结算方式,贯彻"商品发运托收,单货同行,钱货两清"的原则,外贸企业应根据合同的规定,验单或验货合格后付款,以维护购销双方的权益。

三、出口商品购进的核算

由于外贸企业从国内市场采购出口商品,其业务性质和经营特点与国内贸易的批发企业基本相同。因此,外贸企业也采用数量进价金额核算。

外贸企业出口商品的购进、进货退出、购进商品的退补价、购进商品发生的短缺和溢余、购进商品发生拒付货款和拒收商品、购货折扣和折让的核算,与本书第五章第一节批发商品购进中阐述的核算方法基本相同,不再一一重述。它们之间的区别有两点:一是批发企业的商品采购费用在"进货费用"账户中归集,而外贸企业的商品采购费用计入商品采购成本;二是根据商品管理的需要,批发企业的"库存商品"账户下,按商品类别设置二级明细账户;而外贸企业的"库存商品"账户下,设置"库存出口商品"和"库存进口商品"两个二级明细账户。

第三节 自营出口销售

一、自营出口销售概述

自营出口销售是指外贸企业自己经营出口销售,并自负出口销售盈亏的业务。它是外贸企业销售收入的主要来源。

(一)自营出口销售的业务程序

自营出口销售的业务程序有出口贸易前的准备工作、出口贸易的磋商、签订出口贸易合同和履行出口贸易合同四个业务步骤。

1. 出口贸易前的准备工作

外贸企业为了使出口贸易得以顺利进行,应进行调查研究,充分了解国外市场的情况,包括了解进口商所在国的自然条件、进出口贸易的规模、外贸政策、贸易管制状况、关税措施、贸易惯例、运输条件等;了解并研究国外市场的供求关系和市场价格的变化情况;了解进口商的资信情况、经营范围和经营能力等。

2. 出口贸易的磋商

外贸企业在确定出口贸易对象后应进行磋商。一笔交易的磋商过程通常分为询盘、发盘、还盘与反还盘、接受四个环节。

(1)询盘。询盘是指交易的一方要购买或出售某种商品,而向另一方发出探询买卖该种商品有关交易条件的一种表示。其内容通常包括商品的品种、规格、性能、价格条件、交货日期和付款条件等。

(2)发盘。发盘是指发盘人向受盘人提出一定的交易条件,并愿意按照这些条件成交订约的表示。

(3)还盘与反还盘。还盘是指受盘人对发盘内容提出不同意见,或要求修改某些条件的表示;反还盘是指发盘人对还盘人再提出新的意见。一笔交易往往要经过多次的还盘和反还盘的过程才能成立。

(4)接受。接受是指受盘人在发盘的有效期内无条件地同意发盘中所提出的交易条件,愿意订立贸易合同的一种表示。

3. 签订出口贸易合同

外贸企业与进口商在磋商成功的基础上签订贸易合同。贸易合同是指贸易双方通过磋商就某一项具体业务确定各方的权利和义务,并取得意见一致的书面协议。贸易合同通常由出口商填制,经双方核对无误并签字后,各执正本1份,据以执行。

4. 履行出口贸易合同

外贸企业履行出口贸易合同可分为以下五个环节。

(1)组织出口货源。外贸企业应根据贸易合同或信用证的规定准备好出口商品。出口商品的品种、质量、数量、包装及交货期等都必须与合同相符,以免遭受买方的拒收或索赔。需要由商检局检验的商品,则应申请检验,以取得由商检局填发的商检证书。

(2)催证、审证及通知派船或租船。外贸企业如未按时收到信用证,应及时催证,并对收到的信用证进行审查,如发现存在问题,应及时通知对方修改。审查或修改无误后,根据合同规定通知对方派船接运或租船托运。

(3)办理托运手续。外贸企业接到进口商派船通知后，应持全套出口单据办理托运手续，并向海关申报出口。海关放行后，出口商品才能装船出运。

(4)交单收汇。外贸企业办妥出口商品装运手续，取得正本提单或运单后，应当立即持全套出口单证交银行审单收汇，同时应向进口商发出装船通知。

(5)索赔与理赔。如进口商未按合同规定履约，从而造成经济损失的，外贸企业应向进口商提出索赔；反之，如进口商验收商品，发现有违反合同规定而提出索赔的，应根据其提供的合法证明，按照合同的条款，认真处理。如属供货单位责任的，外贸企业应与供货单位联系，予以解决；如不属供货单位责任范围，或不符合合同规定的索赔，应据理拒绝理赔。

(二)自营出口销售收入的计价

自营出口贸易有船上交货价格(FOB)，成本加运费、保险费价格(CIF)和成本加运费价格(CFR)等多种价格条件。为了规范核算口径，外贸企业不论以什么价格条件成交，均以船上交货价格(FOB)扣除佣金后计价，如以CIF价格或CFR价格成交的，还应扣除运费和保险费或运费进行计价。

二、自营出口销售的核算

(一)商品托运及出口销售收入的核算

外贸企业出口销售通常采用信用证结算，业务部门根据贸易合同和信用证的规定，开具出库单一式数联，由储运部门据以向运输单位办理托运，然后将出库单(记账联)和(转账联)转给财会部门，财会部门根据出库单(记账联)借记“发出商品”账户；贷记“库存商品”账户。

业务部门俟出口商品装船，取得全套货运单据，持出口发票正本向银行交单办理收汇手续，取得银行回单，财会部门取得业务部门转来的发票副本及银行回单时，据以借记“应收外汇账款”账户；贷记“自营出口销售收入”账户[①]。然后将储运部门转来的出库单(转账联)所列商品的品名、规格、数量与发票副本核对相符后，据以结转商品销售成本，届时借记“自营出口销售成本”账户[②]；贷记“发出商品”账户。俟收到货款时，再借记“银行存款”账户；贷记“应收外汇账款”账户。

【例7—1】　山东酒业进出口公司根据出口贸易合同，销售给新加坡酒业公司干红葡萄酒2 000箱，采用信用证结算。

(1)6月1日，收到储运部门转来出库单(记账联)列明出库干红葡萄酒2 000箱，每箱

---

① 该账户是“主营业务收入”的明细账户，外贸企业可以根据核算的需要，将其上升为一级账户。

② 该账户是“主营业务成本”的明细账户，外贸企业可以根据核算的需要，将其上升为一级账户。

245元,予以转账。作分录如下:

借:发出商品——干红葡萄酒 490 000
　　贷:库存商品——库存出口商品 490 000

(2)6月5日,收到业务部门转来销售干红葡萄酒的发票副本和银行回单,发票开列干红葡萄酒2 000箱,每箱45美元CIF价格,共计货款90 000美元,当日中间汇率为6.72元。作分录如下:

借:应收外汇账款——新加坡酒业公司(US＄90 000×6.72) 604 800
　　贷:自营出口销售收入——货款 604 800

(3)6月5日,同时根据出库单(转账联)结转出口干红葡萄酒销售成本,作分录如下:

借:自营出口销售成本 490 000
　　贷:发出商品 490 000

(4)6月15日,收到银行收汇通知,90 000美元已收汇。银行扣除100美元手续费后将其余部分已存入外汇存款账户,当日中间汇率为6.71元。作分录如下:

借:银行存款——外币存款(US＄89 900×6.71) 603 299
　　财务费用——手续费(US＄100×6.71) 671
　　汇兑损益 900
　　贷:应收外汇账款(US＄94 000×6.72) 604 800

(二)支付国内费用的核算

外贸企业在商品出口贸易过程中,发生的商品自所在地发运至边境、口岸的各项运杂费、装船费等费用,均应列入"销售费用"账户。

【例7—2】 6月4日,山东酒业进出口公司签发转账支票支付山东运输公司将干红葡萄酒运送青岛港的运杂费4 300元,增值税额473元,并电汇青岛港干红葡萄酒的装船费1 100元,增值税额121元。作分录如下:

借:销售费用——运杂费 4 300
　　　　——装卸费 1 100
　　应交税费——应交增值税——进项税额 594
　　贷:银行存款 5 994

(三)支付国外费用的核算

国外费用主要有运费、保险费和国外佣金三项。

1. 支付国外运费和保险费的核算

外贸企业出口贸易有多种不同的价格条件,不同的价格条件所负担的费用是不同的。若以FOB价成交,外贸企业就不用承担国外运费和保险费;若以CFR价成交,外贸企业只承担国外运费;若以CIF成交,外贸企业将承担国外运费和保险费。

国外运费是指国际贸易价格条件所规定的、应由出口商支付并负担的、从装运港到目的港的运输费用。外贸企业收到运输单位送来的运费凭证，应核对出口发票号码、计费重量、运输等级、运费金额等内容，审核无误后，据以支付运费。

保险费是指外贸企业为转移商品在运输途中的风险，并在遭受损失时能得到必要的补偿，向保险公司投保并负担支付的费用。保险费的计算公式如下：

保险费＝出口商品的 CIF 价格×110%×保险费率

由于自营出口商品销售收入是按 FOB 价格扣除佣金后计价的，因此外贸企业负担的国外运费和保险费应冲减"自营出口销售收入"账户。

【例 7—3】 山东酒业进出口公司出口销售新加坡酒业公司干红葡萄酒2 000箱，发生国外运费和保险费。

(1)6 月 2 日，收到外轮运输公司发票 1 张，金额 2 500 美元，系 2 000 箱干红葡萄酒的运费，当即从外币账户汇付对方，当日中间汇率为 6.72 元。作分录如下：

借：自营出口销售收入——运费　　16 800.00
　　贷：银行存款——外币存款(US＄2 500×6.72)　　16 800.00

(2)6 月 3 日，按干红葡萄酒销售发票金额 90 000 美元的 110%向保险公司投保，保费率为 2‰，签发转账支票从外币账户支付，当日中间汇率为 6.72 元。作分录如下：

借：自营出口销售收入——保险费　　1 330.56
　　贷：银行存款——外币存款(US＄198×6.72)　　1 330.56

2. 支付国外佣金的核算

佣金是指价格条件或合同规定应支付给中间商的推销报酬。佣金有明佣、暗佣和累计佣金三种支付方式。

(1)明佣。明佣又称发票内佣金，它是指在贸易价格条件中规定的佣金。采取明佣支付方式，出口商在销售发票上不但列明销售金额，而且还列明佣金率、佣金，以及扣除佣金后的销售净额。外贸企业在向银行办理交单收汇时，应根据发票中列明的销售净额收取货款，不再另行支付佣金。届时根据银行回单和销售发票中的销售净额借记"应收外汇账款"账户；根据佣金金额借记"自营出口销售收入"账户；根据销售金额贷记"自营出口销售收入"账户。

(2)暗佣。暗佣又称发票外佣金，它是指在贸易价格条件中未作规定，但在贸易合同中规定的佣金。采取暗佣支付方式，出口商在销售发票上只列明销售金额。外贸企业在向银行办理交单收汇时，应根据发票中列明的销售金额收取货款，届时根据银行回单和销售发票借记"应收外汇账款"账户；贷记"自营出口销售收入"账户。同时根据贸易合同中列明的佣金金额，借记"自营出口销售收入"账户；贷记"应付外汇账款"账户。俟收到货款汇付佣金时，借记"应付外汇账款"账户；贷记"银行存款"账户。

【例 7—4】 山东酒业进出口公司向新加坡酒业公司出口 2 000 箱干红葡萄酒，共计货款90 000美元，采取暗佣支付方式，佣金率为 3%。

(1)6 月 5 日，根据出口干红葡萄酒 3%的佣金率，将应付客户暗佣入账，当日美元中间汇率为 6.72 元。作分录如下：

借：自营出口销售收入——佣金　　18 144

　　贷：应付外汇账款——新加坡酒业公司(US$2 700×6.72)　　18 144

(2)6 月 16 日，货款已于 15 日收到，现将干红葡萄酒佣金汇付新加坡酒业公司，当日美元中间汇率为 6.72 元。作分录如下：

借：应付外汇账款——新加坡酒业公司(US$2 700×6.72)　　18 144

　　贷：银行存款——外币存款(US$2 700×6.72)　　18 144

此外，暗佣也可以在出口后向银行议付信用证时，由银行按规定的佣金率，将佣金在结汇款中扣除。届时按销售净额借记"银行存款"账户，按扣除的佣金金额借记"应付外汇账款"账户；按销售金额贷记"应收外汇账款"账户。

(3)累计佣金。累计佣金是指出口商与国外包销商、代理商订立协议，规定在一定时期内按累计销售金额及相应的佣金率定期计付的佣金。佣金率通常是累进计算的，在到期汇付时入账。累计佣金倘若能直接认定到具体出口商品的，其核算方法与其他佣金一样，应冲减"自营出口销售收入"账户。

(四)出口商品退税的核算

我国对出口商品实行退税的政策，以增强商品在国际市场上的竞争力。外贸企业凭销售发票副本、出口报关单等有关凭证，向企业所在地的税务机关申报办理出口退税手续。退税款项主要是购进出口商品时所支付的增值税进项税额。此外，国家还对烟、酒及酒精、化妆品、成品油、汽车轮胎、摩托车、小汽车等 15 目在生产环节征收消费税的商品，退还消费税。

增值税在申报退税后，根据应退的增值税额借记"应收出口退税"①账户；根据出口商品购进时支付的增值税额贷记"应交税费"账户；两者的差额，也就是国家不予退税的金额，应列入"自营出口销售成本"账户的借方。消费税在申报退税时，借记"应收出口退税"账户；贷记"自营出口销售成本"账户。在收到增值税和消费税退税款时，再借记"银行存款"账户；贷记"应收出口退税"账户。

【例 7—4】 山东酒业进出口公司出口干红葡萄酒一批，干红葡萄酒购进时数量为2 000箱，进价金额为 490 000 元。

(1)6 月 30 日，干红葡萄酒购进时增值税税率为 17%，已付增值税额 83 300 元，增值

---

① 该账户是"其他应收款"的明细账户，外贸企业可以根据核算的需要将其上升为一级账户。

税向税务机关申报出口的退税率为13%。作分录如下：

借：应收出口退税　　63 700.00
　　自营出口销售成本　　19 600.00
　　贷：应交税费——应交增值税——出口退税　　83 300.00

(2)6月30日，干红葡萄酒应退消费税税率为10%，向税务机关申报退税49 000元。作分录如下：

借：应收出口退税　　49 000.00
　　贷：自营出口销售成本　　49 000.00

(五)预估国外费用的核算

外贸企业出口贸易业务销售收入确认的时间与支付国外运费、保险费和佣金的时间往往不一致。在会计期末为了正确核算会计期间的经营成果，对于已作自营出口销售收入入账，而尚未支付的国外费用应预估入账。届时借记“自营出口销售收入”账户；贷记“应付外汇账款”账户。俟下期初实际支付时，再借记“应付外汇账款”账户；贷记“银行存款”账户。如果实际支付金额与预估金额有差异时，其差额列入“自营出口销售收入”账户。

【例7—5】 安徽土产进出口公司日前销售给德国柏林公司茶叶一批，已入账。

(1)12月31日，预估茶叶国外运费2 200美元，保险费200美元，当日中间汇率为6.72元。作分录如下：

借：自营出口销售收入——运费　　14 784.00
　　　　　　　　　　——保险费　　1 344.00
　　贷：应付外汇账款——预估国外费用(US$2 400×6.72)　　16 128.00

(2)次年1月3日，签发转账支票支付运输公司国外运费2 160美元，支付保险公司保险费200美元，当日中间汇率为6.72元。作分录如下：

借：应付外汇账款——预估国外费用(US$2 400×6.72)　　16 128.00
　　贷：自营出口销售收入——运费　　268.80
　　　　银行存款——外币存款(US$2 360×6.72)　　15 859.20

三、自营出口销售其他业务的核算

(一)退关甩货的核算

退关甩货是指出口商品发货出库后，因故未能装运上船(车)就被退回仓库。

储运部门接到业务部门转来出口商品止装通知后，应立即采取措施，将已发出的商品予以提回，并办理入库手续。财会部门根据转来的退关止装入库凭证，据以借记“库存商品”账户；贷记“发出商品”账户。

(二)销货退回的核算

出口商品销售后,因故遭到国外退货时,由业务部门及时分别与储运部门和财会部门联系,确定退回商品的货款和费用的处理意见。

财会部门根据出口商品的提单及原发票复印件等凭证冲转出口销售收入,届时应区别情况进行核算。

如果是支付明佣方式的销货退回,应根据销售金额借记"自营出口销售收入——货款"账户;根据佣金金额贷记"自营出口销售收入——佣金"账户,根据销售净额贷记"应收外汇账款"账户。

如果是支付暗佣方式的销货退回,则应根据销售金额借记"自营出口销售收入——货款"账户;贷记"应收外汇账款"账户。并根据佣金金额借记"应付外汇账款"账户;贷记"自营出口销售收入——佣金"账户。

外贸企业在冲销出口销售收入的同时,还应冲转出口销售成本。届时按其成本金额借记"发出商品——国外退货"账户;贷记"自营出口销售成本"账户。俟销售退回商品验收入库时,根据收货单再借记"库存商品——出口库存商品"账户;贷记"发出商品——国外退货"账户。

销货退回商品出口时支付的国外运费、保险费以及国内支付的运杂费和装卸费等也应予以冲转。届时根据支付的国内外费用总额,借记"待处理财产损溢"账户;根据支付的国外费用,贷记"自营出口销售收入"账户,根据支付的国内费用,贷记"销售费用"账户。

销货退回商品发生的国内外费用,应借记"待处理财产损溢"账户;贷记"银行存款"账户。

这样"待处理财产损溢"账户归集了销货退回商品发生的所有国内外费用。查明原因后,如果属于供货单位的责任,并决定由其负责赔偿时,应转入"其他应收款"账户;如属于外贸企业责任,表明是企业管理不善所造成的,经批准后,应转入"营业外支出"账户。

【例 7—6】 东海电器进出口公司出口美国休斯顿公司电器一批,销售金额 66 000 美元 CIF 价格,明佣 1 980 美元,该批电器的进价成本为 375 000 元,已支付国内运杂费 1 500元,装卸费 500 元,国外运费 1 600 美元,保险费 145 美元,记账美元汇率为 6.72 元。因电器的质量不符要求,商品已被退回。

(1)5 月 5 日,收到出口退回商品提单,原发票复印件,当日中间汇率为 6.72 元,冲转商品销售收入。作分录如下:

借:自营出口销售收入——货款(US$66 000×6.72)　　443 520.00

　　贷:自营出口销售收入——佣金(US$1 980×6.72)　　13 305.60

　　　　应收外汇账款——休斯顿公司(US$64 020×6.72)　　430 214.40

(2)同时冲转出口销售成本。作分录如下:

借:发出商品——国外退货　375 000.00
　贷:自营出口销售成本　375 000.00

(3)并冲转商品出口时发生的国内外费用。作分录如下:

借:待处理财产损溢　13 726.40
　贷:自营出口销售收入——运费(US$1 600×6.72)　10 752.00
　　——保险费(US$145×6.72)　974.40
　销售费用——运杂费　1 500.00
　　——装卸费　500.00

(4)5 月 9 日,汇付退回服装的国外运费 1 555 美元,保险费 145 美元,当日中间汇率为 6.72 元。作分录如下:

借:待处理财产损溢　11 424.00
　贷:银行存款——外币存款(US$1 700×6.72)　11 424.00

(5)5 月 10 日,签发转账支票支付退回商品的国内运费和装卸费 1 800 元,及相应的增值税额 198 元,作分录如下:

借:待处理财产损溢　1 800.00
　应交税费——应交增值税——进项税额　198.00
　贷:银行存款　1 998.00

(6)5 月 2 日,收到储运部门转来的收货单,退回商品已验收入库。作分录如下:

借:库存商品——库存出口商品　375 000.00
　贷:发出商品　375 000.00

(7)5 月 15 日,今查明退货系供货单位泰兴电器厂的责任。与其联系后,国内外费用决定由其负责赔偿。作分录如下:

借:其他应收款　26 950.40
　贷:待处理财产损溢　26 950.40

(三)索赔和理赔的核算

1. 索赔的核算

索赔是指外贸企业因对方违反合同规定遭受损失时,根据规定向对方提出的赔偿要求。

外贸企业出口销售业务索赔经进口商确认,同意赔偿时,借记"应收外汇账款"账户;贷记"营业外收入"账户。

2. 理赔的核算

理赔是指外贸企业因违反合同规定使对方遭受损失,受理对方根据规定提出来的赔偿要求。在出口业务中,如果进口商发现出口商品的数量、品种、规格、质量与合同不符、包装不善、商品逾期装运以及不属于保险责任范围的商品短缺、残损严重等情况，并提供有关证明，向外贸企业提出索赔时，外贸企业经核实，确认情况属实后，应认真进行理赔。

外贸企业在确认理赔时，借记“待处理财产损溢”账户；贷记“应付外汇账款”账户。然后查明原因，区别情况进行处理。

如查明出口商品的品种、规格、质量与合同不符，系供货单位责任，应要求其赔偿，经协商同意赔偿时，借记“其他应收款”账户；贷记“待处理财产损溢”账户。

如查明出口商品包装不善，商品逾期装运系本企业管理不善造成，经批准后，借记“营业外支出”账户；贷记“待处理财产损溢”账户。

【例 7—7】 天马服装进出口公司出口美国波士顿公司男羽绒服 1 600 件，每件 50 美元 CIF 价格，货款 80 000 美元，明佣 2 000 美元。美元记账汇率为 6.72 元，已钱货两清。

(1)1 月 5 日，美国波士顿公司收到的男羽绒服中，有 60 件因包装破损受到污损，索赔 3 000 美元，经审核无误，同意理赔，当日中间汇率为 6.72 元。作分录如下：

	借方	贷方
借：待处理财产损溢	20 160	
贷：应付外汇账款——波士顿公司(US＄3 000×6.72)		20 160

(2)1 月 12 日，今查明男羽绒服因包装不善而受污损，系本单位责任，经领导批准作为企业损失处理。作分录如下：

	借方	贷方
借：营业外支出	20 160	
贷：待处理财产损溢		20 160

第四节　代理出口销售

一、代理出口销售概述

代理出口销售是指外贸企业代替国内委托单位办理对外销售、托运、交单和结汇等全过程的出口销售业务，或者仅代替办理对外销售、交单和结汇的出口销售业务。如果只代替办理部分出口销售业务，而未代替办理交单、结汇业务的，只能称为代办出口销售业务。

(一)代理出口销售业务应遵循的原则

外贸企业经营代理出口销售业务应遵循不垫付商品资金，不负担国内外直接费用，不承担出口销售业务的盈亏，只按照出口销售发票金额及规定的代理手续费率，向委托单位收取外汇手续费的原则。根据这一原则，委托单位则必须提供出口货源，负担一切国内外直接费用，并承担出口销售业务的盈亏。

代理出口销售业务发生的国内外直接费用，均应由委托单位负担，费用的结算可以由受托的外贸企业垫付，然后向委托单位收取，也可以由委托单位预付，以后再进行清算。

外贸企业经营代理出口销售业务前，应与委托单位签订代理出口合同或协议，就经营商品、代理范围、商品交接、保管运输、费用负担、货款结算方式、手续费率、外汇划拨、索赔处理等有关业务内容，作出详细的规定，以明确各方的权利和责任。对于代理出口商品使用的凭证均应加盖"代理业务"戳记，以便于识别。

(二)代理出口销售外汇货款结算的方法

外贸企业代理出口销售外汇货款结算方法有异地收(结)汇法和全额收(结)汇法两种。

1. 异地收(结)汇法

异地收(结)汇法是指受托外贸企业在商品出口销售向银行办理交单收汇时，办妥必要的手续，由银行在收到外汇货款时，向代理出口销售业务的受托外贸企业和委托单位分割收(结)汇的方法。采取这种方法时，银行在收到外汇时，如含有佣金的，在扣除应付佣金后，将外贸企业代垫的国内外直接费用和应收取的代理手续费向受托外贸企业办理收(结)汇，同时将外汇余额直接划拨委托单位。

2. 全额收(结)汇法

全额收(结)汇法是指银行在收到外汇时，全额向受托外贸企业办理收(结)汇的方法。采取这种方法时，受托外贸企业收汇后，扣除垫付的国内外直接费用和应收取的代理手续费，将外汇余额通过银行转付委托单位。

二、代理出口销售业务的核算

(一)代理出口商品收发的核算

外贸企业根据合同规定收到委托单位发来代理出口商品时，应根据储运部门转来代理业务入库单上所列的金额，借记"受托代销商品"账户；贷记"受托代销商品款"账户。代理商品出库后，应根据储运部门转来的代理业务出库单上所列的金额，借记"发出商品——受托代销商品"账户；贷记"受托代销商品"账户。

【例7—8】 天合化工国际贸易公司受理山东化工厂代理出口除草剂业务，除草剂已运到。

(1)3月2日，收到储运部门转来代理业务入库单，列明入库除草剂600桶，每桶660元。作分录如下：

借：受托代销商品——山东化工厂　　396 000

　　贷：受托代销商品款——山东化工厂　　396 000

(2)3月5日，收到储运部门转来代理业务出库单，列明出库除草剂600桶，每桶660元。作分录如下：

借：发出商品——受托代销商品　　396 000

　　贷：受托代销商品——山东化工厂　　396 000

（二）代理出口商品销售收入的核算

代理出口商品交单办理收汇手续，取得银行回单时就意味着销售已经确认，然而这是委托单位的销售收入，因此通过“应付账款”账户核算。届时根据代理出口商品的销售金额，借记“应收外汇账款”账户；贷记“应付账款”账户；同时结转代理出口商品的销售成本，根据代理出口商品的出库金额，借记“受托代销商品款”账户；贷记“发出商品”账户。

【例7—9】 天合化工国际贸易公司根据代理出口合同销售给澳大利亚悉尼公司除草剂。

（1）3月6日，收到业务部转来代理销售除草剂的发票副本和银行回单，发票开列除草剂600桶，每桶120美元CIF价格，共计货款72 000美元，佣金2 160美元，当日中间汇率为6.75元。作分录如下：

借：应收外汇账款——悉尼公司（US＄69 840×6.75） 471 420

　贷：应付账款——山东化工厂 471 420

（2）3月6日，同时根据代理业务出库单（转账联）结转代理出口除草剂销售成本。作分录如下：

借：受托代销商品款——山东化工厂 396 000

　贷：发出商品——受托代销商品 396 000

（三）垫付国内外直接费用的核算

外贸企业在垫付国内外直接费用时，应借记“应付账款”账户；贷记“银行存款”账户。

【例7—10】 天合化工国际贸易公司代理销售除草剂发生国内外直接费用。

（1）3月7日，汇付山东运输公司将除草剂运送青岛港运杂费1 290元，增值税额141.90元，汇付青岛港除草剂的装船费600元，增值税额66元，作分录如下：

借：应付账款——山东化工厂 1 890.00

　应交税费——应交增值税——进项税额 207.90

　贷：银行存款 2 097.90

（2）3月8日，汇付青岛外轮运输公司的运费942美元，支付保险公司的保险费158美元，当日中间汇率为6.75元。作分录如下：

借：应付账款——山东化工厂 7 425

　贷：银行存款——外币存款（US＄1 100×6.75） 7 425

（四）代理出口销售收汇的核算

外贸企业代理出口销售收汇时，如采取异地收（结）汇法，收到银行转来的垫付代理出口商品的国内外直接费用和代理手续费时，根据收到的金额，借记“银行存款”账户；贷记“应收外汇账款”账户。并根据业务部门转来按代理出口销售收入金额的一定比例收取代理手续费发票的金额借记“应付账款”账户；贷记“其他业务收入”账户。同时还应根据银行划拨款委托单位的金额，借记“应付账款”账户；贷记“应收外汇账款”账户。

【例7—11】 天合化工国际贸易公司代理销售除草剂采取异地结汇法，代理业务的手续费率为2.5%，发生收汇业务。

(1)3月22日，收到银行转来分割收结汇的收账通知，金额为3 160美元，其中代理业务代垫国内运费1 290元，装船费600元；代垫国外运费942美元，保险费158美元；代理手续费1 800美元，款项全部存入外币存款户。当日中间汇率为6.75元。作分录如下：

借：银行存款——外币存款(US$3 180×6.75)　　21 465

　　贷：应收外汇账款——悉尼公司(US$3 180×6.75)　　21 465

(2)3月22日，同时根据代理业务收取代理手续费的发票(记账联)，作分录如下：

借：应付账款——山东化工厂　　12 150

　　贷：其他业务收入(US$1 800×6.75)　　12 150

(3)3月22日，同时根据银行转来分割结汇通知，划拨山东化工厂收汇余额66 660美元。作分录如下：

借：应付账款——山东化工厂　　449 955

　　贷：应收外汇账款——悉尼公司(US$66 600×6.75)　　449 955

外贸企业代理出口销售业务如采取全额收(结)汇法，收到银行转来收汇通知收取全部款项时，借记“银行存款——外币存款”账户；贷记“应收外汇账款”账户。然后由业务部门按代理出口销售收入的一定比例开具收取代理手续费的发票，其中一联记账联送交财会部门扣款。财会部门根据代理出口销售收入金额减去垫付的国内外费用后的差额借记“应付账款”账户；根据业务部门转来的代理手续费发票记账联贷记“其他业务收入”账户，将两者之间的差额汇付委托单位，根据汇款回单，贷记“银行存款”账户。

(五)代理出口销售业务税金的核算

代理出口销售业务的退税由委托单位自行办理。

外贸企业代理出口销售业务所取得的代理手续费收入，根据税法规定，按规定的税率交纳增值税。由于代理手续费收入是含税收入，因此月末就需要进行调整，将其中的销项税额分离出来，其调整公式与零售企业调整含税商品销售收入相同，不再重述。在月末提取时，借记“其他业务收入”账户；贷记“应交税费”账户。

【例7—12】 天合化工国际贸易公司按代理出口销售手续费收入12 150元的6%计算销项税额如下：

$$\text{销项税额}=12\ 150-\frac{12\ 150}{1+6\%}=687.74(\text{元})$$

根据计算的结果，作分录如下：

借:其他业务收入 687.74

贷:应交税费——应交增值税——销项税额 687.74

次月初在向税务机关交纳增值税时,借记"应交税费"账户;贷记"银行存款"账户。

第五节 加工补偿出口销售

一、加工补偿出口销售概述

(一)加工补偿出口销售业务的种类

加工补偿出口销售业务按照补偿的形式不同,可分为来料加工、来件装配、来样生产出口销售业务和补偿贸易出口销售业务两种。

1. 来料加工、来料装配和来样生产出口销售业务

来料加工、来料装配和来样生产出口销售业务是指由外商提供原材料、零部件、元器件,必要时提供某些设备,由外贸企业按照外商的要求加工或装配成产品后再销售给外商,外贸企业收取加工费的销售。

2. 补偿贸易出口销售业务

补偿贸易出口销售业务是指由外商提供生产技术、设备和必要的材料,由外贸企业负责生产,然后用生产的产品分期归还外商的销售。

(二)加工补偿出口销售业务的经营方式

加工补偿出口销售业务按照经营方式的不同,可分为自营加工补偿出口销售业务和代理加工补偿出口销售业务两种。

1. 自营加工补偿出口销售业务

自营加工补偿出口销售业务是指由外贸企业独自与外商签订合同,承担加工补偿业务,然后组织工厂进行生产,向外商交货时收取加工费,或以生产的产品偿还引进技术、设备及材料价款的销售业务。

2. 代理加工补偿出口销售业务

代理加工补偿出口销售业务是指由工厂委托外贸企业对外签订合同,由工厂直接负责生产,负担加工补偿业务中所发生的国内外费用,外贸企业代理出口结汇,收取外汇手续费的销售业务。

二、来料加工、来料装配和来样生产出口销售业务的核算

(一)自营来料加工、来件装配和来样生产出口销售业务的核算

自营来料加工、来件装配和来样生产,在收到外商提供的原材料时,有计价核算和不

计价核算两种方式。

1. 自营来料加工、来件装配和来样生产原材料计价的核算

外贸企业采取原材料计价的核算形式，在收到外商提供的原材料时，借记"原材料"账户；贷记"应付外汇账款"账户。外贸企业将原材料拨付工厂生产加工时，借记"委托加工物资"账户；贷记"原材料"账户。工厂加工完毕，交来产品时，按与工厂约定的加工费标准支付加工费时借记"委托加工物资"账户；贷记"银行存款"账户。加工产品验收入库，财会部门收到储运部门转来的收货单时，根据加工产品耗费的材料和加工费金额借记"库存商品——来料加工出口商品"账户；贷记"委托加工物资"账户。

【例 7—13】 东方服装进出口公司根据合同约定，接受美国纽约服装公司来料 2 000 米，加工生产 1 000 件男呢大衣。

(1)12 月 1 日，收到美国纽约服装公司发来呢衣料 2 000 米，每米 12 美元，计24 000 美元，呢衣料已验收入库，当日中间汇率为 6.75 元。作分录如下：

借：原材料　　162 000

　　贷：应付外汇账款(US＄24 000×6.75)　　162 000

(2)12 月 2 日，将 2 000 米呢衣料全部拨付广艺服装厂加工生产男呢大衣1 000件。作分录如下：

借：委托加工物资——男呢大衣　　162 000

　　贷：原材料　　162 000

(3)12 月 30 日，广艺服装厂 1 000 件男呢大衣加工完毕，每件加工费 100 元，当即签发转账支票付讫。作分录如下：

借：委托加工物资——男呢大衣　　100 000

　　贷：银行存款　　100 000

(4)12 月 31 日，储运部门转来加工商品入库单，1 000 件男呢大衣已验收入库。作分录如下：

借：库存商品——来料加工出口商品　　262 000

　　贷：委托加工物资——男呢大衣　　262 000

外贸企业将加工商品出运时，借记"发出商品"账户；贷记"库存商品"账户。商品出运支付的国内费用列入"销售费用"账户，支付的国外费用则冲减"自营其他销售收入"账户。[①] 然后，将全套货运单据交付银行，向外商收取加工费，根据银行回单金额(即加工费)借记"应收外汇账款"账户；根据耗用外商发来原材料款借记"应付外汇账款"账户；根

---

① 它们分别是"主营业务收入"和"主营业务成本"的明细账户，外贸企业可以根据核算上的需要，将它们上升为一级账户。

据两者之和贷记“自营其他销售收入”账户。与此同时结转其销售成本，借记“自营其他销售成本”账户；贷记“发出商品”账户。银行收妥款项后，根据银行收取的收汇手续费凭证，借记“财务费用”账户；根据银行收账通知，借记“银行存款”账户；根据收汇总额，贷记“应收外汇账款”账户。如因汇率变动发生差额，应列入“汇兑损益”账户。

【例 7—14】 东方服装进出口公司为美国纽约服装公司加工男呢大衣 1 000 件，每件加工费 20 美元，共计加工费 20 000 美元。收到外商发来呢衣料 24 000 美元，记账汇率为 6.75 元。1 000 件男呢大衣全部生产成本为 262 400 元。

(1)次年 1 月 2 日，储运部门转来加工商品出库单，列明 1 000 件男呢大衣已出库装船。作分录如下：

借：发出商品	262 400	
贷：库存商品——来料加工出口商品		262 400

(2)次年 1 月 2 日，签发转账支票支付 1 000 件男呢大衣国内运费和装船费800元，作分录如下：

借：销售费用	800	
应交税费——应交增值税——进项税额	88	
贷：银行存款		888

(3)次年 1 月 5 日，签发转账支票支付男呢大衣国外运费 912 美元，保险费 88 美元，当日中间汇率为 6.75 元。作分录如下：

借：自营其他销售收入	6 750	
贷：银行存款——外币存款(US＄1 000×6.75)		6 750

(4)次年 1 月 6 日，向银行交单收取加工费 20 000 美元，转销外商发来材料款。作分录如下：

借：应收外汇账款(US＄20 000×6.75)	135 000	
应付外汇账款(US＄24 000×6.75)	162 000	
贷：自营其他销售收入——加工补偿出口销售		297 000

(5)次年 1 月 6 日，同时结转其销售成本。作分录如下：

借：自营其他销售成本——加工补偿出口销售	262 400	
贷：发出商品		262 400

(6)次年 1 月 18 日，收到银行转来收账通知，20 000 美元已收妥，银行扣除 20 美元收汇手续费，其余部分已存入外币存款账户，当日中间汇率为 6.75 元。作分录如下：

借：银行存款——外币存款(US＄19 980×6.75)	134 865	
财务费用——手续费	135	
贷：应收外汇账款(US＄20 000×6.75)		135 000

2. 自营来料加工、来件装配和来样生产原材料不计价的核算

外贸企业对自营业务采取原材料不计价的核算形式，在收到外商提供的原材料时，借记“代管商品物资——加工材料”账户，该账户只计数量，不计金额。将原材料拨付工厂加工时，贷记“代管商品物资——加工材料”账户。工厂加工完毕，交来产品时，按与工厂约定的加工费标准，支付工厂加工费时，借记“自营其他销售成本”账户；贷记“银行存款”账户。加工产品验收入库时，借记“代管商品物资——加工商品”账户。

加工商品出运装船时，贷记“代管商品物资——加工商品”账户。加工商品出运支付的国内费用，列入“销售费用”账户；支付的国外费用则冲减“自营其他销售收入”账户。然后，将全套货运单据交付银行，向外商收取加工费，根据银行回单借记“应收外汇账款”账户；贷记“自营其他销售收入”账户。银行收妥款项的核算与原材料计价的核算方法相同，不再重述。

(二)代理来料加工、来件装配和来样生产出口销售业务的核算

1. 代理来料加工、来件装配和来样生产原材料计价的核算

外贸企业收到外商提供的原材料，将原材料拨付给工厂生产加工的核算方法与自营来料加工、来件装配和来样生产经营方式的核算方法相同，不再重述。

工厂加工完毕，交来产品时，按合同约定的加工费标准结算加工费时，借记“委托加工物资”账户；贷记“应付外汇账款”账户。加工产品验收入库，财会部门收到储运部门转来收货单时，根据“委托加工物资”账户归集的金额，借记“库存商品——来料加工出口商品”账户；贷记“委托加工物资”账户。

【例7—15】 天龙服装进出口公司根据合同约定代理江桥服装厂接受新加坡公司来料7 500米，加工生产3 000套女时装的业务。

(1)9月1日，收到新加坡公司发来衣料3 800米，每米9美元，计货款34 200美元，衣料已验收入库。当日美元汇率的中间价为6.75元。作分录如下：

借：原材料　　230 850

　贷：应付外汇账款——新加坡公司(US＄34 200×6.75)　　230 850

(2)9月2日，将7 500米衣料拨付给江桥服装厂加工女时装1 500套。作分录如下：

借：委托加工物资——女时装　　230 850

　贷：原材料　　230 850

(3)9月28日，江桥服装厂1 500套女时装加工完毕，每套加工费14美元，结算加工费，当日美元汇率的中间价为6.75元。作分录如下：

借：委托加工物资——女时装　　141 750

　贷：应付外汇账款(US＄21 000×6.75)　　141 750

(4)9月30日，收到储运部门转来加工商品收货单，江桥服装厂送来的1 500套女时

装已验收入库。作分录如下：

借:库存商品——来料加工出口商品　　372 600

　贷:委托加工物资——女时装　　372 600

外贸企业将加工商品出运时,借记“发出商品”账户;贷记“库存商品”账户。商品出运支付的国内外直接费用借记“应付外汇账款”账户;贷记“银行存款”账户。然后,将全套货运单据交付银行,向外商收取加工费,由于这是代理来料加工业务,仅收取代理手续费,那么交单收汇就不能作为商品销售收入处理,只能转销发出商品,因此,根据银行收款回单,借记“应收外汇账款”账户,根据外商发来原材料的价款借记“应付外汇账款”账户,根据加工商品的成本贷记“发出商品”账户。俟收到银行收账通知时,根据支付银行收汇手续费的金额,借记“财务费用”账户;根据实际入账金额,借记“银行存款”账户;根据收汇金额,贷记“应收外汇账款”账户。最后根据应向外商收取的加工费扣除为工厂垫付的国内外直接费用后的金额,借记“应付外汇账款”账户;根据应收取的代理手续费贷记“其他业务收入”账户,将两者之间差额贷记“银行存款”账户。

【例 7—16】 天龙服装进出口公司代理为新加坡公司加工女时装 1 500 套,每套加工费 14 美元,共计加工费 21 000 美元,收到外商发来衣料 34 200 美元,全部出口合同金额为55 200美元。记账汇率为 6.75 元,1 500 套女时装的全部金额为372 600元。

(1)10 月 4 日,储运部门转来加工商品出库单,列明 1 500 套女时装已出库装船。作分录如下:

借:发出商品　　372 600

　贷:库存商品——来料加工出口商品　　372 600

(2)10 月 5 日,签发转账支票支付 3 000 套女时装国内运费和装船费 1 215 元,并支付国外运费1 035美元,保险费 125 美元,当日中间汇率为 6.75 元。作分录如下:

借:应付外汇账款——江桥服装厂(US$1 340×6.75)　　9 045.00

　应交税费——应交增值税——进项税额　　206.55

　贷:银行存款——人民币存款　　1 421.55

　　——外币存款(US$1 160×6.75)　　7 830.00

(3)10 月 6 日,向银行交付全套货运单据,向外商收取加工费 21 000 美元,当日中间汇率为 6.75 元,并转销外商发来材料款。根据银行回单,作分录如下:

借:应收外汇账款——新加坡公司(US$21 000×6.75)　　141 750

　应付外汇账款——新加坡公司(US$34 200×6.75)　　230 850

　贷:发出商品　　372 600

(4)10 月 25 日,收到银行转来收账通知,21 000 美元已收妥,银行扣除 26 美元收汇手续费后,其余款项已存入外汇存款账户,当日中间汇率为 6.75 元。作分录如下:

借:财务费用——手续费　　175.50

　银行存款——外币存款(US$20 974×6.75)　　141 574.50

　　贷:应收外汇账款——新加坡公司(US$21 000×6.75)　　141 750.00

(5)10 月 27 日,根据规定按出口合同金额的 3%收取代理手续费 1 656 美元,再扣除发运商品垫付的国内外费用后,将余款划拨江桥服装厂,当日中间汇率为 6.75 元。作分录如下:

借:应付外汇账款——江桥服装厂(US$19 660×6.75)　　132 705.00

　　贷:其他业务收入　　11 178.00

　　　银行存款——外币存款(US$18 004×6.75)　　121 527.00

2. 代理来料加工、来件加工和来样生产原材料不计价的核算

外贸企业对代理采取原材料不计价的核算形式,在收到外商提供的原材料和将原材料拨付工厂加工时,通过“代管商品物资——加工材料”账户核算;收到工厂加工完毕产品验收入库时,借记“代管商品物资——加工商品”账户。

加工商品出运装船时,贷记“代管商品物资”账户。加工商品出运垫付的国内外费用时,借记“应付外汇账款——加工企业”账户;贷记“银行存款”账户。然后将全套货运单据交付银行,向外商收取加工费,根据银行收款回单,借记“应收外汇账款——外商”账户;贷记“应付外汇账款——加工企业”账户。俟收到银行收账通知时,根据支付银行的收汇手续费的金额,借记“财务费用”账户;根据银行实际入账金额,借记“银行存款”账户;根据收汇金额,贷记“应收外汇账款”账户。最后,根据收取的外商加工费减去为工厂垫付的国内外直接费用的差额,借记“应付外汇账款”账户;根据应收取的代理手续费,贷记“其他业务收入”账户;将两者之间的差额,贷记“银行存款”账户。

三、补偿贸易出口销售业务的核算

补偿贸易出口销售业务外商提供的生产设备和原材料通常都计价入账,届时分别借记“固定资产”和“原材料”账户;贷记“应付外汇账款”账户。然后按照合同规定分期以完工的产品抵偿提供生产设备和原材料的款项。由于是以货还债,不存在收汇,因此,加工商品发运后,根据销售发票借记“应付外汇账款”账户;贷记“自营其他销售收入”账户。同时,根据储运部门转来的出库单借记“自营其他销售成本”账户;贷记“发出商品”账户。其他方面的核算方法与来料加工基本相同,不再重述。

练习题

一、简答题

1. 什么是出口贸易业务？它有哪些意义？

2. 出口贸易业务有哪些种类？分述各种业务的定义。

3. 试述出口商品购进的业务程序。

4. 试述自营出口销售收入的计价。

5. 佣金有哪些支付方式？分述各种佣金的定义及核算方法。

6. 试述代理出口销售应遵循的原则。

7. 加工补偿出口销售业务按照补偿的形式不同可分为哪两种？分述各种形式的定义。

二、名词解释题

直接购进 委托代购 询盘 发盘 佣金 退关甩货 索赔 理赔 自营加工补偿出口销售业务 代理加工补偿出口销售业务

三、是非题

1. 一个国家的出口贸易和进口贸易是相辅相成的，没有出口贸易，也就没有了进口贸易。 （ ）

2. "三来"业务是指外商提供一定的原材料、零部件、元器件，必要时提供某些设备，由外贸企业按对方的要求进行加工生产，然后用生产的产品分期归还外商的业务。 （ ）

3. 国外运费是指国际贸易价格条件所规定的、应由出口商支付并负担的、从装运港到目的港的运输费用。 （ ）

4. 外贸企业自营出口发生的明佣和暗佣均冲减"自营出口销售收入"账户，而发生的累计佣金则列入"销售费用"账户。 （ ）

5. 外贸企业销货退回商品发生的国内外费用，如属于外贸企业责任，经批准应转入"销售费用"账户。 （ ）

6. 外贸企业取得索赔收入时记入"营业外收入"账户；发生理赔支出时，则记入"营业外支出"账户。 （ ）

7. 代理出口销售外汇货款结算方法有异地收(结)汇法和全额收结(汇)法两种。 （ ）

四、单项选择题

1. 外贸企业自营出口销售不论以什么价格成交，均以________扣除佣金后计价。

A. 成本加运费价格　　B. 成本加运费、保险费价格
C. 船上交货价格　　D. 成交价格

2. 外贸企业发生的________应列入销售费用。

A. 国内费用　　B. 国外运费　　C. 国外保险费　　D. 明佣

3. 外贸企业代理出口销售业务发生的费用________。

A. 由委托单位负担
B. 由外贸企业负担

C. 国内费用由外贸企业负担，国外费用由委托单位负担

D. 间接费用由外贸企业负担，直接费用由委托单位负担

4. 外贸企业代理出口销售的出口退税手续由________办理，出口退税款归________所有。

A. 外贸企业　外贸企业　　B. 委托单位　委托单位

C. 外贸企业　委托单位　　D. 委托单位　外贸企业

五、多项选择题

1. 自营出口销售的业务程序有________。

A. 出口贸易前的准备工作　　B. 出口贸易的磋商

C. 签订出口贸易合同　　D. 履行出口贸易合同

2. 外贸企业以 CIF 价格成交的出口业务发生的________，应冲减“自营出口销售收入”账户。

A. 国外运费　　B. 国外保险费　　C. 明佣　　D. 暗佣

3. ________通过“其他业务收入”账户核算。

A. 代理出口销售业务

B. 自营来料加工、来料装配和来样生产出口销售业务

C. 代理来料加工、来料装配和来样生产出口销售业务

D. 补偿贸易出口销售业务

六、实务题

习题(一)

目的：练习自营出口销售的核算。

资料：

(1)山西烟酒进出口公司根据进出口贸易合同，3 月份销售给新加坡酒业公司汾酒 250 箱，采用信用证结算，发生下列有关的经济业务：

①1 日，收到储运部门转来出库单(记账联)，列明出库汾酒 250 箱，每箱2 320元，予以转账。

②2 日，签发转账支票支付山西运输公司将汾酒运送上海港的运杂费 3 600 元，增值税额 396 元，并电汇上海港汾酒的装船费 1 200 元，增值税额 132 元。

③5 日，收到外轮运输公司发票 1 张，金额为 1 400 美元，系 250 箱汾酒的运费，当即从外币账户汇付对方。当日中间汇率为 6.75 元。

④6 日，按汾酒销售发票金额 96 000 美元的 110%向保险公司投保，保险费率为 2‰，签发转账支票从外币账户支付，当日中间汇率为 6.75 元。

⑤7 日，收到业务部门转来销售汾酒的发票副本和银行回单。发票列明汾酒 250 箱，每箱 384 美元 CIF 价格，共计货款 96 000 美元。当日中间汇率为 6.75 元。同时根据出库单(转账联)结转出库汾酒销售成本。

⑥12 日，根据出口汾酒 4%的佣金率，将应付客户暗佣入账。

⑦18 日，收到银行转来收汇通知，银行扣除 120 美元手续费后将其余部分已存入外币存款账户，当日中间汇率为 6.75 元。

⑧22 日，将应付的暗佣汇付新加坡酒业公司，当日中间汇率为 6.75 元。

⑨31 日，汾酒购进时增值税税率为 17%，已付增值税额 98 600 元。向税务部门申报的增值税出口退税率为 13%。

⑩31 日，汾酒应退消费税额为 69 600 元，向税务机关申报退税。

(2)上海电器进出口公司 6 月份销售给新加坡电器公司空调机 300 台，采用信用证结算，发生下列有关的经济业务：

①3 日，收到储运部门转来出库单(记账联)，列明出库空调机 300 台，每台2 000元，予以转账。

②6 日，签发转账支票支付上海港空调机装船费 600 元，增值税额 66 元。

③7 日，收到外轮运输公司发票 1 张，金额为 1 000 美元，系 300 台空调机的国外运费，当即签发转账支票从外币账户付讫，当日中间汇率为 6.75 元。

④8 日，按空调机销售发票金额 99 000 美元的 110%向保险公司投保，保险费率为 2‰，签发转账支票从外币账户支付，当日中间汇率为 6.75 元。

⑤9 日，收到业务部门转来销售彩电的发票副本和银行回单。发票列明空调机 300 台，每台 330 美元 CIF 价格，共计货款99 000美元，佣金率为 4%，佣金3 960美元，当日中间汇率为 6.75 元。同时根据出库单(转账联)结转出库空调机的销售成本。

⑥22 日，收到银行转来收汇通知，银行扣除 114 美元手续费后，将其余部分存入外币存款账户，当日中间汇率为 6.74 元。

⑦31 日，空调机购进时增值税税率为 17%，已付增值税额 102 000 元，向税务机关申报出口的退税率为 15%。

要求：编制会计分录。

习题(二)

目的：练习自营出口销售其他业务的核算。

资料：上海服装进出口公司 11 月份发生下列有关的经济业务：

(1)3 日，收到储运部门转来出库单(记账联)，列明出库运动服 200 箱，每箱 320 元，予以转账。

(2)5 日，收到储运部门转来退关止装入库单，列明 3 日出库运动服 200 箱，每箱 320 元，因规格不符，已退回验收入库。

(3)7 日，上月出口新加坡服装公司女时装 2 000 套，每套 35 美元 CIF 价格，共计货款70 000美元，明佣 2 100 美元，记账汇率为 6.75 元。该批女时装的进价成本为 402 000 元。因质量不符要求，商品被退回，收到出口退回商品提单及原发票复印件。当日中间汇率为 6.75 元，冲转商品销售收入和商品销售成本。

(4)11 日，该批女时装出口时已支付国内运杂费 700 元，装卸费 300 元，国外运费 1 250 美元，保险费 154 美元。记账汇率为 6.75 元，予以冲转。

(5)12 日，汇付退回女时装的国外运费 1 240 美元，保险费 154 美元，当日中间汇率为 6.75 元。

(6)15 日，签发转账支票支付退回女时装的国内运杂费和装卸费 1 100 元，及相应的增值税 121 元。

(7)17 日，收到储运部门转来的收货单，退回的女时装已验收入库。

(8)21 日，今查明退货系供货单位武康服装厂的责任，与其联系后，决定国内外费用由其负责赔偿。

(9)25 日，上月出口美国纽约服装公司男风衣 1 500 件，每件 36 美元 CIF 价格，货款54 000美元，明佣 1 620 美元，记账汇率为 6.75 元，款已收妥入账。现纽约服装公司收到的男风衣因包装破损，80 件男风衣受污损，索赔 2 880 美元。经审核无误后，同意理赔，当日中间汇率为 6.75 元。

(10)30 日，经查明男风衣因包装不善而破损，确系本单位责任，经批准后作为企业损失处理。

要求：编制会计分录。

习题（三）

目的：练习代理出口销售业务的核算。

资料：光明化工国际贸易公司受理青浦化工厂代理出口涂料，代理手续费率为 4%，采取异地收(结)汇法。6 月份发生下列有关的经济业务：

(1)2 日，收到储运部门转来代理业务入库单，列明涂料 5 000 桶，每桶 65 元。

(2)5 日，收到储运部门转来代理业务出库单，列明涂料 5 000 桶，每桶 65 元。

(3)7 日，收到业务部门转来代理销售涂料给韩国汉城公司的发票副本和银行回单。发票列明涂料 5 000 桶，每桶 12 美元 CIF 价格，共计货款 60 000 美元，明佣 1 800 美元，当日中间汇率为 6.75 元，并结转代理出口涂料成本。

(4)9 日，签发转账支票 2 张，分别支付青浦运输公司将涂料运送上海港的运杂费 1 000 元及上海港装船费 485 元，以及相应的增值税额 163.35 元。

(5)11 日，签发转账支票 2 张，分别支付外轮运输公司的国外运费 1 008 美元，保险费 132 美元，当日中间汇率为 6.75 元。

(6)24 日，收到银行转来分割收汇的收账通知，金额为 3 760 美元，款项全部存入外币存款户，当日中间汇率为 6.75 元。

(7)25 日，将代理业务的 4%手续费收入 2 400 美元入账，当日中间汇率为 6.75 元。

(8)26 日，收到银行转来分割结汇通知，划拨青浦化工厂收汇余额，当日中间汇率为 6.75 元。

(9)30 日，按代理出口销售手续费收入的 6%计提销项税额。

要求：编制会计分录。

习题（四）

目的：练习自营来料加工的核算。

资料：上海服装进出口公司根据合同约定，接受美国洛杉矶服装公司来料加工。3 月份发生下列有关的经济业务：

(1)1 日，收到美国洛杉矶服装公司发来衣料 5 000 米，每米 7 美元，计 35 000 美元，衣料已验收入库，当日中间汇率为 6.75 元。

(2)2 日，将 5 000 米衣料全部拨付周浦服装厂加工生产 2 000 套女时装。

(3)15 日，周浦服装厂 2 000 套女时装加工完毕，每套加工费 80 元，当即签发转账支票付讫。

(4)15 日，储运部门转来加工商品入库单，周浦服装厂加工的 2 000 套女时装已验收入库。

(5)16 日，储运部门转来加工商品出库单，列明 2 000 套女时装已出库装船。

(6)16 日，签发转账支票支付女时装国内运费和装船费 1 400 元，及相应的增值税额 154 元，并支付国外运费 1 507 美元，保险费 143 美元，当日中间汇率为 6.75 元。

(7)17 日，女时装每套加工费为 15 美元，向银行交单收取加工费 30 000 美元，转销外商发来材料款，并结转其销售成本。当日中间汇率为 6.75 元。

(8)31 日，收到银行转来收账通知，30 000 美元已收妥，银行扣除 38 美元收汇手续费，其余部分已存入外币存款账户，当日中间汇率为 6.74 元。

要求：

(1)编制会计分录(按原材料计价核算)。

(2)编制会计分录(按原材料不计价核算)。

习题(五)

目的：练习代理来料加工的核算。

资料：上海服装进出口公司根据合同约定代理南桥服装厂接受日本东京时装公司来料加工，12 月份发生下列有关的经济业务：

(1)1 日，收到东京时装公司发来衣料 6 000 米，每米 6 美元，衣料已验收入库，当日中间汇率为 6.75 元。

(2)2 日，将 6 000 米衣料全部拨付南桥服装厂加工 2 000 件男风衣。

(3)16 日，南桥服装厂 2 000 件男风衣加工完毕，每件加工费为 10 美元，结算加工费，当日中间汇率为 6.75 元。

(4)16 日，收到储运部门转来加工商品收货单，南桥服装厂送来的 2 000 件男风衣已验收入库。

(5)17 日，储运部门转来加工商品出库单，列明 2 000 件男风衣已出库装船。

(6)17 日，签发转账支票支付 2 000 件男风衣国内运费和装船费 1 755 元，及相应的增值税额 193.05 元，并支付国外运费 1 257 美元，保险费 123 美元，当日中间汇率为 6.75 元。

(7)18 日，向银行交付全套货运单据，向外商收取加工费 20 000 美元，转销外商发来材料款，并结转其销售成本，当日中间汇率为 6.75 元。

(8)30 日，收到银行转来收账通知，20 000 美元已收妥，银行扣除 25 美元收汇手续费后，其余款项已存入外汇存款账户，当日中间汇率为 6.75 元。

(9)31 日，根据规定按出口合同金额的 3%收取代理手续费 1 680 美元，再扣除发运商品垫付的国内外费用后，将余款划拨南桥服装厂，当日中间汇率为 6.75 元。

要求：

(1)编制会计分录(按原材料计价核算)。

(2)编制会计分录(按原材料不计价核算)。

第八章

国际贸易——进口贸易

第一节　进口贸易业务概述

一、进口贸易业务的意义

进口贸易业务是指外贸企业以外汇在国际市场上采购商品，满足国内生产和人民生活需要的业务。

进口贸易业务也是外贸企业的一项重要业务。进口贸易与出口贸易两者是相辅相成、相互制约的。一个国家所生产的商品，不可能完全满足本国的全部需求，因此只有通过进口贸易业务进行商品交换，才能满足国内生产和人民生活需要。同时，通过引进先进技术，进口先进的生产设备和国内紧缺的原材料和燃料，可以提升我国的科技水平、生产能力和国际竞争力；促进我国出口贸易业务的增长，扩大我国与世界各国的经济交往，以达到互通有无，共同发展的目的。此外，发展进口贸易业务，也有利于平衡国际收支，减少国际贸易摩擦。

二、进口贸易业务的种类和程序

(一)进口贸易业务的种类

进口贸易业务按其经营性质不同，主要可分为自营进口业务和代理进口业务两种。

(1)自营进口业务。它是指外贸企业自己经营进口贸易并自负进口盈亏的业务。

(2)代理进口业务。它是指外贸企业代理国内委托单位与外商签订进口贸易合同,并负责对外履行合同的业务。对该项业务,外贸企业仅收取一定比例的手续费。

(二)进口贸易业务的程序

进口贸易的业务程序有进口贸易前的准备工作、签订进口贸易合同、履行进口贸易合同以及对内销售和结算四个业务程序。

1. 进口贸易前的准备工作

外贸企业应根据国内市场需求情况和国际市场上商品的价格、供应商的资信情况等来确定进口贸易业务。对于国家规定必须申请许可证的进口商品,外贸企业必须按规定申请领取许可证,然后与国内客户签订供货合同,明确进口商品的名称、规格、质量、价格、交货日期、结算方式等内容,做到以销定进。

2. 签订进口贸易合同

外贸企业在与国内客户协商签订供货合同的同时,与国外出口商通过询盘、发盘、还盘与反还盘和接受四个环节进行磋商,在磋商成功的基础上与国外出口商签订进口贸易合同。

3. 履行进口贸易合同

外贸企业履行进口贸易合同可分为以下五个环节。

(1)开立信用证。外贸企业根据进口贸易合同上规定的日期,向其所在地的外汇银行申请开立信用证,信用证的内容必须与进口贸易合同的条款相一致。

(2)督促对方及时发货和办理必要的手续。外贸企业开立信用证后,在合同规定交货期前,应督促国外出口商及时备货,按时装船。倘若以FOB价格成交的合同,应由外贸企业负责办理租船定舱工作,并及时将船名、船期等通知出口商;倘若以FOB价格或CFR价格成交的合同,外贸企业还应办理货运保险。租船定舱工作通常委托外轮运输公司办理。货运保险工作是指外贸企业在收到出口商的装船通知后,应立即将船名、开船日期、提单号数、商品名称、数量、装运港、目的港等通知保险公司,据以办理货运保险。

(3)审核单据和付款赎单。外贸企业收到银行转来的国外出口商的全套结算单据后,应对照信用证,核对单据的种类、份数和内容。只有在“单证相符,单单相符”的情况下,才能凭全套结算单据向开证行办理进口付款赎单手续,如发现单证不符,应及时通知开证行全部拒付或部分拒付。

(4)海关报关和货物接运。进口商品到达港口后,应及时办理海关报关和货物接运工作,计算交纳税款和港口费用。

(5)商品检验和索赔。外贸企业应及时请商检部门对进口商品进行检验,如发现商品数量、品种、质量、包装等与合同或信用证不符,应立即请商品检验部门出具商品检验证明书，以便据以在合同规定的索赔期限内，根据造成损失的原因和程度向出口商、运输公司或保险公司提出索赔。

4. 对内销售与结算

外贸企业收到运输公司船舶到港通知及全套单据后，应根据合同向国内客户开出发票，办理结算。

三、进口贸易应严格进口单据的审核

在国际贸易中，主要是采取信用证结算方式。外贸企业进口商品往往是凭单付款的，即外贸企业收到银行转来出口商的全套结算单据后，就要付款赎单，这就形成了一种单据买卖。因此外贸企业收到银行转来的全套结算单据时，首先要根据进口贸易合同和信用证的有关条款检查单据的种类、份数是否完整；其次审核单据的内容，审核的单据主要有发票和提单。

1. 发票

发票是指出口商开给进口商的商品价值的清单。发票是交易双方收付款的依据，也是交易双方记账的原始凭证，还是出口商在出口地和进口商在进口地报关交税的计算依据，因此必须严格地进行审核。

首先，发票的内容必须与进口贸易合同及信用证的条款内容相一致；其次，发票中有关项目的内容必须与其他有关的单据核对相符；再次，发票上的总金额不得超过信用证规定的最大限额。

2. 提单

提单是指承运单位签发的承运商品收据。它是出口商发货的证明，也是进口商提货的依据。

提单必须是已装船提单，也就是商品装入船舱后签发的提单。如果是收讫备运提单，就应进一步审核是否有承运单位加注的"已装船"字样，否则不能轻易接受；然后进一步核对提单上所列商品的毛重、净重与发票及重量单上所列的内容是否相符，有关唛头、装运港、目的港、运费支付情况与进口贸易合同及信用证的规定是否相符等。

外贸企业收到全套单据后，应进行严格的审核。只有在单证相符、单单相符的基础上，才能办理付汇手续，以确保企业的正当权益。

第二节　自营进口业务

一、自营进口商品采购成本的构成

自营进口商品的采购成本由国外进价和进口税金两个部分构成。

1. 国外进价

进口商品的进价一律以CIF价格为基础，如果与出口商以FOB价格或CFR价格成交的，那么商品离开对方口岸后，应由外贸企业负担的国外运费和保险费或保险费均应作为商品的国外进价入账。外贸企业收到的能够直接认定的进口商品佣金，应冲减商品的国外进价。对于难以按商品直接认定的佣金，如累计佣金则只能冲减“销售费用”账户。

2. 进口税金

它是指进口商品在进口环节应交纳的计入进口商品成本的各种税金。它包括海关征收的关税和消费税。交纳消费税的商品的范围和税率与出口商品相同，不再重述。商品进口环节交纳的增值税是价外税，它不是进口商品采购成本的构成部分，而是价外税，应将其列入“应交税费”账户。

二、自营进口商品购进的核算

外贸企业采购国外商品主要采用信用证结算方式。当收到银行转来国外全套结算单据时，将其与信用证及合同条款核对相符后，才能付款赎单。届时，借记“在途物资”账户；贷记“银行存款”账户。当支付国外运费和保险费时，应借记“在途物资”账户；贷记“银行存款”账户。进口商品运抵我国口岸，向海关申报进口关税、消费税和增值税时，根据进口关税和消费税的合计数，借记“在途物资”账户；贷记“应交税费”账户。外贸企业收到出口商付来佣金时，借记“银行存款”账户；贷记“在途物资”账户。当进口商品采购完毕，验收入库，结转其采购成本时，借记“库存商品”账户；贷记“在途物资”账户。外贸企业支付进口商品的关税、消费税和增值税时，应借记“应交税费”账户；贷记“银行存款”账户。

【例8—1】 浦江烟酒进出口公司根据进口贸易合同从法国马赛公司进口干红葡萄酒一批，采用信用证结算。

(1)2月1日，接到银行转来国外全套结算单据，开列干红葡萄酒1 000箱，每箱70欧元FOB价格，计货款70 000欧元，审核无误后，购汇予以支付，当日卖出汇率为7.40元。作分录如下：

借:在途物资——法国干红葡萄酒	518 000	
贷:银行存款		518 000

(2)2月2日，购汇支付进口干红葡萄酒国外运费1 850欧元，保险费150欧元，当日卖出汇率为7.40元。作分录如下：

借:在途物资——法国干红葡萄酒	14 800	
贷:银行存款		14 800

(3)2 月 6 日,法国干红葡萄酒运达我国口岸,向海关申报干红葡萄酒应交进口关税额 53 280 元,应交消费税额 65 120 元,应交增值税额 110 704 元。作分录如下:

借:在途物资——法国干红葡萄酒　118 400
　贷:应交税费——应交进口关税　53 280
　　　　　　——应交消费税　65 120

(4)2 月 17 日,法国马赛公司付来佣金 2 100 欧元,当日买入汇率为 7.38 元,收到银行转来结汇水单。作分录如下:

借:银行存款　15 498
　贷:在途物资——法国干红葡萄酒　15 498

(5)2 月 18 日,1 000 箱进口干红葡萄酒验收入库,结转其采购成本。作分录如下:

借:库存商品——库存进口商品　635 702
　贷:在途物资——法国干红葡萄酒　635 702

(6)2 月 25 日,以银行存款支付进口干红葡萄酒的进口关税额、消费税额和增值税额。作分录如下:

借:应交税费——应交进口关税　53 280
　　　　——应交消费税　65 120
　　　　——应交增值税——进项税额　110 704
　贷:银行存款　229 104

三、自营进口商品销售收入的确认

外贸企业自营的进口商品,应以开出进口结算凭证向国内客户办理货款结算的时间作为商品销售收入确认的时间,进口商品的结算时间有单到结算、货到结算和出库结算三种。具体采取哪一种结算时间,由外贸企业与国内客户协商以后,以合同形式确定。

1. 单到结算

单到结算是指外贸企业不论进口商品是否到达我国港口,只要收到银行转来国外全套结算单据,经审核符合合同规定,即向国内客户办理货款结算,以确认销售收入的实现。

2. 货到结算

货到结算是指外贸企业收到运输公司进口商品已到达我国港口的通知后,即向国内客户办理货款结算,以确认销售收入的实现。

3. 出库结算

出库结算是指外贸企业的进口商品到货后,先验收入库,俟出库销售时,根据销售发票办理结算,以确认销售收入的实现。

四、自营进口商品销售的核算

(一)自营进口商品销售采取单到结算的核算

外贸企业自营进口商品采取单到结算方式。在银行转来国外全套结算单据时，就可以向国内客户办理货款结算，这样，进口商品采购的核算与销售的核算几乎同时进行。然而，进口商品的采购成本的归集有一个过程，只有在商品采购成本归集完毕后才能结转商品销售成本。由于商品没有入库就已经销售了，因此可以将归集的商品采购成本直接从"在途物资"账户转入"自营进口销售成本"[①]账户。

【例8—2】 华光摄影器材进出口公司根据合同从日本京都公司进口摄像机250台，采用信用证结算。采取单到结算方式销售给达安公司。

(1)1月5日，接到银行转来国外全套结算单据，开列摄像机250台，每台360美元CIF价格，计货款90 000美元，佣金1 800美元，经审核无误，扣除佣金后，购汇支付货款，当日卖出汇率为6.75元。作分录如下：

借:在途物资——摄像机　　595 350
　　贷:银行存款　　595 350

(2)1月6日，接到业务部门转来增值税专用发票，列明摄像机250台，每台3 300元，货款825 000元，增值税额140 250元。收到达安公司支付款项的转账支票，存入银行。作分录如下：

借:银行存款　　965 250
　　贷:自营进口销售收入[②]　　825 000
　　　　应交税费——应交增值税——销项税额　　140 250

(3)1月18日，摄像机运抵我国口岸，向海关申报应交进口关税额119 070元，应交增值税额121 451.40元。作分录如下：

借:在途物资——摄像机　　119 070
　　贷:应交税费——应交进口关税　　119 070

(4)1月22日，日本摄像机采购完毕，结转其销售成本。作分录如下：

借:自营进口销售成本　　714 420
　　贷:在途物资——摄像机　　714 420

(5)1月26日，支付进口日本摄像机的进口关税和增值税。作分录如下：

---

① 该账户是"主营业务成本"的明细账户，外贸企业可以根据核算上的需要，将其上升为一级账户。

② 该账户是"主营业务收入"的明细账户，外贸企业可以根据核算上的需要，将其上升为一级账户。

借:应交税费——应交进口关税　　119 070.00

——应交增值税——进项税额　　121 451.40

贷:银行存款　　240 521.40

(二)自营进口商品销售采取货到结算的核算

外贸企业自营进口商品采取货到结算方式。在进口商品运达我国港口时,进口商品采购成本的归集已经完成。因此与国内客户办理货款结算时,在反映自营进口商品销售收入的同时,也可以结转其销售成本。具体核算方法与自营进口商品销售采取单到结算的核算方法相同,不再重述。

(三)自营进口商品销售采取出库结算的核算

外贸企业自营进口商品销售采取出库结算方式,进口商品在验收入库时,借记"库存商品"账户,贷记"在途物资"账户。

进口商品入库后再出库销售给国内客户时,根据应收的款项借记"应收账款"账户,根据销售金额贷记"自营进口销售收入"账户。根据应收的增值税额贷记"应交税费"账户;同时根据其入库时的成本结转销售成本,借记"自营进口销售成本"账户,贷记"库存商品"账户。

五、自营进口商品销售其他业务的核算

(一)销货退回的核算

自营进口商品销售采取单到结算方式。银行转来国外全套结算单据时,在进行商品购进核算的同时,又进行了商品销售的核算。然而,在商品运达我国港口后,发现商品的质量与合同规定严重不符,外贸企业可根据商检部门出具的商品检验证明书,按照合同规定与国外出口商联系,将商品退回给出口商,收回货款及进口费用和退货费用,然后向国内客户办理退货手续。

【例8—3】 前例中,华光摄影器材进出口公司购进的320台摄像机运到时,商检局出具了商品检验证明书,证明该批摄像机为不合格产品,经与出口商日本京都公司联系后,同意作退货处理。

(1)2月2日,购汇垫付退还日本京都公司250台摄像机国外运费606美元,保险费194美元,当日卖出汇率为6.75元。作分录如下:

借:应收外汇账款——日本京都公司(US$800×6.75)　　5 400

贷:银行存款　　5 400

(2)2月2日,将250台摄像机作进货退出处理,并向税务部门申请退还已支付的进口关税。作分录如下:

借:应收外汇账款——日本京都公司(US＄88 200×6.75)　595 350
　应交税费——应交进口关税　119 070
　　贷:自营进口销售成本　714 420

(3)2月12日,同时作销货退回处理,开出红字专用发票,应退达安公司货款825 000元,增值税额140 250元。作分录如下:

借:自营进口销售收入　825 000
　应交税费——应交增值税——销项税额　140 250
　　贷:应付账款——达安公司　965 250

(4)2月25日,收到日本京都公司退回的货款及代垫费用89 000美元,当日买入汇率为6.73元,收到银行转来结汇水单。作分录如下:

借:银行存款　598 970
　汇兑损益　1 780
　　贷:应收外汇账款——日本京都公司(US＄89 000×6.75)　600 750

(5)2月26日,签发转账支票支付达安公司退货款项965 250元,作分录如下:

借:应付账款——达安公司　965 250
　　贷:银行存款　965 250

(6)2月28日,收到税务机关退还摄像机的进口关税119 070元和增值税121 451.40元,作分录如下:

借:银行存款　240 521.40
　　贷:应交税费——应交进口关税　119 070.00
　　　　　　——应交增值税——进项税额　121 451.40

自营进口商品销售采取入库结算方式,在进口商品入库以后再销售给国内客户。如果国内客户购进商品以后,因发现商品的品种、规格、质量等与合同不符等原因提出退货,经外贸企业业务部门同意后,由其填制红字专用发票送各有关部门办理退货手续。财会部门收到业务部门转来的红字专用发票,根据发票所列的销售金额,借记"自营进口销售收入"账户;根据发票所列的增值税额借记"应交税费"账户;根据价税合计额贷记"应付账款"账户。如果退回的商品已结转了销售成本,那么同时还应予以转回,届时根据其采购的成本借记"库存商品"账户;贷记"自营进口销售成本"账户。

(二)索赔理赔的核算

自营进口商品销售采取单到结算方式,当进口商品到达时,所有权已属于国内客户,由其检验商品。如果发生商品短缺、质量与合同规定不符,应区别情况进行处理。如果属于运输单位责任或属于保险公司负责赔偿的范围,由国内客户向运输单位或保险公司索赔;如果属于国外出口商的责任,应由外贸企业根据商检部门出具的商品检验证明书在合同规定的对外索赔期限内向出口商提出索赔，并向国内客户理赔。

【例 8—4】 广东油粮进出口公司 2 月份从美国休斯顿公司购进小麦 300 吨，每吨 270 美元 CIF 价格，计货款 81 000 美元，佣金 1 620 美元，当日卖出汇率为 6.75 元，缴纳进口关税额16 074.45元，缴纳增值税额93 821.21元。这批小麦采取单到结算方式，已售给南方面粉厂，每吨 2 100 元，计货款 630 000 元，增值税额 107 100 元，款已收妥入账。3 月 5 日，小麦到达港口，南方面粉厂检验小麦时发现其中 30 吨已霉烂变质。

(1)3 月 8 日，收到南方面粉厂转来商检部门出具的商品检验证明书，30 吨小麦霉烂变质系美国休斯顿公司的责任，于是向外商提出索赔，经协商后，外商同意赔偿7 938美元，予以冲减商品的销售成本。作分录如下：

借：应收外汇账款——休斯顿公司(US＄7 938×6.75)　　53 581.50

　贷：自营进口销售成本　　53 581.50

(2)3 月 8 日，同时作销货退回处理，开出红字专用发票，应退货款 63 000 元，增值税额 10 710 元。作分录如下：

借：自营进口销售收入　　63 000.00

　应交税费——应交增值税——销项税额　　10 710.00

　贷：应付账款——南方面粉厂　　73 710.00

(3)3 月 9 日，向税务机关申请退还 30 吨霉烂变质小麦已交的进口关税额1 607.45 元。作分录如下：

借：应交税费——应交进口关税　　1 607.45

　贷：自营进口销售成本　　1 607.45

(4)3 月 21 日，收到美国休斯顿公司付来赔偿款 7 938 美元，当日美元汇率的买入价为 6.73 元，予以结汇。作分录如下：

借：银行存款　　53 422.74

　汇兑损益　　158.76

　贷：应收外汇账款——休斯顿公司(US＄7 938×6.75)　　53 581.50

(5)3 月 31 日，收到税务机关退还 30 吨变质小麦的进口关税 1 607.45 元，增值税额 9 382.12元，存入银行。作分录如下：

借：银行存款　　10 989.57

　贷：应交税费——应交进口关税　　1 607.45

　　——应交增值税——进项税额转出　　9 382.12

第三节 代理进口业务

一、代理进口业务概述

(一)代理进口业务应遵循的原则

外贸企业经营代理业务,应遵循不垫付进口商品资金,不负担进口商品的国内外直接费用,也不承担进口业务盈亏;只根据进口商品金额 CIF 价格,按规定的代理手续费率向委托单位收取代理手续费的原则。

根据这一原则,委托单位必须预付采购进口商品的资金,外贸企业只有在向委托单位收妥款项后,才能与进口商签订进口合同;委托单位必须负担因代理业务所发生的国内外直接费用和进口商品所发生的各项税收,并承担进口业务的盈亏。

(二)代理进口业务销售收入的确认

外贸企业代理进口业务,应以开出进口结算单,向国内委托单位办理货款结算的时间确认销售收入的实现。

由于外贸企业经营代理进口业务前,已与委托单位签订了代理进口合同或协议,就代理进口商品的名称、价款条件、运输方式、费用负担、风险责任、手续费率等有关内容作出详细的规定,以明确双方的权利和责任。因此,当银行转来国外全套结算单据,经审核与合同无误,支付进口商品的货款的同时,也就可以向国内委托单位办理货款结算,那么代理进口商品的销售也就已经实现。

二、代理进口业务的核算

外贸企业代理进口业务通常要求委托单位预付货款,在收到委托单位的预付货款时,借记“银行存款”账户;贷记“预收账款”账户或“预收外汇账款”账户。收到银行转来国外全套结算单据时,将其与信用证或合同条款核对无误后,通过银行向国外出口商承付款项时,借记“预收账款”账户;贷记“银行存款”账户。同时,外贸企业业务部门根据代理进口商品金额 CIF 价格的一定比例开具收取代理手续费的发票,财会部门根据业务部门转来的发票(记账联)确认代理进口业务销售收入的实现,据以借记“预收账款”账户;贷记“其他业务收入”账户。

【例 8—5】 上海日化进出口公司受理光明公司代理进口英国伦敦公司香水业务,以 FOB 价格成交。

(1)9 月 1 日,收到光明公司预付代理进口英国伦敦公司香水款 1 135 000 元。作分录如下:

借:银行存款　　1 135 000

　　贷:预收账款——光明公司　　1 135 000

(2)9 月 10 日,购汇支付英国伦敦公司香水的国外运费 1 398 美元,保险费 202 美元,当日卖出汇率为 6.77 元。作分录如下:

借:预收账款——光明公司　　10 832

　　贷:银行存款　　10 832

(3)9 月 12 日,收到银行转来英国伦敦公司全套结算单据,开列香水 200 箱,每箱 450 美元 FOB 价格,计货款 90 000 美元,佣金 1 800 美元。审核无误,扣除佣金后支付货款,当日卖出汇率为 6.77 元。作分录如下:

借:预收账款——光明公司　　597 114

　　贷:银行存款　　597 114

(4)9 月 12 日,同时,按代理进口香水货款 CIF 价格的 2.5%向光明公司收取代理手续费 2 245 美元,当日中间汇率为 6.75 元。作分录如下:

借:预收账款——光明公司　　15 153.75

　　贷:其他业务收入　　15 153.75

(5)9 月 22 日,英国香水运达我国口岸,向海关申报应交进口关税 60 794 元、消费税 286 602.86元、增值税162 408.29元。作分录如下:

借:预收账款——光明公司　　509 805.15

　　贷:应交税费——应交进口关税　　60 794.00

　　　　　　　——应交消费税　　286 602.86

　　　　　　　——应交增值税——进项税额　　162 408.29

(6)9 月 30 日,按代理进口香水手续费收入 15 153.75 元的 6%计提销项税额。作分录如下:

借:其他业务收入　　857.76

　　贷:应交税费——应交增值税——销项税额　　857.76

(7)9 月 30 日,支付代理进口香水的进口关税、消费税和增值税。作分录如下:

借:应交税费——应交进口关税　　60 794.00

　　　　　——应交消费税　　286 602.86

　　　　　——应交增值税——进项税额　　162 408.29

　　贷:银行存款　　509 805.15

练习题

一、简答题

1. 什么是进口贸易业务？它有哪些意义？
2. 试述进口贸易业务的程序。
3. 进口贸易为什么要对进口单据进行严格的审核？审核的单据主要有哪些？应如何进行审核？
4. 试述自营进口商品采购成本的构成。
5. 自营进口商品销售收入如何确认？分述三种不同的确认时间。
6. 代理进口商品销售收入如何确认？试述其确认依据。

二、名词解释题

自营进口业务　　代理进口业务　　进口税金　　单到结算

三、是非题

1. 外贸企业收到银行转来的国外出口商品全套结算单据，应与信用证对照，只有在“单证相符”的情况下，才能向开证行办理付款赎单的手续。（　　）
2. 进口贸易审核的单据主要有发票和提单。（　　）
3. 自营进口商品因商品质量与合同严重不符发生销货退回，可以将商品退回给出口商，在收回货款、进口费用和退货费用后，再向国内客户办理退货手续。（　　）
4. 自营进口商品销售采取单到结算方式，发生商品短缺属于运输单位责任的，外贸企业应向其索赔。（　　）
5. 外贸企业根据代理进口商品金额 FOB 价格的一定比例收取代理手续费。（　　）

四、单项选择题

1. 自营进口商品的国外进价一律以________为基础。

   A. 成本加运费、保险费价格　　B. 成本加运费价格

   C. 船上交货价格　　D. 成交价格

2. 自营进口商品销售采取________时，进口商品采购的核算与销售的核算几乎同时进行。

   A. 货到结算　　B. 单到结算　　C. 单货同到结算　　D. 出库结算

3. 外贸企业经营代理业务，负担________。

   A. 国内直接费用　　B. 国外运费　　C. 国外保险费　　D. 国内外间接费用

五、多项选择题

1. 采用信用证结算对发票的内容进行审核时要求________。

   A. 发票的内容必须与进口贸易合同的内容相一致

   B. 发票的内容必须与信用证的条款内容相一致

   C. 发票中有关项目的内容必须与其他有关的单据核对相符

   D. 发票上的总金额不得超过信用证规定的最大限额

2. 以 CFR 价格成交的，商品的采购成本还应当包括________。

A. 国外运费　　B. 国外保险费　　C. 进口关税　　D. 消费税

六、实务题

习题(一)

目的:练习自营进口商品购进和销售的核算。

资料:

(1)上海烟酒进出口公司向美国洛杉矶公司进口卷烟一批,采用信用证结算,其商品销售采取出库结算方式,9月份发生下列有关的经济业务:

①5日,接到银行转来美国洛杉矶公司全套结算单据,开列卷烟500箱,每箱116美元FOB价格,共计货款58 000美元,经审核无误,购汇予以支付。当日卖出汇率为6.77元。

②6日,购汇支付进口卷烟国外运费1 872美元,保险费128美元,当日卖出汇率为6.77元。

③18日,卷烟运到我国口岸向海关申报应纳进口关税额101 550元,消费税额415 430元,增值税额156 940元。

④20日,美国洛杉矶公司汇来佣金1 740美元,当日买入汇率6.73元,予以结汇。

⑤21日,美国洛杉矶公司运来的500箱卷烟已验收入库,结转其采购成本。

⑥25日,以银行存款支付进口卷烟的进口关税、消费税和增值税。

⑦30日,销售给静安酒业公司本月21日入库的美国卷烟250箱,每箱2 200元,计货款550 000元,增值税额93 500元。收到转账支票,存入银行。

⑧30日,结转250箱美国卷烟的销售成本。

(2)天津烟酒进出口公司向法国巴黎公司进口干红葡萄酒,采用信用证结算方式,商品销售采取单到结算方式,10月份发生下列有关的经济业务:

①10日,接到银行转来法国巴黎公司全套结算单据,开列干红葡萄酒500箱,每箱120欧元CIF价格,共计货款60 000欧元,佣金1 800欧元。经审核无误,扣除佣金后,购汇付款。当日卖出汇率为7.40元。

②16日,该批干红葡萄酒售给卢湾公司,接到业务部门转来增值税专用发票,开列干红葡萄酒500箱,每箱1 240元,共计货款620 000元,增值税额105 400元。收到卢湾公司签发的转账支票,存入银行。

③28日,干红葡萄酒运达我国口岸,向海关申报卷烟应交进口关税额43 068元,应交消费税额52 638元,应纳增值税额89 486元。

④28日,干红葡萄酒已采购完毕,结转其销售成本。

⑤31日,以银行存款支付干红葡萄酒的进口关税额、消费税额和增值税额。

要求:编制会计分录。

习题(二)

目的:练习销货退回的核算。

资料:

(1)参考本章习题(一)的资料(2)。

(2)天津烟酒进出口公司11月份接着又发生下列有关的经济业务:

①3日,接到卢湾公司送来商检局出具的商品检验证明书,证明上月28日到货的法国巴黎公司发

来的 500 箱干红葡萄酒中有 200 箱为不合格产品，经与法国巴黎公司联系后同意作退货处理，垫付退还法国巴黎公司的国外运费 468 欧元，保险费 32 欧元，当日卖出汇率为 7.40 元。

②4 日，将 200 箱干红葡萄酒作进货退出处理，并向税务部门申请退还已交的进口关税额和消费税额。

③4 日，开出红字专用发票，200 箱干红葡萄酒作销货退回处理，应退卢湾公司货款248 000元，增值税额42 160元。

④18 日，收到法国巴黎公司退回的货款及代垫费用 23 780 欧元，当日买入汇率为 7.38 元，收到银行转来结汇水单。

⑤20 日，签发转账支票支付卢湾公司干红葡萄酒的退货退税款 290 160 元。

⑥27 日，收到税务机关退还已交干红葡萄酒的进口关税额、消费税额和增值税额。

要求：编制会计分录。

习题（三）

目的：练习索赔理赔的核算。

资料：上海化工国际贸易公司自营进口商品采取单到结算方式，从美国波士顿公司进口除草剂采用信用证结算方式。2 月份发生下列有关的经济业务：

(1)2 日，接到银行转来美国波士顿公司全套结算单据，开列除草剂 400 桶，每桶 200 美元 CIF 价格，共计货款 80 000 美元，佣金 2 400 美元。经审核无误，扣除佣金后购汇付款。当日卖出汇率为 6.77 元。

(2)3 日，该批除草剂售给青浦供销社，接到业务部门转来增值税专用发票，开列除草剂 400 桶，每桶 1 650 元，货款 660 000 元，增值税额112 200元，收到转账支票，存入银行。

(3)18 日，除草剂运达我国口岸，向海关申报应交进口关税额 26 248 元、应交增值税额93 772元。

(4)18 日，除草剂采购完毕，结转其销售成本。

(5)20 日，以银行存款支付除草剂的进口关税额和增值税额。

(6)21 日，收到青浦供销社转来商检部门出具的商品检验证明书，证明波士顿公司的除草剂有效成分不足，将会影响其使用效果。现向外商提出索赔，经协商后外商同意赔偿 8 000 美元，当日卖出汇率为 6.77 元。

(7)22 日，向青浦供销社开出红字专用发票，应退青浦供销社货款 64 000 元，增值税额 10 880 元。

(8)25 日，向税务机关申请美国波士顿公司退还因除草剂有效成分不足货款已交的进口关税额 2 708元。

(9)26 日，收到美国波士顿公司付来赔偿款 8 000 美元，当日买入汇率为 6.73 元，予以结汇。

(10)27 日，签发转账支票退还青浦供销社货款和增值税额 74 880 元。

(11)28 日，收到税务机关退还因除草剂质量问题外商退款部分已缴纳的进口关税额2 708元，增值税额9 668元，存入银行。

要求：编制会计分录。

习题（四）

目的：练习代理进口业务的核算。

资料：东华日化进出口公司受理长宁公司代理进口法国香水。3 月份发生下列有关的经济业务：

(1)5 日,收到长宁公司预付代理进口香水款项 1 010 000 元,存入银行。

(2)12 日,购汇支付法国塞纳公司香水的国外运费 1 424 美元,保险费 176 美元,当日卖出汇率为 6.77 元。

(3)15 日,收到银行转来法国塞纳公司全套结算单据,开列香水 200 箱,每箱 400 美元 FOB 价格,共计货款 80 000 美元,佣金 1 600 美元,经审核无误,扣除佣金后购汇支付货款,当日卖出汇率为 6.77 元。

(4)15 日,按代理进口香水货款 CIF 价格的 2.5%向长宁公司结算代理手续费,当日中间汇率为 6.75 元。

(5)25 日,法国香水运达我国口岸,向海关申报香水应交进口关税 54 160 元,消费税255 325.71元,增值税144 684.57元。

(6)28 日,按代理进口香水手续费收入的 6%计提销项税额。

(7)29 日,以银行存款支付代理进口香水的进口关税额、消费税额和增值税额。

(8)31 日,签发转账支票,将代理业务的余款退还长宁公司。

要求:编制会计分录。

第九章

应收及预付款项

第一节 应收及预付款项概述

一、应收及预付款项的意义

应收及预付款项是指企业在日常生产经营过程中发生的各项债权。应收及预付款项是企业变现能力较强的一项资产，也是企业流动资产的重要组成部分。

商品流通企业为了有利于商品购销活动的开展，往往采用商业信用的方式赊销商品或预付货款，以广泛地吸引客户，争取货源，因此而形成了对其他企业的债权关系。

在市场经济条件下，存在着激烈的竞争，商业信用的应用虽然给企业的商品交易提供了便利，同时也给企业带来了不确定的因素。应收及预付款项常常会有一部分不能及时收回，影响了企业的资金周转和偿债能力，造成坏账损失。因此，商品流通企业在商品购销活动中，必须注意调查购货单位和供货单位的信用状况，制定合理的信用标准，对已发生的应收及预付款项应及时进行清算和催收，以控制风险和损失，并应根据谨慎性信息质量要求计提坏账准备。

二、应收及预付款项的分类

应收及预付款项按其经济内容不同，可分为应收票据、应收账款、预付账款、应收股利、应收利息和其他应收款六种。

1. 应收票据

应收票据是指企业因销售商品、提供劳务等而收到的商业汇票。应收票据在第二章中已作了阐述，在此不再重复。

2. 应收账款

应收账款是指企业因销售商品、提供劳务等应向购货单位或接受劳务单位收取的款项。

3. 预付账款

预付账款是指企业按照购货合同规定预付给供货单位的款项。

4. 应收股利

应收股利是指企业应收取的现金股利和应收其他单位分配的利润，应收股利将在第十七章阐述。

5. 应收利息

应收利息是指企业交易性金融资产、持有至到期投资、可供出售金融资产等应收取的利息。应收利息将在第十二章阐述。

6. 其他应收款

其他应收款是指企业除应收票据、应收账款、预付账款、应收股利、应收利息等以外的其他各种应收、暂付款项。

第二节　应收账款

一、应收账款的确认和计价

商品流通企业的应收账款主要由销售商品的货款、增值税销项税额和代垫运杂费等组成。应收账款是由于赊销业务而产生的，因此确认应收账款中的货款和增值税销项税额的入账时间与确认销售收入实现的时间是一致的，而代垫运杂费则应于发生时确认应收账款入账。

应收账款通常按实际发生的交易价格确认计价入账，即按增值税专用发票上列明的货款和增值税额以及代办商品运输的发票上列明的运杂费金额入账。计价时还应考虑商业折扣、现金折扣和销售折让等因素。

二、应收账款的核算

应收账款的发生和归还、现金折扣和销售折让的核算在第五章第二节中已作了阐述，不再重复。

（一）商业折扣

商业折扣是指企业根据市场供需情况，或针对不同的客户，在商品标价上给予的扣除。商业折扣是企业采用销量越多，价格越低的促销策略。商业折扣通常在交易发生时已经确定，它仅仅是确定商品实际销售价格的手段，在销售发票上并不予以反映。因此，在存在商业折扣的情况下，应收账款的入账金额应按扣除商业折扣以后的实际售价确认，这样在会计核算上就不需要予以反映。

（二）应收账款的账务重组

1. 账务重组概述

债务重组是指在债务人发生财务困难的情况下，债权人按照与债务人达成的协议或者法院的裁定，做出让步的事项。债务人发生财务困难是指因债务人出现资金周转困难、经营陷入困境或者其他原因，导致其无法或者没有能力按原定条件偿还债务。债权人作出让步是指债权人同意发生财务困难的债务人现在或者将来以低于重组债务账面价值的金额或者价值偿还债务。

在市场经济的条件下，企业之间存在着激烈的竞争，当企业由于生产经营决策失误、资本结构失衡、负债比例过高等原因，导致企业资金周转失灵，从而发生财务困难，无力偿付到期的债务时，债权人出于下列两个原因同意债务人修改债务条件：第一，为最大限度地收回债权；第二，为缓解债务人暂时的财务困难，避免由于采取立即求偿的措施，致使债权上的损失更大。

债务重组有多种形式，以下阐述常用的两种。

（1）以低于重组债务账面价值的现金清偿债务。它是指债务人以低于重组债务账面价值的现金清偿债务。为此，债权人作出了减免债务人部分债务的让步，从而以低于重组债权账面价值的现金收到债权。

（2）以非现金资产清偿债务。它是指债务人转让其非现金资产给债权人以清偿债务。债务人常用于偿债的非现金资产主要有：存货、固定资产、无形资产以及股票、债券及基金等资产。

2. 账务重组的核算

（1）接受低于账面价值的现金清偿债务的核算。企业接受低于账面的现金清偿债务的，债权人应当将重组债权的账面价值与收到的现金之间的差额，计入当期损益。

重组债权的账面价值是指债权面值，或本金、原值。如应收账款应减去其已计提的坏账准备；带息的应收票据、债券投资等有利息的，应加上应计未收的利息；如溢价或折价购进的债券，还应加上尚未摊销的利息调整额。

【例9—1】 4月10日，方兴服装公司赊销给开隆商厦商品一批，含税价格为180 000

元，付款期限为 3 个月，已按 5‰计提坏账准备。7 月 10 日，因开隆商厦发生财务困难，无法按合同规定偿还债务。经双方协议，同意减免开隆商厦债务18 000元，当即收到开隆商厦清偿债务的转账支票162 000元，解存银行，作分录如下：

借：银行存款　162 000.00
　坏账准备　900.00
　营业外支出——债务重组损失　17 100.00
　贷：应收账款　180 000.00

(2)接受非现金资产清偿债务的核算。企业接受非现金资产清偿债务的，债权人应当对受让的非现金资产按其公允价值入账，重组债权的账面余额与受让的非现金资产公允价值之间的差额计入当期损益。

【例 9—2】 3 月 20 日，静安服装公司赊销给华昌公司商品一批，含税价格为100 000元，付款期为 3 个月，已按 5‰计提了坏账准备。6 月 20 日，华昌公司因发生财务困难无法按合同规定偿还债务，经双方协议，同意华昌公司以一辆卡车抵偿债务，该卡车的公允价值为90 000元，作分录如下：

借：固定资产　90 000.00
　坏账准备　500.00
　营业外支出——债务重组损失　9 500.00
　贷：应收账款　100 000.00

企业接受债务人以存货清偿债务的，应当将增值税进项额作为受让的非现金资产公允价值的组成部分入账。

【例 9—3】 4 月 8 日，浦江金属公司赊销给东海工厂商品一批，含税价格为 200 000元，付款期 3 个月，已按 5‰计提了坏账准备。7 月 8 日，东海工厂发生财务困难，无法按合同规定偿还债务，经双方协议，同意东海工厂用商品抵偿债务，该批商品的公允价值为160 000元，增值税税率为 17%，商品已验收入库，作分录如下：

借：库存商品　160 000.00
　应交税费——应交增值税——进项税额　27 200.00
　坏账准备——应收账款　1 000.00
　营业外支出——债务重组损失　11 800.00
　贷：应收账款　200 000.00

企业接受债务人以股票、债券和基金清偿债务的，根据其持有的目的不同，按其公允价值加上应支付的相关税费，作为交易性金融资产、可供出售金融资产、持有至到投资入账。

【例 9—4】 4 月 5 日，长城电器公司赊销给长河工厂商品一批，含税价格为175 000

元，付款期限为3个月，已按5‰计提了坏账准备。7月5日，长河工厂发生财务困难，无法按合同规定偿还债务，经双方协议，同意长河工厂以持有的20 000股南亚公司的股票抵偿债务。该股票每股市价8.50元，另按交易金额的3‰支付佣金，佣金当即签发转账支票支付，长城电器公司决定将其按交易目的而持有，作分录如下：

借：交易性金融资产　　170 000.00
　　投资收益　　510.00
　　坏账准备　　875.00
　　营业外支出——债务重组损失　　4 125.00
　贷：应收账款　　175 000.00
　　　银行存款　　510.00

"应收账款"是资产类账户，用以核算企业销售商品、提供劳务等应向购货单位和接受劳务单位收取的款项。企业发生应收账款时，记入借方；企业收回应收账款、发生现金折扣、销售折让和坏账损失时，记入贷方；期末余额在借方，表示企业尚未收回应收账款的数额。

第三节　预付账款和其他应收款

一、预付账款

商品流通企业为了满足国内、国际市场的需求，向供货单位定购特殊规格的商品，往往需要预付部分货款或定金，届时应由业务部门根据购货合同或协议的规定，填制"预付货款审批单"，一式数联，经有关领导审批同意后，财会部门据以预付货款，由于预付货款后并没有取得商品的所有权，因此，应借记"预付账款"账户，贷记"银行存款"账户；收到供货方专用发票和商品时，再结清账款，届时借记"在途物资"和"应交税费"账户，贷记"预付账款"和"银行存款"账户；俟商品验收入库时，再借记"库存商品"账户，贷记"在途物资"账户。

【例9－5】 上海钢材公司向上海钢厂采购特种圆钢200吨，每吨3 000元，根据合同规定先预付货款的25%，20天后交货时，再支付其余的75%。

(1)12月1日，签发转账支票150 000元，预付上海钢厂200吨特种圆钢25%的货款，作分录如下：

借：预付账款——上海钢厂　　150 000
　贷：银行存款　　150 000

(2)12月21日，业务部门转来上海钢厂开来的专用发票和自行填制的"收货单"(结算联)731 号，开列特种圆钢 200 吨，每吨 3 000 元，计货款 600 000 元，增值税额102 000 元，今扣除预付货款后，签发转账支票一张，金额为 552 000 元，以结清账款，作分录如下：

借：在途物资——上海钢厂　600 000

　应交税费——应交增值税——进项税额　102 000

　　贷：预付账款——上海钢厂　150 000

　　　银行存款　552 000

(3)12 月 22 日，储运部门转来“收货单”(入库联)731 号，昨日发来的特种圆钢 200 吨已全部验收入库，结转商品采购成本，作分录如下：

借：库存商品——圆钢类　600 000

　贷：在途物资——上海钢厂　600 000

“预付账款”是资产类账户，用以核算企业按照购货合同规定，预付给供货单位的货款及定金。企业按规定预付货款及定金时，记入借方；企业收到商品转销预付货款和确认坏账损失销账时，记入贷方；期末余额在借方，表示企业预付给供货单位尚未收到商品的款项。该账户一般按供货单位名称进行明细分类核算。

二、其他应收款

其他应收款主要包括企业的职工因工作需要临时借款、应收的各种赔款、罚款、存出保证金等。其中有些内容已在前面有关章节中作了阐述，本节仅阐述职工因工作需要临时借款的核算内容。

当有关职能部门或工作人员因零星采购、出差等业务需要临时借支款项时，应先提出用款申请，并列明借款金额和归还的日期，经领导审批同意后，由财会部门拨付款项。使用后凭付款凭证向财会部门报账，财会部门审核无误后，采用多还少补的方式，予以结清销账。

【例 9—6】 业务部门业务员周国强经批准预支差旅费 1 500 元。

(1)8 月 10 日，周国强预支差旅费 1 500 元，以现金付讫，作分录如下：

借：其他应收款——周国强　1 500

　贷：库存现金　1 500

(2)8 月 18 日，周国强出差回来报销差旅费 1 472 元，并退回多余现金 28 元，以结清预支款，作分录如下：

借：销售费用——差旅费　1 472

　库存现金　28

　　贷：其他应收款——周国强　1 500

企业对职工因工作需要的临时借款应加强管理，对于超过报销期限的临时采购、出差的部门或人员应督促其尽快报销清账。

“其他应收款”是资产类账户,用以核算企业除应收票据、应收账款、预付账款、应收股利、应收利息以外的其他各种应收、暂付款项。发生各种其他应收、暂付款项时,记入借方;收回各种其他应收、暂付款项和发生确认的坏账损失转销时,记入贷方;期末余额在借方,表示尚未收回的其他各种应收、暂付款项。

第四节 坏账损失

一、坏账损失的确认

坏账是指企业无法收回或收回的可能性极小的应收款项。由于坏账而给企业造成的损失称为坏账损失。

企业确认坏账时,应具体分析各应收款项的特性、金额的大小、信用期限、债务人的信誉和当时的经营情况等因素。企业的应收款项确认坏账的条件有以下三种情况:一是因债务人死亡,以其遗产清偿后仍然无法收回;二是因债务人破产,以其破产财产清偿后仍然无法收回;三是因债务人较长时期内未履行偿债义务,并有足够的证据表明无法收回或收回的可能性极小。

企业对于已确认为坏账的应收款项,并不意味着企业放弃了追索权,一旦重新收回,应及时予以入账。

二、坏账损失的核算

坏账损失的核算方法有直接转销法和备抵法两种。

(一)直接转销法的核算

直接转销法是指在实际发生坏账时确认坏账损失,计入资产减值损失,同时注销应收账款的核算方法。

【例 9—7】 上海食品公司应收隆兴商厦账款 9 200 元,因该商厦已破产,账款无法收回,转作坏账损失。作分录如下:

借:资产减值损失——坏账损失　　9 200

　　贷:应收账款——隆兴商厦　　9 200

如果应收账款作坏账损失处理后,又收回全部或部分货款时,应按实际收回的金额先借记“应收账款”账户,贷记“资产减值损失”账户;冲转原分录后,再借记“银行存款”账户,贷记“应收账款”账户。

这种核算方法简便易行。但是本期的坏账损失是由于前期的赊销商品而发生的,因此显然不符合权责发生制及收入和费用相配比的要求。故这种方法仅适用于应收账款较少，很少发生坏账损失的小型企业。

（二）备抵法的核算

备抵法是指按期估计可能发生的坏账损失，根据一定比例计入资产减值损失，同时建立坏账准备，以备实际发生坏账时，用以抵偿坏账损失。

备抵法认为坏账损失与企业由于赊销而产生的应收账款有直接的联系，因此，坏账损失应与赊销实现的收入计入同一会计期间，使企业的收入与费用相配比。因此企业应在期末对应收账款进行全面检查，预计各项应收账款可能发生的坏账，对于没有把握能够收回的应收账款，应当计提坏账准备。

商品流通企业在确定坏账准备的计提比例时，应当根据企业以往的经验、债务单位的实际财务状况和现金流量的情况，以及其他相关信息合理地估计。除有确凿证据表明该项应收账款不能收回，或收回的可能性不大外（如债务单位的撤销、破产、资不抵债等，以及 3 年以上的应收账款），不能全额计提坏账准备。

坏账准备提取的方法有销货百分比法、应收款项余额百分比法及账龄分析法等。

1. 销货百分比法

销货百分比法是指以会计期间因赊销而发生的应收货款按一定的比例提取坏账准备的方法。企业提取坏账准备的比例一般根据历史资料和经验确定。企业在预提坏账准备时，借记“资产减值损失”账户，贷记“坏账准备”账户；当企业发生坏账损失时，则借记“坏账准备”账户，贷记“应收账款”账户。

【例 9－8】 上海五金公司对坏账损失采用销货百分比法，按月提取坏账准备。

（1）1 月 31 日，应收账款账户借方发生额为 600 000 元，坏账准备率为 2‰，提取本月份坏账准备，作分录如下：

借：资产减值损失——坏账损失	1 200	
贷：坏账准备——应收账款		1 200

（2）2 月 20 日，应收东安商场货款 1 570 元，因该商场已破产无法收回，经批准按坏账损失处理，作分录如下：

借：坏账准备——应收账款	1 570	
贷：应收账款——东安商场		1 570

若已转销的坏账损失以后又收回时，应先冲转其原分录，借记“应收账款”账户，贷记“坏账准备”账户；再作反映收回货款的分录，借记“银行存款”账户，贷记“应收账款”账户。

采用销货百分比法，每年末要检查所规定的百分比是否符合企业坏账损失的实际情况，如果发生偏差时，应予以调整。

2. 应收款项余额百分比法

应收款项余额百分比法是指按应收账款、其他应收款账户余额，根据一定比例提取坏账准备的方法。采用这种方法，企业平时按月提取时，根据历史资料测定的百分比提取，于年末再按应收账款、其他应收款余额的一定比例清算，计入资产减值损失。企业年终清算坏账准备的计算公式如下：

$$\text{年末坏账准备账户应保留的余额}=\text{年末应收款项账户余额}\times\text{年末坏账准备率}$$

$$\text{清算应提坏账准备}=\text{年末坏账准备账户应保留的余额}-\text{清算前坏账准备账户余额}$$

【例 9—9】 上海电器公司采用应收账款余额百分比法，10 月 31 日坏账准备账户的余额在贷方，金额为 900 元。

(1)11 月 30 日，应收账款账户余额为 450 000 元，坏账准备率为 3‰，提取本月份坏账准备，作分录如下：

借：资产减值损失——坏账损失　　1 350
　　贷：坏账准备——应收账款　　1 350

(2)12 月 16 日，应收江桥商店货款 1 500 元，因该企业已破产而无法收回，经批准作坏账损失处理，作分录如下：

借：坏账准备——应收账款　　1 500
　　贷：应收账款——江桥商店　　1 500

(3)12 月 31 日，应收账款账户余额为 480 000 元，坏账准备率为 3‰，清算本年度坏账准备，计算结果如下：

年末坏账准备账户的余额＝480 000×3‰＝1 440(元)

清算前坏账准备账户余额＝900＋1 350－1 500＝750(元)

清算应提的坏账准备＝1 440－750＝690(元)

根据计算的结果，作分录如下：

借：资产减值损失——坏账损失　　690
　　贷：坏账准备——应收账款　　690

3. 账龄分析法

账龄分析法是指根据购货单位所欠账款日期的长短来确定计算坏账准备的方法。这种方法认为购货单位拖欠货款的日期越长，收回货款的可能性就越小，那么坏账损失的可能性就越大，应提的坏账准备也就越多。

账龄分析法的具体计算方法，是通过将应收账款拖欠日期的长短划分为若干阶段，根据历史资料和经验为每一阶段确定一个坏账损失比例，以此计算坏账准备总额。这一方法同应收款项余额百分比法一样，年末要根据前期坏账准备账户的账面余额进行清算调整。

【例 9—10】　上海食品公司采用账龄分析法，2016 年 12 月 31 日坏账准备账户余额在贷方，为 2 040 元，应收账款账户余额为 363 000 元，根据拖欠的日期计算坏账准备如表 9—1 所示。

表 9—1　　坏账准备计算表

2016 年 12 月 31 日　　金额单位：元

账　龄	应收账款金额	坏账准备率	坏账准备金额
未到期	210 000	1‰	210
过期 1～30 天	78 000	5‰	390
过期 31～60 天	45 000	1%	450
过期 61～90 天	18 000	2%	360
过期 91～180 天	9 000	3%	270
过期 180 天以上	3 000	5%	150
合　计	363 000	—	1 830

账龄分析法计算的年末坏账准备账户的余额为 1 830 元。

清算计提的坏账准备＝1 830－2 040＝－210(元)

根据计算的结果，作分录如下：

借：坏账准备——应收账款　　210

　　贷：资产减值损失——坏账损失　　210

上列会计分录表明企业平时提取的坏账准备超过了年终应该保留的金额，因此将超过的金额予以冲转。

"坏账准备"是资产类账户，它是应收账款、预付账款和其他应收款的抵减账户，用以核算企业提取的坏账准备。企业按规定提取坏账准备时，记入贷方；企业发生坏账损失时，记入借方；期末余额通常在贷方，表示已经提取尚未转销的坏账准备，若期末余额在借方，则表示坏账损失超过坏账准备的数额。在"坏账准备"账户下，应分别设置"应收账款"、"预付账款"和"其他应收款"明细分类账。

一、简答题

1. 应收及预付款项分为哪几种？分述其各自的定义。
2. 商品流通企业应收账款包括哪些内容？它是怎样确认和计价的？
3. 什么债务重组？常用的债务重组方式有哪两种？

4. 什么是坏账？什么是坏账损失？确认坏账的条件有哪些？

二、名词解释题

应收及预付款项　　备抵法　　应收款项余额百分比法　　账龄分析法

三、是非题

1. 企业发生的商业折扣在会计核算上并不予以反映。（　）

2. 债权人作出让步是指债权人同意债务人现在或者将来以低于重组债务账面价值的余额或者价值偿还债务。（　）

3. 坏账是指企业无法收回或收回的可能性极小的应收账款。（　）

4. 销货百分比法是指根据销售金额和估计的坏账率，估计坏账损失，计提坏账准备的方法。（　）

5. 坏账损失、销售折让和商业折扣都会影响应收账款的如数收回。（　）

四、单项选择题

1. ________是指企业根据市场供需情况，或针对不同客户，在商品标价上给予的扣除。

A. 购货折扣　　B. 销售折让　　C. 现金折扣　　D. 商业折扣

2. 企业接受非现金资产清偿债务时，重组债权的账面余额与受让的非现金资产公允价值的差额列入________账户。

A. 资产减值损失　　B. 管理费用　　C. 营业外支出　　D. 资本公积

3. 某企业年末"坏账准备——应收账款"账户为借方余额 690 元，"应收账款"账户余额为 380 000 元，按 5‰计提坏账准备，应提取坏账准备的金额为________元。

A. 1 900　　B. 2 590　　C. 1 210　　D. －1 210

五、多项选择题

1. 应收及预付款项包括应收票据、应收账款、预付账款________。

A. 应收股利　　B. 其他应收款　　C. 暂付款项　　D. 应收利息

2. 应收账款入账金额应考虑的因素有货款、代办商品的运杂费、________等。

A. 增值税额　　B. 现金折扣　　C. 商业折扣　　D. 销售折让

3. 债务人常用于偿债的非现金资产主要有：存货________等。

A. 固定资产　　B. 无形资产　　C. 长期待摊费用　　D. 股票、债券及基金

4. 坏账准备提取的方法有________。

A. 应收款项余额百分比法　　B. 账龄分析法

C. 销货百分比法　　D. 备抵法

六、实务题

习题(一)

目的：练习应收账款的核算。

资料：大华金属公司 6 月份发生下列有关的经济业务：

(1)1 日，销售给新欣公司螺纹钢 50 吨，每吨销售单价为 3 300 元，增值税税率为 17%，账款尚未收到。而该公司对销售螺纹钢给予购货方商业折扣，其折扣条件为：购货方一次购进 50 吨，折扣为 2%；购

进 100 吨，折扣为 3%。

(2)2 日，3 个月前赊销给飞达工厂商品一批，含税价格为150 000元，已按 5‰计提了坏账准备。飞达工厂因发生财务困难，无法按合同规定偿还债务，经双方协议，同意减免对方债务15 000元后，当即收到飞达工厂清偿债务的转账支票135 000元，存入银行。

(3)16 日，3 个月前赊销给中宇工厂商品一批，含税价格为188 000元，已按 5‰计提了坏账准备。因该厂发生财务困难，无法按合同规定偿还债务，经双方协议，同意对方用商品抵偿债务，该商品公允价值为150 000元，增值税税率为 17%，收到其专用发票，该批商品已全部验收入库。

(4)4 日，3 个月前赊销给风华公司商品一批，含税价格为112 000元，已按 5‰计提了坏账准备，因该公司发生了财务困难，无法按合同规定偿还债务，经双方协议，同意该公司以一辆叉车抵偿债务，该叉车的公允价值为105 000元。

(5)30 日，3 个月前赊销给奉贤公司商品一批，含税价格为198 000元，已按 5‰计提了坏账准备，因该公司发生财务困难，无法按合同规定偿还债务，经双方协议，同意该公司以持有的21 000股昌明股份有限公司的普通股抵偿债务，该股票每股市价 9 元，另按交易金额的 3‰支付佣金。该股票以按交易目的而持有。

要求：编制会计分录。

习题(二)

目的：练习预付账款和其他应收款的核算。

资料：上海服装公司 3 月份发生下列经济业务：

(1)2 日，向广兴服装厂定购定牌女时装 500 套，每套 250 元，计货款 125 000 元，根据合同规定先预付货款 30%，25 天后交货时再支付 70%。

(2)5 日，向飞马服装厂定购定牌男夹克衫 600 件，每件 200 元，计货款120 000元，根据合同规定先预付货款 30%，25 天后交货时再支付 70%。

(3)8 日，经理王忠祥预支差旅费 1 500 元，以现金支付。

(4)10 日，业务部门业务员张顺预支差旅费 1 000 元，以现金付讫。

(5)14 日，业务部门业务员张顺出差回来报销差旅费 1 180 元，扣除其预支款后，当即补付其现金 180 元。

(6)15 日，经理王忠祥出差回来，报销差旅费 1 480 元，并退回多余现金，以结清其预支款。

(7)27 日，收到广兴服装厂的女时装和专用发票，开列货款 125 000 元，增值税额 21 250 元，当即签发转账支票支付时装其余 70%的货款和增增值税额，并将时装验收入库。

(8)30 日，收到飞马服装厂的男夹克衫和专用发票，开列货款 120 000 元，增值税额 20 400 元，当即签发转账支票支付男夹克衫 70%的货款及增值税额。

(9)31 日，将昨日收到的男夹克衫全部验收入库。

要求：编制会计分录。

习题(三)

目的：练习坏账损失的核算。

资料：

(1)北方服装公司11月1日“坏账准备”账户所属的“应收账款”和“其他应收款”明细账户的贷方余额分别为2 450元和75元。接着又发生下列有关的经济业务：

①11月10日，应收捷利服装商店货款2 200元，因该商店已破产而无法收回，经批准转作坏账损失。

②11月30日，“应收账款”和“其他应收款”账户余额分别为480 000元和18 000元，估计坏账率为5‰，计提本月份坏账准备。

③12月25日，应收安泰工厂货款6 000元，因该厂破产无法收回，经批准作坏账损失处理。

④12月31日，“应收账款”和“其他应收款”账户余额分别为510 000元和20 000元，估计坏账率为5‰，计提本月份坏账准备。

(2)南方食品公司11月30日“坏账准备——应收账款”账户为贷方余额750元，11月份和12月份应收账款余额分析的结果和各种账龄的估计坏账率如下表所示：

金额单位：元

账　龄	估计坏账率	11月末应收账款余额	12月末应收账款余额
未到期	1‰	245 000	275 000
过期1～30天	5‰	84 000	71 000
过期31～60天	1%	56 000	52 000
过期61～90天	2%	20 000	18 000
过期91～180天	3%	11 000	8 000
过期180天以上	5%	2 000	2 000
合　计		418 000	426 000

要求：

(1)根据“资料(1)”，用应收款项余额百分比法编制会计分录。

(2)根据“资料(1)”，用直接转销法对第①、第③笔业务编制会计分录。

(3)根据“资料(2)”，用账龄分析法编制会计分录。

第十章

存　货

第一节　存货概述

一、存货的意义

存货是指企业在日常活动中持有以备出售的商品、处在生产过程中的商品、在生产过程或提供劳务过程中将耗用的材料和物料等。外贸企业在经营活动过程中，存货处在不断地被销售、耗用和重置之中，因此它属于流动资产的范畴，并且是流动资产的一个重要的组成部分。

存货是企业重要的财产物资，它是为企业带来经济利益的重要的经济资源。存货在企业的流动资产中占有较大的比重，并且是流动资产中变现能力最弱的资产。存货的积压必然会引起企业资金周转的困难，进而影响经营活动的正常开展，而存货的不足又会直接影响企业的经营活动和商品销售收入，因此存货的储备必须适量。此外，存货还容易被偷盗、散失和毁损，因此必须加强对存货的管理和核算，正确确定各种存货的数量和金额，保护企业存货的安全与完整，为企业合理安排经营活动提供可靠的物资基础。

二、存货的范围

确定存货的范围是正确核算存货的基础。商品流通企业在确认存货时，除了应确定其在性质上是否属于存货外,还应确定其是否属于企业的存货。企业通常以是否拥有存货所有权作为判断标准。凡所有权已属于企业的存货,不论企业是否收到或持有,均应作为本企业的存货;反之,凡不具备所有权的存货,即使存放于企业,也不能作为企业的存货。商品流通企业存货的具体范围包括以下内容:

(1)企业已经付款购入,或已加工完毕,验收合格并存放在本企业的商品和原材料。

(2)企业已经付款购入,但尚未验收入库的在途商品、在途材料。

(3)企业正在加工,或正在委托加工的商品。

(4)企业已经发运,但尚未办妥结算手续的商品。

三、存货的分类

商品流通企业为了组织存货的管理与核算,必须对存货进行合理的分类。商品流通企业的存货其来源和用途不同,可分为以下五类。

(1)库存商品。它是指商品流通企业为销售而购进或生产加工完毕,并验收入库的商品。

(2)加工中商品。它是指商品流通企业为满足客户的需求,正在进行加工的商品。

(3)原材料。它是指商品流通企业用于加工商品的各种材料和用于日常经营活动的材料、用品。

(4)包装物。它是指商品流通企业为了包装本企业的商品而储备的各种包装容器。

(5)低值易耗品。它是指商品流通企业拥有的使用期限较短的,或者单位价值较低的,不能作为固定资产的各种用具物品。

库存商品的核算在第五章至第八章中已作了阐述,加工商品也在第五章和第七章中作了阐述,不再赘述。

第二节　原材料

商品流通企业的原材料分为生产加工商品用原材料和日常经营活动用原材料两类。生产加工用原材料在第五章和第七章中已作了阐述,本节仅阐述日常经营活动用原材料。

日常活动用原材料是指用于业务经营、设备维修、劳动保护、办公和生活等方面的材料、用品、燃料、物资备件,以及报废入库的各种废旧器材等。

一、原材料购进和领用的核算

原材料数量零星且品种繁杂,有不少均是日常生活用品,因此应指定专人负责保管。企业购进原材料时,由保管人员填制“收料单”,一式数联,在原材料验收入库后,保管人员自留一联登记保管账,另一联连同专用发票一并转交财会部门入账。

商品流通企业购进原材料的成本,由购进的原始进价加上由企业负担的可直接认定的运费组成。企业购进原材料时,除小量立即交付有关部门使用,直接记入有关"销售费用"或"管理费用"明细分类账户外,凡是大批购进入库备用的,均应通过"原材料"账户进行核算。

【例 10—1】 购入木材 2 立方米,每立方米 2 400 元,计货款 4 800 元,增值税额 816 元,木材运费 200 元,增值税额 22 元,款项一并以转账支票付讫,作分录如下:

借:原材料　5 000
　应交税费——应交增值税——进项税额　838
　贷:银行存款　5 838

商品流通企业有关部门在领用原材料时,要填制领料单,写明领用原材料的名称和用途,并由领料人签章。保管人员应定期将领料单汇总,编制"耗用原材料汇总表"送交财会部门,经审核后,根据其不同的用途列入"销售费用"和"管理费用"的有关明细分类账户。

【例 10—2】 静安商厦总务部门转来"耗用原材料汇总表"如表 10—1 所示。

表 10—1　　**耗用原材料汇总表**

2016 年 1 月 31 日

品　名	计量单位	数量	单价	金额	领用部门	用　途
汽油	升	120	6.80	816.00	运输部门	运货卡车用燃料
铜锁	只	1	20.00	20.00	仓储部门	仓库大门用
日光灯管	支	2	12.00	24.00	行政管理部门	办公用
日光灯管	支	6	12.00	72.00	业务部门	商场内照明用
电线	米	50	4.00	200.00	业务部门	商场内调换旧电线用
开关	只	4	5.00	20.00	业务部门	商场内调换坏开关用
木料	立方米	0.1	2 490.00	249.00	业务部门	修理货柜用
账页	刀	2	15.00	30.00	行政管理部门	记账用
信纸	刀	4	6.00	24.00	行政管理部门	办公用
发票	本	20	6.00	120.00	业务部门	营业用
合　计		—	—	1 575.00		

财会部门复核无误后,作分录如下:

借:销售费用——运杂费　　816
　　　　　——保管费　　20
　　　　　——修理费　　565
　　　　　——其他费用　　174
　贷:原材料　　1 575

二、原材料出售的核算

企业多余的原材料可以出售给其他单位和个人。企业按取得的价税合计额借记“银行存款”账户;按出售的货款贷记“其他业务收入”账户;按增值税额贷记“应交税费”账户。结转出售原材料成本时,借记“其他业务成本”账户;贷记“原材料”账户。

【例 10—3】 静安商厦出售木材 1 立方米,单价 2 700 元。

(1)取得出售收入 2 700 元,增值税额 459 元,存入银行时,作分录如下:

借:银行存款　　3 159
　贷:其他业务收入　　2 700
　　应交税费——应交增值税——销项税额　　459

(2)木材的成本单价为 2 493 元,结转其销售成本时,作分录如下:

借:其他业务成本　　2 493
　贷:原材料　　2 493

三、原材料盘亏、盘盈的核算

商品流通企业应定期对原材料进行清查盘点,若发现账实不符时,应先转入“待处理财产损溢”账户,经领导核准转账时,不论是盘亏还是盘盈,均应转入“营业外支出”账户。

“原材料”是资产类账户,用以核算企业库存的用于生产加工、业务经营、设备维修、劳动保护、办公等方面的材料用品。企业购进、盘盈原材料时,记入借方;企业领用、出售、盘亏原材料时,记入贷方;期末余额在借方,表示企业原材料的结存额。

第三节　包装物

一、包装物核算的范围

商品流通企业的包装物有盒、篓、箱、坛、桶、罐等。包装物在保护商品的安全与完整,便于商品的运输和保管,减少商品的损耗,使商品更美观和实用以及提高商品的竞争力方面发挥着重要的作用。为了加强对包装物的核算与管理,必须明确划分包装物核算的范围。

商品流通企业包装物的种类繁多，只有随同商品流通的包装物才属于包装物核算的范围。它主要包括：用于包装商品作为商品组成部分的包装物；随同商品出售而不单独计价的包装物；随同商品出售而单独计价的包装物；出租或出借给购买单位使用的包装物四类。

商品流通企业对于专门用于储存和保管商品而不对外出售、出租或出借的包装容器，如油桶、油罐等应按其价值大小和使用寿命长短，分别在"低值易耗品"或"固定资产"账户核算；对于使用一次就消耗的包装材料如绳、铁丝、铁皮、尼龙带等，在购进验收入库时，在"原材料"账户核算，如购进后即交付使用，可直接列入"销售费用——包装费"账户。

二、包装物购进的核算

包装物的成本由买价和采购费用组成。商品流通企业购进包装物，在收到专用发票和运费等采购费用发票时予以支付，并在包装物验收入库时，根据开列的货款和运费等采购费用借记"包装物"账户；根据开列的增值税额借记"应交税费"账户；根据支付的款项，贷记"银行存款"账户。

【例 10—4】 向开泰容器厂购进周转用铁桶 200 只，每只 100 元，计货款 20 000 元，增值税额 3 400 元，运费 300 元，增值税额 33 元，一并以转账支票付讫，作分录如下：

借：包装物　　20 300
　　应交税费——应交增值税——进项税额　　3 433
　　贷：银行存款　　23 733

当商品流通企业随货购进单独计价的包装物时，这类包装物一般是与商品一起验收入库的，其核算方法与单独购进包装物的核算方法基本相同。所不同的是由于随货购进包装物的目的是为了采购商品，因此，购进时发生的运费等采购费用应全部作为商品采购费用入账，而不能分摊计入包装物成本。

三、包装物销售的核算

商品流通企业随货销售单独计价的包装物，按其取得的价税合计，借记"银行存款"账户；按包装物的销售收入，贷记"其他业务收入"账户；按增值税额，贷记"应交税费"账户。并结转包装物的销售成本，借记"其他业务成本"账户；贷记"包装物"账户。

【例 10—5】 青浦供销社销售除草剂 1 000 升，每升 60 元，计货款 60 000 元；随货销售铁桶 20 只，每只 115 元，计货款 2 300 元，除草剂和铁桶的增值税额共 10 591 元。当即收到转账支票 72 891 元存入银行，铁桶每只进价为 102 元，作分录如下：

借:银行存款 72 891
　　贷:主营业务收入 60 000
　　　其他业务收入 2 300
　　　应交税费——应交增值税——销项税额 10 591

同时,结转铁桶销售成本,作分录如下:

借:其他业务成本 2 040
　　贷:包装物 2 040

商品流通企业随货销售不单独计价的包装物,应作为企业的商品销售费用,在领用时应将包装物的成本列入"销售费用——包装费"账户。

四、包装物租借的核算

商品流通企业租入、借入的包装物,其所有权仍属于出租、出借包装物的企业。然而租入、借入的企业负有保管责任,因此应设置备查簿,及时登记租入(借入)、归还和结存的数量。

商品流通企业租入或借入包装物时,要支付出租或出借企业一定数额的押金,届时借记"其他应收款"账户;贷记"银行存款"账户。

【例 10—6】 租用塑料周转箱 60 只,每只支付押金 45 元,当即签发转账支票付讫,作分录如下:

借:其他应收款——包装物押金 2 700
　　贷:银行存款 2 700

租入包装物归还时,要根据租用天数支付租金,届时应列入"销售费用"账户。

【例 10—7】 归还租入的塑料箱 60 只,共使用 22 天,每只每天按 0.30 元计算租金,收到以押金 2 700 元抵付租金 396 元后的差额 2 304 元的转账支票一张,存入银行,作分录如下:

借:销售费用——包装费 396
　　银行存款 2 304
　　贷:其他应收款——包装物押金 2 700

企业对借入的包装物可无偿使用,归还时可收回全部押金。

商品流通企业在出租或出借包装物时,均要收取一定数额的押金,届时借记"银行存款"账户;贷记"其他应付款"账户。对出租的包装物,在收回包装物时,要按租用天数收取租金,退还押金。收取的租金作为"其他业务收入"入账。而出借包装物供对方无偿使用,收回包装物时,全部退还押金。

出租包装物通常采用一次摊销法,在第一次领用新包装物时,根据包装物的成本,借记“其他业务成本”账户；贷记“包装物”账户。对于价值较高的包装物，也可以采用五五摊销法。五五摊销法是指包装物在领用时，摊销 50%，报废时再摊销 50%的方法。

【例 10—8】 出租给华安公司新塑料桶 100 只，每只收取押金 50 元，塑料桶每只成本 45 元，采用五五摊销法。

(1)2 月 1 日，收到华安公司付来 5 000 元押金的转账支票存入银行时，作分录如下：

借：银行存款	5 000	
贷：其他应付款——包装物押金		5 000

(2)同时将库存塑料桶转账，作分录如下：

借：包装物——出租包装物	4 500	
贷：包装物——库存包装物		4 500

(3)同时，将出租塑料桶用五五摊销法摊销，作分录如下：

借：其他业务成本——出租包装物	2 250	
贷：包装物——包装物摊销		2 250

(4)2 月 22 日，华安公司还来租用的塑料桶 100 只，每只每天按 0.25 元计算租金，今扣除租金 525 元，签发转账支票 4 475 元退还对方，作分录如下：

借：其他应付款——包装物押金	5 000	
贷：其他业务收入——出租包装物		525
银行存款		4 475

新的包装物在出租或出借后，应有专人负责管理，并应在备查簿上进行记录，登记其租出或借出及收回的情况，以防散失。

企业对于出租、出借包装物逾期未退回而没收的押金，应借记“其他应付款”账户；按应交的增值税，贷记“应交税费——应交增值税——销项税额”账户；按其差额，贷记“其他业务收入”账户。

五、包装物修理和报废的核算

商品流通企业为了保持包装物的使用效能，需要加强对包装物的维修，修理包装物所耗费的材料和费用应区别情况，若修理出租用的包装物，则应列入“其他业务成本——出租包装物”账户；若修理出借用的包装物，应列入“销售费用——包装费”账户。

包装物因磨损而不能继续使用时，应申请报废，经批准后予以转账。报废时，应将残料估价入账。

采用一次摊销法的包装物在报废时，根据验收入库包装物的残值，借记“原材料”账户，出租的包装物，贷记“其他业务成本”账户；出借的包装物，贷记“销售费用”账户。

采用五五摊销法的包装物在报废时，按已摊销的数额，借记“包装物——包装物摊销”

账户;按残料估价的价值,借记“原材料”账户;按摊余价值与残值的差额,借记“销售费用”账户或“其他业务成本”账户;按账面实际成本,贷记“包装物——在用包装物”账户。

【例 10—9】 报废出租用塑料桶 30 只,每只账面原值 45 元,已摊销了 50%,残料估价每只 2 元,已验收入库,作分录如下:

借:包装物——包装物摊销　　675
　　原材料　　60
　　其他业务成本　　615
　贷:包装物——在用包装物　　1 350

“包装物”是资产类账户,用以核算企业拥有的随同商品流通的各种包装物的实际成本。企业购进和盘盈包装物时,记入借方;企业出售、领用、报废包装物时,记入贷方;期末余额在借方,表示企业拥有包装物的实际数额。

包装物应定期进行盘点,如发生盘亏或盘盈,应将其账面价值转入“待处理财产损溢”账户,其核算方法与原材料相同,不再赘述。

第四节　低值易耗品

一、低值易耗品概述

低值易耗品是指使用期限短的、或者单位价值较低的,能多次使用而不改变其原有形态的各种用具物品。商品流通企业的低值易耗品主要有柜台、货架、磅秤、办公桌、文件柜、电扇、计数器等。对某些特殊的用具和设备,如劳动用畜、各种非机动车、苫布、水泥条、枕木、电子秤等,不论其单位价值大小和使用寿命长短,均作为低值易耗品处理。

低值易耗品具有品种多、数量大、价值低、易损耗、购置和领发频繁、保管分散、容易丢失的特点。因此要加强对低值易耗品的管理,应根据其使用时间的长短和流动性大小不一等情况,建立和健全必要的收发手续和保管制度。

二、低值易耗品购进的核算

低值易耗品的成本由买价和采购费用组成。商品流通企业购进低值易耗品,在收到专用发票和运杂费发票予以支付,并将低值易耗品验收入库时,根据开列的货款和运费借记“低值易耗品”账户;根据开列的增值税额借记“应交税费”账户;根据支付的款项贷记“银行存款”账户。

【例 10—10】 购进文件柜 2 只,每只 1 600 元,计货款 3 200 元,增值税额 544 元,运费 200 元,增值税额 22 元,款项一并以转账支票付讫,文件柜已验收入库。作分录如下:

借:低值易耗品——库存低值易耗品 3 400
　应交税费——应交增值税——进项税额 566
　　贷:银行存款 3 966

三、低值易耗品领用和摊销的核算

低值易耗品被领用后,在被使用过程中逐渐损耗,其价值也随着逐渐减少,这部分减少的价值,应进行摊销。其摊销的方法有一次摊销法和五五摊销法。

采用一次摊销法的低值易耗品,在领用新的低值易耗品时,业务部门领用的,借记“销售费用”账户;行政管理部门领用的,借记“管理费用”账户,贷记“低值易耗品——库存低值易耗品”账户。

采用五五摊销法的低值易耗品,在领用时,先将低值易耗品从“库存低值易耗品”明细账户转入“在用低值易耗品”明细账户,然后再摊销其价值的50%,届时,业务部门领用的,借记“销售费用”账户;行政管理部门领用的,借记“管理费用”账户,贷记“低值易耗品——低值易耗品摊销”账户。

【例10—11】 经理室领用库存文件柜2只,每只1 700元。

(1)将库存文件柜转入在用,作分录如下:

借:低值易耗品——在用低值易耗品 3 400
　　贷:低值易耗品——库存低值易耗品 3 400

(2)同时摊销其价值的50%,作分录如下:

借:管理费用——低值易耗品摊销 1 700
　　贷:低值易耗品——低值易耗品摊销 1 700

四、低值易耗品修理和报废的核算

商品流通企业维修低值易耗品时耗用的原材料和发生的修理费用,应根据其使用的部门不同,分别列入“销售费用”、“管理费用”账户。

低值易耗品在丧失使用效能,经批准报废时,应将残料估价入库或出售。采用一次摊销法的低值易耗品,由于已经全额注销了账面价值,在残料估价验收入库,应借记“原材料”账户;贷记“销售费用”、“管理费用”账户。

采用五五摊销法的低值易耗品,在低值易耗品报废时,应按已摊销的数额,借记“低值易耗品——低值易耗品摊销”账户;按残料估价的价值,借记“原材料”账户;按摊余价值与残值的差额,借记“销售费用”、“管理费用”账户;按账面实际成本,贷记“低值易耗品——在用低值易耗品”账户。

【例10—12】 商场报废柜台一只,账面原值1 200元,已摊销了50%,残料估价50

元，已验收入库。作分录如下：

借：低值易耗品——低值易耗品摊销　　600
　原材料　　50
　销售费用——低值易耗品摊销　　550
　贷：低值易耗品——在用低值易耗品　　1 200

五、低值易耗品出售和盘亏盘盈的核算

商品流通企业在出售新的库存低值易耗品时，其核算方法与包装物基本相同，不再赘述。

商品流通企业出售在用低值易耗品时，是需要缴纳增值税的。应根据低值易耗品摊销的情况入账。如该低值易耗品是采用一次摊销法的，应根据出售收入，借记“银行存款”账户，贷记“销售费用”或“管理费用”账户和“应交税费”账户；如该低值易耗品是采用五五摊销法的，若出售收入小于摊余价值，其差额应列入“销售费用”或“管理费用”账户；反之，若出售收入大于摊余价值，其差额应冲减“销售费用”或“管理费用”账户。

【例 10－13】 出售旧办公桌 1 张，含税收入 702 元，增值税率为 17%，款项收到转账支票，存入银行。该办公桌账面原值 1 600 元，采用五五摊销法已摊销 800 元。

(1)将出售办公桌收入入账，作分录如下：

借：银行存款　　702
　贷：低值易耗品——在用低值易耗品　　600
　　应交税费——应交增值税——销项税额　　102

(2)转销办公桌账面价值，作分录如下：

借：低值易耗品——低值易耗品摊销　　800
　管理费用——低值易耗品摊销　　200
　贷：低值易耗品——在用低值易耗品　　1 000

低值易耗品若发生盘亏盘盈时，应先将其账面价值转入“待处理财产损溢”账户，核算方法与原材料相同，不再重述。

“低值易耗品”是资产类账户，用以核算企业拥有的各种低值易耗品的实际成本。企业购进、盘盈低值易耗品时，记入借方；企业领用、摊销、出售和盘亏低值易耗品时，记入贷方；期末余额在借方，表示企业拥有低值易耗品的净值。

练习题

一、简答题

1. 什么是存货？企业为何要加强存货的管理和核算？

2. 试述存货的具体范围和分类。

3. 试述购入原材料成本的构成。

4. 什么是包装物？出租包装物与出售包装物在核算上有何不同？

二、名词解释题

库存商品　　加工中商品　　原材料　　五五摊销法

三、是非题

1. 存货由库存商品、原材料、包装物和低值易耗品组成。　（　　）

2. 各种包装材料如绳、铁丝、铁皮、尼龙带等，在验收入库时应记入“包装物”账户。　（　　）

3. 企业按规定没收逾期未还出租、出租包装物押金应作为“营业外收入”入账。　（　　）

4. 低值易耗品是指企业拥有的使用期限较短的，并且单位价值较低的不能作为固定资产的各种用具物品。　（　　）

四、单项选择题

1. 购入已验收入库用于________的原材料，不能在“原材料”账户内核算。

A. 业务经营　　B. 设备维修　　C. 劳动保护　　D. 在建工程

2. 单位价值较低的、用于储存和保管商品，而不对外出售、出租或出借的包装容器应在________账户内核算。

A. 库存商品　　B. 原材料　　C. 包装物　　D. 低值易耗品

3. 能列入“销售费用——包装费”账户的有________。

A. 随货销售单独计价的包装物　　B. 随货销售不单独计价的包装物

C. 出租用包装物的摊销　　D. 储存用包装物的摊销

五、多项选择题

1. 存货是指企业拥有的为________而储备的各种物资。

A. 筹资　　B. 销售　　C. 耗用　　D. 投资

2. 属于包装物的核算范围的有________。

A. 用于包装商品作为商品组成部分的包装物

B. 随同商品出售而不单独计价的包装物

C. 租入或借入的包装物

D. 出租或出借给购买单位使用的包装物

六、实务题

习题(一)

目的：练习原材料的核算。

资料：上海烟糖公司2月份发生下列经济业务：

1. 2日，安顺印刷厂送来订购的信纸1 000本，每本9元；信封500刀，每刀6元，计货款12 000元，增值税额2 040元。信纸、信封由总务部门验收入库，款项以转项支票支付。

2. 10日，购入木料3立方米，单价2 300元，货款6 900元，增值税额1 173元，木料运费500元，增值税额55元，款项从银行汇付对方。木料已由总务部门验收入库。

3.16日，购入日光灯管40支，每支12.50元，货款500元，增值税额85元。灯管由总务部门验收入库，款项尚未支付。

4.24日，销售木料2立方米，每立方米售价2 700元，增值税率为17%，收到转账支票6 318元，存入银行，并结转木料的成本。

5.28日，总务部门交来“耗用原材料汇总表”如下，据以转账。

耗用原材料汇总表

2016年2月28日

品　名	计量单位	数量	单价	金额	领用部门	用　途
柴油	升	124	6.75	837.00	仓储部门	运输车辆用
日光灯管	支	4	12.50	50.00	仓储部门	仓库照明
日光灯管	支	6	12.50	75.00	业务部门	照明
开关	只	4	6.00	24.00	业务部门	修理用
木料	立方米	0.1	2 500.00	250.00	业务部门	修理用
账页	刀	6	12.50	75.00	行政管理部门	记账
复写纸	盒	1	12.00	12.00	业务部门	业务经营
圆珠笔芯	支	22	0.30	6.60	业务部门	业务经营
圆珠笔	支	8	3.00	24.00	行政管理部门	办公
信纸	本	6	9.00	54.00	行政管理部门	办公
信封	刀	5	6.00	30.00	行政管理部门	办公

要求：编制会计分录。

习题（二）

目的：练习包装物的核算。

资料：东亚化工贸易公司4月份发生下列经济业务：

(1)1日，购进包装商品用铁皮、尼龙带等包装用品一批，计货款1 500元，增值税额255元，一并以转账支票付讫。包装用品由总务部门验收入库。

(2)4日，购进商品周转用铁桶200只，每只110元，货款22 000元，增值税额3 740元，铁桶运费400元，增值税额44元，一并以转账支票付讫。

(3)6日，销售杀虫剂2 000升，每升30元，计货款60 000元，增值税额10 200元；随货销售本月4日购进的铁桶40只，每只125元，计货款5 000元，增值税额850元。当即全部收到转账支票，存入银行，并结转其成本。

(4)8日，销售给惠南供销社杀虫剂1 500升，每升30元，计货款45 000元，增值税额7 650元。随货出租本月 4 日购进的铁桶 30 只,每只收取押金 135 元,款项当即全部收到转账支票,存入银行。该铁桶采用五五摊销法摊销。

(5)10 日,销售给南桥供销社除草剂 1 200 升,每升 55 元,计货款 66 000 元,增值税额11 220元,随货出借新塑料桶 24 只,每只收取押金 50 元,款项当即全部收到转账支票,存入银行。该塑料桶成本单价 42 元,采用一次摊销法。

(6)18 日,销售钛白粉 60 箱,每箱 500 元,计货款 30 000 元,增值税额 5 100 元,收到转账支票存入银行;同时随货销售不单独计价的木箱 60 只,成本单价 15 元。

(7)20 日,业务部门领用包装商品用铁皮、尼龙带等计 175 元,予以转账。

(8)21 日,以转账支票支付委托外单位修理出借用包装商品木箱的修理费 300 元,增值税额 51 元。

(9)25 日,南桥供销社还来塑料桶 24 只,当即签发转账支票退还其押金 1 200 元。

(10)28 日,报废出租用旧铁桶 20 只,每只原值 115 元,已摊销了 50%,每只残料估价 10 元;报废出借用塑料桶 30 只,每只残料估价 0.50 元,该桶采用一次摊销法。两种包装物的残料均已验收入库。

(11)29 日,惠南供销社还来租用铁桶 30 只,共租用 21 天,每只铁桶每天应收取租金 0.50 元。今扣除租金后,当即签发转账支票退回其押金。

要求:编制会计分录。

习题(三)

目的:练习低值易耗品的核算。

资料:上海百货公司 9 月份发生下列经济业务:

(1)1 日,购入计数器 5 只,每只 60 元,货款 300 元,增值税额 51 元,已验收入库,款项以转账支票付讫。

(2)5 日,购入办公桌 2 张,每张 1 200 元,货款 2 400 元,增值税额 408 元,运杂费 100 元,增值税额 11 元,款项一并以转账支票付讫,办公桌已验收入库。

(3)7 日,业务部门领用本月 1 日购入的计数器 3 只,采用一次摊销法。

(4)12 日,行政管理部门领用本月购进的办公桌 2 张,采用五五摊销法摊销。

(5)15 日,购入打印机 3 台,每只 1 500 元,计货款 4 500 元,增值税额 765 元,打印机已验收入库,款项尚未支付。

(6)20 日,本月购进的打印机行政管理部门领用 2 台,业务部门领 1 台,该打印机采用五五摊销法摊销。

(7)23 日,业务部门报废旧日光灯 3 套,该日光灯采用一次摊销法,残料出售收入现金 8 元。

(8)25 日,以现金支付业务部门助动车修理费 80 元。

(9)30 日,行政管理部门报废旧办公桌 1 张,账面原值 1 000 元,该办公桌采用五五摊销法,残料估价 30 元,验收入库。

要求:编制会计分录。

第十一章

固定资产、无形资产和长期待摊费用

第一节　固定资产

一、固定资产概述

（一）固定资产的意义

固定资产是指为生产商品、提供劳务、出租或经营管理而持有的、使用寿命超过一个会计年度、单位价值较高的有形资产。使用寿命是指企业使用固定资产的预计期间，或者该固定资产所能生产产品或提供劳务的数量。固定资产包括房屋、建筑物、机器、机械、运输工具及其他的设备、器具和工具等。为了便于教学，现将固定资产单位价值定为 2 000 元以上（包括 2 000 元）。在实际工作中，企业应根据不同固定资产的性质和消耗方式，结合本企业的经营管理特点，具体确定固定资产的价值判断标准。

企业确认固定资产必须同时满足以下两个条件：一是与该固定资产有关的经济利益很可能流入企业；二是该固定资产的成本能够可靠地计量。

固定资产具有使用寿命长，单位价值高，并在使用过程中长期保持其原有实物形态的特点。它在业务经营过程中，由于不断地使用而逐渐发生损耗，其损耗的价值逐步转入期间费用中去，并从营业收入中得到补偿。这样，固定资产损耗的价值，随着时间的推移，一部分、一部分不断地从实物形态转变为货币形态，直至固定资产报废清理时才全部完成这一转变过程。因此，占用在固定资产上的资金需要较长的时间才能完成一次周转。这与流动资金的不断循环周转，不断地从实物形态转变为货币形态，又从货币形态转变为实物形态的情况有很大的区别。

固定资产是商品流通企业重要的劳动手段，代表着商品流通企业的经营能力。它在提高劳动效率、改善工作环境、减轻劳动强度、提高商品质量、降低商品损耗、改善经营管理和提高经济效益等方面发挥着重要的作用。

（二）固定资产的分类

固定资产有多种不同的分类，商品流通企业采用的是固定资产按经济用途和使用情况综合分类，可以分为以下七类：

（1）经营用固定资产。它是指直接服务于企业经营过程的固定资产，如经营用房屋、仓库、设备、运输工具和办公设备等。

（2）非经营用固定资产。它是指不直接服务于经营过程的固定资产，如用于职工物质文件生活上需要的食堂、医务室、托儿所、职工宿舍、俱乐部等。

（3）租出固定资产。它是指企业出租给外单位的固定资产。

（4）未使用固定资产。它是指已完工或已购建的尚未交付使用的固定资产以及因进行改建、扩建等原因停止使用的固定资产。它不包括由于季节性或进行大修理等原因而暂时停止使用的固定资产。

（5）不需用固定资产。它是指本企业多余或不适用需要调配处理的固定资产。

（6）土地。它是指企业已经估价单独入账的土地。

（7）融资租入固定资产。它是指企业采取融资租赁方式租入的固定资产。

（三）固定资产的计量

企业由于核算和管理的需要，对固定资产有以下三种计量标准：

1. 原始价值

原始价值（简称原值）又称历史成本，是指企业购建某项固定资产达到预定可使用状态前所发生的一切合理的、必要的支出。由于这种计价方法确定的价值均是实际发生并有支付凭据的，因此具有客观性和可验证性的特点，并成为固定资产的基本计量标准。由于固定资产取得的方式不同，其原始价值的计量标准也各异。

（1）外购的固定资产。按照购买价款、使固定资产达到预定可使用状态前所发生的可归属于该项资产的运输费、装卸费、安装费和专业人员服务费等入账。从国外进口的固定资产还要加上进口关税。

（2）自行建造的固定资产。按照建造该项资产达到预定可使用状态前所发生的必要支出入账。

（3）投资者投入的固定资产。按照投资合同或协议约定的价值入账。

(4)融资租入的固定资产。按照租赁开始日租赁资产的公允价值与最低租赁付款额的现值两者中较低者入账。

(5)接受捐赠的固定资产。如捐赠方提供有关凭证的,按照凭证上标明的金额,加上支付的相关费用入账,如国外捐赠的还要加上进口关税;如捐赠方未提供有关凭证的,按照同类或类似资产的市场价格,加上支付的相关费用入账,如国外捐赠的还要加上进口关税。

(6)盘盈的固定资产。按照同类或类似固定资产的市场价格减去按该项资产的新旧程度估计的价值损耗后的余额入账。

(7)在原有固定资产基础上进行改建、扩建的固定资产。按照原固定资产账面价值,减去改建、扩建过程中发生的变价收入,加上由于改建、扩建使该项资产达到预定可使用状态前发生的支出入账。但不得超过其可收回金额。

2. 净值

净值又称折余价值,是指固定资产原始价值减去已提折旧后的价值。它可以反映企业实际占用在固定资产上的资金数额。将其与原始价值对比,可以反映固定资产的新旧程度。

3. 净额

净额是指固定资产净值减去已提减值准备后的金额。它可以反映企业目前拥有固定资产的价值。

二、固定资产取得的核算

(一)外购固定资产的核算

企业外购的固定资产,有的不需要安装,如房屋、建筑物、运输工具等;有的需要安装,如机器设备、空调设备等,它们的计价范围和核算方法也各有所不同。

购置不需要安装的固定资产时,其入账的原始价值包括购买价款(简称买价)、相关税费、运输费、装卸费和专业人员服务费等。根据税法规定企业购进的固定资产发生的进项税额,可以从销项税额中抵扣,因此计入固定资产原始价值中的相关税费中不包括增值税。

【例 11－1】 上海电器公司向天津仪器厂购进仪器一台,专用发票上列明买价 25 000元,增值税额 4 250 元,并发生运输费 600 元,装卸费 100 元,增值税额 77 元。全部款项一并从银行汇付给对方,仪器也已达到预定可使用状态,并验收使用。作分录如下:

借:固定资产——经营用固定资产	25 700	
应交税费——应交增值税——进项税额	4 327	
贷:银行存款		30 027

企业购置需要安装的固定资产时,其入账价值除了包括买价、相关税费、运输费、装卸

费和专业人员服务费外，还要加上安装费。届时应通过“在建工程”账户核算。

【例 11－2】 上海食品公司购进机器设备一台，专用发票列明买价 56 000 元，增值税额9 520元。

(1)签发转账支票支付全部款项，机器设备交所属的安装队进行安装。作分录如下：

借：在建工程——安装工程——安装机器设备　　56 000
　应交税费——应交增值税——进项税额　　9 520
　贷：银行存款　　65 520

(2)安装机器设备应分配安装人员的工资 600 元，计提职工福利费 84 元，作分录如下：

借：在建工程——安装工程——安装机器设备　　684
　贷：应付职工薪酬——工资　　600
　　　　——职工福利　　84

(3)机器设备安装调试完毕，达到预定可使用状态，并验收使用，作分录如下：

借：固定资产——经营用固定资产　　56 684
　贷：在建工程——安装工程——安装机器设备　　56 684

“固定资产”是资产类账户，用以核算企业固定资产的原始价值。企业取得和盘盈固定资产时，记入借方；企业处置和盘亏固定资产时，记入贷方；期末余额在借方，表示企业现有固定资产的原始价值。

企业购进不动产或不动产在建工程，按照税法规定自取得之日起分 2 年从销项税额中抵扣。届时借记“固定资产”、“在建工程”等账户，按照当期可抵扣的增值税额，借记“应交税费——应交增值税——进项税额”账户，按照以后期间可抵扣的增值税额，借记“应交税费——待抵扣进项税额”账户，按照实际支付的价税合计金额，贷记“银行存款”账户。尚未抵扣的进项税额待以后期间允许抵扣时，按照允许抵扣的金额，借记“应交税费——应交增值税——进项税额”账户，贷记“应交税费——待抵扣进项税额”账户。

(二)自行建造固定资产的核算

企业自行建造固定资产入账的原始价值为其在建造过程中发生的全部支出。届时应通过“工程物资”和“在建工程”账户进行核算。

【例 11－3】 上海服装公司自行建造仓库一座，并决定将工程发包给江海建筑公司。

(1)购入钢筋、水泥、木材等各种建筑材料一批，专用发票列明价款 240 000 元，增值税额40 800元，款项以转账支票支付，建筑材料已验收入库。作分录如下：

借：工程物资　　240 000
　应交税费——应交增值税——进项税额　　1 700
　应交税费——待抵扣进项税额　　39 100
　贷：银行存款　　280 800

(2)江海建筑公司领用仓库的建筑材料240 000元。作分录如下：

借：在建工程——建筑工程——建造仓库　　240 000

　　贷：工程物资　　240 000

(3)签发转账支票支付江海建筑公司建筑仓库工程款84 000元，增值税额9 240元，作分录如下：

借：在建工程——建筑工程——建造仓库　　84 000

　　应交税费——应交增值税——进项税额　　385

　　应交税费——待抵扣进项税额　　8 855

　　贷：银行存款　　93 240

(4)建造的仓库已竣工，达到预定可使用状态，并验收使用。作分录如下：

借：固定资产——经营用固定资产　　324 000

　　贷：在建工程——建筑工程——建造仓库　　324 000

"工程物资"是资产类账户，用以核算企业为在建工程准备的各种物资的实际成本。企业购入各种工程物资及在建工程退还领用多余工程物资时，记入借方；企业领用工程物资时，记入贷方；期末余额在借方，表示企业期末库存工程物资的数额。

"在建工程"是资产类账户，用于核算企业进行基建工程、安装工程、更新改造工程等在建工程发生的支出，包括需要安装设备的价值。企业发生各项工程支出时，记入借方；当工程竣工，达到预定可使用状态，交付使用，结转实际工程成本时，记入贷方；期末余额在借方，表示企业各项未完工程的数额。

(三)投资者投入固定资产的核算

投资者投入的固定资产入账的原始价值是投资合同或协议约定的价值。届时应借记"固定资产"账户；贷记"实收资本"账户。

【例11－4】 上海食品公司收到天达公司投入冷库一座，冷库已达到预定可使用状态，验收使用。该冷库按投资合同约定的180 000元计价入账，作分录如下：

借：固定资产——经营用固定资产　　180 000

　　贷：实收资本　　180 000

(四)接受捐赠固定资产的核算

企业接受捐赠的固定资产，按捐赠者提供的发票、报关单等有关凭证入账。如接受时没有明确的价目账单，应按照同类资产当前的市场买价入账。接受固定资产时发生的各项费用应计入固定资产原值。收到捐赠固定资产时，按确定的入账价值借记"固定资产"账户；贷记"营业外收入"账户。

【例11－5】 向阳电器公司收到华阳公司捐赠的仪器一台，根据提供发票等凭证，表明其买价为70 200元，用银行存款支付手续费600元。仪器已达到预定可使用状态并验收使用，作分录如下：

借：固定资产——生产经营用固定资产	70 800.00	
贷：营业外收入		70 200.00
银行存款		600.00

三、固定资产折旧的核算

（一）固定资产折旧概述

固定资产折旧是指在固定资产的使用寿命内，按照确定的方法对应计折旧额进行的系统分摊。应计折旧额是指应当计提折旧的固定资产原价扣除其预计净残值后的金额。已计提减值准备的固定资产还应当扣除已计提的固定资产减值准备累计金额。预计净残值是指假定固定资产预计使用寿命已满，并处于使用寿命终了时的预期状态，企业目前从该项资产处置中获得的扣除预计处置费用后的金额。企业应当根据固定资产的性质和使用情况，合理地确定固定资产的使用寿命和预计净残值。

企业确定固定资产使用寿命，应当考虑的因素有：预计生产能力或实物产量，预计有形损耗和无形损耗；法律或者类似规定对资产使用的限制等。有形损耗是指固定资产在使用过程中由于磨损和自然力影响其物理性能而发生的实物损耗；无形损耗是指固定资产由于社会劳动生产率的提高和科学技术的进步，而使原有的固定资产贬值所造成的损耗。

（二）固定资产折旧的计提范围

企业所持有的固定资产，除了已提足折旧仍继续使用的固定资产和按照规定单独估价作为固定资产入账的土地外，都应计提折旧。

企业应按月计提固定资产折旧，当月增加的固定资产，当月不提折旧，从下个月计提折旧；当月减少的固定资产，当月仍提折旧，从下个月起停止计提折旧。

（三）固定资产折旧的计算方法

商品流通企业应当根据与固定资产有关的经济利益的预期实现方式，合理选择固定资产的折旧方法。可选择的折旧方法有常规折旧法和加速折旧法两类。

1. 常规折旧法

常规折旧法又称一般折旧法，是指根据固定资产的损耗程度均衡地提取折旧的方法。它可分为年限平均法和工作量法。

(1)年限平均法。年限平均法又称直线法，是指将固定资产的折旧均衡地分摊到各期的方法。其计算公式如下：

$$年折旧率=\frac{1-预计净残值率}{预计使用寿命}$$

$$月折旧率=\frac{年折旧率}{12}$$

$$月折旧额=固定资产原始价值\times月折旧率$$

预计净残值率是指预计净残值除以固定资产原始价值的比率。

【例 11－6】 上海五金公司有仓库一座，原始价值180 000元，预计使用 20 年，预计净残值率为 4%。计算该仓库年、月折旧率和月折旧额如下：

$$年折旧率=\frac{1-4\%}{20}=4.8\%$$

$$月折旧率=\frac{4.8\%}{12}=4‰$$

月折旧额＝180 000×4‰＝720(元)

以上计算的折旧率是个别折旧率。个别折旧率是指某项固定资产在一定期间的折旧额与该项固定资产原始价值的比率。在实际工作中，由于企业拥有一定数量的固定资产，为了简化计算手续，也可以采用分类折旧率。分类折旧率是指固定资产分类折旧额与该类固定资产原始价值的比率。采用这种方法应将性质、结构和使用寿命接近的固定资产归为一类，计算出一个平均的折旧率，据以计算该类固定资产折旧额。其计算公式如下：

$$年分类折旧率=\frac{该类固定资产年折旧总额}{该类固定资产原始价值总额}\times100\%$$

(2)工作量法。工作量法是指根据固定资产的实际工作量计提折旧额的方法。用这种方法可以正确地为各月使用程度相差较大的固定资产计提折旧，如汽车等运输设备可按其行驶里程(吨/千米)计算折旧。其计算公式如下：

$$每单位工作量折旧额=\frac{固定资产原始价值\times(1-预计净残值率)}{预计使用寿命内总的工作量}$$

$$某项固定资产月折旧额=每单位工作量折旧额\times该项固定资产当月实际的工作量$$

2. 加速折旧法

加速折旧法又称递减折旧费用法，是指在固定资产预计使用寿命内，前期多提折旧，后期少提折旧的方法。采用加速折旧法计提折旧可以在较短时期内收回固定资产的大部分投资，加速固定资产的更新改造，减少因科技进步带来的固定资产无形损耗的投资风险。加速折旧法有双倍余额递减法和年数总和法两种。

(1)双倍余额递减法。它是指在不考虑固定资产净残值的情况下，根据每期期初固定资产净值乘以双倍直线折旧率计算固定资产折旧的方法。其计算公式如下：

$$双倍直线折旧率=\frac{2}{预计使用寿命}\times100\%$$

$$年折旧额=固定资产净值\times双倍直线折旧率$$

采用双倍余额递减法计提固定资产折旧时，为了不使固定资产的账面净值降低到它的预计净残值以下，应当在其固定资产折旧年限到期以前两年内，将固定资产净值扣除预计净残值后的余额平均摊销。

【例 11—7】 有机器一台，原始价值48 000元，预计使用 5 年，预计净残值2 400元，用双倍余额递减法计算该机器各年的折旧额如下：

双倍直线折旧率＝2÷5×100%＝40%

该机器各年应提折旧额如表 11—1 所示。

表 11—1　　固定资产折旧的计算表　　金额单位：元

年次	年初固定资产净值	双倍直线折旧率	折旧额	累计折旧额	年末固定资产净值
1	48 000.00	40%	19 200.00	19 200.00	28 800.00
2	28 800.00	40%	11 520.00	30 720.00	17 280.00
3	17 280.00	40%	6 912.00	37 632.00	10 368.00
4	10 368.00	—	3 984.00	41 616.00	6 384.00
5	6 384.00	—	3 984.00	45 600.00	2 400.00

(2)年数总和法。它又称合计年限法，是指将固定资产原始价值减去预计净残值后的净额，乘以逐年递减的分数计算折旧的方法。分数的分子表示固定资产尚可使用年数，分母表示使用年数的逐年数字总和。其计算公式如下：

$$年折旧率=\frac{尚可使用年数}{预计使用寿命的年数总和}$$

$$年折旧额=(固定资产原始价值-预计净残值)\times年折旧率$$

【例 11—8】 有机器一台，原始价值48 000元，预计使用 5 年，预计净残值2 400元，用年数总和法计算该机器各年的折旧额如下：

年数总和＝5＋4＋3＋2＋1＝15

该机器各年应提折旧额如表 11—2 所示。

表 11—2　　固定资产折旧计算表　　金额单位：元

年次	原始价值减预计净残值	尚可使用年数	折旧率	折旧额	累计折旧
1	45 600	5	5/15	15 200	15 200
2	45 600	4	4/15	12 160	27 360
3	45 600	3	3/15	9 120	36 480
4	45 600	2	2/15	6 080	42 560
5	45 600	1	1/15	3 040	45 600

固定资产折旧是按月提取的，因此还要将前述两种加速折旧法计算的结果除以12，作为每月提取折旧的依据。

（四）固定资产折旧的核算

商品流通企业按月提取固定资产折旧时，应当根据固定资产的用途入账，业务部门和储运部门使用的固定资产计提的折旧应借记“销售费用”账户；行政管理部门的固定资产计提的折旧应借记“管理费用”账户；贷记“累计折旧”账户。

【例11－9】 上海服装公司计提本月份固定资产折旧费，其中业务储运部门4 080元，行政管理部门1 990元，作分录如下：

借：销售费用	4 080	
管理费用——折旧费	1 990	
贷：累计折旧		6 070

“累计折旧”是资产类账户，它是固定资产的抵减账户，用以核算企业固定资产累计折旧额。企业提取固定资产折旧时，记入贷方；企业处置、盘亏固定资产时，记入借方；期末余额在贷方，表示企业固定资产累计折旧额。“固定资产”账户余额，减去“累计折旧”账户余额，就是固定资产净值。

四、固定资产后续支出的核算

商品流通企业的固定资产投入使用后，为了维护或提高固定资产的使用效能，或者为了适应新技术发展的需要，往往需要对现有的固定资产进行维护、改建、扩建或者改良，如果这项支出增强了固定资产获取未来经济利益的能力，提高了固定资产的性能，从而形成了可能流入企业的经济利益超过了原先的估计，则应将该项后续支出予以资本化，计入固定资产的账面价值；否则应将这些后续支出予以费用化，计入发生当期的损益。

（一）资本化后续支出的核算

企业通过对商场、仓库等建筑物进行改建、扩建，使其更加坚固耐用和美观，延长了其使用寿命、扩大了其使用面积，改善了服务环境；企业通过对营业设施的改建，提高了服务质量，也提高了企业在市场上的竞争力。上述这些都表明后续支出提高了固定资产原定的创利能力。因此应将后续支出予以资本化。在将后续支出予以资本化时，后续支出的计入，不应超过该固定资产的可收回金额。

企业在对固定资产进行改建、扩建或者改良时，应将固定资产的账面价值转入“在建工程”账户，届时根据固定资产净额借记“在建工程”账户；根据已提累计折旧额借记“累计折旧”账户；根据已计提的减值准备借记“固定资产减值准备”账户；根据固定资产原值贷记“固定资产”账户。在固定资产改建、扩建或者改良时所发生的耗费，都应列入“在建工程”账户。在改建、扩建或者改良工程竣工，达到预定可使用状态时，如果“在建工程”账户归集的金额小于其可收回金额，应将其全部金额转入“固定资产”账户；如果“在建工程”账户归集的金额大于其可收回金额，则应按其可以收回金额借记“固定资产”账户；按“在建工程”账户归集的金额与可收回金额的差额借记“营业外支出”账户；按“在建工程”账户归集的金额贷记“在建工程”账户。

【例 11－10】 上海食品公司有冷库一座，原值 200 000 元，已提折旧 50 000 元，已提减值准备 2 000 元，委托振兴建筑公司进行扩建。

(1)结转扩建冷库账面价值，作分录如下：

	借方	贷方
借：在建工程——扩建冷库	148 000	
累计折旧	50 000	
固定资产减值准备	2 000	
贷：固定资产		200 000

(2)签发转账支票支付振兴建筑公司扩建冷库费用 100 000 元，作分录如下：

	借方	贷方
借：在建工程——扩建冷库	100 000	
贷：银行存款		100 000

(3)该冷库已扩建完毕，达到预定可使用状态，验收使用，该冷库预计可收回金额为 250 000元，予以转账，作分录如下：

	借方	贷方
借：固定资产——经营用固定资产	248 000	
贷：在建工程——扩建商场		248 000

(二)费用化后续支出的核算

固定资产在使用过程中会逐渐损耗，为了充分发挥固定资产的使用效能，就需要对固定资产进行修理。

由于固定资产修理而发生的后续支出并未提高固定资产原定的创利能力，因此应予以费用化，在发生时直接列入“管理费用”账户。

【例 11－11】 签发转账支票支付载重汽车修理费用12 500元，作分录如下：

	借方	贷方
借：管理费用——修理费	12 500	
贷：银行存款		12 500

五、固定资产经营租赁的核算

商品流通企业有时由于经营的临时性或季节性需要，须向其他企业租入固定资产使用，而有时则有暂时闲置的某种固定资产可以出租，这样就可在企业之间开展固定资产的经营租赁业务，以互通有无。

企业在开展固定资产经营租赁业务时，应由租赁双方签订“租赁合同”，列明租赁期限、租金数额，以及租赁期间对设备的维修和保养责任等。企业开展固定资产租赁业务，要缴纳增值税，租赁不动产的增值税税率为11%，租赁其他固定资产增值税税率为6%。企业租入固定资产，接到出租方开来的专用发票时，根据其列明的金额借记“销售费用”或“管理费用”账户，根据列明的税额借记“应交税费”账户，根据列明的价税合计金额，贷记“应收账款”或“银行存款”账户，并应设置“租用固定资产登记簿”做好备查记录。

企业在租出固定资产时，并不转移固定资产所有权。届时应开具增值税专用发票，根据列明的价税合计金额，借记“应收账款”或“银行存款”账户，根据开列的金额贷记“其他业务收入”账户，根据列明的税额贷记“应交税费”账户。为了区别于企业自用的固定资产，应设置“租出固定资产”明细分类账户进行核算。租出的固定资产仍应按月计提折旧，在计提折旧时，借记“其他业务成本”账户，贷记“累计折旧”账户。

六、固定资产处置的核算

(一)投资转出固定资产的核算

商品流通企业为扩大投资范围，减少经营风险，向其他企业投资时，可以有关协议或合同为依据，将自有的固定资产对外进行投资。企业在决定将固定资产对外投资时，应先将固定资产净额转入“固定资产清理”账户。在投出固定资产时，再按投资合同或协议约定的价值借记“长期股权投资”账户；按固定资产净额贷记“固定资产清理”账户，两者之间的差额列入“营业外收入”或“营业外支出”账户。

【例11－12】 新雅服装公司与沪光公司合资经营，拨出商场一幢，原始价值为800 000元，已提折旧额为112 800元，已提减值准备10 000元。

(1)准备将商场对外投资时，作分录如下：

	借方	贷方
借：固定资产清理——商场对外投资	677 200	
累计折旧	112 800	
固定资产减值准备	10 000	
贷：固定资产——经营用固定资产		800 000

(2)将商场拨付对方，投资合同约定商场按677 500元计价，作分录如下：

	借方	贷方
借：长期股权投资	677 500	
贷：固定资产清理——商场对外投资		677 200
营业外收入——非流动资产处置利得		300

(二)出售固定资产的核算

企业为了合理使用资金，充分发挥资金的效能，可以将闲置不需用的固定资产出售。在报经批准出售时，按固定资产净额借记“固定资产清理”账户，按已提累计折旧额借记“累计折旧”账户，按已提的减值准备借记“固定资产减值准备”账户；按固定资产原值贷记“固定资产”账户。企业出售固定资产时，要开具专用发票，根据列明的价税合计金额借记

"应收账款"或"银行存款"账户,根据列明的金额贷记"固定资产清理"账户,根据列明的税额贷记"应交税费"账户。支付固定资产的清理费用时,记入"固定资产清理"账户的借方,通过"固定资产清理"账户来核算固定资产出售的净损失或净收益。若为出售固定资产的净损失,应借记"营业外支出"账户,贷记"固定资产清理"账户;若为出售固定资产的净收益,则应借记"固定资产清理"账户,贷记"营业外收入"账户。

【例 11—13】 上海电器公司有不需用仓库一座,原始价值180 000元,已提折旧110 000元,未提减值准备。

(1)经领导批准决定出售,予以转账,作分录如下:

借:固定资产清理——出售仓库	70 000	
累计折旧	110 000	
贷:固定资产		180 000

(2)仓库出售金额为 78 000 元,税额 8 580 元,收到全部账款存入银行,作分录如下:

借:银行存款	86 580	
贷:固定资产清理——出售仓库		78 000
应交税费——应交增值税——销项税额		8 580

(3)将出售仓库净收益转账,作分录如下:

借:固定资产清理——出售仓库	8 000	
贷:营业外收入——非流动资产处置利得		8 000

(三)报废、毁损固定资产的核算

有的固定资产由于长期使用磨损而发生报废,有的固定资产由于技术进步而提前报废;有的固定资产由于遭到意外事故或灾害以致毁损。固定资产发生报废、毁损都要经有关部门批准后才能进行。

报废、毁损的固定资产进行清理时,按其净额借记"固定资产清理"账户;按已提折旧额借记"累计折旧"账户;按已提的减值准备借记"固定资产减值准备"账户;按固定资产账面原值贷记"固定资产"账户。

【例 11—14】 中远化工贸易公司报废办公楼一幢,其原值为500 000元,已提折旧为472 000元,办公楼已提减值准备 8 000 元。

(1)经批准将办公楼报废清理时,作分录如下:

借:固定资产清理——清理办公楼	20 000	
累计折旧	472 000	
固定资产减值准备	8 000	
贷:固定资产		500 000

(2)以转账支票支付办公楼清理费用6 000元。作分录如下:

借:固定资产清理——清理办公楼 6 000
　　贷:银行存款 6 000

(3)清理办公楼残料出售金额20 500元,税额3 485元,收到全部账款,存入银行。作分录如下:

借:银行存款 23 985
　　贷:固定资产清理——清理办公楼 20 500
　　　　应交税费——应交增值税——销项税额 3 485

(4)办公楼清理完毕,将清理净损失转账。作分录如下:

借:营业外支出——非流动资产处置损失 5 500
　　贷:固定资产清理——清理办公楼 5 500

如果固定资产清理完毕,有净收益时,则借记“固定资产清理”账户,贷记“营业外收入”账户。

“固定资产清理”是资产类账户,用以核算企业因出售、报废和毁损等原因转入清理的固定资产净额,及其在清理过程中所发生的清理费用和清理收入。企业在转入投资拨出、出售、报废、毁损固定资产净额,支付清理费用以及将清理净收益转账时,记入借方;企业在取得清理收入以及将清理净损失转账时,记入贷方;若期末余额在借方,表示企业期末未清理完毕的固定资产损失;若期末余额在贷方,则表示企业期末未清理完毕的固定资产收益。

七、固定资产清查的核算

固定资产清查是保证固定资产核算的真实性、保护企业财产安全完整,以及发掘企业现有固定资产潜力的一个重要手段。企业在年终决算前,必须对固定资产进行全面的盘点清查。

固定资产清查后,若发现盘亏,应按其净额借记“待处理财产损溢”账户;按其已提折旧额借记“累计折旧”账户;按已提减值准备借记“固定资产减值准备”账户;按其账面原值贷记“固定资产”账户。关于固定盘盈的核算,将在第十八章第八节前期差错更正中阐述。

固定资产发生盘亏,应及时查明原因,报经上级批准后再转入“营业外支出”账户。

【例11－15】 盘亏不需用运货汽车一辆,原值100 000元,已提折旧90 000元,已提减值准备3 000元。

(1)根据账面价值转账,作分录如下:

借:待处理财产损溢 7 000
　　累计折旧 90 000
　　固定资产减值准备 3 000
　　贷:固定资产——不需用固定资产 100 000

(2)报经领导批准后，予以核销转账，作分录如下：

借：营业外支出——盈亏损失　　7 000

　　贷：待处理财产损溢　　7 000

八、固定资产的减值准备的核算

商品流通企业为了客观、真实、准确地反映期末固定资产的实际价值，应当在期末判断固定资产是否存在可能发生减值的迹象。存在下列迹象的，表明固定资产可能发生了减值。

(1)固定资产市价大幅度下跌，其跌幅大大高于因时间推移或正常使用而预计的下跌，并且预计在近期内不可能恢复；

(2)企业所处经营环境以及资产所处的市场在当期发生或在近期发生重大变化，并对企业产生不利影响；

(3)同期市场利率大幅度提高，进而很可能影响企业计算固定资产可收回金额的折现率，并导致固定资产可收回金额大幅度降低；

(4)固定资产陈旧过时或发生实体损坏等；

(5)固定资产预计使用方式发生重大不利变化，从而对企业产生负面影响；

(6)其他有可能表明资产已发生减值的情况。

可收回金额应当根据资产的公允价值减去处置费用后的净额与资产预计未来现金流量的现值两者之间较高者确定。处置费用包括与资产处置有关的法律费用、相关税费、搬运费以及为使资产达到可销售状态所发生的直接费用等。

公允价值是指在公平交易中，熟悉情况的交易双方自愿进行资产交换或者债务清偿的金额。

企业发生固定资产减值时，借记"资产减值损失"账户；贷记"固定资产减值准备"账户。

【例 11—16】 上海服装进出口公司有电脑 5 台，每台原始价值 9 000 元，已提折旧 3 000元。现由于市价大幅度下跌，可回收金额每台为4 200元。计提其减值准备，作分录如下：

借：资产减值损失——固定资产减值损失　　9 000

　　贷：固定资产减值准备　　9 000

"固定资产减值准备"是资产类账户，它是"固定资产"账户的抵减账户，用以核算企业提取的固定资产减值准备。企业在期末发生固定资产减值，予以计提时，记入贷方；企业在已计提减值准备的固定资产处置时，记入借方；期末余额在贷方，表示企业已提取的固定资产减值准备。

固定资产减值损失确认后，减值资产的折旧应当在未来期间作相应调整，以使该资产在剩余使用寿命内，系统地分摊调整后的资产账面价值。资产减值损失一经确认，在以后会计期间不得转回。

第二节　无形资产

一、无形资产概述

（一）无形资产的定义和确认的条件

无形资产是指企业拥有或者控制的没有实物形态的可辨认非货币性资产。

资产满足以下条件之一的，符合无形资产定义中的可辨认性标准：(1)能够从企业中分离或者划分出来，并能单独或者与相关合同、资产或负债一起，用于出售、转移、授予许可、租赁或者交换。(2)源自合同性权利或其他法定权利，无论这些权利是否可以从企业或其他权利和义务中转移或者分离。

企业确认无形资产必须同时满足以下两个条件：一是与该无形资产有关的经济利益很可能流入企业；二是该无形资产的成本能够可靠地计量。

企业在判断无形资产产生的经济利益是否很可能流入时，应当对无形资产在预计使用寿命内可能存在的各种经济因素作出合理估计，并且应当有明确的证据支持。

（二）无形资产的特征

1. 没有实物形态

无形资产所体现的是一种权力或获得超额利润的能力，它没有实物形态，但却具有价值，或者能够使企业获得高于同行业平均的盈利能力。不具有实物形态是无形资产区别于其他资产的显著标志。

2. 能在较长的时期内使企业获得经济效益

无形资产能供企业长期使用，从而使企业长期收益，企业为取得无形资产所发生的支出，属于资本性支出。

3. 持有无形资产的主要目的是使用

企业持有无形资产的主要目的是用于生产商品或提供劳务、出租给他人，或为了行政管理，而不是为了对外销售。无形资产一旦脱离了生产经营活动，就失去了其经济价值。

4. 能给企业提供未来的经济利益的大小具有较大的不确定性

无形资产所提供的经济利益在很大程度上受到企业内部和外部因素的影响，其预期盈利能力难以准确地予以确定。无形资产的取得成本不能代表其经济价值，一项取得成本较高的无形资产可能为企业带来较少的经济利益，取得成本较低的无形资产也可能给企业带来较大的经济利益。

(三)无形资产的分类

1. 专利权

专利权是指权利人在法定期限内对某一发明创造所拥有的独占权和专有权。发明人申请获得专利,需向国家专利机关公开专利的全部秘密;为保护发明人的权益,国家对专利给予法律保护。

2. 非专利技术

非专利技术又称专有技术,是指发明人垄断的、不公开的、具有实用价值的先进技术、资料、技能、知识等。非专利技术具有经济性、机密性、动态性等特点。由于非专利技术未经公开亦未申请专利权,因此不受法律保护,但事实上具有专利权的效用。

3. 商标权

商标权是指企业专门在某种指定的商品上使用特定的名称、图案、标记的权利。根据我国商标法规定,经商标局核准注册的商标为商标注册,商标注册人享有商标专用权,受到法律保护。

4. 著作权

著作权是指著作权人对其著作依法享有的出版、发行等方面的专有权利。著作权可以转让、出售或者赠与。著作权包括发表权、署名权、修改权、保护作品完整权、使用权和获得报酬权。

5. 土地使用权

土地使用权是指国家准许某一企业在一定期间对国有土地享有开发、利用、经营的权利。根据我国土地管理法的规定:我国土地实行公有制,任何单位和个人不得侵占、买卖或者以其他形式非法转让。

6. 特许权

特许权又称专营权,是指在某一地区经营某种特定商品或是一家企业接受另一家企业使用其商标、商号、技术秘密等的权利。前者是由政府机关授予的,如电力、电话、煤气、烟草等的特许经营权;后者是指企业间依照签订的合同,有限期或无限期使用另一个企业的某些权利,如连锁店的分店。

(四)无形资产的计量

企业的无形资产在取得时应按取得的实际成本计量。现将主要渠道取得无形资产的计量分述如下:

(1)外购的无形资产,按实际支付的购买价款、相关的税费以及直接归属于使该项资产达到预定用途所发生的其他支出计量入账。

(2)自行开发的无形资产,按照无形资产从开发阶段起至该项无形资产达到预定用途前所发生的支出总额计量入账。

(3)投资者投入的无形资产,按投资合同或协议约定的价值计量入账。

(4)接受捐赠的无形资产。捐赠方提供了有关凭据的,按凭据上标明的金额加上应支付的相关税费计量入账;捐赠方没有提供有关凭据的,按同类或类似无形资产的市场价格估计的金额,加上应支付的相关税费计量入账。

二、无形资产取得的核算

企业取得的无形资产主要有外购、自行开发和投资者投入等。

(一)外购无形资产的核算

企业外购的无形资产,应按购入时专用发票上列明的金额和发生的咨询费、手续费之和计价入账,据以借记"无形资产"账户,按照列明的增值税额借记"应交税费"账户,按照支付的全部账款贷记"银行存款"账户。

【例 11—17】 上海钢材批发市场从国家土地管理局取得转让土地使用权 30 年,转让金额为300 000元,增值税额33 000元,在洽购时发生咨询费、手续费9 600元,款项一并签发转账支票付讫,作分录如下:

借:无形资产——土地使用权	309 600	
应交税费——应交增值税——进项税额	33 000	
贷:银行存款		342 600

(二)自行开发无形资产的核算

企业自行开发无形资产,对于开发项目的支出,应区分研究阶段支出与开发阶段支出,研究是指为获取并理解新的科学或技术知识而进行的独创性的有计划调查。开发是指在进行商业性生产或使用前,将研究成果或其他知识应用于某项计划或设计,以生产出新的或具有实质性改进的材料、装置、商品等。

企业自行开发无形资产,研究阶段的支出,应当于发生时先计入"研发支出"账户;期末再转入"管理费用"账户。

企业自行开发无形资产,只有开发阶段的支出才能确认为无形资产。

企业确认自行开发的无形资产,必须同时满足以下五个条件:(1)完成该无形资产以使其能够使用或出售在技术上具有可行性;(2)具有完成该无形资产并使用或出售的意图;(3)无形资产产生经济利益的方式,包括能够证明运用该无形资产生产的产品存在市场或无形资产自身存在市场,无形资产将在内部使用的,应当证明其有用性;(4)有足够的技术、财务资源和其他资源支持,以完成该无形资产的开发,并有能力使用或出售该无形资产;(5)归属于该无形资产开发阶段的支出能够可靠地计量。

【例 11—18】 天合化工国际贸易公司自行研究开发一项专利,在开发阶段发生下列经济业务：

(1)开发专利领用材料21 320元，分配开发人员工资12 000元，并计提职工福利费1 680元，作分录如下：

借：研发支出　　35 000
　　贷：原材料　　21 320
　　　　应付职工薪酬——工资　　12 000
　　　　　　　　　　——职工福利　　1 680

(2)签发转账支票支付中科院技术咨询费9 000元，作分录如下：

借：研发支出　　9 000
　　贷：银行存款　　9 000

(3)专利项目开发成功，签发转账支票支付专利注册登记费12 500元，律师费5 500元，作分录如下：

借：研发支出　　18 000
　　贷：银行存款　　18 000

(4)结转开发专利项目的成本，作分录如下：

借：无形资产　　62 000
　　贷：研发支出　　62 000

"研发支出"是资产类账户，用以核算企业进行研究与开发无形资产过程中所发生的各项支出。企业发生无形资产研究、开发支出时，记入借方；企业结转无形资产研究、开发成本时，记入贷方；期末余额在借方，表示企业正在开发的无形资产的成本。

(三)投资者投入无形资产的核算

企业取得投资者投入无形资产时，应按照投资合同或协议约定的价值入账，届时借记"无形资产"账户；贷记"实收资本"账户。

【例11－19】 上海服装进出口公司接受中艺服装设计室一项非专利技术的投资，按投资合同约定的价值132 000元入账，作分录如下：

借：无形资产——非专利技术　　132 000
　　贷：实收资本　　132 000

"无形资产"是资产类账户，用以核算企业各项无形资产的价值。企业取得各项无形资产时，记入借方；企业处置无形资产时，记入贷方；期末余额在借方，表示企业无形资产的原价。

三、无形资产摊销的核算

无形资产是企业的一项长期资产，在其使用寿命内持续为企业带来经济利益，它的价值会随着使用而不断地减少，直到消失。因此应当于取得无形资产时分析判断其使用寿命。

无形资产的使用寿命是有限的，应当估计该使用寿命的年限或者构成使用寿命的产量等类似计量单位数量；无法预见无形资产为企业带来经济利益期限的，应当视为使用寿命不确定的无形资产。

使用寿命有限的无形资产，其应摊销金额应当在使用寿命内系统合理摊销。企业摊销无形资产，应当自无形资产可供使用时起，至不再作为无形资产确认时止。

企业选择的无形资产摊销方法：应当反映与该项无形资产有关的经济利益的预期实现方式。无法可靠确定预期实现方式的，应当采用直线法摊销。

企业摊销无形资产时，借记"管理费用"账户；贷记"无形资产"账户。

【例 11－20】 上海钢材批发市场购入土地使用权的成本为309 600元，有效使用期限为 30 年，按月摊销时，作分录如下：

借：管理费用——无形资产摊销　　860
　贷：累计摊销　　860

"累计摊销"是资产类账户，它是"无形资产"账户抵减账户，用以核算企业对使用寿命有限的无形资产计提的累计摊销额。企业在计提无形资产摊销额时，记入贷方；企业在处置无形资产时，记入借方；期末余额在贷方，表示企业无形资产累计摊销额。"无形资产"账户余额，减去"累计摊销"账户余额就是无形资产的净值。

使用寿命不确定的无形资产不应摊销。但是，企业应当在每个会计期间对使用寿命不确定的无形资产的使用寿命进行复核。如果有证据表明无形资产的使用寿命是有限的，应当估计其使用寿命，并进行摊销。

四、无形资产处置的核算

（一）无形资产对外投资的核算

商品流通企业出于自身发展以及减少投资风险、扩大影响的目的，可以将自己的无形资产向外投资以获取投资收益。届时应按投资合同或协议约定的价值借记"长期股权投资"账户；按该项无形资产已计提的摊销额借记"累计摊销"账户；按该项无形资产已计提的减值准备借记"无形资产减值准备"账户；按无形资产的账面原值贷记"无形资产"账户；借贷方账户相抵后的差额应列入"营业外收入"或"营业外支出"账户。

【例 11－21】 华新服装进出口公司以非专利技术作为对武宁服装厂的投资，非专利技术的账面原值150 000元，该非专利技术已计提摊销 45 000 元，但未计提减值准备，按投资合同约定的 106 000 元计量入账时，作分录如下：

借:长期股权投资　106 000
　累计摊销　45 000
　贷:无形资产　150 000
　　营业外收入——非流动资产处置利得　1 000

(二)无形资产出售的核算

出售无形资产是指企业转让无形资产所有权,出售企业对售出的无形资产不再拥有占有、使用以及处置的权利。企业将无形资产出售时按实际收到的专用发票上列明的价税合计金额,借记“银行存款”账户;按已计提的累计摊销额借记“累计摊销”账户;按已计提的减值准备借记“无形资产减值准备”账户;按专用发票上列明的增值税额,贷记“应交税费”账户;按出售无形资产的账面原值,贷记“无形资产”账户;将这些账户相抵后的差额列入“营业外收入”或“营业外支出”账户。

【例 11—22】 上海五金公司将土地使用权出售给星火电器厂,该土地使用权账面原值560 000元,已摊销了210 000元,出售金额 380 000 元,增值税额41 800元,收到全部账款存入银行,作分录如下:

借:银行存款　421 800
　累计摊销　210 000
　贷:应交税费——应交增值税——销项税额　41 800
　　无形资产——土地使用权　560 000
　　营业外收入——非流动资产处置利得　30 000

(三)无形资产出租的核算

无形资产出租是指企业仅将该项无形资产部分使用权让渡给其他企业,其仍保留该无形资产的所有权,并拥有占有、使用以及处置的权利。企业在出租无形资产时,应开具专用发票,届时根据列明的价税合计金额借记“应收账款”或“银行存款”账户,根据出租金额贷记“其他业务收入”账户,根据增值税额贷记“应交税费”账户。但仍保留无形资产的账面价值,在出租过程中发生的相关税费,应作为出租成本列入“其他业务成本”账户。

【例 11—23】 天长化工贸易公司将一项专利权出租给西南化工厂。

(1)专利权的出租金额为 120 000 元,增值税额7 200元,当即收到全部账款存入银行,作分录如下:

借:银行存款　127 200
　贷:其他业务收入　120 000
　　应交税费——应交增值税——销项税额　7 200

(2)分配为西南化工厂提供出租专利权服务人员的工资 3 000 元,并计提其职工福利费 420 元,作分录如下:

借:其他业务成本 3 420

　　贷:应付职工薪酬——工资 3 000

　　　　　　　　——职工福利 420

“其他业务收入”是损益类账户,用以核算企业除商业销售业务以外的其他业务的收入,如代理业务、各种资产租赁业务等。企业发生其他业务收入时,记入贷方;企业月末将其余额转入“本年利润”账户时,记入借方。

“其他业务成本”是损益类账户,用以核算企业除商品销售业务以外的其他业务的成本。企业发生其他业务成本时,记入借方,企业月末将其余额转入“本年利润”账户时,记入贷方。

五、无形资产减值准备的核算

企业应当在期末判断各项无形资产是否存在可能发生减值的迹象,无形资产可能存在的六种减值迹象与固定资产相同,不再重述。

企业对于可收回低于账面价值的无形资产应当计提减值准备。届时借记“资产减值损失”账户;贷记“无形资产减值准备”账户。

【例 11—24】 上海电器公司的一项专利权账面价值为 60 000 元。因有其他新技术出现,使该项专利权的盈利能力大幅度下降,预计其未来现金流量的现值为51 000元,计提其减值准备,作分录如下:

借:资产减值损失——无形资产减值损失 9 000

　　贷:无形资产减值准备 9 000

无形资产减值损失确认后,减值资产应当在未来期间作相应调整,以使该资产在剩余使用寿命内,系统地分摊调整后的资产账面价值。资产减值一经确认,在以后会计期间不得转回。

“无形资产减值准备”是资产类账户,它是“无形资产”账户的抵减账户,用以核算企业提取的无形资产减值准备。企业在期末发生无形资产减值时,记入贷方;企业在已计提减值准备的无形资产处置时,记入借方;期末余额在贷方,表示企业已提取的无形资产减值准备。

第三节　长期待摊费用

一、长期待摊费用概述

长期待摊费用是指企业已经支出,但摊销期限在一年以上(不含一年)的各项费用。

它包括以下两项内容：

(1)租入固定资产改良支出。它是指企业为增加以经营租赁方式租入固定资产的效用，进行改装、翻修或改建的支出。由于所租的固定资产的所有权是出租单位的，因此对租入固定资产发生的改良支出，不能追加计入固定资产的原始价值，而作为企业的长期待摊费用。

(2)其他长期待摊费用。它是指摊销期在一年以上的除租入固定资产改良支出以外的待摊费用，如股票发行费用等。股票发行费用是指按面值发行新股而发生的股票承销费、注册会计师费、评估费、公关及广告费、印刷费及其他直接费用。

二、长期待摊费用的核算

外贸企业发生租入固定资产改良支出和其他长期待摊费用时，借记"长期待摊费用"账户；贷记"银行存款"、"原材料"、"应付职工薪酬"等账户，如发生增值税额应列入"应交税费"账户的借方。

对于不同的长期待摊费用，其摊销期限的计算方法有所不同，租入固定资产的改良支出应在租赁期限与租赁资产尚可以使用寿命两者孰短的期限内平均摊销；股票发行费用在不超过 2 年的期限内摊销。

发生的长期待摊费用采用直线法分期平均摊销，摊销时借记"销售费用"、"管理费用"账户；贷记"长期待摊费用"账户。

【例 11－25】 静安商厦将租入商厦进行改建，该商厦租赁期 10 年，尚可使用 12 年。

(1)收到改建商厦的专用发票，开列改建金额120 000元，增值税额13 200元，当即签发转账支票支付，作分录如下：

	借方	贷方
借：长期待摊费用——租入固定资产改良支出	120 000	
应交税费——应交增值税——进项税额	13 200	
贷：银行存款		133 200

(2)商场改建竣工，按月摊销改建费用时，作分录如下：

	借方	贷方
借：销售费用	1 000	
贷：长期待摊费用——租入固定资产改良支出		1 000

"长期待摊费用"是资产类账户，用以核算企业已经支出，但摊销期限在一年以上的各项费用，企业发生各项费用时，记入借方；企业摊销各项费用时，记入贷方；期末余额在借方，表示企业尚待摊销的长期待摊费用。

练习题

一、简答题

1. 固定资产有哪些特点和作用?
2. 固定资产有哪些计量标准?分述各种计量标准的定义和用途。
3. 分述各种方式取得固定资产的原始价值的计量标准。
4. 什么是常规折旧法?什么是加速折旧法?它们各有哪两种方法?分述各种方法的定义。
5. 固定资产有哪些后续支出?它们在核算上有何不同?
6. 固定资产为何要计提减值准备?怎样计提?
7. 什么是无形资产?它有哪些特征?
8. 试述各种无形资产的计量。

二、名词解释题

固定资产　使用寿命　固定资产折旧　专利权　非专利技术　长期待摊费用

三、是非题

1. 自行建造的固定资产按建造该项资产达到预定可使用状态前所发生的全部支出计价入账。（　）
2. 企业外购固定资产发生的增值税额都能从当期的销项税额中抵扣。（　）
3. 应计折旧额是指固定资产损耗的价值。（　）
4. 预计净残值是指假定固定资产预计使用寿命已满,并处于使用寿命终了时的预期状态,企业目前从该项资产处置中获得的扣除预计处置费用后的金额。（　）
5. 出售固定资产发生的净收入列入"营业外收入"账户,发生的净损失列入"营业外支出"账户。（　）
6. 固定资产报废清理时发生的清理收入大于清理费用的,其差额为报废清理固定资产的净收益。（　）
7. 无形资产出售需要转销其账面价值,而出租则不转销其账面价值,此外,两者在核算上没有什么不同。（　）
8. 长期待摊费用包括租入固定资产改良支出和其他长期待摊费用。（　）

四、单项选择题

1. 企业采用加速折旧法是为了________。

A. 合理地提取固定资产折旧　B. 在较短的时间内收回固定资产的全部投资
C. 在近期减少企业的利润　D. 在较短的时间内收回固定资产的大部分投资

2. 各月使用程度较大的固定资产应采用________。

A. 年限平均法　B. 工作量法　C. 双倍余额递减法　D. 年数总和法

3. 固定资产发生盘亏时,应将固定资产的________记入"待处理财产损溢"账户。

A. 原始价值　B. 净值　C. 账面价值　D. 净额

4. ________是指发明人垄断的、不公开的、具有实用价值的先进技术、资料、技能、知识等。

A. 专利权　B. 非专利技术　C. 商标权　D. 特许权

五、多项选择题

1. 企业购置需要安装的固定资产按实际支付的买价、相关税费、________计价入账。

A. 装卸费　B. 运输费　C. 安装费　D. 专业人员服务费

2. 计提固定资产折旧的范围有________。

A. 当月增加的固定资产　B. 当月减少的固定资产

C. 大修理停用的固定资产　D. 作为土地入账的固定资产

3. 通过固定资产清理账户核算的有________。

A. 对外投资的固定资产　B. 盘亏的固定资产

C. 出售的固定资产　D. 报废毁损的固定资产

4. 列入"营业外支出"账户的业务有________。

A. 固定资产报废净损失　B. 固定资产计提的减值准备

C. 固定资产出售净损失　D. 经核准固定资产盘亏损失

5. 企业自行开发无形资产的成本包括________。

A. 注册费　B. 开发项目研究阶段支出

C. 开发项目开发阶段支出　D. 聘请律师费

六、实务题

习题(一)

目的:练习固定资产取得的核算。

资料:天宏五金公司发生下列有关的经济业务:

(1)9 月 2 日,向天津叉车厂购进叉车一辆,专用发票上列明买价80 000元,增值税额13 600元,并发生运输费 800 元,装卸费 120 元,款项一并从银行汇付对方。叉车已达到预定可使用状态,并验收使用。

(2)9 月 6 日,向宏达房地产开发公司购进一间办公房,专用发票上列明买价360 000元,增值税额39 600元,款项当即签发转账支票支付,办公房也已验收使用。

(3)9 月 10 日,向沈阳机器厂购进机器一台,专用发票上列明买价90 000元,增值税额15 300元,并发生运输费 900 元,装卸费 100 元,增值税额 110 元,款项已承付,机器已交付本公司安装队安装。

(4)9 月 20 日,分配安装机器工人工资 600 元,并计提职工福利费 84 元。

(5)9 月 20 日,机器安装调试完毕,已达到预定可使用状态,并验收使用。

(6)9 月 25 日,收到江海公司投入仓库一座,仓库已达到预定可使用状态,验收使用。该仓库按投资合同约定的165 000元计价入账。

(7)10 月 15 日,将上月购进办公房本月份可抵扣的增值税额入账。

要求:编制会计分录。

习题(二)

目的:练习固定资产折旧的核算。

资料:

(1)天津百货公司9月1日有关经营用固定资产明细分类账户的资料如下：

单位:元

固定资产名称	计量单位	数量	原始价值	寿命使用	预计净残值率	月折旧额	使用部门
营业大厅	幢	1	960 000	40	4%		业务
仓库	座	1	300 000	30	4%		储运
叉车	台	1	144 000	10	5%		储运
运货汽车	辆	1	109 440	8	5%		储运
办公楼	幢	1	375 000	40	4%		行政管理
电脑	台	6	36 000	5	5%		行政管理
复印机	台	1	18 000	4	4%		行政管理
合计			1 942 440				

(2)接着发生下列有关的经济业务：

①9月15日,购入叉车1辆,价款95 200元,增值税额16 184元,并发生运输费600元,装卸费120元,款项一并汇付对方,该叉车预计使用8年,预计净残值率为5%,叉车已验收使用。

②9月30日,计提本月份固定资产折旧额。

③10月31日,有1辆叉车原值为144 000元,上月已提足折旧,计提本月份固定资产折旧额。

要求：

(1)根据"资料(1)",用平均年限法计算各项固定资产的折旧额。

(2)根据"资料(1)"、"资料(2)",编制会计分录。

(3)根据"资料(1)",分别用双倍余额递减法和年数总和法计算电脑和复印机的年折旧额。

习题(三)

目的:练习固定资产处置的核算。

资料:上海食品公司6月份发生下列有关的经济业务：

(1)1日,投资拨付给合资经营的华阳公司冷库一座,原始价值为450 000元,已提折旧额40 800元,已提减值准备5 000元。该冷库按投资合同约定的405 000元计价。

(2)3日,有不需用叉车一辆,原始价值89 800元,已提折旧32 000元,已提减值准备3 000元。经领导批准准备出售,予以转账。

(3)5日,出售上项不需用叉车一辆,金额50 000元,增值税额8 500元,当即收到全部账款存入银行。

(4)10日,将出售不需用叉车的净损失转账。

(5)15日,经营用仓库一座,经批准报废清理。仓库原始价值320 000元,预计净残值率为4%,已提折旧307 200元,予以转账。

(6)20日,签发转账支票支付仓库清理费用6 000元。

(7)25 日，出售清理仓库的残料，金额 20 500 元，增值税额 3 485 元，收到全部账款存入银行。

(8)30 日，清理仓库完毕，予以转账。

要求：编制会计分录。

习题(四)

目的：练习固定资产后续支出、租赁、清查和减值的核算。

资料：沪光商厦发生下列有关的经济业务：

(1)10 月 5 日，将一个商场委托振兴建筑公司进行扩建，该商场原值 496 000 元，已提折旧 105 000 元，已提减值准备 5 000 元，予以转账。

(2)11 月 5 日，签发转账支票支付振兴建筑公司扩建商场款 300 000 元。

(3)11 月 8 日，商场已扩建完毕，达到预定可使用状态，验收使用，该商场预计可收回金额为 700 000 元，予以转账。

(4)11 月 15 日，签发转账支票支付电梯修理费 11 800 元。

(5)11 月 20 日，租入运货汽车一辆，原始价值 100 800 元，已验收使用。

(6)11 月 25 日，将由仓库使用的叉车一辆，原始价值 96 000 元，年折旧率 9%，出租给外企业。

(7)12 月 10 日，收到租入运货汽车的专用发票，列明金额 1 000 元，增值税额 60 元，当即支付全部账款。

(8)12 月 15 日，收到上月叉车的出租金额为 900 元，增值税额 54 元，收到全部账款存入银行。

(9)12 月 18 日，计提出租叉车的月折旧额。

(10)12 月 22 日，盘亏不需用运货汽车一辆，原始价值 80 000 元，已提折旧72 000元，已提减值准备 1 800 元，予以转账。

(11)12 月 30 日，盘亏的运货汽车报经领导批准，予以核销转账。

(12)12 月 31 日，机器一台，原始价值 18 000 元，已提折旧 3 000 元，现因市价大幅度下跌，可收回金额为 12 000 元，计提其减值准备。

要求：编制会计分录。

习题(五)

目的：练习无形资产和长期待摊费用的核算。

资料：新光电器公司发生下列有关的经济业务：

(1)1 月 3 日，向嘉庆公司购入非专利技术一项，金额 150 000 元，增值税额 9 000 元，在洽购时，发生咨询费、手续费计8 880元，一并以转账支票支付，该项非专利技术分 10 年摊销。

(2)1 月 10 日，接受大华公司土地使用权的投资，土地使用权按投资合同约定的价值450 000元入账。该项土地使用权分 30 年摊销。

(3)1 月 31 日，摊销应由本月份负担的非专利技术费用和土地使用权费用。

(4)2 月 28 日，自行开发专利已进入开发阶段，领用材料 18 000 元，分配开发人员工资11 000元，并计提职工福利费 1 540 元，并签发转账支票支付电器研究所咨询费 9 300 元，增值税额 558 元。

(5)3 月 1 日，自行研究开发一项专利获得成功，申请专利权，签发转账支票支付专利注册登记费 11 800元，律师费 4 760 元，并结转其开发成本。

(6)3 月 8 日，以商标权作为对昌盛电器厂的投资，商标权的账面原值 120 000 元，已计提摊销额 12 000元，按投资合同约定的 106 000 元入账。

(7)3 月 10 日，将本企业本月 1 日入账的专利权出售给奉贤公司，金额 108 000 元，增值税额6 480 元，收到转账支票存入银行，并结转专利权的成本。

(8)3 月 15 日，将本企业的非专利技术出租给徐汇公司，出租金额 90 000 元，增值税额5 400元，当即收到全部账款存入银行。

(9)3 月 25 日，分配去徐汇公司指导应用上项非专利技术的人员的工资 5 000 元，并计提职工福利费 700 元。

(10)3 月 28 日，本企业的一项专利权账面原值为 118 000 元，已摊销了 45 000 元，因有其他新技术的出现，预计其未来现金流量的现值为 72 000 元。计提其减值准备。

(11)3 月 31 日，将租入房屋改建为办公楼，签发转账支票支付办公楼改建金额122 400元，增值税额 7 344元。

(12)4 月 30 日，办公楼改建完工，其租赁期为 8 年，办公楼尚可使用 10 年，摊销应由本月份负担的办公楼改建费用。

要求：编制会计分录。

第十二章

对外投资

第一节 对外投资概述

对外投资是指企业为通过分配来增加财富，或为谋求其他利益，而将资产让渡给其他单位所获得的另一项资产。

一、对外投资的分类

按照对外投资流动性的强弱不同，可分为短期投资和长期投资两种。

(一)短期投资

短期投资是指能够随时变现并且持有时间不准备超过一年的投资。属于短期投资的只有交易性金融资产。

交易性金融资产是指企业持有的以公允价值计量且其变动计入当期损益的金融资产。它包括为交易目的所持有的债券投资、股票投资、权证投资等和直接指定以公允价值计量且其变动计入当期损益的金融资产。

金融资产是指企业的现金，持有的其他单位的权益工具，从其他单位收取现金或其他金融资产的合同权利，在潜在有利条件下，与其他单位交换金融资产或金融负债的合同权利和将来须用或可用企业自身权益工具进行结算的非衍生工具和衍生工具的合同权利等资产。

权益工具是指能证明拥有某个企业在扣除所有负债后的资产中的剩余权益的合同。

衍生工具是指具有下列特征的金融工具或其他合同：

(1)其价值随特定利率、金融工具价格、商品价格、汇率、价值指数、费率指数、信用等级、信用指数或其他类似变量的变动而变动，变量为非金融变量的，该变量与合同的任一方不存在特定关系。

(2)不要求初始净投资，或与对市场情况变化有类似反应的其他类型合同相比，要求很少的初始净投资。

(3)在未来某一日期结算。

衍生工具包括远期合同、期货合同、互换和期权，以及具有远期合同、期货合同、互换和期权中一种或一种以上特征的工具。

金融工具是指形成一个企业的金融资产，并形成其他单位的金融负债或权益工具的合同。

(二)长期投资

长期投资是指短期投资以外的投资。长期投资按照投资的目的不同，主要可分为持有至到期投资、可供出售金融资产、长期股权投资和投资性房地产。

1. 持有至到期投资

持有至到期投资是指到期日固定、回收金额固定或可确定，且企业有明确意图和能力持有至到期的非衍生金融资产。

2. 可供出售金融资产

可供出售金融资产是指初始确认时即被指定为可供出售的非衍生金融资产，以及除下列各类资产以外的金融资产：(1)贷款和应收款项；(2)持有至到期投资；(3)以公允价值计量且变动计入当期投资损益的金融资产。

3. 长期股权投资

长期股权投资是指企业持有的对子公司、联营企业及合营企业的投资以及对被投资单位不具有共同控制或影响、在活跃市场中没有报价、公允价值不能可靠计量的权益性投资。

4. 投资性房地产

投资性房地产是指为赚取租金或资本增值，或两者兼有而持有的房地产。投资性房地产应当能够单独计量和出售。

二、对外投资的目的和特点

(一)短期投资的目的和特点

企业在生产经营过程中，经常会出现暂时闲置的现金，为了充分发挥现金的利用效果，可以在金融市场上购买其他企业发行的股票、债券、基金等进行短期投资，以谋求更高的股利收入或利息收入。由于股票、债券、基金等的流动性强，一旦企业需要使用现金时，可以随时将这些股票、债券、基金等在金融市场上出售，收回现金。

因此短期投资具有投资收回快、风险小、变现能力强、机动灵活的特点。

（二）长期投资的目的和特点

长期投资除了要获得投资收益外，更重要的目的有两个：其一是为了与被投资企业建立与保持一定的业务关系，影响和控制其经营业务，以有利于自身业务的经营。例如，为了保持企业正常的原材料供应的来源，或扩大企业产品的销售渠道，可以购进有关企业一定份额的股票或者向有关企业进行直接投资，以取得一定的经营决策权。其二是企业为大规模更新生产经营设施或为将来扩展生产经营规模而筹集资金，企业可以有计划地将平时固定资产损耗的价值和企业短期内不准备使用的盈余公积等款项，用以购进股票和长期债券，以便将来大规模更新生产经营设施或扩展生产经营规模时，既增了值，又可以变现使用。为了这些目的而进行的投资，一般不会在短期内出售，从而形成了长期投资。

因此长期投资具有投资额大，投资回收期长，投资收益大，风险也大的特点。

第二节　交易性金融资产

一、交易性金融资产取得的核算

企业取得交易性金融资产时，应当按照公允价值计量入账。相关的交易费用应当直接计入当期损益。

交易费用是指可直接归属于购买、发行或处置金融工具新增的外部费用。它包括支付的手续费和佣金及其他必要支出。

企业取得交易性金融资产时，按交易性金融资产的公允价值借记“交易性金融资产”账户，按发生的交易费用借记“投资收益”账户；按实际支付的金额贷记“银行存款”账户。

【例 12－1】 上海服装公司 9 月 6 日购进大众公司股票 15 000 股，每股 6 元，另以交易金额的 3‰支付佣金，款项一并签发转账支票付讫，该股票为交易目的而持有，作分录如下：

借：交易性金融资产——成本——新亚公司股票	90 000	
投资收益	270	
贷：银行存款		90 270

二、交易性金融资产持有期间取得现金股利和利息的核算

交易性金融资产收到的属于取得时支付价款中包含的已宣告发放的现金股利或债券利息时，借记“银行存款”账户；贷记“交易性金融资产——成本”账户。

【例 12—2】 上海服装公司 9 月 6 日起持有大众公司股票 15 000 股，9 月 12 日收到大众公司发放的现金股利 1 500 元，存入银行，查大众公司在 9 月 2 日已宣告将于 9 月 12 日发放现金股利，每股 0.10 元，作分录如下：

借：银行存款　　　　1 500

　　贷：交易性金融资产——成本——大众公司股票　　　　1 500

交易性金融资产在持有期间，被投资单位宣告发放的现金股利或在期末按分期付息、一次还本债券投资的票面利率计算利息时，借记“应收股利”或“应收利息”账户；贷记“投资收益”账户。

【例 12—3】 9 月 30 日，浦江商厦为交易目的而持有泰化公司上月末发行的债券 60 张，计面值 60 000 元，该债券系分期付息，到期一次还本，年利率为 8%，计提其本月份应收利息，作分录如下：

借：应收利息　　　　400

　　贷：投资收益　　　　400

俟收到应收股利或应收利息时，再借记“银行存款”账户；贷记“应收股利”或“应收利息”账户。

三、交易性金融资产的期末计量

交易性金融资产的期末计量是指期末交易性金融资产在资产负债表上反映的价值。

交易性金融资产在取得时按公允价值计量，然而在交易市场上的价格会不断地发生变化。期末当交易性金融资产的公允价值高于其账面余额时，将两者之间的差额借记“交易性金融资产——公允价值变动”账户，贷记“公允价值变动损益”账户；期末当公允价值低于其账面余额时，将两者之间的差额借记“公允价值变动损益”账户，贷记“交易性金融资产——公允价值变动”账户。

【例 12—4】 上海服装公司持有大众公司股票 15 000 股，账面余额 90 000 元，4 月 30 日，该股票每股公允价值为 6.16 元，予以转账，作分录如下：

借：交易性金融资产——公允价值变动——大众公司股票　　　　2 400

　　贷：公允价值变动损益——交易性金融资产　　　　2 400

“交易性金融资产”是资产类账户，用以核算企业持有的公允价值计量且其变动计入当期损益的资产和直接指定为以公允价值计量且其变动计入当期损益的金融资产。企业

在取得交易性金融资产和期末交易性金融资产增值时，记入借方；企业出售交易性金融资产和期末交易性金融资产减值时，记入贷方；期末余额在借方，反映企业交易性金融资产的公允价值。该账户应当按交易性金融资产的类别和品种，分别以“成本”、“公允价值变动”进行明细核算。

“公允价值变动损益”是损益类账户，用以核算企业在初始确认时划分为以公允价值计量且其变动计入当期损益的金融资产或金融负债，以及采用公允价值模式计量的投资性房地产、衍生工具、套期业务中公允价值变动形成的应计入当期损益的利得或损失。企业取得公允价值变动收益或将公允价值变动损失结转“本年利润”账户时，记入贷方；企业发生公允价值变动损失或将公允价值变动收益结转“本年利润”账户时，记入借方。

四、交易性金融资产出售的核算

企业出售交易性金融资产时，也会发生交易费用，届时应按出售交易性金融资产实际收到的金额(即出售价格减去其交易费用的出售净收入)借记“银行存款”账户，按其账面余额贷记“交易性金融资产——成本”账户，借记或贷记“交易性金融资产——公允价值变动”账户，实际收到的金额与账面余额的差额，记入“投资收益”账户的贷方或借方。

【例 12－5】 5 月 15 日上海服装公司出售其持有的大众公司股票 15 000 股。出售价格每股 6.60 元，按交易金额的 3‰支付佣金，1‰交纳印花税，收到出售净收入，存入银行。查该股票明细账户余额成本为 90 000 元；公允价值变动为借方余额2 400元，作分录如下：

借：银行存款	98 604	
贷：交易性金融资产——成本——大众公司股票		90 000
——公允价值变动——大众公司股票		2 400
投资收益		6 204

“投资收益”是损益类账户，用以核算企业确认的投资收益或投资损失。当确认投资收益或将投资损失结转“本年利润”账户时，记入贷方；当确认投资损失或将投资收益结转“本年利润”账户时，记入借方。

第三节　持有至到期投资

一、持有至到期投资取得的核算

持有至到期投资主要是购买到期日在一年以上的长期债券进行投资。企业购买新发行的长期债券进行持有至到期投资时，支付的债券价格，有时与债券的面值相等，有时却与面值不一致。当购进债券的价格与面值相等时，称为按面值购进；如果购进债券的价格高于面值，称为溢价购进；如果购进债券的价格低于面值，则称为折价购进。

持有至到期债券应按取得时的公允价值与交易费用之和作为初始确认金额，如支付的价款中包含已到付息期但尚未领取的债券利息，应当单独确认为应收利息入账。

（一）按面值购进债券的核算

企业按面值购进债券时，按债券的面值和交易费用之和借记"持有至到期投资——成本"账户；贷记"银行存款"账户。

持有至到期投资应当按期计提利息，计提的利息按债券面值乘以票面利率计算。对于分期付息，到期还本的持有至到期投资，在计提利息时，借记"应收利息"账户；贷记"投资收益"账户。对于到期一次还本付息的持有至到期投资，则借记"持有至到期投资——应计利息"账户；贷记"投资收益"账户。

（二）溢价购进债券的核算

企业溢价购进债券，是因为债券的票面利率高于市场利率，那么投资企业按票面利率收到的利息将要高于按市场利率所能得到的利息。因此，溢价是为以后各期多得利息而预先付出的款项，也就是说，在投资企业以后各期收到的利息中，还包括溢价购进时预先付出的款项，这部分多付的款项在发生时应列入"持有至到期投资——利息调整"账户的借方，在确定各期利息收入时再进行摊销，以冲抵投资收益。

利息调整额摊销的方法有直线法和实际利率法两种。直线法是指将债券的利息调整额按债券的期限平均摊销的方法。

【例 12－6】 上海电器公司 6 月 30 日购进新发行的三峡公司 3 年期债券 150 张，每张面值 1 000 元，购进价格为 1 025.74 元，该债券票面年利率为 9%，每年 6 月 30 日支付利息，该债券准备持有至到期。

(1)6 月 30 日，签发转账支票 154 014.86 元，支付 150 张债券的价款 153 681 元，并按交易金额的 1‰支付佣金，作分录如下：

借：持有至到期投资——成本——三峡公司债券　　150 153.86
　　　　　　　　　——利息调整——三峡公司债券　　3 861.00
　　贷：银行存款　　154 014.86

(2)7 月 31 日，预计本月份该债券应收利息入账，并用直线法摊销利息调整额，作分录如下：

借：应收利息——三峡公司　　1 125.00
　　贷：持有至到期投资——利息调整——三峡公司债券　　107.25
　　　　投资收益　　1 017.75

(3)次年6月30日，收到三峡公司一年期债券利息入账，作分录如下：

借：银行存款　13 500.00

　贷：应收利息——三峡公司　12 375.00

　　持有至到期投资——利息调整——三峡公司债券　107.25

　　投资收益　1 017.75

“应收利息”是资产类账户，用以核算企业除长期债券投资到期一次还本付息的债券以外的各种债券投资的应收利息。发生应收利息时，记入借方；收到应收利息时，记入贷方；期末余额在借方，表示尚未收回的应收利息。

采用直线法摊销利息调整额简便易行，然而随着各期借方利息调整额的摊销，企业的投资额有了减少，而各期的投资收益却始终保持不变，因此反映的投资收益不够准确。为了准确地反映各期的投资收益，可以采用实际利率法。实际利率法是指根据债券期初账面价值(不含交易费用)乘以实际利率确定各期的利息收入，然后将其与按票面利率计算的应计利息收入相比较，将其差额作为各期的利息调整额的方法。

采用实际利率计算法摊销借方利息调整额，溢价购进债券的实际利息收入会随着债券账面价值的逐期减少而减少，从而却使其利息调整额随之逐期增加。其计算方法如表12—1所示。

【例12—7】 金融市场实际利率为8%，根据前例购进三峡公司溢价发行的债券，用实际利率法计算债券各期利息调整额如表12—1所示。

表12—1　**利息调整额计算表(借方余额)**　单位：元

付息期数	应计利息收入	实际利息收入	本期利息调整额	利息调整借方余额	债券账面价值(不含交易费用)
(1)	(2)＝面值×票面利率	(3)＝上期(6)×实际利率	(4)＝(2)－(3)	(5)＝上期利息调整余额－(4)	(6)＝面值＋(5)
购进时				3 861.00	153 861.00
1	13 500.00	12 308.88	1 191.12	2 669.88	152 669.88
2	13 500.00	12 213.59	1 286.41	1 383.47	151 383.47
3	13 500.00	12 116.53①	1 383.47	0	150 000.00

以上计算的是各年的应计利息收入、实际利息收入和利息调整额。7月31日预计本月份应收利息和利息调整额时，可以将第一期计算的数据除以12取得，并据以入账，作分录如下：

① 由于在计算上存在尾差，因此12 116.53元是近似值。

借:应收利息——三峡公司　　1 125.00
　　贷:持有至到期投资——利息调整——三峡公司　　99.26
　　　　投资收益　　1 025.74

(三)折价购进债券的核算

企业折价购进债券,是因为债券的票面利率低于市场利率,那么,投资企业按票面利率收到的利息将低于市场实际利率所能得到的利息,因此,折价是为了补偿投资企业以后各期少收利息而预先少付的款项。这部分少付的款项应在发生时列入"持有至到期投资——利息调整"账户的贷方,在确定各期利息收入时,再进行摊销,以作为投资收益的一部分。

【例 12—8】 上海金属公司 4 月 30 日购进新发行的上海钢厂 3 年期的债券 105 张,每张面值 1 000 元,购进价格为 974.20 元,该债券票面利率为 7%,每年 4 月 30 日支付利息,该债券准备持有至到期。

(1)4 月 30 日,签发转账支票 102 393.29 元,支付 105 张债券的价款 102 291 元,并按价款的 1‰支付佣金,作分录如下:

借:持有至到期投资——成本——上海钢厂债券　　105 102.29
　　贷:持有至到期投资——利息调整——上海钢厂债券　　2 709.00
　　　　银行存款　　102 393.29

(2)5 月 31 日,预计该债券本月份的应收利息入账,并用直线法摊销利息调整额,作分录如下:

借:应收利息——浦江商厦　　612.50
　　持有至到期投资——利息调整——上海钢厂债券　　75.25
　　贷:投资收益　　687.75

(3)次年 4 月 30 日,收到上海钢厂一年期债券利息,作分录如下:

借:银行存款　　7 350.00
　　持有至到期投资——利息调整——上海钢厂债券　　75.25
　　贷:应收利息——上海钢厂　　6 737.50
　　　　投资收益　　687.75

以上是采用直线法摊销利息调整额,若采用实际利率法摊销利息调整额,折价购进债券的实际利息收入会随着债券账面价值逐期增加而增加,从而使利息调整额也随之逐期增加。其计算方法如图表 12—2 所示。

【例 12—9】 金融市场实际利率为 8%,根据前例购进上海钢厂折价发行的债券,用实际利率法计算债券各期摊销的利息调整额如表 12—2 所示。

表 12—2　　利息调整额计算表(贷方余额)　　单位:元

付息期数	应计利息收入	实际利息收入	本期利息调整额	利息调整贷方余额	债券账面价值(不含交易费用)
(1)	(2)=面值×票面利率	(3)=上期(6)×实际利率	(4)=(2)−(3)	(5)=上期利息调整余额−(4)	(6)=面值−(5)
购进时				2 709.00	102 291.00
1	7 350.00	8 183.28	833.28	1 875.72	103 124.28
2	7 350.00	8 249.94	899.94	975.78	104 024.22
3	7 350.00	8 325.78①	975.78	0	105 000.00

"持有至到期投资"是资产类账户,用以核算企业持有至到期投资的价值。企业取得各种持有至到期投资、计提到期一次还本付息债券利息和摊销利息调整贷方余额时,记入借方;出售、收回持有至到期投资、将持有至到期投资重分类和摊销利息调整借方余额时,记入贷方;期末余额在借方,表示持有至到期投资的摊余成本。

二、持有至到期投资减值的核算

企业在期末应当对持有至到期投资的账面价值进行检查;如有发行方发生严重财务困难等客观证据表明该持有至到期投资发生减值的,应当计提减值准备。届时将持有至到期投资的账面价值与预计未来现金流量现值之间的差额计算确认减值损失,借记"资产减值损失"账户;贷记"持有至到期投资减值准备"账户。

【例 12—10】 5 月 31 日,上海服装公司持有东新公司去年 5 月 15 日溢价发行的 3 年期债券 60 张,每张面值 1 000 元,每年 5 月 15 日支付利息,其账面价值成本为 60 061.54元;利息调整为借方余额 1 029.60 元。因东新公司发生严重的财务困难,现 1 000 元面值的债券市价仅 999.50 元,其交易费用为 1‰,计提其减值准备,作分录如下:

持有至到期投资可收回金额=999.50×60×(1−1‰)=59 910.03(元)

借:资产减值损失——持有至到期投资减值损失　　1 181.11

　　贷:持有至到期投资减值准备——东新公司债券　　1 181.11

已计提减值准备的持有至到期投资价值以后又得以恢复时,应在原已计提的减值准备金额内,按恢复增加的金额借记"持有至到期投资减值准备"账户;贷记"资产减值损失"账户。

"持有至到期投资减值准备"账户是资产类账户,也是"持有至到期投资"账户的抵减账户,用以核算企业持有至到期投资发生减值时计提的减值准备。计提持有至到期投资

① 由于计算上存在尾差,因此 8 325.78 是近似值。

减值准备时，记入贷方；当减值的持有至到期投资出售、重分类和减值的金额恢复时，记入借方，期末余额在贷方，表示企业已计提但尚未转销的持有至到期投资减值准备。

三、持有至到期投资出售和重分类的核算

持有至到期投资出售时，应按实际收到的金额借记“银行存款”账户，按已计提的减值准备借记“持有至到期投资减值准备”账户；按其账面余额贷记“持有至到期投资”账户，将其差额列入“投资收益”账户。

【例 12－11】 续前例，6 月 8 日，上海服装公司出售东新公司发行的 3 年期债券 60 张，每张面值 1 000 元，现按 999.40 元出售，按交易金额的 1‰ 支付佣金，收到出售净收入，存入银行，作分录如下：

借：银行存款　　59 904.04
　　持有至到期投资减值准备　　1 181.11
　　投资收益　　5.99
　　贷：持有至到期投资——成本——东新公司债券　　60 061.54
　　　　——利息调整——东新公司债券　　1 029.60

企业因持有意图或能力发生改变，使某项投资不再适合划分为持有至到期投资的，应当将其重分类为可供出售金融资产，并以公允价值进行后续计量。重分类日，该投资的账面价值与公允价值之间的差额记入“资本公积”账户。

【例 12－12】 6 月 27 日，上海机械进出口公司持有泰安公司按面值发行的 3 年期债券100 000元，年利率 8%、到期一次还本付息，已按持有至到期投资入账，现决定将其重分类为可供出售金融资产，该债券的账面价值成本为 100 100 元，应计利息为 8 000 元，现公允价值为 109 780 元，予以转账。作分录如下：

借：可供出售金融资产——成本——泰安公司债券　　109 780.00
　　贷：持有至到期投资——成本——泰安公司债券　　100 100.00
　　　　——应计利息——泰安公司债券　　8 000.00
　　　　资本公积——其他资本公积　　1 680.00

第四节　可供出售金融资产

一、可供出售金融资产取得的核算

可供出售金融资产包括划分为可供出售的股票投资、债券投资等金融资产。

企业取得可供出售金融资产时，应按可供出售金融资产的公允价值与交易费用之和，

借记"可供出售金融资产"账户；贷记"银行存款"账户。

【例 12—13】 9 月 5 日，上海化工进出口公司购进安凯公司股票 16 000 股，每股 10 元，另以交易金额 3‰ 支付佣金，款项一并签发转账支票付讫，该股票准备日后出售，作分录如下：

借：可供出售金融资产——成本——安凯公司股票　　160 480.00
　　贷：银行存款　　160 480.00

如企业取得可供出售金融资产支付价款中包含已到付息期但尚未领取的债券利息或已宣告但尚未发放的现金股利时，将其列入"应收利息"或"应收股利"账户的借方。

可供出售金融资产在持有期间取得被投资单位的债券利息或现金股利时，借记"银行存款"账户；贷记"投资收益"账户。

【例 12—14】 续上例，9 月 25 日，上海化工进出口公司收到安凯公司发放的现金股利，每股 0.18 元，计 2 880 元，存入银行，作分录如下：

借：银行存款　　2 880.00
　　贷：投资收益　　2 880.00

二、可供出售金融资产期末计量的核算

期末对可供出售金融资产应按公允价值进行调整，如公允价值高于账面余额的，按其差额借记"可供出售金融资产——公允价值变动"账户，贷记"资本公积——其他资本公积"账户；如公允价值低于账面余额的，按其差额借记"资本公积——其他资本公积"账户，贷记"可供出售金融资产——公允价值变动"账户。

【例 12—15】 续上例，9 月 30 日，上海化工进出口公司持有安凯公司的 16 000 股股票，今日公允价值每股为 10.10 元，调整其账面价值，作分录如下：

借：可供出售金融资产——公允价值变动——安凯公司股票　1 600.00
　　贷：资本公积——其他资本公积　　1 600.00

期末如发现可供出售金融资产的公允价值发生较大幅度的下降，或在综合考虑各种相关因素后，预期这种下降趋势属于非暂时性的，可以认定该可供出售金融资产发生减值的，应当将其可收回金额低于账面价值的差额确认为减值损失。届时按减值的金额，借记"资产减值损失"账户；按应从所有者权益中转出原记入资本公积的累计损失金额，贷记"资本公积——其他资本公积"账户；将两者之间的差额记入"可供出售金融资产——公允价值变动"账户的贷方。

【例 12—16】 10 月 31 日，黄浦商厦持有列入可供出售金融资产的新海公司去年 10 月 8 日按面值发行的 2 年期债券 100 张，每张面值 1 000 元，每年 10 月 8 日支付利息，因该债券公允价值发生较大幅度下降，每 1 000 元债券市价下跌为 996 元，该债券交易费用

为 1‰，查该债券成本为 100 100 元，计提其减值损失，作分录如下：

可供出售金融资产可收回金额＝996×100×(1－1‰)＝99 500.40(元)

借：资产减值损失——投资减值损失　　　599.60

　　贷：可供出售金融资产——公允价值变动——新海公司债券　　599.60

“资产减值损失”是损益类账户，用以核算企业计提各项资产减值准备所形成的损失。计提各项资产减值准备时，记入借方，已计提减值准备相关资产的价值又得以恢复，或者出售、耗用予以转销，以及期末结转“本年利润”账户时，记入贷方。

已确认减值损失的可供出售金融资产，在随后的会计期间公允价值上升的，应在原已计提的减值准备金额内，按恢复增加的金额，借记“可供出售金融资产——公允价值变动”账户，贷记“资产减值损失”账户；但可供出售金融资产为股票等权益工具投资的，则借记“可供出售金融资产——公允价值变动”账户；贷记“资本公积——其他资本公积”账户。

三、可供出售金融资产出售的核算

可供出售金融资产出售时，应按实际收到的金额借记“银行存款”账户，按可供出售金融资产的账面余额贷记“可供出售金融资产”账户，将应从所有者权益中转出的公允价值累计变动额(即原记入“资本公积——其他资本公积”账户的金额)予以转销，将其差额列入“投资收益”账户。

【例 12－17】 9 月 15 日，上海电器公司出售持有的大丰公司股票 18 000 股，每股 10 元，另按交易金额的 3‰支付佣金，1‰缴纳印花税，收到出售净收入，存入银行。查该股票成本为 162 972 元，公允价值变动为借方余额 6 563 元，因公允价值高于账面余额已列入“资本公积——其他资本公积”账户贷方余额为 6 563 元。

(1)将出售净收入存入银行，作分录如下：

借：银行存款　　　179 280.00

　　贷：可供出售金融资产——成本——大丰公司股票　　162 972.00

　　　　　　　　　　　　——公允价值变动——大丰公司股票　　6 563.00

　　　　投资收益　　9 745.00

(2)转销该资产列入“资本公积”账户的金额，作分录如下：

借：资本公积——其他资本公积　　　6 563.00

　　贷：投资收益　　6 563.00

“可供出售金融资产”是资产类账户，用以核算企业持有的可供出售金融资产的公允价值。企业取得可供出售金融资产、期末可供出售金融资产的公允价值高于账面余额的差额、以及持有至到期投资转入时，记入借方；企业在持有期间收到债券利息或现金股利、期末可供出售金融资产的公允价值低于账面价值的差额，计提可供出售金融资产减值损失和可供出售金融资产出售时，记入贷方；期末余额在借方，表示企业可供出售金融资产的公允价值。

第五节　长期股权投资

一、长期股权投资初始成本的确定和核算

长期股权投资有企业合并形成和以支付现金、非现金资产等其他方式取得两种情况。企业合并又分为同一控制下的企业合并和非同一控制下的企业合并两种方式。

同一控制下的企业合并是指参与合并的企业在合并前后均受同一方或相同的多方最终控制且该控制并非暂时的。非同一控制下的企业合并是指参与合并的企业各方在合并前后不受同一方或相同的多方最终控制的。

同一方是指对参与合并的企业在合并前后均实施最终控制的投资者。相同的多方是指根据投资者之间的协议约定，在对被投资单位的生产经营决策行使表决权时发表一致意见的两个或两个以上的投资者。控制并非暂时性是指参与合并的各方在合并前后较长的时间内受同一方或相同的多方最终控制。较长的时间通常是指一年以上(含一年)。

(一)同一控制下企业合并形成的长期股权投资

同一控制下的企业合并具有两个特点：一是不属于交易事项，而是资产和负债的重新组合；二是合并作价往往不公允，因此合并方应当在合并日按取得被合并方所有者权益账面价值的份额作为初始投资成本。合并日是指合并方实际取得对被合并方控制权的日期。

同一控制下企业合并形成的长期股权投资，应在合并日按取得的被合并方所有者权益账面价值的份额，借记“长期股权投资”账户，按享有被投资单位已宣告但尚未发放的现金股利或利润，借记“应收股利”账户；按支付的合并对价的账面价值，贷记有关资产或借记有关负债账户，按其差额，贷记“资本公积——资本溢价”账户；为借方差额的，借记“资本公积——资本溢价”账户，若资本公积中的资本溢价不足冲减的，则借记“盈余公积”、“利润分配——未分配利润”账户。

【例12—18】 神州百货总公司内的浦江百货公司“资本公积——资本溢价”账户余额为60 000元，“盈余公积”账户余额为178 000元。现合并总公司内的大洋商厦，取得该商厦70%的股权，大洋商厦所有者权益账面价值为4 500 000元，浦江百货公司支付合并对价资产的账面价值为3 225 000元，其中固定资产1 800 000元，已提折旧180 000元，其余1 605 000元签发转账支票付讫。5月31日为合并日。

(1)转销固定资产账面价值作分录如下:

借:固定资产清理　　1 620 000.00
　累计折旧　　180 000.00
　　贷:固定资产　　1 800 000.00

(2)确认长期股权投资初始成本,作分录如下:

借:长期股权投资——成本　　3 150 000.00
　资本公积——资本溢价　　60 000.00
　盈余公积　　15 000.00
　　贷:固定资产清理　　1 620 000.00
　　　银行存款　　1 605 000.00

(二)非同一控制下企业合并形成的长期股权投资

非同一控制下企业合并具有两个特点:一是它们是非关联企业的合并;二是合并以市价为基础,交易作价相对公平合理。因此合并方应当在购买日按企业合并成本作为初始投资成本。购买日是指购买方实际取得对被购买方控制权的日期。企业合并成本包括购买方付出的资产,发生或承担的负债,发生权益性证券的公允价值,以及为进行企业合并发生的各项直接相关费用之和。

非同一控制下企业合并形成的长期股权投资,购买方在购买日应当按照企业合并成本(不含应自被投资单位收取的现金股利或利润)借记"长期股权投资"账户,按享有被投资单位已宣告但尚未发放的现金股利或利润,借记"应收股利"账户,按支付合并对价的账面价值,贷记有关资产账户或借记有关负债账户;按发生的直接相关费用,贷记"银行存款"等相关账户;将借贷方账户相抵的差额计入当期损益。非同一控制下的企业合并,购买方作为合并对价付出的资产,应当按照公允价值处置,其中付出固定资产、无形资产的,其公允价值与账面价值的差额,列入"营业外收入"或"营业外支出"账户,付出资产为库存商品等作为合并对价的,应按库存商品的公允价值作商品销售处理,并同时结转其销售成本,发生的增值税销项税额也作为企业合并成本的组成部分。

【例 12-19】 上海电器公司以 1 722 000 元合并成本从沪光商厦的股东中购入该商厦 35%的股权,而对价付出资产的账面价值为 1 484 000 元,其中:固定资产 750 000 元,已提折旧 120 000 元,其公允价值为 636 000 元,库存商品 704 000 元,其余 150 000 元签发转账支票付讫。而库存商品的公允价值为 800 000 元,增值税税率为 17%。

(1)转销参与合并的固定资产账面价值,作分录如下:

借:固定资产清理　　630 000.00
　累计折旧　　120 000.00
　　贷:固定资产　　750 000.00

(2)确认长期股权投资初始成本,作分录如下:

借:长期股权投资——成本	1 722 000.00	
贷:主营业务收入		800 000.00
应交税费——应交增值税——销项税额		136 000.00
固定资产清理		630 000.00
银行存款		150 000.00
营业外收入——非流动资产处置利得		6 000.00

(3)同时结转销售成本,作分录如下:

借:主营业务成本	704 000.00	
贷:库存商品		704 000.00

“长期股权投资”是资产类账户,用以核算企业持有的采用成本法和权益法核算的长期股权投资。企业取得长期股权投资,以及长期股权投资增值时,记入借方;企业处置长期股权投资时,记入贷方;期末余额在借方,表示企业持有的长期股权投资的价值。

(三)以支付现金取得的长期股权投资

企业以支付现金取得的长期股权投资,应当按照实际支付购买价款作为初始投资成本。它包括与取得长期股权投资直接相关的费用、税金及其他必要支出。

企业应在购买日按实际支付的价款及相关税费,扣除已宣告但尚未发放的现金股利,借记“长期股权投资”账户,按已宣告但尚未发放的现金股利,借记“应收股利”账户;按实际支付的价款及相关税费,贷记“银行存款”账户。

【例12—20】 8月8日,上海食品公司从证券市场购买泰康公司股票500 000股,准备长期持有,该股票每股7元,占该公司股份的8%,另按交易金额的3‰支付佣金,款项签发转账支票付讫。该公司已宣告将于8月12日发放现金股利,每股0.15元,作分录如下:

借:长期股权投资——成本	3 435 500.00	
应收股利	75 000.00	
贷:银行存款		3 510 500.00

(四)以发行权益性证券取得的长期股权投资的核算

企业以发行权益性证券取得的长期股权投资,应当按照发行权益性证券的公允价值作为初始投资成本。

企业应在证券发行日,按证券的公允价值(包括相关税费),借记“长期股权投资”账户,按发行证券的面值,借记“股本”账户;按公允价值与面值的差额,贷记“资本公积”账户,按支付的相关税费,贷记“银行存款”账户。

【例12—21】 五洲商厦股份有限公司以发行股票1 250 000股的方式取得沪光公司

10%的股权，股票每股面值1元，发行价为7元，另需支付相关税费30 000元。当即签发转账支票付讫。作分录如下：

借：长期股权投资——成本　　8 780 000.00

　贷：股本　　1 250 000.00

　　资本公积——资本溢价　　7 500 000.00

　　银行存款　　30 000.00

二、长期股权投资后续计量的核算

企业取得长期股权投资后的核算方法，按投资企业对被投资单位的控制和影响的程度不同，有成本法和权益法两种。若投资企业能够对被投资单位实施控制的长期股权投资，或者投资企业对被投资单位不具有共同控制或重大影响，并且在活跃市场中没有报价、公允价值不能可靠计量的长期股权投资，应采用成本法核算；若投资企业对被投资单位具有共同控制或者重大影响的长期股权投资，应采用权益法核算。

控制是指有权决定一个企业的财务和经营政策，并能据以从该企业的经营活动中获取利益。投资企业能够对被投资单位实施控制的，被投资单位为其子公司。

共同控制是指按照合同约定对某项经济活动所共有的控制，仅在与该项经济活动相关的重要财务和经营决策需要分享控制权的投资方一致同意时存在。投资企业与其他方对被投资单位实施共同控制的，被投资单位为其合营企业。

重大影响是指对一个企业的财务和经营政策有参与决策的权力，但并不能够控制或者与其他方一起共同控制这些政策的制定。投资企业能够对被投资单位施加重大影响的，被投资单位为其联营企业。

（一）成本法的核算

成本法是指长期股权投资按投资成本计价的方法。采用成本法进行核算时，长期股权投资应当按照初始投资成本计价，其后，除了投资企业追加投资或收回投资等情形外，长期股权投资的账面价值保持不变。

长期股权投资采用成本法核算的一般程序如下：

1. 初始投资

应按照初始投资时的投资成本增加长期股权投资的账面价值。

2. 被投资单位宣告分派的现金股利或利润

被投资单位宣告分派现金股利或利润时，投资企业按其应享有的部分，确认为当期投资收益。

【例12—22】 上海金属公司于9月30日购进新欣公司发行的股票900 000股，每股6.60元，占该公司全部股份10%，并准备长期持有。年末该公司净利润为3 300 000元。

(1)9 月 30 日,签发转账支票 5 975 640 元,支付 900 000 股股票价款,并按股票交易金额的 3‰支付佣金,作分录如下:

借:长期股权投资——成本　　5 957 820.00
　　贷:银行存款　　5 957 820.00

(2)次年 4 月 8 日,新欣公司宣告将于 4 月 18 日发放现金股利,每股 0.20 元,作分录如下:

借:应收股利——新欣公司　　180 000
　　贷:投资收益——股权投资收益　　180 000

"应收股利"是资产类账户,用以核算企业应收取的现金股利和应收其他单位分配的利润。企业发生应收取的现金股利或利润时,记入借方;企业实际收到现金股利或利润时,记入贷方;期末余额在借方,表示企业尚未收回的现金股利或利润。

(二)权益法的核算

权益法是指长期股权投资最初以投资成本入账,以后根据投资企业享有被投资单位所有者权益份额的变动对投资的账面价值进行调整的方法。采用权益法进行核算时,长期股权投资的账面价值要随着被投资单位所有者权益的增减变动而相应地进行调整。

长期股权投资采用权益法核算的一般程序如下:

(1)初始投资。应当按照初始投资时的初始投资成本增加长期股权投资的账面价值。

(2)计算初始投资成本与应享有被投资单位可辨认净资产公允价值的份额。如果初始投资成本大于投资时,应享有被投资单位可辨认净资产公允价值的份额的,不调整长期股权投资的初始投资成本;如果初始投资成本小于投资时应享有被投资单位可辨认净资产公允价值份额的,其差额应列入"营业外收入"账户,同时调整"长期股权投资"账户。

3. 被投资单位实现的净利润或发生的净亏损。投资企业应当按照应享有或应分担的被投资单位实现的净损益的份额,确认投资损益,并调整长期股权投资的账面价值。

4. 被投资单位宣告分派现金股利或利润。投资企业应当按其应分得的现金股利或利润,相应减少长期股权投资的账面价值。

5. 被投资单位除净损益以外所有者权益的其他变动。在持股比例不变的情况下,被投资单位发生除净损益以外所有者权益的其他变动,投资企业应按持股比例计算应享有的份额,增加长期股权投资的账面价值。其他变动有被投资单位的资本溢价、可供出售金融资产公允价值变动差额等。

投资企业确认被投资单位发生的净亏损,应当以长期股权投资的账面价值以及其他实质上构成对被投资单位净投资的长期权益减记至零为限，投资企业负有承担额外损失义务的除外。被投资单位以后实现净利润的，投资企业在其收益分享额弥补未确认的亏损分担额后，恢复确认收益分享额。

【例 12—23】 上海服装公司从长宁商厦的股东中购入该商厦 50%的股权，取得了对长宁商厦的共同控制权，而对价付出资产的账面价值为 3 325 000 元，其中：库存商品 1 100 000元，其余 2 225 000 元签发转账支票付讫。而库存商品的公允价值为1 250 000元，增值税税率为 17%。

(1)1 月 2 日购买日，作分录如下：

借：长期股权投资——成本　　3 687 500.00

　贷：主营业务收入　　1 250 000

　　应交税费——应交增值税——销项税额　　212 500

　　银行存款　　2 225 000

(2)同时结转商品销售成本，作分录如下：

借：主营业务成本　　110 000.00

　贷：库存商品　　110 000.00

(3)1 月 2 日，长宁商厦接受本公司投资后，可辨认净资产的公允价值为7 400 000元，按本公司享有 50%的份额调整“长期股权投资”账户，作分录如下：

借：长期股权投资——成本　　12 500.00

　贷：营业外收入　　12 500.00

(4)12 月 31 日，长宁商厦利润表上的净利润为 810 000 元，按照应享有的 50%的份额调整“长期股权投资”账户，作分录如下：

借：长期股权投资——损益调整　　405 000.00

　贷：投资收益　　405 000.00

(5)次年 3 月 15 日，长宁商厦宣告将于 3 月 20 日按净利润的 70%分配利润，作分录如下：

借：应收股利　　283 500.00

　贷：长期股权投资——损益调整　　283 500.00

如由于被投资单位发生资本溢价，可供出售金融资产公允价值变动等因素而增加所有者权益时，投资企业应按持股比例计算应享有的份额，并据以借记“长期股权投资——其他权益变动”账户；贷记“资本公积——其他资本公积”账户。

三、长期股权投资减值的核算

企业在期末应当对长期股权投资的账面价值进行检查，如发生被投资单位的市价持续2年低于账面价值或者被投资单位经营所处的经济、技术或者法律等环境发生重大变化等情况，则表明长期股权投资的可收回金额低于账面价值，由此而发生减值的，应当计提减值准备。

企业在计提减值准备时，借记“资产减值损失”账户；贷记“长期股权投资减值准备”账户。

【例12—24】 7月31日，浦江商厦长期持有的吉顺公司股票125 000股，占该公司股份的5%。因该公司发生严重财务困难，每股市价下跌至6元，交易费用为4‰。查该股票账面价值：成本为829 950元，损益调整为借方余额5 500元，计提其减值准备，作分录如下：

长期股权投资可收回金额＝6×125 000×(1－4‰)＝747 000(元)

借：资产减值损失——长期股权投资减值损失　　88 450

　　贷：长期股权投资减值准备　　88 450

长期股权投资减值损失一经确认，在以后会计期间不得转回。

“长期股权投资减值准备”是资产类账户，它是“长期股权投资”账户的抵减账户，用以核算企业长期股权投资发生减值时计提的减值准备。企业计提长期股权投资减值准备时，记入贷方；企业出售长期股权投资予以转销时，记入借方；期末余额在贷方，表示企业已计提但尚未转销的长期股权投资减值准备。

四、长期股权投资出售的核算

企业出售长期股权投资时，应按实际收到的金额，借记“银行存款”账户，原已计提减值准备的，借记“长期股权投资减值准备”账户；按其账面余额，贷记“长期股权投资”账户；按尚未领取的现金股利或利润贷记“应收股利”账户；将这些账户之间的差额列入“投资收益”账户。

【例12—25】 续上例，8月6日，浦江商厦出售吉顺公司股票125 000股，每股5.98元，另按交易金额的3‰支付佣金，1‰缴纳印花税，收到出售净收入，存入银行。作分录如下：

借：银行存款　　744 510.00

　　长期股权投资减值准备　　89 950.00

　　投资收益　　990.00

　　贷：长期股权投资——成本　　829 950.00

　　　　　　　　　　——损益调整　　5 500.00

如果采用权益法核算的长期股权投资在出售时，有除净损益以外的所有者权益的其他变动，还应将原已记入“资本公积——其他资本公积”账户的金额转入“投资收益”

账户。

【例 12—26】 上海食品公司持有达安公司股票 1 200 000 股，并对该公司有重大影响。6 月 30 日，上海食品公司出售达安公司股票 120 000 股，每股 8 元；另按交易金额 3‰支付佣金，1‰缴纳印花税，出售净收入已收到转账支票，存入银行。查长期股权投资明细账户的余额，其中：成本为 7 042 000 元，损益调整为 960 000 元，其他权益变动为 94 600元，因其他权益变动形成的“资本公积——其他资本公积”账户余额为 94 600 元。

(1)将出售收入入账，作分录如下：

借：银行存款	956 160.00	
贷：长期股权投资——成本		704 200.00
——损益调整		96 000.00
——其他权益变动		9 460.00
投资收益		146 500.00

(2)结转因其他权益变动形成的资本公积，作分录如下：

借：资本公积——其他资本公积	9 460.00	
贷：投资收益		9 460.00

第六节　投资性房地产

一、投资性房地产概述

投资性房地产包括已出租的建筑物和土地使用权以及持有并准备增值后转让的土地使用权。

已出租的建筑物和土地使用权是指以经营租赁方式出租的建筑物和土地使用权；持有并准备增值后转让的土地使用权是指企业通过受让方式取得的、准备增值后转让的土地使用权。

企业的自用房地产，即为生产商品提供劳务或者经营管理而持有的房地产，作为存货的房地产均不属于投资性房地产。

确认投资性房地产应当同时满足的两个条件：一是与该投资性房地产有关的经济利益很可能流入企业；二是该投资性房地产的成本能够可靠地计量。

二、投资性房地产初始计量的核算

投资性房地产应当按照成本进行初始的计量。由于投资性房地产取得的途径不同，其初始计量也各异。

（一）外购投资性房地产的核算

外购投资性房地产的成本，由买价、相关的税费和可直接归属于该资产的其他支出构成。企业购进投资性房地产时，按支付的买价、相关税费和可直接归属于该资产的其他支出，借记“投资性房地产”账户；贷记“银行存款”账户。

【例 12－27】 上海机械进出口公司购入房屋一幢，买价 1 200 000 元，契税 18 000 元，印花税 360 元，各种进户费 3 740 元，款项一并签发转账支票付讫，该房屋用于出租，作分录如下：

借：投资性房地产	1 222 100.00	
贷：银行存款		1 222 100.00

（二）自行建造投资性房地产的核算

自行建造投资性房地产的成本由建造该项资产达到预定可使用状态前所发生的必要支出构成。其成本的构成和自行建造固定资产相同，核算时也是通过“在建工程”和“工程物资”账户进行的，当在建的投资性房地产达到预定可使用状态、验收使用时，根据“在建工程”账户归集的成本，借记“投资性房地产”账户；贷记“在建工程”账户。

三、投资性房地产的后续计量的核算

投资性房地产的后续计量模式有成本模式和公允价值模式两种。计量模式一经确定，不得随意变更。

（一）采用成本模式对投资性房地产进行后续计量核算

企业在期末应当采用成本模式对投资性房地产进行后续计量。

对于投资性房地产中的建筑物，应计提折旧，其计提的方法和核算的方法与固定资产相同。企业出租投资性房地产的收入列入“其他业务收入”账户，因此，计提投资性房地产折旧时，借记“其他业务成本”账户；贷记“投资性房地产累计折旧”账户。

对于投资性房地产中的土地使用权，应进行摊销，其摊销的方法和核算的方法与无形资产相同。进行摊销时，借记“其他业务成本”账户；贷记“投资性房地产累计摊销”账户。

“投资性房地产累计折旧”是资产类账户，也是“投资性房地产”账户的抵减账户，用以核算采用成本模式核算的投资性建筑物计提的折旧。计提折旧时，记入贷记；处置投资性建筑物时，记入借方；期末余额在贷方，表示投资性建筑物累计折旧额。

“投资性房地产累计摊销”是资产类账户，也是“投资性房地产”账户的扣减账户，用以核算采用成本模式核算的投资性土地使用权的摊销额，进行摊销时，记入贷方；处置投资性土地使用权时，记入借方；期末余额在贷方，表示投资性土地使用权累计摊销额。

当投资性房地产发生减值时，应将其可收回金额低于账面价值的差额计提减值准备，届时借记“资产减值损失”账户；贷记“投资性房地产减值准备”账户。

“投资性房地产减值准备”是资产类账户，也是“投资性房地产”账户的抵减账户，用以核算采用成本模式核算的投资性房地产计提的减值准备。计提减值准备时，记入贷方；处置投资性房地产时，记入借方；期末余额在贷方，表示投资性房地产已计提，但尚未转销的投资性房地产减值准备。

企业出售投资性房地产时，应按实际收到的金额，借记“银行存款”账户；贷记“其他业务收入”账户。然后将其账面价值转入“其他业务成本”账户。

【例 12－28】 上海电器公司出售房屋 1 幢，收入 1 050 000 元，查该房屋的成本为 1 080 000元，已提折旧 278 000 元。

(1)取得出售收入，存入银行，作分录如下：

借：银行存款 1 050 000.00

贷：其他业务收入 1 050 000.00

(2)同时结转其销售成本，作分录如下：

借：其他业务成本 802 000.00

投资性房地产累计折旧 278 000.00

贷：投资性房地产 1 080 000.00

“投资性房地产”是资产类账户，用以核算采用成本模式计量的投资性房地产的成本。企业发生投资性房地产成本时，记入借方；企业处置投资性房地产时，记入贷方；期末余额在借方，表示企业结存的投资性房地产成本。

(二)采用公允价值模式对投资性房地产进行后续计量的核算

企业有确凿证据表明投资性房地产的公允价值能够持续可靠取得的，可以对投资性房地产采用公允价值模式进行后续计量。采用公允价值模式计量的，应当同时满足的两个条件：一是投资性房地产所在地有活跃的房地产交易市场；二是企业能够从房地产交易市场上取得同类或类似房地产的市场价格及其他相关信息，从而对投资性房地产的公允价值作出合理的估计。

采用公允价值模式计量的房地产应当分别设置“成本”和“公允价值变动”明细账户进行核算，采用这种模式计量的，不对投资性房地产计提折旧或进行摊销，期末应当以投资性房地产的公允价值为基础，调整其账面余额，将公允价值与原账面余额之间的差额，计入当期损益。

【例 12－29】 黄浦商厦对投资性房屋采用公允价值计量，该房屋的账面余额成本为 1 856 000元，公允价值变动为贷方余额 54 300 元，9 月 30 日，该投资性房屋的公允价值为 1 801 700 元，作分录如下：

借:公允价值变动损益——投资性房地产　　3 050.00

　　贷:投资性房地产——公允价值变动　　3 050.00

企业出售采用公允价值模式计量的投资性房地产时,应按实际收到的金额,借记“银行存款”账户;贷记“其他业务收入”账户,并将投资性房地产的账面余额转入“其他业务成本”账户。

【例 12—30】 续上例,10 月 29 日黄浦商厦出售投资性房屋。

(1)取得出售收入 1 850 000 元,存入银行,作分录如下:

借:银行存款　　1 850 000.00

　　贷:其他业务收入　　1 850 000.00

(2)结转其销售成本,作分录如下:

借:其他业务成本　　1 798 650.00

　　投资性房地产——公允价值变动(54 300+3 050)　　57 350.00

　　贷:投资性房地产——成本　　1 856 000.00

“投资性房地产”账户也可以用以核算采用公允价值模式计量的投资性房地产的公允价值。企业取得投资性房地产和期末投资性房地产的公允价值高于其账面余额时,记入借方;企业期末投资性房地产公允价值低于其账面余额和处置按公允价值计量的投资性房地产时,记入贷方;期末余额在借方,表示企业结存的投资性房地产的公允价值。

已采用公允价值模式计量的投资性房地产,不得从公允价值模式转为成本模式。

一、简答题

1. 什么是交易性金融资产?它包括哪些内容?
2. 试述交易性金融资产取得时的计量和期末的计量。
3. 持有至到期投资的初始投资成本是如何确定的?
4. 为什么会出现溢价购进债券和折价购进债券的情况?
5. 利息调整额有哪两种摊销方法?分述它们的优缺点。
6. 企业合并有哪两种方式?分述这两种方式的定义。
7. 各种长期股权投资的初始成本是怎样确定的?
8. 长期股权投资后续计量有哪些核算方法?它们各在什么情况下采用?
9. 试述成本法的核算程序。
10. 试述权益法的核算程序。
11. 投资性房地产的后续计量有哪两种模式?它们在核算上有何不同?

二、名词解释题

短期投资　金融资产　持有至到期投资　可供出售金融资产　长期股权投资

交易费用　控制　共同控制　成本法　权益法

三、是非题

1. 交易性金融资产包括企业持有的债券投资、股票投资、权证投资等和直接指定以公允价值计量且其变动计入当期损益的金融资产。（　）

2. 交易性金融资产出售净收入高于其成本的差额应贷记“投资收益”账户。（　）

3. 企业溢价购进债券，是因为债券的票面利率小于市场利率。（　）

4. 债券折价款是被投资单位为了补偿投资企业以后各期少收利息而预先少付的款项。（　）

5. 期末可供出售金融资产的公允价值高于账面余额时，应按其差额贷记“公允价值变动损益”账户。（　）

6. 非同一控制下企业合并，若合并成本小于取得被购买方可辨认净资产的公允价值，其差额应列入“资本公积”账户。（　）

7. 投资企业对被投资单位具有共同控制或者重大影响的长期股权投资，应采用权益法核算。（　）

8. 重大影响是指对一个企业的财务和经营政策有参与决策的权力，但并不能够控制或者与其他方一起共同控制这些政策的制定。（　）

9. 企业进行长期股权投资采用成本法核算，次年被投资单位宣告分派现金股利时，应作为投资成本的收回。（　）

10. 企业长期股权投资采用权益法核算，收到被投资单位发放的现金股利时，其“长期股权投资”账户的数额应保持不变。（　）

11. 采用公允价值模式计量的房地产，期末对投资的建筑物应计提折旧。（　）

四、单项选择题

1. 交易性金融资产在持有期间收到被投资单位宣告发放的现金股利时，应贷记“________”账户。

A. 交易性金融资产——成本　B. 投资收益

C. 应收股利　D. 公允价值变动损益

2. 持有至到期投资重分类为可供出售金融资产时，其账面价值与公允价值之间的差额记入“________”账户。

A. 公允价值变动损益　B. 资本公积

C. 投资收益　D. 可供出售金融资产——公允价值变动

3. ________期末的公允价值与账面价值不同时，其差额记入“资本公积”账户。

A. 持有至到期投资　B. 长期股权投资

C. 投资性房地产　D. 可供出售金融资产

4. 已确认的减值损失的________，在随后的会计期内，其公允价值上升的应在原已计提的减值准备金额内予以转回。

A. 持有至到期投资　B. 可供出售金融资产

C. 交易性金融资产　　D. 长期股权投资

五、多项选择题

1. 长期投资按照投资的目的不同，可分为持有至到期投资、________。

A. 可供出售金融资产　　B. 交易性金融资产

C. 投资性房地产　　D. 长期股权投资

2. 短期投资具有投资回收快、________的特点。

A. 风险小　　B. 变现能力强　　C. 机动而灵活　　D. 投资收益大

3. 长期投资的目的是________。

A. 为扩展生产经营规模筹集资金　　B. 获取高额利润

C. 为大规模更新生产经营设施筹集资金　　D. 影响与控制被投资单位的经营业务

4. 企业采用权益法核算时，当被投资单位________时，应增加长期股权投资。

A. 实现了净利润　　B. 资本溢价

C. 宣告分派现金股利　　D. 收到现金股利

5. ________期末发生减值时应计提资产减值准备。

A. 可供出售金融资产　　B. 交易性金融资产

C. 投资性房地产　　D. 持有至到期投资

6. ________期末的公允价值与账面余额不同时，其差额应列入"公允价值变动损益"账户。

A. 可供出售金融资产　　B. 交易性金融资产

C. 投资性房地产　　D. 持有至到期投资

六、实务题

习题(一)

目的：练习交易性金融资产的核算。

资料：

1. 上海服装公司8月份发生下列有关经济业务：

(1)3日，购进长春公司股票20 000股，每股6元，另以交易金额的3‰支付佣金，款项一并签发转账支票支付。该股票为交易目的而持有。

(2)6日，长春公司宣告将于本月20日发行现金股利，每股0.10元，予以转账。

(3)12日，购进长城公司股票18 000股，每股7元，另以交易金额的3‰支付佣金，款项一并签发转账支票支付。长城公司已于8月10日宣告将于8月20日分派现金股利，每股0.20元。该股票为交易目的而持有。

(4)20日，收到本公司持有8月3日购进长春公司股票20 000股的现金股利3 200元，存入银行。

(5)25日，收到本公司持有8月12日购进长城公司股票18 000股的现金股利3 600元，存入银行。

(6)26日，以1 020元购进中海公司3个月前发行的债券120张，每张面值1 000元，另以交易金额1‰支付佣金，款项一并签发转账支票支付。该债券年利率为8%，每年5月26日支付利息，到期一次还本。该债券为交易目的而持有。

(7)31日，长春公司股票每股公允价值为6.20元，长城公司股票每股公允价值为7.25元，中海公司

1 000 元面值债券的公允价值为 1 021 元，予以转账。

(8)31 日，将公允价值变动损益结转“本年利润”账户。

2. 上海服装公司 9 月份又发生下列有关的经济业务：

(1)10 日，出售 8 月 3 日购进的长春公司股票 20 000 股，每股出售价格 6.50 元，另按交易金额 3‰支付佣金，1‰缴纳印花税，交易费用已从出售收入中扣除，出售净收入已收到存入银行。

(2)16 日，出售 8 月 26 日购进的中海公司债券 120 张，每张面值 1 000 元，现按 1 024 元成交，另以交易金额 1‰支付佣金。收到出售净收入，存入银行。

(3)30 日，长城公司股票每股的公允价值为 7.20 元，予以转账。

要求：编制会计分录。

习题(二)

目的：练习持有至到期投资的核算。

资料：

1. 静安商厦当年发生下列有关的经济业务：

(1)5 月 31 日，购进新发行的安泰公司 2 年期债券 90 张，每张面值 1 000 元，按面值购进，另按交易金额的 1‰支付佣金，当即签发转账支票支付全部款项。债券的票面年利率为 8%，到期一次还本付息。该债券准备持有至到期。

(2)5 月 31 日，购进新发行的宝山公司 4 年期债券 150 张，每张面值 1 000 元，购进价格为1 033.09 元，并按价款的 1‰支付佣金，当即签发转账支票支付全部款项。债券的票面年利率为 9%，而实际年利率为 8%，每年 5 月 31 日支付利息。该债券准备持有至到期。

(3)5 月 31 日，购进新发行的长宁公司 2 年期债券 105 张，每张面值 1 000 元，购进价格为 982.13 元，并按价款的 1‰支付佣金，债券的票面年利率为 7%，而实际年利率为 8%，每年 5 月 31 日支付利息。该债券准备持有至到期。

(4)6 月 30 日，分别预计购进的三种债券本月份的应收利息并入账。

(5)7 月 18 日，今决定将持有的安泰公司债券重分类为可供出售金额资产，该1 000元面值债券的公允价值为 1 010 元，予以转账。

2. 次年接着又发生下列有关经济业务：

(1)5 月 31 日，分别收到宝山公司和长宁公司付来去年发行的债券利息，存入银行。

(2)6 月 20 日，出售长宁公司发行的 2 年期债券 105 张，每张面值 1 000 元，出售价格为 995 元，另按交易金额的 1‰支付佣金，收到出售净收入，存入银行。

(3)6 月 30 日，宝山公司因发生严重的财务困难，现 1 000 元面值的债券公允价值仅 1 021 元，计提其减值准备。

(4)7 月 8 日，出售宝山公司发行的 4 年期债券 150 张，每张面值为 1 000 元，现按 1 021.10 元出售，另按交易金额的 1‰支付佣金，收到出售净收入，存入银行。

要求：

(1)编制会计分录(用直线法摊销债券利息调整额)。

(2)用实际利率法计算债券利息调整额各年的摊销额。

习题(三)

目的:练习可供出售金融资产的核算。

资料:新光服装进出口公司发生下列有关的经济业务:

1.3月1日,购进开源公司股票20 000股,每股7.50元,另以交易金融的3‰支付佣金,款项一并签发转账支付付讫,该股票准备日后出售。

2.3月8日,购进广茂公司股票15 000股,每股6.80元,另以交易金额3‰支付佣金,款项一并签发转账支票付讫,广茂公司已于3月6日宣告于3月18日将分派现金股利,每股0.12元。

3.3月16日,收到开源公司发放的现金股利,每股0.14元,计2 800元,存入银行。

4.3月18日,收到广茂公司发放的现金股利,每股0.12元,计1 800元,存入银行。

5.3月31日,按面值购进西京公司发行的3年期债券180 000元,另以交易金额的1‰支付佣金,款项一并签发转账支票付讫,该债券年利率为8%,每年3月31日支付利息。该债券准备日后出售。

6.3月31日,开源公司股票每股公允价值7.80元,广茂公司股票每股公允价值7.05元,调整其账面价值。

7.4月18日,出售广茂公司股票15 000股,每股7.20元,另按交易金额3‰支付佣金,1‰缴纳印花税,收到出售净收入,存入银行。

8.4月30日,开源公司因发生严重财务困难,每股市价下跌为6.10元,计提其减值准备。

9.4月30日,持有准备日后出售的西京公司按面值发行的3年期债券180 000元的公允价值为181 200元,调整其账面价值。

要求:编制会计分录。

习题(四)

目的:练习长期股权投资初始成本的核算。

资料:长江百货公司下属的浦江百货公司"资本公积——资本溢价"账户余额为78 000元,"盈余公积"账户余额为136 000元,现发生下列有关的经济业务:

1.4月8日,现合并长江百货公司下属的虹口商厦,取得该商厦55%的股权。虹口商厦所有者权益的账面价值为5 000 000元,支付合并对价资产的账面价值为2 880 000元,其中:固定资产1 800 000元,已提折旧180 000元,其余1 260 000元签发转账支票付讫。

2.4月27日,今以2 281 000元合并成本从云天公司的股东中购入该公司50%的股权,而对价付出资产的账面价值为2 012 000元,其中:固定资产1 250 000元,已提折旧为180 000元,其公允价值为1 078 000元,库存商品792 000元,其余150 000元签发转账支票付讫,而库存商品的公允价值为900 000元,增值税税率为17%。

3.5月25日,从证券市场购买大众公司股票300 000股,准备长期持有,该股票每股7元,占该公司股份的4%,另按交易金额的3‰支付佣金,款项一并签发转账支票支付,该公司已宣告将于5月31日发放现金股利,每股0.16元。

4.5月30日,以发行股票1 500 000股的方式取得三洋公司8%的股权,股票每股面值1元,发行价为6元,另需支付相关税费43 200元,款项一并签发转账支票支付。

要求:编制会计分录。

习题(五)

目的:练习长期股权投资后续计量的核算。

资料:

1. 大元商厦发生下列有关的经济业务:

(1)6月30日,购进中原公司的股票900 000股,占该公司有表决权股份的10%,并准备长期持有。该股票每股6.4元,另按交易金额的3‰支付佣金,款项一并签发转账支票支付。

(2)次年3月15日,中原公司宣告将于3月25日发放现金股利,每股0.15元。查上年末该公司的净利润为2 580 000元。

(3)次年3月25日,收到中原公司发放的现金股利135 000元,存入银行。

(4)次年9月30日,中原公司发生严重财务困难,每股市价下跌至5.60元,计提其减值准备。

(5)次年10月8日,出售中原公司股票90 000股,每股5.58元,另按交易金额的3‰支付佣金,1‰缴纳印花税,收到出售股票净收入,存入银行。

2. 上海服装进出口公司发生下列有关的经济业务:

(1)1月2日,从方圆商厦的股东中购入该公司40%的股权,取得了对方圆商厦的共同控制权,而对价付出资产的账面价值为3 150 000元,其中:库存商品1 060 000元,其余2 090 000元签发转账支票付讫,而库存商品的公允价值为1 180 000元,增值税率为17%,方圆商厦接受本公司投资后,可辨认净资产的公允价值为8 700 000元。

(2)12月31日,方圆商厦的利润表上反映的净利润为880 000元。

(3)12月31日,方圆商厦资产负债表上因资本溢价因素而增加了所有者权益180 000元,按持股比例确认应享有的份额入账。

(4)次年3月15日,方圆商厦宣告将于3月28日按净利润的66%分配利润。

(5)次年3月28日,收到方圆商厦分配的利润,存入银行。

(6)次年6月31日,以375 000元出售本公司持有方圆商厦4%股权,扣除交易费用2 700元后,收到出售股权净收入存入银行。

要求:编制会计分录。

第十三章

负　债

第一节　负债概述

一、负债的意义和特征

负债是指企业过去的交易或事项形成的，预期会导致经济利益流出企业的现时义务。它通常具有以下四个特征。

（一）负债是基于过去的交易或事项而产生的现时义务

负债是企业由过去的某种交易或事项所产生的，并在未来一定时期内必须偿付的经济义务。这种经济义务一般是企业取得其所需要的资产或使用劳务的结果。例如，企业赊购商品，就负有清偿货款的经济义务。但负债与将来的经济业务无关，如企业与供货单位签订了一项购货合同，条文规定对方在订立合同之日起 1 个月内发货，企业将在收到托收承付结算凭证后承付货款。由于这个合同尚未实现，因此并不构成企业的负债。

（二）负债的清偿会导致企业未来经济利益的流出

负债必须在将来的某个时候，通过交付资产或提供劳务来清偿，届时负债才能消失，如用商品抵偿预收账款，也可以通过增加所有者权益来了结负债，如将所欠债权人的债务转换为资本。这两种方式都表明了现时的负债会导致企业将来经济利益的流出。

（三）负债必须有确切的偿付金额

负债是能够用货币计量的、有确切的或合理预计的偿付金额。如向银行借款，有确切的借款金额和借款利率,企业对银行承担的未来的经济义务是偿还借款的本金和利息,届时可以根据本金和借款利率计算出确切的利息。有些负债虽没有确切的金额,但可以根据情况合理预计,如未决诉讼形成的或有负债,就是根据企业诉讼案可能败诉,以及败诉后可能损失的金额,将其确认为预计负债。

(四)负债的债权人和偿付日期确切

负债通常都有明确的债权人和偿付债务的日期,有时即使没有确切的债权人和偿付债务的日期,但能作出合理的估计。如企业赊购付款期限为1个月的商品,在确立这笔负债时,债权人为供货单位,偿付债务的日期为1个月,这非常明确。而对于售出保修的商品,虽然债权人和偿付债务的日期没有确定,但可以根据保修商品的历史资料,确定保修商品的返修率,再根据保修商品的销售量以及保修期限,可以对保修商品的债权人和偿付债务的日期作出合理的估计。

企业为了开展经营活动的需要,通过承担现时义务以取得其所需要的各种资产和劳务,从而形成了企业的负债。同时,企业又以付出将来的经济利益作为代价,届时将以债权人所能接受的资产、劳务或股权来清偿所形成的负债。因此,正确合理地计量并反映负债,是正确反映企业财务状况和正确预测企业未来现金流量和偿债能力的基础。

二、负债的分类

商品流通企业的负债多种多样,其形成的原因、偿还的方式和期限各不相同,都有着其自身的特点。根据管理和核算的需要,负债可以按多种不同的标准进行分类。

(一)按照负债形成的原因分类

(1)经营性负债。它是指企业因经营活动而发生的负债,如应付账款、应付票据、预收账款等。

(2)融资性负债。它是指企业因融通资金而发生的负债,如短期借款、长期借款、应付债券、长期应付款等。

(3)其他负债。它是指不属于以上两种的由于其他原因而发生的负债,如其他应付款、预计负债等。

(二)按照负债偿还的方式分类

(1)货币性负债。它是指企业将来必须以货币资金偿还的债务,如短期借款、长期借款、应付票据、应付账款、应交税费等。

(2)非货币性负债。它是指企业将来以实物、劳务以及其他非货币性资产偿还的债务,如预收账款、出售商品保修担保负债等。

(三)按照负债偿还的期限分类

(1)流动负债。它是指企业预计在一个正常营业周期中清偿或者主要为交易目的而持有的、或者自资产负债表日起一年内到期应予以清偿的、或者企业无权自主地将清偿推迟至资产负债表日后一年以上的负债。

(2)非流动负债。它是指流动负债以外的负债。

第二节　流动负债

流动负债包括短期借款、应付票据、应付账款、预收账款、代销商品款、应付职工薪酬、应交税费、应付股利、其他应付款和预提费用等内容，其中有不少内容已在前面有关章节中作了阐述。本节主要阐述短期借款、应付账款、预收账款和应付职工薪酬，其他流动负债的内容将在以后有关章节中介绍。

一、短期借款

短期借款是指企业向银行或其他金融机构借入的、期限在 1 年以下(含 1 年)的各种款项。

短期借款一般是企业为维持正常的经营所需的资金而借入的或者为抵偿某项债务而借入的。它具有以下三个特征：一是企业的债权人不仅包括银行，还包括其他非银行金融机构，如金融性公司等；二是借款期限较短，一般为 1 年以下(含 1 年)；三是除了到期要归还借款本金外，还应根据货币时间价值，按期支付相应的利息。

商品流通企业取得短期借款时，必须转入"银行存款"账户后才能支用，届时借记"银行存款"账户；贷记"短期借款"账户。

【例 13－1】 上海食品公司发生下列有关的短期借款的业务：

(1)2 月 20 日，经银行批准借入 3 个月期限的借款 180 000 元，转入银行存款户。作分录如下：

	借方	贷方
借：银行存款	180 000	
贷：短期借款		180 000

(2)5 月 20 日，签发转账支票归还向银行借入的 180 000 元。作分录如下：

	借方	贷方
借：短期借款	180 000	
贷：银行存款		180 000

关于短期借款利息的核算将在第十五章第二节期间费用的核算中阐述。

"短期借款"是负债类账户，用以核算企业向银行等金融机构借入的期限在 1 年以下(含 1 年)的各种借款。企业取得借款时，记入贷方；归还借款时，记入借方；期末余额在贷方，表示尚未归还的短期借款数额。

二、应付账款

应付账款的发生和收回的核算在第五章第一节中已作了阐述，不再重复。以下仅阐述应付账款的债务重组。

应付账款在进行债务重组时，由于债务重组的方式不同，其核算的方法也各异，现分述之。

（一）以低于重组债务账面价值的现金清偿债务的核算

以低于重组债务账面价值的现金清偿债务的，债务人应当将重组债务的账面价值与实际支付现金之间的差额计入当期损益。

重组债务的账面价值是指债务面值，或本金、原值，如带息的应付票据、短期借款、长期借款、应付债券等含有利息，还应加上应计未付的利息；如溢价或折价发行的债券，还应加上尚未摊销的利息调整额。

【例 13—2】 2月10日，达中商厦向长风工厂购进商品一批，含税价格为120 000元，付款期限为3个月。5月10日，达中商厦因发生财务困难，无法按合同规定偿付账款。经双方协议，长风工厂同意减免达中商厦10 000元债务，并要求其立即付款。今签发转账支票110 000元，清偿长风工厂债务，作分录如下：

借：应付账款	120 000.00	
贷：银行存款		110 000.00
营业外收入——债务重组利得		10 000.00

（二）以非现金资产清偿债务的核算

以非现金资产清偿债务的，债务人应当将重组债务的账面价值与转让的非现金资产公允价值之间的差额，计入当期损益；转让的非现金资产公允价值与其账面价值之间的差额，应当分别不同情况进行处理：

非现金资产为存货的，应当作为销售处理，以其公允价值确认收入，同时结转相应的成本。

非现金资产为固定资产、无形资产的，其公允价值与账面价值的差额，计入营业外收入或营业外支出。

非现金资产为股票、债券等金融资产的，其公允价值与账面价值的差额，计入投资损益。

非现金资产的账面价值是指非现金资产的账余额扣除有关损失准备后的金额。如存货的账面价值就是其账面余额扣除有关存货跌价准备后的金额；固定资产的账面价值就是其账面余额扣除累计折旧和有关固定资产减值准备后的金额；股票、债券等金融资产的账面价值就是其账面余额扣除相关的减值准备后的金额。

【例 13—3】 3月20日，光辉商厦向迅达公司购进自动扶梯一部，价值150 000元，付款期限为3个月。6月20日,光辉商厦因发生财务困难,无法按公司规定偿付账款。经双方协议,迅达公司同意光辉商厦用商品一批抵偿债务,该批商品的销售价格为120 000元,增值税税率为17%。

(1)作销售收入入账,作分录如下:

借:应付账款 150 000.00

  贷:主营业务收入 120 000.00

    应交税费——应交增值税——销项税额 20 400.00

    营业外收入——债务重组利得 9 600.00

(2)该批商品的账面价值为105 000元,未提存货跌价准备,结转其销售成本,作分录如下:

借:主营业务成本 100 500.00

  贷:库存商品 100 500.00

【例13—4】 4月1日,康城商厦向房产公司购进作为商场使用的房屋一幢,价值980 000元,已支付600 000元。合同规定其余380 000元应在7月1日支付。7月1日,康城商厦因发生财务困难,无法按合同规定偿还债务,经双方协商,房产公司同意商厦以旧商场一幢抵偿债务。该旧商场原始价值600 000元,已提折旧225 300元,已计提减值准备10 000元。

(1)将清偿债务的旧商场转账,作分录如下:

借:固定资产清理——处置旧商场 364 700.00

  累计折旧 225 300.00

  固定资产减值准备 10 000.00

  贷:固定资产 600 000.00

(2)该旧商场经评估公允价值为376 000元,签发转账支票支付中介机构商场的评估费用4 500元,作分录如下:

借:固定资产清理——处置旧商场 4 500.00

  贷:银行存款 4 500.00

(3)按增值税税率的11%计提偿债仓库增值税额,作分录如下:

借:固定资产清理——处置旧商场 41 360.00

  贷:应交税费——应交增值税——销项税额 41 360.00

(4)将旧商场交付房产公司以清偿前欠购房款,作分录如下:

借:应付账款 380 000.00

  营业外支出——处置非流动资产损失(376 000—410 560)

  34 560.00

贷:固定资产清理——处置旧商场　　410 560.00
营业外收入——债务重组利得(380 000－376 000)　　4 000.00

三、预收账款

预收账款是指企业在销售商品或提供劳务前,根据销售合同的规定向购货单位预先收取的货款或定金。

商品流通企业采用预收账款的方式销售商品,事先应订立预收货款的销售合同或协议。企业根据合同规定预收货款时,并没有转移商品所有权,因此,应借记"银行存款"账户,贷记"预收账款"账户。当企业根据合同规定的日期,开出专用发票交付对方商品时,借记"预收账款"账户,贷记"主营业务收入"账户和"应交税费"账户。

【例 13－5】 上海钢材公司采用预收账款的方式向振飞机械厂销售特种圆钢 80 吨,每吨3 200元,合同规定先预收货款 25%,在 20 天后交货时,再收取货款的 75%。

(1)2 月 2 日,收到振飞机械厂签发的转账支票一张,金额 64 000 元,系预收 80 吨特种圆钢 25%的货款,作分录如下:

借:银行存款　　64 000
贷:预收账款——振飞机械厂　　64 000

(2)2 月 22 日,发给振飞机械厂特种圆钢 80 吨,每吨 3 200 元,计货款 256 000 元、增值税额 43 520 元。当即收到厂方签发的转账支票 1 张,金额为 235 520 元,系支付其余 75%的货款及全部增值税额,作分录如下:

借:预收账款——振飞机械厂　　64 000
银行存款　　235 520
贷:主营业务收入——圆钢类　　256 000
应交税费——应交增值税——销项税额　　43 520

"预收账款"是负债类账户,用以核算企业按照合同规定向购货单位或个人预收的货款或定金。企业按规定预收货款或定金时,记入贷方;发付对方商品,销售实现时,记入借方;期末余额在贷方,表示企业已经预收而尚示交付购货单位或个人商品的数额。该账户一般按购货单位名称进行明细分类核算。

四、应付职工薪酬

(一)职工薪酬概述

职工薪酬是指企业为获得职工提供服务而给予各种形式的报酬以及其他相关支出。

职工薪酬包括的内容有:(1)职工工资、奖金、津贴和补贴;(2)职工福利费;(3)医疗保险费、养老保险费、失业保险费等社会保险费;(4)住房公积金;(5)工会经费和职工教育费;(6)非货币性福利;(7)因解除与职工劳动关系给予的补偿;(8)其他与获得职工提供服务相关的支出。

(二)职工工资、奖金、津贴和补贴的核算

职工工资是指按照职工工作能力、劳动熟练程度、技术复杂程度和劳动繁简轻重程度,以及所负责任大小等所规定的工资标准支付给职工的劳动报酬。按照其计算的方法不同分为计时工资和计件工资。计时工资是指按计时工资标准和工作时间支付给个人的劳动报酬,计件工资是指对已完成的工作量按计件单价支付的劳动报酬。

奖金是指支付给职工的超额劳动报酬和增收节支的劳动报酬。主要有生产奖、节约奖等,但不包括发明创造和技术改造奖。

津贴和补贴是指为了补偿职工特殊或额外的劳动消耗和因其他特殊原因支付给职工的津贴,以及为了职工工资水平不受物价影响支付给职工的物价补贴。主要有中、夜班津贴、岗位津贴、特殊工种津贴和副食品补贴等。

我国主要采用计时工资。企业一般按月计算并发放工资,在计算职工应发工资时,应根据劳动工资部门转来的考勤记录及其他有关资料,按职工出、缺勤情况,计算职工应发工资。其计算公式如下:

应发工资=工资-缺勤应扣工资

缺勤应扣工资是指病、事假应扣工资。在计算病、事假应扣工资时,先要将职工的月工资标准计算成日工资标准。日工资标准有两种计算方法。

一种是按法定工作日计算,其计算依据是:全年共 365 天,每周法定休息 2 天,全年休息日 104 天,法定假日 10 天,除去休假日 114 天,年法定工作日为 251 天,则月法定工作日为 20.92 天,其计算公式如下:

$$\text{日工资标准}=\frac{\text{月工资标准}}{20.92\text{ 天}}$$

另一种是按日历日数计算,每月按 30 天计算,其计算公式如下:

$$\text{日工资标准}=\frac{\text{月工资标准}}{30\text{ 天}}$$

事假应扣工资=日工资标准×事假天数

病假应扣工资=日工资标准×病假天数×病假扣款率

【例 13-6】 职工赵茹萍月工资标准为 3 300 元,1 月份病假 5 天,工龄 4 年,病假扣款率为 20%,计算其病假应扣工资如下:

$$\text{赵茹萍日标准工资}=\frac{3\ 300}{30}=110\text{(元)}$$

赵茹萍病假应扣工资=110×5×20%=110(元)

应发工资计算完毕后,再根据考勤记录及有关部门转来的奖金、津贴和补贴及代扣款项等有关资料，计算职工薪酬的实发金额。其计算公式如下：

实发金额＝应发工资＋奖金＋津贴和补贴－代扣款项

在实际工作中，企业是通过编制工资结算单来结算工资的。工资结算单一般按部门人员编制，一式数联，其中一联经职工领款签收后，作为工资结算和发放的原始凭证；一联转交劳动工资部门；一联由财会部门留存。工资结算单格式如表13－1所示。

财会部门根据工资结算单中的实发金额签发现金支票提取现金，届时借记"库存现金"账户；贷记"银行存款"账户。

企业发放工资、奖金、津贴和补贴时，借记"应付职工薪酬"账户；贷记"库存现金"、"其他应付款"等账户。期末将"应付职工薪酬"账户归集的各类人员的薪酬进行分配，属于商品经营业务人员的工资列入"销售费用"账户；属于其他经营业务人员的工资列入"其他业务成本"账户；属于企业行政管理人员的工资列入"管理费用"账户；属于建筑安装固定资产人员的工资列入"在建工程"账户；属于6个月以上长期病假人员的工资则应列入"管理费用"账户。

【例13－7】 上海电器公司编制的1月份工资结算单如表13－1所示。

(1)15日，根据工资结算单中的实发金额签发现金支票，提取现金124 926元，作分录如下：

借：库存现金　　124 926.00

　贷：银行存款　　124 926.00

(2)15日，发放职工薪酬后，根据工资结算单，作分录如下：

借：应付职工薪酬　　152 600.00

　贷：库存现金　　124 926.00

　　其他应付款——住房公积金　　10 682.00

　　　　　　——养老保险费　　12 208.00

　　　　　　——医疗保险费　　3 052.00

　　　　　　——失业保险费　　1 526.00

　　应交税费——应交个人所得税　　206.00

(3)31日，分配本月份发放的职工薪酬，作分录如下：

借：销售费用——职工薪酬　　126 600.00

　其他业务成本　　8 200.00

　管理费用——职工薪酬　　21 800.00

　贷：应付职工薪酬——工资　　152 600.00

表 13－1

工资结算单

2016 年 1 月 15 日

单位:元

姓名	工资	缺勤应扣工资		应发工资	奖金	津贴和补贴		应发薪酬合计	代扣款项						实发金额	签章
		病假工资	事假工资			中夜班津贴	副食品补贴		住房公积金	养老保险费	医疗保险费	失业保险费	个人所得税	合计		
周 平	3 000.00			3 000.00	350.00	60.00	50.00	3 460.00	242.20	276.80	69.20	34.60		622.80	2 837.20	
赵茹萍	3 300.00	110.00		3 190.00	260.00		50.00	3 500.00	245.00	280.00	70.00	35.00		630.00	2 870.00	
王 琳	3 600.00			3 600.00	420.00	40.00	50.00	4 110.00	287.70	328.80	82.20	41.10		739.80	3 370.20	
刘 华	4 050.00		135.00	3 915.00	395.00	40.00	50.00	4 400.00	308.00	352.00	88.00	44.00	3.24	795.24	3 604.76	
钱克明	4 500.00			4 500.00	550.00		50.00	5 100.00	357.00	408.00	102.00	51.00	20.46	938.46	4 161.54	
小计	18 450.00	110.00	135.00	18 205.00	1 975.00	140.00	250.00	20 570.00	1 439.90	1 645.60	411.40	205.70	23.70	3 726.30	16 843.70	
商品经营人员工资合计	109 900.00	620.00	810.00	108 470.00	11 880.00	750.00	1 500.00	122 600.00	8 582.00	9 808.00	2 452.00	1 226.00	140.00	22 208.00	100 392.00	
其他业务人员工资合计	7 320.00			7 320.00	780.00		100.00	8 200.00	574.00	656.00	164.00	82.00		1 476.00	6 724.00	
管理人员工资合计	20 100.00	90.00	150.00	19 860.00	1 740.00		200.00	21 800.00	1 526.00	1 744.00	436.00	218.00	66.00	3 990.00	17 810.00	
工资合计	137 320.00	710.00	960.00	135 650.00	14 400.00	750.00	1 800.00	152 600.00	10 682.00	12 208.00	3 052.00	1 526.00	206.00	27 674.00	124 926.00	

(三)职工福利费、工会经费和职工教育经费的核算

职工福利费是指用于职工医疗卫生、生活困难补助、集体福利设施等支出。根据规定职工福利费按工资总额的一定比例提取。工资总额是指各企业在一定时期内直接支付给本企业全部职工的劳动报酬总额。它包括职工工资、奖金、津贴和补贴。

工会经费是指工会组织的活动经费。根据规定工会经费按工资总额的2%提取。

职工教育经费是指企业用于职工学习先进技术和科学文化的经费。根据规定职工教育经费按工资总额的1.5%提取。

企业在提取职工福利费、工会经费和职工教育经费时,按商品经营业务人员工资总额提取的,记入"销售费用"账户;按其他业务经营人员工资总额提取的,记入"其他业务成本"账户;按行政管理人员和长期病假人员工资总额提取的,记入"管理费用"账户;按建筑安装人员工资总额提取的,记入"在建工程"账户。

【例13-8】 上海电器公司1月份发放职工的工资总额为152 600元,其中:商品经营业务人员为122 600元;其他经营业务人员为8 200元;行政管理人员为21 800元;按本月份工资额的14%、2%和1.5%分别计提职工福利费、工会经费和职工教育经费,作分录如下:

借:销售费用——职工薪酬(122 600×17.5%)　　21 455.00
　　其他业务成本(8 200×17.5%)　　1 435.00
　　管理费用——职工薪酬(21 800×17.5%)　　3 815.00
　贷:应付职工薪酬——职工福利(152 600×14%)　　21 364.00
　　　　　　　　——工会经费(152 600×2%)　　3 052.00
　　　　　　　　——职工教育经费(152 600×1.5%)　　2 289.00

职工福利费主要用途有:职工医药费,企业内医务人员的工资、医务经费及职工因公负伤就医路费;职工生活困难补助费;企业福利机构如浴室、托儿所等工作人员工资,以及这些项目支出与收入相抵后的差额;集体福利设施和文化体育设施;独生子女补助费及其他福利支出。

企业在支用职工福利费、职工教育经费和拨交工会组织工会经费时,再借记"应付职工薪酬"账户,贷记"银行存款"或"库存现金"账户。

(四)医疗保险费、养老保险费、失业保险费等社会保险费和住房公积金的核算

医疗保险费是指由企业负担的用于职工医疗保险的费用。企业按工资总额的12%缴纳,职工按工资总额的2%缴纳。

养老保险费是指由企业负担的用于职工退休后支付职工退休金的费用。企业按工资总额的20%缴纳,职工按工资总额的8%缴纳。

失业保险费是指由企业负担的用于职工失业的保险费用。企业按工资总额的2%缴

纳，职工按工资总额的1%缴纳。

住房公积金是指企业为其在职职工缴存的长期住房储金。企业按工资总额的7%缴纳，职工也按工资总额的7%缴纳。

企业负担的医疗保险费已包含在职工福利费内，因此在计提时只需在"应付职工薪酬"的二级明细账户内进行划转。

企业负担的养老保险费、失业保险费等社会保险费和住房公积金在按月计提时，借记"销售费用"、"其他业务成本"、"管理费用"、"在建工程"、"研发支出"等账户；贷记"应付职工薪酬"账户。

职工负担的医疗保险费、养老保险费、失业保险费和住房公积金在发放职工薪酬予以代扣时，已经列入"其他应付款"账户。

企业按规定将医疗保险费、养老保险费、失业保险费等社会保险费缴纳给社会保险事业基金结算管理中心；将住房公积金缴纳给公积金管理中心时，应借记"应付职工薪酬"、"其他应付款"账户；贷记"银行存款"账户。

【例13—9】 根据前例的资料对社会保险费和住房公积金进行计提和缴纳的核算。

(1)按工资总额的12%计提医疗保险费，作分录如下：

借：应付职工薪酬——职工福利　　18 312.00
　贷：应付职工薪酬——社会保险费　　18 312.00

(2)按工资总额的20%、2%和7%分别计提养老保险费、失业保险费和住房公积金，作分录如下：

借：销售费用——职工薪酬(122 600×29%)　　35 554.00
　其他业务成本(8 200×29%)　　2 378.00
　管理费用——职工薪酬(21 800×29%)　　6 322.00
　贷：应付职工薪酬——社会保险费(152 600×22%)　　33 572.00
　　　——住房公积金(152 600×7%)　　10 682.00

(3)将本月应交的医疗保险费、养老保险费、失业保险费和住房公积金(含为职工代扣的部分)分别缴纳给社会保险事业基金结算管理中心和公积金管理中心时，作分录如下：

借：应付职工薪酬——社会保险费　　51 884.00
　　——住房公积金　　106 82.00
　其他应付款——住房公积金　　10 682.00
　　——养老保险费　　12 208.00
　　——医疗保险费　　3 052.00
　　——失业保险费　　1 526.00
　贷：银行存款　　90 034.00

“应付职工薪酬”是负债类账户，用以核算企业根据规定应付给职工的各种薪酬。企业发生职工各种薪酬时，记入贷方；企业支付职工各种薪酬时，记入借方；期末余额在贷方，表示企业应付未付的职工薪酬。

“其他应付款”账户是负债类账户，用以核算企业除应付票据、应付账款、预收账款、应付职工薪酬、应付股利、应交税费等以外的其他各种应付、暂收款项。企业发生各种应付、暂收款项时，记入贷方；企业支付或归还其他应付、暂收款项时，记入借方；期末余额在贷方，表示企业应付未付的其他应付、暂收款项。

第三节　非流动负债

一、非流动负债概述

（一）非流动负债的意义

非流动负债的偿还期限较长，它包括长期借款、应付债券、长期应付款、专项应付款和预计负债等。

企业在开业阶段，通过非流动负债可以弥补投资者投入资金的不足，以保证生产经营业务的顺利进行。企业在经营过程中，当需要扩展经营规模，开拓新的市场，需要大量固定资产投资时，如果等待企业内部形成足够的留存收益后，再进行投资，将会丧失有利的时机，因此通过非流动负债来筹集资金是一种有效的方法。

非流动负债的特点是负债数额大、偿还期限长。

（二）借款费用

非流动负债通常是企业向外部借入的款项，向外部借款必然会发生借款费用。

借款费用是指企业因借款而发生的利息及其他相关成本。它包括借款利息、利息调整额的摊销、辅助费用以及因外币借款而发生的汇兑差额等。辅助费用是指向银行借款的手续费、发行债券的发行费用等。

借款分为专门借款和一般借款两类。专门借款是指为购建或者生产符合资本化条件的资产而专门借入的款项。一般借款是指除专门借款以外的其他借款。

企业发生的借款费用，可直接归属于符合资本化条件的资产的购建或者生产的，应当予以资本化，计入相关资产成本；其他借款费用，应当在发生时根据其发生额确认为费用，计入当期损益。

符合资本化条件的资产，是指需要经过相当长时间的购建或者生产活动才能达到预定可使用或者可销售状态的固定资产、投资性房地产和存货等资产。

（三）借款费用予以资本化的条件

借款费用同时满足下列三个条件的，才能开始予以资本化。

1. 资产支出已经发生

这里所指的资产支出有其特定的含义，它只包括企业为购建符合资本化条件的资产而以支付现金、转移非现金资产或者承担带息债务形式发生的支出。

2. 借款费用已经发生

这一条件是指企业已经发生了因购建符合资本化条件的资产而借入款项的利息、利息调整额的摊销、辅助费用和汇兑差额等借款费用。

3. 为使资产达到预定可使用或者可销售状态所必要的购建活动已经开始

为使资产达到预定可使用状态所必要的购建活动主要是指资产的实体建造活动，如主体设备的安装、房屋的实际建造等。但不包括仅仅持有资产，却没有发生为改变资产形态而进行实质上的建造活动，如只购置建筑用地，但是尚未发生有关房屋实体建造活动就不包括在内。

（四）资本化期间借款利息资本化金额的确定

资本化期间是指从借款费用开始资本化时点到停业资本化时点的期间，借款费用暂停资本化的期间不包括在内。

在资本化期间内，每一会计期间的利息（包括债券利息调整的摊销）资本化的金额，应当按照下列规定确定：

为购建或者生产符合资本化条件的资产而借入专门借款的，应当以专门借款当期实际发生的利息费用，减去将尚未动用的借款资金存入银行取得的利息收入或进行暂时性投资取得的投资收益后的金额确定。

为购建或者生产符合资本化条件的资产而占用了一般借款的，企业应当根据累计资产支出超过专门借款部分的资产支出加权平均数，乘以所占用一般借款的资产化率，计算确定一般借款应予以资本化的利息金额。资本化率应当根据一般借款加权平均利率计算确定。

（五）辅助费用的处理

专门借款发生的辅助费用，在所购建或者生产的符合资本化条件的资产达到预定可使用或者可销售状态之前发生的，应当在发生时根据其发生额予以资本化，计入符合资本化条件的资产的成本；在所购建或者生产的符合资本化条件的资产达到预定可使用或者可销售状态之后发生的，应当在发生时根据其发生额确认为费用，计入当期损益。

一般借款发生的辅助费用，应当在发生时根据其发生额确认为费用，计入当期损益。

二、长期借款

长期借款主要是企业向银行或其他金融机构借入的期限在1年以上(不含1年)的各种借款。它包括专门借款和一般借款。

企业向银行申请长期借款等,必须与银行签订贷款合同,并要提供不同形式的担保,然后在合同规定的期限内还本付息。

企业按照贷款合同取得购建固定资产的长期借款时,借记"银行存款"账户,贷记"长期借款——专门借款"账户。专门借款的利息不论是分期支付,还是一次性支付,均应按照权责发生制的要求分期列支。专门借款当期实际发生的利息费用,减去将尚未动用的借款资金存入银行取得的利息收入或者进行暂时投资取得投资收益后的金额,确定为专门借款利息费用的资本化金额,并应当在资本化期间内(即从借入购建固定资产专门借款起至固定资产达到预定可使用状态止),将其计入固定资产的购建成本,作为固定资产原始价值的组成部分;在固定资产购建完成达到预定可使用状态后发生的利息费用,则应直接计入当期损益,记入"财务费用"账户。

在借款费用资本化期间内,为购建或者生产符合资本化条件的资产占用了一般借款的,这部分借款利息也应予以资本化。一般借款应予以资本化的利息的计算公式如下:

$$\begin{matrix}\text{一般借款利息}\\\text{费用资本化金额}\end{matrix}=\begin{matrix}\text{累计资产支出超过专门借款}\\\text{部分的资产支出加权平均数}\end{matrix}\times\begin{matrix}\text{所占用一般借}\\\text{款的资本化率}\end{matrix}$$

所占用一般借款的资本化率就是所占用一般借款加权平均利率,其计算公式如下:

$$\begin{matrix}\text{所占用一般借}\\\text{款的资本化率}\end{matrix}=\frac{\text{所占用一般借款当期实际发生的利息之和}}{\text{所占用一般借款本金加权平均数}}\times 100\%$$

$$\begin{matrix}\text{所占用一般借款}\\\text{本金加权平均数}\end{matrix}=\sum\left(\begin{matrix}\text{所占用每笔}\\\text{一般借款本金}\end{matrix}\times\frac{\text{每一笔借款在当期所占用的天数}}{\text{当期天数}}\right)$$

【例13—10】 上海服装进出口公司为建造办公楼向银行借入专门借款540 000元,合同规定2年到期,年利率为8%,单利计息,到期一次还本付息。

(1)2015年3月31日,企业取得专门借款时,作分录如下:

借:银行存款　　540 000.00

　　贷:长期借款——专门借款——本金　　540 000.00

(2)2015年3月31日,以银行存款支付第一期工程款400 000元,作分录如下:

借:在建工程——建筑工程——建造办公楼　　400 000.00

　　贷:银行存款　　400 000.00

(3)2015年4月30日,预提本月份专门借款利息费用,作分录如下:

借:在建工程——建筑工程——建造办公楼　　3 600.00

　　贷:长期借款——专门借款——利息(540 000×8%÷12)　　3 600.00

(4)2016 年 3 月 31 日，收到尚未动用专门借款存入银行的利息收入 1 134 元，作分录如下：

借：银行存款　　1 134.00

　贷：在建工程——建筑工程——建造办公楼　　1 134.00

(5)2016 年 3 月 31 日，以银行存款支付第二期工程款 200 000 元，作分录如下：

借：在建工程——建筑工程——建造办公楼　　200 000.00

　贷：银行存款　　200 000.00

(6)2016 年 4 月 30 日，计提本月份专门借款的利息费用和建造办公楼占用60 000元一般借款的利息费用，一般借款的资本化率为 7.5%，作分录如下：

借：在建工程——建筑工程——建造办公楼　　3 975.00

　贷：长期借款——专门借款——利息(540 000×8%÷12)　　3 600.00

　　　　　　——一般借款——利息(60 000×7.5%÷12)　　375.00

(7)2016 年 6 月 30 日，建造办公楼竣工，支付剩余工程款 30 000 元，作分录如下：

借：在建工程——建筑工程——建造办公楼　　30 000.00

　贷：银行存款　　30 000.00

(8)2016 年 6 月 30 日，建造的办公楼已达到预定可使用状态，交付使用，工程款连同 15 个月预提的专门借款利息 54 000 元和一般借款利息 1 125 元减去尚未动用借款资金存入银行取得的利息收入 1 134 元，工程总决算为 683 991 元，予以转账，作分录如下：

借：固定资产　　683 991.00

　贷：在建工程——建筑工程——建造办公楼　　683 991.00

(9)2016 年 7 月 31 日，计提本月份专门借款利息费用，作分录如下：

借：财务费用——利息支出　　3 600.00

　贷：长期借款——专门借款——利息　　3 600.00

俟借款到期，支付借款本金和利息时，再借记“长期借款”账户；贷记“银行存款”账户。

如果某项固定资产的购建发生非正常中断，并且中断时间连续有 3 个月时，应当暂停借款费用的资本化，将其中断期间所发生的借款费用直接计入当期的财务费用，直至购建重新开始，再将其后至固定资产达到预定可使用状态前发生的借款费用，计入所购建固定资产的成本。

“长期借款”是负债类账户，用以核算企业向银行等金融机构借入的期限在 1 年以上的各种借款及应计利息。企业发生借款和应计利息时，记入贷方；企业归还借款和支付利息时，记入借方；期末余额在贷方，表示企业尚未偿还的借款本金和利息。

三、应付债券

(一)债券的概述

债券是指企业向社会上公开筹借资金而发行的,约定在一定期限内还本付息的有价证券。它是企业负债的另一种形式,由于企业将所需借入的资金划分为许多较小的计价单位,如100元、500元、1 000元等不同票面价值的债券,这样就为社会上不同阶层就其愿意投入的投资额进行投资提供了方便。因此,债券是企业筹集资金的重要方式。与长期借款相比较,它具有筹资范围广、流动性大的特点。

企业因资金不足而发行债券,必须经中国人民银行批准,企业也可以委托银行或其他金融机构代理发行债券。根据规定,企业发行债券的总面额,不得大于该企业自有资产净值;债券的票面利率不得高于银行相同期限居民定期存款利率的40%。企业发行债券必须具备的内容有:(1)债券面值,即本金,是指举债企业在债券到期日应偿还给持票人的金额;(2)票面利率,是指计算债券利息的利率;(3)付息日期;(4)债券的发行日期、编号和还本日期。

债券按照其偿还期限的不同,可分为短期债券和长期债券两种。偿还期限不超过1年的债券,称为短期债券,其属于流动负债,通过“应付短期债券”账户核算。偿还期超过1年的债券,称为长期债券。以下阐述的是长期债券。

(二)债券发行价格的确定

企业是根据市场利率确定债券发行价格的,因此从理论上讲债券应该按面值发行。但实际上,由于发行债券需要先经过设计、印制等一系列筹备工作,到实际发行要相隔一段时间,届时债券的票面利率与市场利率可能会不一致。公司为了维护自身的利益和投资者的利益,就需要确定债券的发行价格。所以,在发行债券时,当票面利率高于市场利率时,债券要溢价发行,当票面利率低于市场利率时,债券要折价发行。

债券的发行价格从资金时间价值的观念来理解,应由两部分构成:一部分是债券面值偿还时按市场利率折算的现值;另一部分是债券各期所支付利息按市场利率折算的现值,其计算公式如下:

债券发行价格=债券面值偿还时的现值+各期债券利息之和的现值

债券面值偿还时的现值=债券面值×复利现值系数

各期债券利息之和的现值=支付一期的利息额×年金现值系数

公式中的复利现值系数可以通过查阅复利现值系数表取得,年金现值系数可以通过查阅年金现值系数表取得。复利现值系数表和年金现值系数表分别见本书附录一和附录二。

【例13-11】 华夏电器公司发行面值为1 000元的债券,票面利率为9%,期限为3年,每满1年付息一次,而市场利率为8%,计算其债券发行价格如下:

按8%利率查得3年期的复利现值系数为0.793 8;年金现值系数为2.577 1。

债券发行价格=1 000×0.793 8+1 000×9%×2.577 1=1 025.74(元)

计算结果表明,债券的发行价格为1 025.74元,溢价25.74元。

(三)按面值发行债券的核算

当企业按面值发行债券,收到发行债券款时,借记"银行存款"账户,贷记"应付债券——债券面值"账户。

企业举债是为了购建固定资产的,发生的利息、利息调整摊销和辅助费用,在固定资产达到预定可使用状态前,应予以资本化;在固定资产达到预定可使用状态后,应予以费用化。企业举债的目的是用于流动资产,上列的借款费用也应予以费用化。

债券的利息一般是一年支付一次,或到期一次支付。为了使企业利息负担均衡合理,应按月预提债券的利息费用。届时借记"在建工程"或"财务费用"账户,对于一年支付一次利息的,贷记"应付利息"账户;对于到期一次支付利息的,则贷记"应付债券"账户。

企业按期支付债券利息时,借记"应付利息"或"应付债券"账户,贷记"银行存款"账户。

【例13—12】 上海食品进出口公司为建造冷库,于2015年6月30日按面值660 000元发行债券,债券票面利率为8%,期限为3年,于2018年6月30日还本付息。

(1)2015年6月27日,签发转账支票9 900元支付债券发行费用,作分录如下:

借:在建工程——建筑工程——建造冷库	9 900.00	
贷:银行存款		9 900.00

(2)2015年6月30日,发行债券,收到款项660 000元,存入银行,作分录如下:

借:银行存款	660 000.00	
贷:应付债券——债券面值		660 000.00

(3)2015年7月2日,签发转账支票支付建造冷库第一期工程款330 000元,作分录如下:

借:在建工程——建筑工程——建造冷库	330 000.00	
贷:银行存款		330 000.00

(4)2015年7月31日,按8%的年利率计提本月份债券利息,作分录如下:

借:在建工程——建筑工程——建造冷库	4 400.00	
贷:应付债券——应计利息(660 000×8%÷12)		4 400.00

(5)2016年6月30日,收到发行债券尚未动用的330 000元资金存入银行的利息收入2 673元,作分录如下:

借:银行存款	2 673.00	
贷:在建工程——建筑工程——建造冷库		2 673.00

(6)2016 年 6 月 30 日，建造的冷库已竣工，签发转账支票支付建造冷库剩余工程款 330 000 元，作分录如下：

借：在建工程——建筑工程——建造冷库　　330 000.00
　　贷：银行存款　　330 000.00

(7)2016 年 6 月 30 日，冷库已达到预定可使用状态，验收使用。全部工程款660 000 元，债券发行费用 9 900 元，工程应负担债券利息 52 800 元，扣除尚未动用发行债券资金存入银行取得的利息收入 2 673 元，全部工程决算为 720 027 元，作分录如下：

借：固定资产　　720 027
　　贷：在建工程——建筑工程——建造冷库　　720 027

(四)溢价和折价发行债券的核算

1. 溢价发行债券的核算

溢价发行债券是指企业发行债券的价格高于债券面值，其高于面值的差额称为债券溢价。当企业发行债券的票面利率高于市场实际利率时，这意味着企业将要以高于市场实际利率支付利息，届时需要溢价发行。因此债券溢价实质上是企业在发行债券时，预收投资者一笔款项，以补偿以后多付给投资者的利息。

企业溢价发行债券后，按实际取得的款项借记"银行存款"账户；按债券面值贷记"应付债券——债券面值"账户；实际发行额与面值的差额，贷记"应付债券——利息调整"账户。

【例 13—13】 沪光商厦为建造商场于 2015 年 6 月 30 日发行面值为 810 000 元的债券，票面利率为 9%，期限为 3 年，每年 6 月 30 日付息，于 2018 年 6 月 30 日归还本金，而市场实际利率为 8%。

(1)2015 年 6 月 27 日，以银行存款 12 150 元支付债券发行费用，作分录如下：

借：在建工程——建筑工程——建造商场　　12 150.00
　　贷：银行存款　　12 150.00

(2)2015 年 6 月 30 日，将每 1 000 元面值的债券按 1 025.74 元发行。今收到溢价发行款 830 849.40 元，存入银行，作分录如下：

借：银行存款　　830 849.40
　　贷：应付债券——债券面值　　810 000.00
　　　　　　　　——利息调整　　20 849.40

2. 折价发行债券的核算

折价发行债券是指企业发行债券的价格低于债券面值。其低于面值的差额称为债券折价。当企业发行债券的票面利率低于市场实际利率时，这意味着企业将要以低于市场实际利率支付利息，就需要折价发行。因此债券折价实质上是企业在发行债券时，预先少收投资者一笔款项，以补偿投资者以后少得利息的损失。

企业折价发行债券后，按实际发行债券取得的款项，借记“银行存款”账户；按债券面值，贷记“应付债券——债券面值”账户；债券面值与实际发行额的差额，记入“应付债券——利息调整”账户的借方。

【例 13－14】 新美服装公司为补充流动资金的需要，发行面值为 360 000 元的债券，债券票面利率为 7%，期限为 2 年，于每年 9 月 30 日付息，而市场实际利率为 8%。

(1)2015 年 6 月 28 日，以银行存款 5 400 元支付债券发行费用，作分录如下：

借：财务费用　　5 400.00

　贷：银行存款　　5 400.00

(2)2015 年 6 月 30 日，将每 1 000 元面值的债券按 982.13 元发行。今收到折价发行款 353 566.80 元，存入银行，作分录如下：

借：银行存款　　353 566.80

　应付债券——利息调整　　6 433.20

　贷：应付债券——债券面值　　360 000.00

(五)利息调整额摊销的核算

企业溢价发行债券，意味着要按高于市场实际利率的票面利率支付利息；企业折价发行债券，意味着要按低于市场实际利率的票面利率支付利息，因此，在按月预提债券利息时，还要摊销利息调整额，通过摊销后，使企业实际负担的利息费用与按市场实际利率计算的结果相一致。利息调整额摊销的方法有直线法和实际利率法两种。

1. 直线法摊销利息调整额的核算

直线法是指将利息调整额在债券到期前分期平均摊销的方法。

在摊销利息调整额贷方余额时，借记“应付债券——利息调整”账户，贷记“在建工程”或“财务费用”账户。

【例 13－15】 前例沪光商厦为建造商厦溢价 20 849.40 元，发行 3 年期的债券 810 000元。

(1)2015 年 7 月 2 日，以银行存款支付建造商厦第一期工程款 450 000 元，作分录如下：

借：在建工程——建筑工程——建造商厦　　450 000.00

　贷：银行存款　　450 000.00

(2)2015 年 7 月 31 日，按 9%票面利率计提本月份债券利息，作分录如下：

借：在建工程——建筑工程——建造商厦　　6 075.00

　贷：应付利息　　6 075.00

同时摊销本月份的利息调整额，作分录如下：

借:应付债券——利息调整(20 849.40÷36)　　579.15

　贷:在建工程——建筑工程——建造商厦　　579.15

(3)2016 年 6 月 30 日,将本月份债券利息入账,并支付投资者一年期债券利息72 900元,作分录如下:

借:应付利息　　66 825.00

　在建工程——建筑工程——建造商厦　　6 075.00

　贷:银行存款　　72 900.00

同时,摊销本月份的利息调整额,作分录如下:

借:应付债券——利息调整(20 849.40÷36)　　579.15

　贷:在建工程——建筑工程——建造商厦　　579.15

(4)2016 年 6 月 30 日,收到发行债券尚未动用的 380 849.40 元存款的利息收入3 084.80元,作分录如下:

借:银行存款　　3 084.80

　贷:在建工程——建筑工程——建造商厦　　3 084.80

(5)2016 年 6 月 30 日,建造商厦竣工,支付建造商厦剩余工程款 360 000 元,作分录如下:

借:在建工程——建筑工程——建造商厦　　360 000.00

　贷:银行存款　　360 000.00

(6)2016 年 6 月 30 日,建造商厦竣工,达到预定可使用状态,验收使用,全部工程款810 000 元,债券发行费用 12 150 元,应付利息 72 900 元,扣除利息调整额摊销6 949.80元和利息收入 3 084.20 元,全部决算为 885 016 元,作分录如下:

借:固定资产　　885 016.00

　贷:在建工程——建造商厦　　885 016.00

通过 3 年的摊销,利息调整额全部摊销完毕。债券到期时,还本付息的核算方法与按面值发行债券的方法相同。

在摊销利息调整借方余额时,借记"在建工程"或"财务费用"账户,贷记"应付债券——利息调整"账户。

【例 13—16】 前例新美服装公司为筹集流动资金折价 6 433.20 元,发行 2 年期的债券360 000元。

(1)2015 年 7 月 31 日,按 7%的票面利率计提本月份债券利息,作分录如下:

借:财务费用——利息支出　　2 100.00

　贷:应付利息　　2 100.00

同时摊销本月份利息调整额,作分录如下:

借:财务费用——利息支出(6 433.20÷24)　　268.05
　　贷:应付债券——利息调整　　268.05

(2)2016 年 6 月 30 日,支付投资者 1 年期债券利息 21 000 元,作分录如下:

借:应付利息　　23 100.00
　财务费用——利息支出　　2 100.00
　　贷:银行存款　　25 200.00

同时,摊销本月份利息调整额,作分录如下:

借:财务费用——利息支出(6 433.20÷24)　　268.05
　　贷:应付债券——利息调整　　268.05

2. 实际利率法摊销利息调整额的核算

实际利率法是指将按债券面值和票面利率计算的票面利息,与按每付息期期初债券现值和实际利率计算的实际利息之间的差额,作为每付息期利息调整额摊销数的方法。

采用实际利率法摊销“利息调整”明细账户的贷方余额,实际利息将会随着表示负债数额的应付债券现值的逐期减少而减少,而利息调整摊销额却随之逐期增加,其计算方法如表 13－2 所示。

【例 13－17】 根据前例沪光商厦溢价 20 849.40 元发行的 810 000 元债券等资料,债券票面利率为 9%,实际利率为 8%。用实际利率法计算债券各期利息调整摊销额如表 13－2 所示。

表 13－2 **利息调整贷方余额摊销计算表** 单位:元

付息期数	票面利息	实际利息	利息调整摊销额	利息调整贷方余额	应付债券现值
(1)	(2)＝面值×票面利率	(3)＝上期(6)×实际利率	(4)＝(2)－(3)	(5)＝上期利息调整额－(4)	(6)＝面值＋(5)
发行时				20 849.40	830 849.40
1	72 900.00	66 467.95	6 432.05	14 417.35	824 417.35
2	72 900.00	65 953.39	6 946.61	7 470.74	817 470.74
3	72 900.00	65 429.26①	7 470.74	0	810 000.00

以上计算的是各年的票面利息、实际利息和利息调整摊销额,各月的票面利息、实际利息和利息调整摊销额还要分别除以 12 取得。

第一年各月应负担的票面利息＝72 900÷12＝6 075.00(元)

① 由于计算上存在尾差,因此 65 429.26 元是近似数。

第一年各月应负担的实际利息＝66 467.95÷12＝5 539.00(元)

第一年各月的利息调整摊销额＝6 432.05÷12＝536.00(元)

2015 年 7 月 31 日，根据计算的结果，计提本月份债券利息，作分录如下：

借：在建工程——建筑工程——建造商厦　　5 539.00

　　应付债券——利息调整　　536.00

　贷：应付利息　　6 075.00

"应付利息"是负债类账户，用以核算分期付息到期还本的长期借款，企业债券等应支付的利息，企业发生应付利息时，记入贷方；企业支付利息时，记入借方；期末余额在贷方，表示企业应付未付的利息。

采用实际利率法摊销"利息调整"明细账户借方余额，实际利息将会随着表示负债数额的应付债券现值的逐期增加而增加，而利息调整摊销额也随之逐期增加，其计算方法如表13－3所示。

【例 13－18】 根据前例新美服装公司折价 6 433.20 元发行的 360 000 元债券等资料，债券票面利率为 7%，实际利率为 8%，用实际利率法计算债券各期利息调整摊销额如表13－3所示。

表 13－3　　利息调整借方余额摊销计算表　　单位：元

付息期数	票面利息	实际利息	利息调整摊销额	利息调整借方余额	应付债券现值
(1)	(2)＝面值×票面利率	(3)＝上期(6)×实际利率	(4)＝(3)－(2)	(5)＝上期利息调整额－(4)	(6)＝面值－(5)
发行时				6 433.20	353 566.80
1	25 200	28 285.34	3 085.34	3 347.86	356 652.14
2	25 200	28 547.86①	3 347.86	0	360 000.00

采用实际利率法摊销利息调整借方余额的核算方法与直线法相同，不再赘述。

从上例两种摊销的方法来看，按直线法摊销利息调整额简便易行。然而，随着各期利息调整额的摊销，企业的负债有了变动，而企业各期负担的债券利息却始终保持不变，因此，采用这种方法，各期负担的利息费用不够合理。而按实际利率法摊销利息调整额，企业各期负担的利息费用会随着各期负债的增减变动而相应变动，从而使各期的利息费用负担合理，但采用这种方法，计算工作较为复杂。

"应付债券"是负债类账户，用以核算企业为筹集长期资金而发行债券的本金和利息。企业发行债券的面值、因溢价而发生的利息调整额、债券的应计利息和摊销债券因折价而

① 由于计算上存在尾差，因此 28 547.86 元是近似数。

发生的利息调整额时，记入贷方；企业发行债券因折价而发生的利息调整额、支付债券的应计利息、摊销债券因溢价而发生的利息调整额和偿还投资者的本金时，记入借方；期末余额在贷方，表示企业尚未偿还投资者的债券本金和利息。“应付债券”账户下设“面值”、“利息调整”和“应计利息”明细账户，分别进行明细核算。

四、长期应付款

长期应付款是指除长期借款和应付债券以外的其他各种长期应付款。商品流通企业主要有应付融资租入固定资产的租赁费等。

融资租赁是指实质上转移了与资产所有权有关的全部风险和报酬的租赁。所有权最终可能转移，也可能不转移。

符合以下一项或数项标准的，应当认定为融资租赁：①在租赁期届满时，租赁资产的所有权转移给承租人。②承租人有购买租赁资产的选择权，所订立的购买价款预计将远低于行使选择权时租赁资产的公允价值，因而在租赁开始日就可以合理确定承租人将会行使这种选择权。③即使资产的所有权不转移，但租赁期占租赁资产使用寿命的大部分。④承租人在租赁开始日的最低租赁付款额现值，几乎相当于租赁开始日租赁资产公允价值。⑤租赁资产性质特殊，如果不作较大改造，只有承租人才能使用。

租赁期是指租赁合同规定的不可撤销的租赁期间。

最低租赁付款额是指在租赁期内，承租人应支付或可能被要求支付的款项(不包括或有租金和履约成本)，加上由承租人或与其有关的第三方担保的资产余值。资产余值是指在租赁开始日估计的租赁期届满时租赁资产的公允价值。但是，如果承租人有购买租赁资产的选择权，所订立的购买价款预计将远低于行使选择权时租赁资产的公允价值，因而在租赁开始日就可以合理确定承租人将会行使这种选择权的，购买价款也应当计入最低租赁付款额。或有租金是指金额不固定、以时间长短以外的其他因素(如销售量、使用量、物价指数等)为依据计算的租金。履约成本是指在租赁期内为租赁资产支付的各种使用费用，如技术咨询和服务费、人员培训费、维修费、保险费等。

承租人在计算最低租赁付款额的现值时，可以采用租赁合同规定的利率作为折现率，当采取每期期末支付租金时，最低租赁付款额的现值计算公式如下：

最低租赁付款额的现值＝每期租金×年金现值系数＋订立的购买价款×复利现值系数

承租人应当将租赁开始日租赁资产公允价值与最低租赁付款额现值两者中较低者作为租入资产的入账价值。当确定以最低租赁付款额的现值作为入账价值时，借记“固定资产”账户；按最低租赁付款额，贷记“长期应付款”账户；两者之间的差额，记入“未确认融资费用”账户的借方。未确认融资费用在租赁期内各个期间可以采用直线法、实际利率法等方法进行摊销，届时借记“财务费用”账户；贷记“未确认融资费用”

账户。

在租赁谈判和签订租赁合同过程中承租人发生的可直接归属于租赁项目的手续费、律师费、差旅费、印花税等初始直接费用，应当计入租入资产价值。

【例 13—19】 上海电器公司年初以融资租赁方式租入叉车一辆，租赁期为 4 年，租金为160 000元，其公允价值为 135 000 元。租赁合同规定年折现率为 8%，租金于每年年末支付 40 000 元，租赁期届满时再支付购买价款 1 200 元，即取得叉车的所有权。届时该叉车的公允价值为 12 000 元，计算其最低租赁付款额的现值如下：

机器最低租赁付款额现值＝40 000×3.312 1＋1 200×0.735 0＝133 366(元)

(1)签发转账支票支付租赁叉车发生的手续费、律师费、印花税等初始直接费用1 500元，作分录如下：

借：固定资产——融资租入固定资产　　1 500.00
　贷：银行存款　　1 500.00

(2)企业取得租入叉车达到预定可使用状态，验收使用时，因叉车的最低租赁付款额现值小于其公允价值，作分录如下：

借：固定资产——融资租入固定资产　　133 366.00
　　未确认融资费用　　27 834.00
　贷：长期应付款——应付融资租赁款　　161 200.00

(3)按月用直线法摊销未确认的融资费用时，作分录如下：

借：财务费用——利息(27 834÷48)　　579.88
　贷：未确认融资费用　　579.88

(4)年末签发转账支票支付叉车本年度租金时，作分录如下：

借：长期应付期——应付融资租赁款　　40 000.00
　贷：银行存款　　40 000.00

(5)4 年租赁期满，按合同规定，企业签发转账支票 1 200 元，支付叉车购买价款，作分录如下：

借：长期应付款——应付融资租赁款　　1 200.00
　贷：银行存款　　1 200.00

同时企业取得了叉车的所有权，作分录如下：

借：固定资产——经营用固定资产　　134 866.00
　贷：固定资产——融资租入固定资产　　134 866.00

如果融资租入固定资产在租赁开始日需要经过安装的，应先通过“在建工程”账户核算，俟安装完毕，达到预定可使用状态时，再由“在建工程”账户转入“固定资产——融资租入固定资产”账户。

"长期应付款"是负债类账户,用以核算企业除长期借款和应付债券以外的各种其他长期应付款。企业发生长期应付款时,记入贷方;企业偿还长期应付款时记入借方;期末余额在贷方,表示企业尚未偿还的各种其他长期应付款。

"未确认融资费用"是负债类账户,它是"长期应付款"账户的抵减账户,用以核算企业应当分期计入利息支出的未确认的融资费用。企业融资租入固定资产发生未确认的融资费用时,记入借方;企业摊销融资费用时,记入贷方;期末余额在借方;表示企业未确认融资费用的摊余数额。

五、或有事项和预计负债

(一)或有事项的定义和特征

或有事项是指过去的交易或事项形成的,其结果须由某些未来事项的发生或不发生才能决定的不确定事项。或有事项有未决诉讼、未决仲裁、债务担保、重组义务和商品质量保证等。或有事项具有以下三个特征。

1. 或有事项是过去的交易或事项形成的

这是指或有事项的现存状况是企业过去的交易或事项引起的客观存在。例如,未决诉讼虽然是正在进行中的诉讼,但它是企业因过去的经济行为导致起诉其他单位或被其他单位起诉。这是现存的一种状况,而不是未来将要发生的事项。未来可能发生的自然灾害、交通事故、经营亏损等事项都不属于或有事项。

2. 或有事项的结果具有不确定性

这是指或有事项的结果是否发生具有不确定性,或者或有事项的结果预计将会发生,但发生的具体时间或金额具有不确定性。例如,为其他企业提供债务担保事项,担保方到期是否承担和履行连带责任,需要根据债务到期时被担保方能否按时还款加以确定。这一事项的结果在担保协议达成时具有不确定性。又如,某企业因侵权而被起诉,如无特殊情况,该企业很可能败诉,但是,在诉讼成立时,该企业因败诉将支出多少金额,或支出发生在何时,是难以确知的。或有事项的这种不确定性是其区别其他不确定性会计事项的重要特征。

3. 或有事项的结果需由未来事项决定

这是指或有事项的结果只能由未来不确定事项的发生或不发生才能决定。例如,未决诉讼,其最终结果只能随案情的发展,由判决结果来决定。因此,或有事项具有时效性,其随着影响或有事项结果的因素发生变化,或有事项最终会转化为确定事项。

(二)或有事项相关义务确认为预计负债的条件

企业只有在与或有事项相关的义务同时符合下列三个条件时,才能将其确认为预计负债。

1. 该义务是企业承担的现时义务

这是指与或有事项有关的义务是在企业当前条件下已承担的义务，而非潜在义务。例如，精艺服装公司的司机因违反交通规则造成严重的交通事故，该公司将要承担赔偿义务。因此，违规事项发生后，该公司随即承担的是一项现时义务。

2. 履行该义务很可能导致经济利益流出企业

这是指履行与或有事项产生的现时义务时，导致经济利益流出企业的可能性超过50%，但尚未达到基本确定的程度。“基本确定”是指这种可能性大于95%，但小于100%。例如，2012年7月25日，上海食品公司与泰康食品厂签订协议，承诺为泰康食品厂两年期长期借款提供全额担保。从而上海食品公司因担保事项而承担了一项现时义务。倘若2012年末，泰康食品厂财务状况良好，通常认定其不会违约，从而上海食品公司履行承担的现时义务不是很可能会导致经济利益的流出；倘若2012年末泰康食品厂的财务状况恶化，且并没有迹象表明其财务状况可能会发生好转，也就是说该厂可能违约，那么上海食品公司履行承担的现时义务将很可能导致经济利益流出企业。

3. 该义务的金额能够可靠地计量

这是指与或有事项相关的现时义务的金额能够合理地估计。由于或有事项具有不确定性，因此，因或有事项产生的现时义务也具有不确定性，需要预计。要将或有事项确认为一项负债，其相关现时义务的金额应能够可靠地预计。例如，光明商厦因涉及一项诉讼案而成为被告，根据以往的审判案例推断，光明商厦很可能要败诉，相关的赔偿金额也可以估算出一个范围，因此可以认为光明商厦未决诉讼承担的现时义务的金额能够可靠地估计，如果同时满足其他两个条件，就可以将所形成的义务确认为一项负债。

（三）预计负债的计量

由于预计负债应承担的现时义务的金额往往具有不确定性，因此现时需要对预计负债进行计量。企业预计负债的金额应当按照履行相关义务所需支出的最佳估计数进行初始计量。最佳估计数的确定分两种情况考虑。

1. 所需支出存在一个连续范围

倘若所需支出存在一个连续范围，且该范围内各种结果发生的可能性是相同的，最佳估计数应当按照该范围内的中间值确定。

【例13－20】 2015年12月15日，光明商厦因合同违约而涉及一项诉讼案，根据商厦的法律顾问判断，最终的判决很可能对该商厦不利。至月末该商厦尚未接到法院的判决，因此诉讼须承担的赔偿金额也无法准确地确定。不过，据专业人士估计，赔偿金额可能在90 000元至110 000元之间，则确认光明商厦预计负债的金额如下：

$$光明商厦预计负债的金额=\frac{90\ 000+110\ 000}{2}=100\ 000(元)$$

2. 所需支出不存在一个连续范围

倘若所需支出不存在一个连续范围，则最佳估计数应按如下方法确定：

(1)或有事项涉及单个项目。当或有事项仅涉及单个项目，如一项未决诉讼，一项未决仲裁或一项债务担保等，最佳估计数应当按最可能发生的金额确定。

(2)或有事项涉及多个项目。当或有事项涉及多个项目，如商品质量保证。在商品质量保证中，提出商品保修要求的，可能有较多的客户，企业相应地对这些客户负有保修义务，那么最佳估计数按各种可能的结果及相关的概率计算确定。

【例 13—21】 2016 年 1 月份，上海机械进出口公司销售机械设备 120 台，销售收入为5 760 000元。该公司的商品质量保证条款规定，机械设备出售后，如果在一年以内发生质量问题，公司将免费负责修理。根据以往的经验，如果出现较小的质量问题，发生的修理费为销售额的 3%；如果出现较大的质量问题，发生的修理费为销售额的 6%。据预测，在一年内已售的机械设备中，有 4%将发生较小的质量问题，有 1.5%将发生较大的质量问题。计算该或有负债的最佳估计数如下：

销售机械设备保修费用的最佳估计数 ＝5 760 000×3%×4%＋5 760 000×6%×1.5%＝12 096(元)

(四)预计负债预期可获得的补偿的处理

当企业因清偿预计负债所需支出的全部或部分金额，预期由第三方补偿的，则补偿金额只有在基本确定能收到时，才能作为资产单独确认，且确认的补偿金额不应当超过预计负债的账面价值。补偿金额"基本确定能收到"，是指预期从保险公司、索赔人、被担保企业等获得补偿的可能性大于 95%但小于 100%的情形。

可能获得补偿的情况通常有发生交通事故等情况时，企业通常可以从保险公司获得合理的赔偿；在某些索赔诉讼中，企业可以通过反诉的方式对索赔人或第三方另行提出赔偿要求，以及在债务担保业务中，企业在履行担保义务的同时通常可以向被担保企业提出额外追偿要求。

(五)预计负债的核算

企业在确认预计负债的同时，应确认一项支出或费用入账。倘若企业基本确定能获得补偿，那么应将这些补偿先抵减已入账的支出或费用。

企业由对外担保、未决诉讼或未决仲裁、重组义务产生的预计负债，应当按照确定的金额借记"营业外支出"账户；贷记"预计负债"账户。

【例 13—22】 2015 年 12 月 15 日，光明商厦因合同违约而涉及一项诉讼案。根据企业法律顾问判断，最终的判决很可能对该商厦不利。至月末，尚未接到法院的判决。据专业人士估计，赔偿金额可能在 90 000 元至 110 000 元之间，作分录如下：

借：营业外支出——赔偿支出　　100 000.00

　贷：预计负债——未决诉讼　　100 000.00

俟未决诉讼或未决仲裁在判决或裁决后，再借记“预计负债”等有关账户；贷记“其他应付款”或“银行存款”等有关账户。

【例13—23】 2016年2月25日，光明商厦合同违约诉讼案经法院判决，应赔偿原告102 000元，并承担诉讼费13 680元。款项于判决生效后10日内支付。

(1)签发转账支票13 680元支付诉讼费，作分录如下：

借：管理费用——诉讼费　　13 680

　贷：银行存款　　13 680

(2)将应付赔偿款入账，作分录如下：

借：营业外支出——赔偿支出　　2 000.00

　预计负债——未决诉讼　　100 000.00

　贷：其他应付款　　102 000.00

企业为客户提供商品质量保证的，应定期根据预计负债的最佳估计数借记“销售费用”账户；贷记“预计负债”账户。

【例13—24】 2016年1月1日，上海机械进出口公司销售机械设备120台，销售收入5 760 000元，该公司的商品质量保证条款规定，售出的机械设备一年内发生质量问题将负责免费修理。根据以往经验，如果出现较小的质量问题，发生的修理费为销售额的3%；如果出现较大的质量问题，发生的修理费为销售额的6%。据预测，在一年内已售的机械设备中，有4%将发生较小的质量问题，有1.5%将发生较大的质量问题。计提本月份因机械设备保修而发生的预计负债，作分录如下：

借：销售费用　　12 096.00

　贷：预计负债——保修费用　　12 096.00

企业实际为客户提供售后服务时，可以委托特约维修企业进行，届时根据支付特约维修企业的修理费用借记“预计负债”账户；贷记“银行存款”账户。

【例13—25】 2016年1月31日，上海机械进出口公司收到东方机修厂为本公司维修保修期内的机械设备的发票及清单，维修机械设备的修理费共11 225元，当即签发转账支票支付，作分录如下：

借：预计负债　　11 225.00

　贷：银行存款　　11 225.00

如果由企业自行进行维修服务的，应根据耗用的材料和人工费借记“预计负债”账户；贷记“原材料”、“应付职工薪酬”等有关的账户。

企业应当在期末对预计负债的账面价值进行复核。有确凿证据表明该账面价值不能真实反映当前最佳估计数的，应当按照当前最佳估计数对该账面价值进行调整。

“预计负债”是负债类账户，用以核算企业确认的预计负债。企业发生或调整增加预计负债时，记入贷方；企业实际清偿或调整减少预计负债时，记入借方；期末余额在贷方，表示企业已确认而尚未支付的预计负债。

练习题

一、简答题

1. 什么是负债？它有哪些特征？
2. 负债可以按哪些标准分类？具体如何分类？
3. 试述职工薪酬包括哪些内容。
4. 分述职工工资、奖金、津贴和补贴的定义。
5. 试述资本化期间借款利息资本化金额的确定。
6. 什么是债券？它的发行价格是怎样确定的。
7. 利息调整额有哪两种摊销方法？它们各有何优缺点？
8. 什么是融资租赁？试述认定融资租赁的标准。
9. 预计负债应如何计量？

二、名词解释题

流动负债　　借款费用　　符合资本化条件的资产　　债券　　最低租赁付款额　　或有事项

三、是非题

1. 负债必须通过交付资产或提供劳务来清偿。（　　）
2. 以非现金资产清偿债务的，债务人应当将重组债务的账面价值与非现金资产的账面余额之间的差额，计入当期损益。（　　）
3. 职工薪酬是指企业为获得职工提供服务而给予各种形式的报酬以及其他相关支出。（　　）
4. 工资总额包括职工工资、奖金、津贴和补贴。（　　）
5. 长期负债具有负债数额大、风险大、偿还期限长的特点。（　　）
6. 辅助费用是指向银行借款的手续费、发行债券的发行费用。（　　）
7. 专门借款是指为购建符合资本化条件的资产而专门借入的款项。（　　）
8. 债券与长期借款相比较，它筹资范围广、流动性大，并可以溢价或折价发行的特点。（　　）
9. 债券溢价发行，其溢价部分实质上是企业发行债券时预收投资者的一笔款项，以弥补以后多付给投资者的利息。（　　）
10. 企业折价发行债券，是由于市场实际利率低于票面利率。（　　）

四、单项选择题

1. 企业溢价发行债券的原因是________。

A. 票面利率高于市场实际利率　　B. 票面利率低于市场实际利率

C. 企业经营业绩和财务状况好　　D. 企业经营业绩好，财务状况差

2. 企业折价发行债券，随着每期利息调整额的摊销，债券的账面价值会________。

A. 不变　　B. 增加

C. 减少　　D. 可能增加，也可能减少

3. 企业确认预计负债的金额应当按照履行相关义务所需支出的________。

A. 最可能发生的金额　　B. 最佳估计数

C. 一个连续范围的中间值　　D. 各种可能结果的相关概率计算确定数

五、多项选择题

1. 经营性负债是指企业因经营活动而发生的负债，有________等。

A. 应付票据　　B. 应付账款　　C. 长期应付款　　D. 预收账款

2. ________能在应付福利费账户列支。

A. 职工的医药费　　B. 集体福利设施和文化体育设施

C. 退休职工的生活困难补助　　D. 独生子女补助费

3. 借款费用必须同时具备下列________条件的，才能开始予以资本化。

A. 借款的辅助费用已经发生

B. 为使资产达到预定可使用或者可销售状态所必要的购建或者生产活动已经开始

C. 资产支出已经发生

D. 借款费用已经发生

4. 债券票面上必须列明债券的面值、发行日期、编号、________等内容。

A. 票面利率　　B. 实际利率　　C. 付息日期　　D. 还本日期

5. 债券发行价格除了要考虑票面利率和市场实际利率外，还要考虑的因素有________。

A. 到期偿还的债券面值以市场实际利率换算的现值

B. 到期偿还的债券面值以票面利率换算的现值

C. 债券按市场实际利率计算各期所支付利息的现值

D. 债券按票面利率计算各期所支付利息的现值

六、实务题

习题(一)

目的：练习应付账款的债务重组。

资料：瑞安电器公司1月份发生下列有关的经济业务：

(1)10日，3个月前向天华工厂赊购商品110 000元欠款已到付款期限，因发生财务困难而无法偿付账款。经双方协议，天华工厂同意减免本公司债务11 000元，今签发转账支票付清债务。

(2)15日，2个月前向新江工厂赊购商品的180 000元欠款已到付款期限，因发生财务困难而无力偿还。经双方协议，对方同意本公司以一座旧仓库抵偿债务，该仓库原值为360 000元，已提折旧184 000元；已提减值准备6 000元，经评估公允价值为178 000元，签发转账支票支付中介机构评估费用2 000元，按旧仓库公允价值的5%计提应交营业税，旧仓库已交付新江工厂。

(3)22 日,4 个月前向新凯公司赊购检测设备的 118 000 元欠款已到付款期限,因发生财务困难而无力偿还。经双方协议,新凯公司同意本公司以一批商品抵偿债务,该批商品的公允价值为 96 000 元,增值税税率为 17%,商品已交付新凯公司,商品的账面余额为 88 000 元。

(4)30 日,5 个月前向天庆公司赊购商品 150 000 元欠款已到付款期限,因发生财务公司无力偿付,经双方协议,天庆公司同意本公司以交易目的而持有的南安公司的 20 000 股股票抵偿债务,该股票每股账面价值为 6.60 元,每股市价为 7.20 元,并按交易金额的 3‰支付佣金,1‰缴纳印花税。

要求:编制会计分录。

习题(二)

目的:练习流动负债的核算。

资料:上海金属公司 1 月份发生下列有关的经济业务:

(1)1 日,因流动资金不足,向银行借入 6 个月期限的借款 180 000 元,存入银行。

(2)5 日,采用预收账款方式销售给协昌机械厂特种圆钢 120 吨,每吨 3 400 元,根据合同规定先预收 30%的货款,25 天后交货时收取其余的账款,今收到转账支票,金额为 122 400 元,存入银行。

(3)10 日,签发转账支票 160 000 元,归还 3 个月前向银行借入已到期的款项。

(4)15 日,根据工资结算单(见下表)提取现金,备发职工薪酬。

(5)15 日,根据表 13－4 工资结算单发放本月份职工薪酬。

(6)25 日,分配本月份发放的各类人员薪酬。

(7)26 日,按本月份工资总额的 14%、2%和 1.5%分别计提职工福利费、工会经费和职工教育经费。

(8)27 日,按本月份工资总额的 12%计提医疗保险费。

(9)27 日,按本月份工资总额的 20%、2%和 7%分别计提养老保险费、失业保险费和住房公积金。

(10)28 日,将本月份应交的医疗保险费、养老保险费、失业保险费和住房公积金(含为职工代扣的部分)分别交纳给社会保险事业基金结算中心和公积金管理中心。

(11)29 日,职工报销学习科学文化学费 1 650 元,发生职工生活困难补助费 300 元,一并以现金支付。

(12)30 日,发给协昌机械厂特种圆钢 120 吨,每吨 3 400 元,计货款 408 000 元,增值税额69 360元,当即收到对方签发的转账支票,金额为 354 960 元,系特种圆钢其余 70%的货款及全部增值税额。

要求:编制会计分录。

习题(三)

目的:练习长期借款的核算。

资料:国泰食品公司发生下列有关经济业务:

(1)2015 年 5 月 31 日,为建造冷库向建设银行借入专门借款 480 000 元,转入银行存款户;借款合同规定 2 年到期,年利率为 8%,单利计息,到期一次还本付息。

(2)2015 年 6 月 1 日,冷库由民生建筑公司承建,当即签发转账支票支付第一期工程款350 000元。

(3)2015 年 6 月 30 日,计提本月份专门借款利息。

(4)2016 年 3 月 31 日,收到尚未动用的专门借款存入银行的利息收入 878 元。

表 13—4

工资结算单

2013 年 1 月 15 日

单位：元

姓名	工资	病事假应扣工资	应发工资	奖金	津贴和补贴		应发薪酬合计	代扣款项						实发金额	签章
					中夜班津贴	副食品补贴		住房公积金	养老保险费	医疗保险费	失业保险费	个人所得税	合计		
略															
商品经营人员工资	117 300.00	1 500.00	115 800.00	12 600.00	800.00	1 600.00	130 800.00	9 156.00	10 464.00	2 616.00	1 308.00	150.00	23 694.00	107 106.00	
其他业务经营人员工资	7 460.00		7 460.00	800.00	40.00	100.00	8 400.00	588.00	672.00	168.00	84.00		1 512.00	6 888.00	
行政管理人员工资	20 230.00	240.00	19 990.00	1 810.00		200.00	22 000.00	1 540.00	1 760.00	440.00	220.00	72.00	4 032.00	17 968.00	
在建工程人员工资	3 600.00	10.00	3 600.00	350.00		50.00	4 000.00	280.00	320.00	80.00	40.00		720.00	3 280.00	
合计	148 590.00	1 740.00	146 850.00	15 560.00	840.00	1 950.00	165 200.00	11 564.00	13 216.00	3 304.00	1 652.00	222.00	29 958.00	135 242.00	

(5)2016 年 3 月 31 日,签发转账支票支付建造冷库第二期工程款 178 000 元。

(6)2016 年 4 月 30 日,计提本月份专门借款利息费用和在建工程占用 48 000 元一般借款的利息费用,一般借款的资本化率为 7.8%。

(7)2016 年 5 月 31 日,建造冷库工程竣工验收合格,签发转账支票 22 000 元,付清民生建筑公司建造冷库的全部款项。

(8)2016 年 5 月 31 日,冷库已达到预定可使用状态,验收使用,建造冷库工程决算为造价和建造期间的利息费用,减去尚未动用专门借款存入银行的利息收入,予以转账。

(9)2016 年 6 月 30 日,计提本月份专门借款利息。

要求:编制会计分录。

习题(四)

目的:练习应付债券的核算。

资料:

1. 山海机械进出口公司为建造办公楼,决定按面值 540 000 元发行债券。债券票面利率为 8%,期限为 2 年,到期还本付息。现发生下列有关的经济业务:

(1)2014 年 5 月 28 日,以银行存款支付债券发行费用 8 100 元。

(2)2014 年 5 月 31 日,按面值发行 540 000 元的债券发行完毕,收到债券发行款,存入银行。

(3)2014 年 6 月 1 日,以银行存款支付建造办公楼第一期工程款 300 000 元。

(4)2014 年 6 月 30 日,按 8%年利率计提本月份债券利息。

(5)2015 年 8 月 31 日,收到发行债券尚未动用的 240 000 元资金的利息收入2 430 元。

(6)2015 年 8 月 31 日,建造办公楼已竣工,以银行存款支付建造办公楼剩余工程款 240 000 元。

(7)2015 年 8 月 31 日,建造的办公楼已达到预定可使用状态,并验收使用,根据工程的全部决算转账。

(8)2016 年 5 月 31 日,债券到期,签发转账支票偿还本金并支付利息。

2. 上海商厦为建造商场,发行面值 900 000 元债券,债券票面利率为 9%,期限 3 年,每年付息一次,而金融市场实际利率为 8%。现发生下列有关的经济业务:

(1)2015 年 6 月 28 日,以银行存款支付债券发行费用 13 500 元。

(2)2015 年 6 月 30 日,面值 900 000 元债券发行完毕,收到溢价发行债券的全部款项,存入银行。

(3)2015 年 7 月 8 日,以银行存款支付建造商场第一期工程款 500 000 元。

(4)2015 年 7 月 31 日,按 8%年利率计提本月份债券利息,并摊销本月份利息调整额。

(5)2016 年 6 月 30 日,签发转账支票支付投资者一年期债券利息。

(6)2016 年 6 月 30 日,收到发行债券尚未动用的款项的利息收入 3 428 元。

(7)2016 年 6 月 30 日,建造的商场竣工,以银行存款支付建造仓库剩余工程款 400 000 元。

(8)2016 年 6 月 30 日,建造的商场已达到预定可使用状态,并验收使用,根据工程决算转账。

3. 上海服装公司补充流动资金的需要,发行面值 300 000 元的债券,债券票面利率为 7%,期限 3 年,每年付息一次,而金融市场实际利率为 8%。现发生下列有关的经济业务:

(1)2015 年 6 月 28 日,以银行存款支付债券发行费用 4 500 元。

(2)2015 年 6 月 30 日,面值 300 000 元的债券发行完毕,收到折价发行债券的全部款项,存入银行。

(3)2015 年 7 月 31 日,按 7%年利率计提本月份债券利息,并摊销本月份利息调整额。

(4)2016 年 6 月 30 日,支付投资者一年期债券利息。

要求:

(1)根据"资料 1",编制会计分录。

(2)根据"资料 2"、"资料 3",分别计算债券的发行价、债券的溢价额和折价额。

(3)根据"资料 2"和"资料 3"和"要求 2"计算的结果,编制会计分录。利息调整额的摊销分别用直线法和实际利率法核算。

习题(五)

目的:练习长期应付款的核算。

资料:南方电器公司发生下列有关的经济业务:

(1)1 月 2 日,签发转账支票支付融资租赁机器发生的手续费、律师费、印花税等初始直接费用 1 600 元。

(2)1 月 2 日,以融资方式租入机器一台,租赁期为 5 年,租金为 150 000 元,其公允价值为 125 000 元,租赁合同规定年折现率为 8%,租金于每年年末支付30 000元。租赁期届满时,再支付购买价款 1 500元,即取得机器的所有权,届时该设备的公允价值为 15 000 元,机器已达到预定可使用状态,验收使用。

(3)1 月 31 日,用直线法摊销本月份未确认的融资费用。

(4)12 月 31 日,签发转账支票支付本年度机器的租金。

(5)5 年后,12 月 31 日租赁期满,按合同规定签发转账支票支付机器购买价款 1 500 元,取得了机器的所有权,予以转账。

要求:编制会计分录。

习题(六)

目的:练习预计负债的核算。

资料:长江农机公司发生下列有关经济业务:

(1)2015 年 11 月 27 日,本月初因合同违约而涉及一项诉讼案,根据法律顾问判断,最终的判决很可能对本公司不利。至今尚未收到法院的判决,据专业人士估计,赔偿金额可能在100 000元至 110 000 元之间。

(2)2015 年 11 月 30 日,本月中旬因与泰安公司签订了互相担保协议而成为相关诉讼的第二被告,但至今尚未判决。由于泰安公司经营困难,本公司很可能要承担还款连带责任。据预计,本公司承担还款金额 90 000 元责任的可能性为 60%,而承担还款金额 100 000 元的可能性为 40%。

(3)2015 年 11 月 30 日,本月份共销售农机 200 台,销售收入 4 980 000 元,本公司商品质量保证条款规定,售出农机一年以内发生质量问题将负责免费修理。根据以往经验,出现较小质量问题和出现较大质量问题发生的修理费分别为销售额的 2%和 5%。据预测在一年内已售出的商品中有 5%将发生较小的质量问题,有 2%将发生较大的质量问题。计提本月份因商品保修而发生的预计负债。

(4)2015 年 11 月 30 日，收到特约维修单位东海机修厂为本公司维修保修期内的农机的发票及清单，维修农机的修理费共 8 800 元，当即签发转账支票付讫。

(5)2016 年 2 月 15 日，本公司因合同违约诉讼案经法院判决应赔偿原告104 000元，并承担诉讼费 14 100 元，款项于判决生效后 10 日内支付，诉讼费当即签发转账支票付讫。

(6)2016 年 2 月 25 日，签发转账支票 104 000 元，支付合同违约诉讼案的赔偿款。

(7)2016 年 2 月 28 日，本公司因担保协议诉讼案经法院判决本公司应承担荣光公司的还款连带责任，还款金额为 90 000 元，款项于判决生效后 10 日内支付，并承担诉讼费 10 500 元，诉讼费当即签发转账支票付讫。

要求：编制会计分录。

第十四章

所有者权益

第一节　所有者权益概述

一、所有者权益的性质

所有者权益是指企业资产扣除负债后，由所有者享有的剩余权益。在股份有限公司中，所有者权益又称为股东权益。

商品流通企业要开展生产经营活动，必须拥有一定数量的资产，而其取得资产的途径只有两个：一个是由投资者投资；另一个是由债权人提供。两者都向企业投入了资产，这样，投资者和债权人一起构成了对企业全部资源的要求权。

虽然所有者权益和债权人权益均对企业的全部资源享有要求权，然而两者在性质上有着根本的区别，其主要表现在以下四个方面。

(一)投资的期限不同

所有者权益是投资者对企业的一项无期限的投资，这种投资在企业的整个续存期间除了可以依法被转让外，不得任意抽回；而债权人权益仅是债权人对企业的一项有期限的投资，表现为企业的负债，企业必须按照约定的期限和条件向债权人归还本金并支付利息。

(二)投资者对企业享有的权利不同

所有者权益是投资者的所有权,它赋予投资者直接经营管理企业或委托他人经营管理企业的权利;而债权人权益仅对企业所欠的债务有索偿权,债权人与企业只有债权债务关系,而没有参与企业经营管理的权利。

(三)与企业经营业绩的联系程度不同

投资者拥有的所有者权益与企业的经营业绩息息相关,在企业经营良好时,可以从其盈利中获取丰厚的投资收益;在企业经营失利发生亏损时,要承担投资损失。而债权人拥有的权益与企业的经营业绩无关,除企业破产清算外,债权人有权按事先约定的日期和利率收取利息。

(四)对企业资产的要求权在顺序上的不同

所有者权益对企业资产的要求权在顺序上置于债权人权益对企业资产的要求权之后。当企业终止或破产清算时,企业的资产在支付了清算费用后,必须先偿付企业所欠债权人的债务,在付清全部债务后,如有剩余资产才能还给投资者。

二、所有者权益的分类

所有者权益按其形成的来源不同,可以分为投入资本和留存收益两类。

(一)投入资本

投入资本是指投资者投入企业的资本和投入企业资本本身的增值。它是企业开展生产经营活动的启动资金,是企业生存与发展的前提条件。因此,投入资本是所有者权益的主体。投入资本按其形成的渠道不同,又可以分为实收资本和资本公积。

(二)留存收益

留存收益是指企业从历年实现的净利润中提取或形成的留存于企业的内部积累。它属于所有者权益,可以安排分配给所有者。但是,国家为了约束企业过量的分配,要求企业留有一定的积累。这样,一方面可以满足企业维持或扩大再生产经营活动的资金需要,保持或提高企业的盈利能力;另一方面可以保证企业有足够的资金弥补以后年度可能出现的亏损,也保证企业有足够的资金用于偿还债务,保护债权人的权益。留存收益按其用途不同,又可以分为盈余公积和未分配利润。

第二节　实收资本

一、实收资本与注册资本

实收资本是指投资者按照企业章程或合同、协议的约定,实际投入企业的资本。注册资本是指在公司登记机关登记的全体股东认缴的出资额或者认购的股本总额。根据《中华人民共和国公司法》的规定,企业申请开业,必须具备符合国家规定并具有与其生产经营和服务规模相适应的资金。有限责任公司注册资本最低限额为人民币3万元;股份有限公司注册资本最低限额为500万元。法律、行政法规对公司最低限额有较高规定的,从其规定。

注册资本可以一次或分次缴纳。有限责任公司和股份有限公司全体股东的首次出资额不得低于注册资本的20%,也不得低于法定注册资本的最低限额,其余部分由股东自公司成立之日起2年内缴足。

股东缴足了资本时,其实收资本的金额将等于注册资本的金额。公司成立后,股东不得抽逃出资和擅自改变注册资本。

二、企业的组织形式

我国企业的组织形式主要有有限责任公司和股份有限公司两类。

(一)有限责任公司

有限责任公司是指由50个以下股东出资设立的、每个股东以其认缴的出资额为限对公司承担责任的企业法人。在我国,可以设立国有独资公司,它是指国家单独出资、由国务院或者地方人民政府授权本级人民政府国有资产监督管理机构履行出资人职责的有限责任公司。

(二)股份有限公司

股份有限公司是指由2人以上200人以下发起人设立的、每个股东以其认购的股份为限对公司承担责任的企业法人。

股份是指股份有限公司投资者的投资份额,是股东权利和义务的计量单位。股份是股票的实质内容,股票是股份的证券形式。

三、有限责任公司实收资本的核算

(一)接受现金投资的核算

有限责任公司新设立收到投资者投入现金时,借记“银行存款”账户;贷记“实收资本”账户。

公司在设立时,如收到国外投资者投入的外币,应当采用交易发生日即期汇率折算成人民币记账。

【例14-1】 新设立的中原服装进出口公司收到国外投资者科尔公司投资的300 000美元,存入银行,当日中间汇率为6.75元,作分录如下:

借:银行存款——外币存款US$(300 000×6.75)	2 025 000.00	
贷:实收资本		2 025 000.00

在公司设立以后，接受新投资者投资时，由于新投资者将与原投资者享有同等的经济利益，这就要求新投资者付出大于原投资者的出资额。届时，根据新投资者投入的现金，借记“银行存款”账户；根据新投资者投入的资金在企业注册资本中所占的份额，贷记“实收资本”账户，根据出资额与注册资本中所占份额的差额，贷记“资本公积”账户。

“实收资本”是所有者权益账户，用以核算投资者按照企业章程的规定投入企业的资本。企业收到投入的资本时，记入贷方；企业按法定程序报经批准退出资本时，记入借方；期末余额在贷方，表示企业实有资本的数额。实收资本应按投资者进行明细分类核算。

（二）接受非现金资产投资的核算

公司接受投资者以房屋、建筑物、机器设备等固定资产的投资时，可按投资合同约定的价值，借记“固定资产”账户；按投资的固定资产在注册资本中所占的份额部分，贷记“实收资本”账户；两者之间的差额贷记“资本公积”账户。

【例 14－2】 南方电器公司收到新投资者长江公司投入办公楼一幢，按投资合同约定的价值 500 000 元计量，投入的资金占企业注册资本 7 200 000 元的 6.6%。办公楼已验收使用。作分录如下：

借：固定资产　　500 000.00
　贷：实收资本　　475 200.00
　　资本公积——资本溢价　　24 800.00

公司接受投资者投入库存商品、包装物等存货资产时，应根据投资合同约定的价值借记“库存商品”、“包装物”等有关的账户；根据应交的增值税额借记“应交税费”账户；根据投入的资金占企业注册资本的份额部分，贷记“实收资本”账户；借贷方相抵后的差额，贷记“资本公积”账户。

【例 14－3】 上海金属公司收到新投资者上海钢铁厂投入钢材一批，按投资合同约定的价值 250 000 元入账，并收到对方的专用发票，开列货款为 250 000 元，增值税额 42 500元，其投入资金占企业全部注册资本 8 000 000 元的 3.5%，钢材已收到，并验收入库，作分录如下：

借：库存商品　　250 000.00
　应交税费——应交增值税——进项税额　　42 500.00
　贷：实收资本　　280 000.00
　　资本公积　　12 500.00

四、股份有限公司股本的核算

（一）股份的种类

股份按股东享有的权利不同，可分为普通股和优先股两种。

1. 普通股

普通股是指公司资本构成中最普通、最基本的、没有特别权利的股份。普通股的股东权利具体表现在四个方面:第一,具有对公司的经营参与权。公司组织以股东会为最高权力机构,它由普通股股东或股东代表组成,股东或股东代表有权出席股东会,可按其持股比例行使表决权,并有被选举权,股东还有权查阅公司章程、股东会会议记录和财务报表,有权对公司的经营活动进行监督、提出建议或质询。第二,具有分得股利权。当董事会宣布发放股利时,有按其所持股份领取股利的权利。第三,具有剩余财产分得权。当公司终止营业,清算解散时,在以资产偿付全部债务后,有按其所持股份的比例分得剩余财产的权利。第四,具有优先认股权。当公司增发普通股时,为了使原普通股股东对公司净资产的比例保持不变,原股东有按原来股份的比例,优先认购新股的权利。

普通股的股利收入是不稳定的,会随着公司的经营业绩的优劣而变动,公司的经营业绩优,股利就丰厚,公司的经营业绩劣,则股利微薄,甚至没有。因此,持有普通股的股东要承担较大的投资风险。

2. 优先股

优先股是指比普通股具有一定优先权的股份。优先股的优先权主要表现在三个方面:第一,具有优先分配股利权。公司在发放给普通股股东股利之前,持优先股的股东有按约定的股利率优先分得股利的权利。第二,具有优先分得公司剩余财产权。公司终止营业、清算解散时,在以资产清偿全部债务后,优先股具有比普通股优先求偿的权利。第三,持优先股的股东在特殊情况下可行使表决权。通常,持优先股的股东没有表决权,也无权过问公司的管理事务,但公司连续 3 年未支付优先股股利时,优先股股东即可出席股东会,并行使表决权。

优先股的股利是按约定的股利率支取的,收入稳定,因此投资风险小,但优先股的股东不享有公司盈余公积权益,通常也不享有对公司的经营参与权。

(二)股票发行的核算

股票是指股份有限公司签发的证明股东按其所持股份享有权利和承担义务的书面凭证。公司发行股票应载明的主要事项有:①公司的名称;②公司成立日期;③股票种类、票面金额及代表的股份;④股票的编号。此外,股票应由法定代表人签名,公司盖章。

股份有限公司的股本即有限责任公司的实收资本,是在核定的注册资本总额范围内发行股票取得的,届时可设置“股本”账户进行核算。

股票的发行价格并不一定是面值,它直接取决于公司的经营状况和预期获利水平。因此,经营状况、预期获利水平普通的,一般按面值发行;经营状况好、预期获利水平高的,可以溢价发行。在我国,为了维护投资者的利益,不允许经营状况差的公司发行股票,因此不存在股票折价发行。

股份有限公司在发行股票时，会发生发行费用。股票发行费用是指与股票发行直接相关的费用，它通常包括股票承销费用、注册会计师费用、评估费用、律师费用、公关及广告费用和印刷费用等。

股份有限公司通常是委托证券公司发行股票的，证券公司发行股票完毕后，将发行金额扣除发行费用后的数额交付股份有限公司。

股份有限公司按面值发行的股票，其发行费用可以作为当期的管理费用入账，倘若数额较大时，应列入"长期待摊费用"账户，俟发行工作完毕的次月起分期摊销，摊销期限不得超过2年，摊销时再转入"管理费用"账户。

股份有限公司按面值发行股票时，根据证券公司付来的扣除发行费用后的发行款借记"银行存款"账户；根据发行费用借记"管理费用"账户或"长期待摊费用"账户；根据股票面值贷记"股本"账户。

【例14—4】 2016年1月10日，国光电器进出口股份有限公司设立，委托证券公司按面值发行普通股9 900 000股，每股面值1元，发行费用99 000元，证券公司发行完毕后，扣除发行费用，支付发行款9 801 000元。存入银行，发行费用分2年摊销，作分录如下：

借：银行存款　　9 801 000.00
　　长期待摊费用　　99 000.00
　贷：股本——普通股　　9 900 000.00

股份有限公司溢价发行股票时，其发行费用应从本次股票发行的溢价中扣除。届时，根据证券公司付来的扣除发行费用后的发行款借记"银行存款"账户；按股票面值贷记"股本"账户；两者之间的差额应记入"资本公积"账户。

【例14—5】 东方商厦股份有限公司2016年2月15日增发普通股1 200 000股，每股面值1元，委托证券公司溢价发行，每股6元，发行费用72 000元，发行完毕后证券公司扣除发行费用后，付来发行款7 128 000元，存入银行。作分录如下：

借：银行存款　　7 128 000.00
　贷：股本　　1 200 000.00
　　　资本公积　　5 928 000.00

"股本"账户应按"普通股"和"优先股"进行明细分类核算。

五、库存股的核算

库存股是指股份有限公司收回本公司已发行的股份。库存股主要用于以股份支付方式奖励职工和减少注册资本等。

（一）库存股以股份支付方式奖励职工的核算

股份有限公司可以在证券市场上收购本公司的普通股，以股份支付方式奖励给本公司的职工，以调动他们工作的积极性。

股份支付是指企业为获得职工和其他方提供服务而授予权益工具或者承担以权益工具为基础确定的负债的交易。

股份支付分为以权益结算的股份支付和以现金结算的股份支付。以权益结算的股份支付是指企业为获取服务以股份或其他权益工具作为对价进行结算的交易。以现金结算的股份支付是指企业为获取服务承担以股份或其他权益工具为基础计算确定的交付现金或其他资产义务的交易。

股份支付的确认和计量，应当以真实、完整、有效的股份支付协议为基础。

股份支付在授予日，企业都不作会计处理。授予日是指股份支付协议获得批准的日期。获得批准是指企业与职工或其他方就股份支付的协议和条件已达成一致，该协议获得股东大会或类似机构的批准。

股份支付在授予后，通常需要职工或其他方履行一定期限的服务或在企业达到一定业绩条件以后，才可以行权。

业绩条件分为市场条件和非市场条件。市场条件是指行权价格、可行权条件以及行权可能性与权益工具的市场价格相关的业绩条件，如股份支付协议中关于股价至少上升至何种水平才可行权的规定。非市场条件是指除市场条件之外的其他业绩条件，如股份支付协议中关于达到最低盈利目标或销售目标才可行权的规定。

公司在等待期内每个会计期末应将取得职工提供的服务计入成本费用，计入成本费用的金额应当按照权益工具的公允价值计量。对于权益工具结算的涉及职工的股份支付，应当按照授予日权益工具的公允价值计量。届时借记“销售费用”、“管理费用”等账户；贷记“资本公积——其他资本公积”账户。

公司按照奖励的目标，购进本公司已发放的股份时，按实际支付的金额，借记“库存股”账户；贷记“银行存款”账户。

公司在行权日根据实际行权权益工具数量计算确定其金额，据以借记“资本公积——其他资本公积”账户；贷记“库存股”账户，将两者之间的差额转入“资本公积——股本溢价”账户，如股本溢价不足冲减的，应借记“盈余公积”、“利润分配——未分配利润”账户。

行权日是指职工和其他方行使权力，获取现金或权益工具的日期。

【例 14－6】 2015 年初，浦江商厦股份有限公司根据股份支付协议收购本公司 36 000股普通股奖励职工，年末行政管理人员使净利润比上年增长 16%以上的奖励 12 000股，经营人员使业务量比上年增长 15%以上的奖励 24 000 股，授予日该公司普通股公允价值为每股 8 元。

(1)1 月 31 日，根据本月经营情况，预计能够达到增销增收奖励的目标，将本月份职工提供服务应奖励的金额计入费用，作分录如下：

借：销售费用　　16 000.00
　　管理费用　　8 000.00
　贷：资本公积——其他资本公积　　24 000.00

在预计能够达到增销增收奖励目标的前提下，从 2 月至 12 月每个月末都作以上相同的会计分录。

(2)2 月 25 日，购进本公司普通股 36 000 股，每股 7.95 元，另以交易金额的 3‰支付佣金，款项一并签发转账支票支付，作分录如下：

借：库存股　　287 058.60
　贷：银行存款　　287 058.60

(3)2016 年 1 月 31 日，去年本公司达到增销增收的奖励目标，予以行权，将36 000股库存股奖励给职工，按授予日普通股公允价值确认的金额转账，作分录如下：

借：资本公积——其他资本公积　　288 000.00
　贷：库存股　　287 058.60
　　　资本公积——股本溢价　　941.40

(二)注销库存股减少注册资本的核算

股份有限公司可以通过收购本公司普通股予以注销，以此来减少注册资本，公司收购本公司普通股时，借记“库存股”账户；贷记“银行存款”账户。在确定减少注册资本时，应注销库存股，按注销库存股的面值，借记“股本”账户；按库存股的账面价值，贷记“库存股”账户；两者之间的差额，记入“资本公积——股本溢价”账户的借方；如股本溢价不足冲减的，应借记“盈余公积”、“利润分配——未分配利润”账户。

【例 14—7】 东昌服装股份有限公司已陆续收购本公司普通股 200 000 股，全部收购成本为 1 257 500 元。该股份每股面值为 1 元，现决定全部予以注销，以减少注册资本。该公司“资本公积——股本溢价”账户余额 1 020 400 元，“盈余公积”账户余额为418 120元，予以转账。作分录如下：

借：股本　　200 000.00
　　资本公积——股本溢价　　1 020 400.00
　　盈余公积　　37 100.00
　贷：库存股　　1 257 500.00

“库存股”是所有者权益账户，也是“股本”和“资本公积——股本溢价”的抵减账户，用以核算企业收购、转让或注销的本公司股份的金额。企业收购本公司股份时，记入借方；企业将股份奖励职工或予以注销减少注册资本时，记入贷方；期末余额在借方，表示企业持有尚未转让或注销的本公司股份的金额。

第三节 资本公积

资本公积是指企业收到投资者出资额超出其在注册资本中所占份额的部分和直接计入所有者权益的利得和损失。它由资本溢价和其他资本公积两个部分组成。

一、资本溢价的核算

资本溢价是指企业收到投资者出资额超出其在注册资本中所占份额部分的金额。

有限责任公司的资本溢价主要发生在合资企业。因为企业在初创阶段,收益较低,经过一个阶段的生产经营后,会产生一定数额的留存收益,且随着生产经营的日趋成熟,其盈利能力也会逐渐提高。当投资者中的一方要增加投资,或者新的投资者要参与投资,由于新投入的资本要分享企业开创至今所取得的成果,因此新追加的投资或新的投资者要付出大于原有投资者的出资额,才能取得与原有投资者相同的投资比例。所以,大于原有投资者出资额的部分即为资本溢价额。股份有限公司的资本溢价是发行股票的溢价净收入。这两类企业发生的资本溢价均列入"资本公积"账户。其具体核算方法在上一节中已作了阐述,不再重复。

同一控制下企业合并形成的长期股权投资中产生的资本溢价,其核算方法在第十二章第五节中已作了阐述,也不再重复。

企业的资本溢价是一种资本储备形式,它实际上参与了企业的资金周转,支持着企业生产经营活动的正常运转。当企业积累的资本公积较多时,可以根据需要按法定程序转增资本,届时借记"资本公积——资本溢价"账户;贷记"实收资本"账户。

【例 14—8】 6 月 15 日,中海商厦经批准将 250 000 元资本公积转增资本,作分录如下:

借:资本公积——资本溢价　　250 000.00

　　贷:实收资本　　250 000.00

二、其他资本公积的核算

其他资本公积是指直接计入所有者权益的利得和损失。

企业的长期股权投资采用权益法核算的,在持股比例不变的情况下,被投资单位除净损益以外所有者权益的其他变动,企业应按持股比例计算应享有的份额,借记或贷记"长期股权投资——其他权益变动"账户,贷记或借记"资本公积——其他资本公积"账户;俟处置该项长期股权投资时,应将记入"资本公积——其他资本公积"账户的余额结转"投资收益”账户。

企业持有的可供出售金融资产期末的公允价值，若高于其账面余额的，借记“可供出售金融资产——公允价值变动”账户，贷记“资本公积——其他资本公积”；反之，若低于其账面余额的，则借记“资本公积——其他资本公积”账户，贷记“可供出售金融资产 公允价值变动”账户。

企业将持有至到期投资重分类为可供出售的金融资产时，应按其公允价值借记“可供出售金融资产”账户；按其账面价值贷记“持有至到期投资”账户；将两者之间的差额列入“资本公积——其他资本公积”账户。

企业收购本公司股份，以股份支付方式奖励职工和注销股份减少注册资本，从而引起其他资本公积的增减变动，其核算方法在上一节中已作了阐述，不再重复。

“资本公积”是所有者权益类账户，用以核算企业收到投资者出资额超出其在注册资本中所占份额的部分和直接计入所有者权益的利得和损失。当企业发生资本溢价和直接计入所有者权益的利得及转销直接计入所有者权益损失时，记入贷方；当企业发生直接计入所有者权益损失、将资本溢价转增资本和转销直接计入所有者权益利得时，记入借方；期末余额在贷方，表示企业资本公积的结存数额。

第四节 留存收益

一、盈余公积的核算

盈余公积是指企业按照规定从净利润中提取的积累资金。它包括法定盈余公积和任意盈余公积。

法定盈余公积是指企业按照法律规定的比例从净利润中提取，以备需要时动用的资金。我国规定法定盈余公积按净利润的10%提取。当提取的法定盈余公积超过注册资本的50%时，可以不再提取。

任意盈余公积是指企业经股东大会或类似机构批准，按规定的比例从净利润中提取，以备需要时动用的资金。任意盈余公积必须在公司发放了优先股股利后才能提取。

企业在提取法定盈余公积和任意盈余公积时，借记“利润分配”账户；贷记“盈余公积”账户。

【例 14－9】 上海商厦全年实现净利润600 000元，按10%的比例提取法定盈余公积，按6%的比例提取任意盈余公积，作分录如下：

借：利润分配——提取法定盈余公积　　60 000.00

　　　　　　——提取任意盈余公积　　36 000.00

贷:盈余公积——法定盈余公积　　60 000.00

　　——任意盈余公积　　36 000.00

法定盈余公积和任意盈余公积的用途主要有以下三项:第一,用于弥补企业亏损。由于在市场经济的条件下,企业面临着激烈的竞争,其生产经营活动随着市场的波动而出现反复,一旦发生亏损时,可以用法定盈余公积或任意盈余公积予以弥补,这样就为企业克服困境、渡过难关创造了条件。第二,用于转增资本。当企业法定盈余公积或任意盈余公积留存较多,而企业需要拓展经营规模时,可以将这两项盈余公积转增资本。第三,用于发放现金股利或利润。当企业累积的盈余公积较多,而未分配利润较少时,为了维护企业的形象,给投资者以合理的回报,也可以用盈余公积分派现金股利或利润。

企业在以法定盈余公积或任意盈余公积弥补亏损时,借记"盈余公积"账户;贷记"利润分配——盈余公积补亏"账户。

【例 14—10】 三元商厦年末亏损 23 400 元,经批准以任意盈余公积弥补亏损,作分录如下:

借:盈余公积——任意盈余公积　　23 400.00

　贷:利润分配——盈余公积补亏　　23 400.00

企业以法定盈余公积和任意盈余公积转增资本时,借记"盈余公积"账户;贷记"实收资本"账户。在法定盈余公积转增资本后,留存企业的部分不得少于注册资本的 25%。

"盈余公积"是所有者权益类账户,用以核算企业按规定从净利润中提取的法定盈余公积和任意盈余公积。提取时,记入贷方;弥补亏损,转增资本和用于发放现金股利或利润时,记入借方;期末余额在贷方,表示盈余公积的结存数额。

二、未分配利润的核算

未分配利润是指企业的净利润尚未分配的数额,它是企业实现的净利润经过弥补亏损、提取盈余公积和向投资者分配利润后留存在企业的、历年结存的利润。

企业为了平衡各会计年度的投资回报水平,以丰补歉,留有余地等原因,可以留有一部分净利润不予分配,从而形成了未分配利润。

企业历年积存的未分配利润,均可参与本年度实现的净利润一并分配。未分配利润是通过设置"利润分配——未分配利润"账户核算的,该账户的贷方余额表示未分配利润,若该账户出现借方余额,则表示企业未弥补亏损。其具体核算方法将在第十七章利润和利润分配中阐述。

一、简答题

1. 所有者权益与债权人权益在性质上有哪些区别?

2. 所有者权益如何分类?

3. 试述注册资本和实收资本之间的区别与联系。

4. 股份按股东享有的权利可分为哪两种?分别说明这两种股份股东的权利具体表现在哪些方面?

5. 资本公积由哪两个部分组成?并分述其定义。

二、名词解释题

实收资本　注册资本　有限责任公司　股份有限公司　普通股　库存股

资本公积　盈余公积

三、是非题

1. 所有者权益是投资者对企业的一项无期限的投资,而债权人权益仅是投资者一项暂时性的投资。（　）

2. 所有者权益投资者的投资收益与企业经营的好坏密切相关,而债权人的投资收益与企业经营好坏无关。（　）

3. 注册资本可以一次或分次缴纳,采取分次缴纳的,全体股东的首次出资额不得低于注册资本的20%。（　）

4. 优先股比普通股有一定的优先权,因此获得的股利丰厚,投资风险也小。（　）

5. 股份支付的确认和计量,应当以真实、有效的股份支付协议为基础。（　）

6. 资本公积和盈余公积与企业的净利润均有一定的关系。（　）

四、单项选择题

1. 投资者按照企业章程或合同、协议的约定,实际投入企业的资本是________。

A. 投入资本　B. 注册资本　C. 实收资本　D. 资本公积

2. 股份有限公司溢价发行股票时,其超过面值的溢价金额应列入"________"账户。

A. 股本——股本溢价　B. 投资收益　C. 营业外收入　D. 资本公积

3. 股份支付在授予后,公司在等待期内每个会计期末应将取得职工提供的服务计入成本、费用,计入成本、费用的金额应当按照________的公允价值计量。

A. 金融工具　B. 权益工具　C. 金融资产　D. 衍生工具

4. 企业以法定盈余公积转增资本后,按规定保留的余额不应少于注册资本的________。

A. 10%　B. 15%　C. 25%　D. 50%

五、多项选择题

1. 所有者权益包括实收资本、________。

A. 资本公积　B. 盈余公积　C. 应付股利　D. 未分配利润

2. 盈余公积可以用于________。

A. 弥补亏损　　　　B. 转增企业资本

C. 发放现金股利或利润D. 发放职工奖金

3. ________可以转作资本。

A. 资本公积　　　　B. 法定盈余公积　　C. 任意盈余公积　　D. 未分配利润

六、实务题

习题(一)

目的:练习投资者投入资本的核算。

资料:

1. 2015 年 1 月份长江服装公司新设立,发生下列有关的经济业务:

(1)5 日,鼎新服装进出口公司投资拨入流动资金 311 000 元,存入银行。

(2)10 日,收到鼎新服装进出口公司投入仓库一座,已达到预定可使用状态,验收使用。该仓库按投资合同约定的 550 000 元计量。

(3)12 日,收到国外投资者爱斯公司投资的 282 000 美元,存入银行,当日美元的中间汇率为 6.75 元。

(4)20 日,收到鼎新服装进出口公司投入服装一批,按投资合同约定的 200 000 元计价,增值税额 34 000元,服装已验收入库。

2. 2016 年长江服装公司决定扩大经营规模,经批准将注册资本扩充到4 000 000元。2 月份发生下列有关的经济业务:

(1)15 日,收到国外投资者爱斯公司增加的投资额 112 000 美元,存入银行。当日中间汇率为 6.75 元,投入资金占企业注册资本的 15.12%。

(2)18 日,鼎新服装进出口公司以其某项专利权进行投资,按投资合同约定的 160 000 元计量,并收到其投入现金 328 000 元,存入银行,投入资金共占企业注册资本的 9.88%。

3. 光华商厦股份有限公司发生下列有关的经济业务:

本公司增发普通股 900 000 股,每股面值 1 元,委托证券公司溢价发行。每股 8 元,发行费用 72 000 元,证券公司发行完毕后,扣除发行费用,支付发行款7 128 000元,存入银行。

要求:编制会计分录。

习题(二)

目的:练习库存股的核算。

资料:

1. 荣欣商厦股份有限公司 2015 年初决定根据股份支付协议,收购本公司50 000股普通股奖励本公司职工。年末,对该公司行政管理人员使净利润比上年增长 18%以上的,奖励 15 000 股;对业务经营人员使业务量比上年增长 16%以上的,奖励 35 000 股,授予日公司普通股公允价值为 7.50 元,现发生下列有关的经济业务:

(1)2015 年 1 月 31 日,根据本月份的经营情况,预计能够达到增销增收奖励的目标,将本月份职工提供服务应奖励的金额计入费用。

(2)2015 年 3 月 5 日,购进本公司普通股 50 000 股,每股 7.42 元,另以交易金额的 3‰支付佣金,款项一并签发转账支票支付。

(3)2016 年 2 月 2 日，去年公司达到增销增收的奖励目标，予以行权，将50 000股库存股奖励给职工，按授予日普通股公允价值确认的金额转账。(查去年 2 月至 12 月均按职工应奖励的金额入账)。

2. 新江商厦股份有限公司“资本公积——股本溢价”账户余额为 1 500 000 元，“盈余公积”账户余额为 712 500 元，现发生下列有关的经济业务：

(1)1 月 8 日，购进本公司普通股 120 000 股，每股 6 元，另以交易金额的 3‰支付佣金，款项一并签发转账支票支付。

(2)3 月 5 日，购进本公司普通股 180 000 股，每股 6.05 元，另以交易金额的 3‰支付佣金，款项一并签发转账支票支付。

(3)3 月 10 日，今决定将收购本公司的 300 000 股普通股全部予以注销，以减少注册资本，该股份每股面值 1 元，予以转账。

要求：编制会计分录。

习题(三)

目的：练习资本公积和盈余公积的核算。

资料：神州商厦原有注册资本 3 800 000 元，留存收益 380 000 元，经批准将注册资本增至5 000 000元，12 月份发生下列有关的经济业务：

(1)5 日，今收到淮海公司出资的支票 352 500 元，存入银行。其投入资金占企业注册资本的 5.64%。

(2)8 日，收到国外投资者迪克公司投资的 170 000 美元，存入银行，而当日中间汇率为 6.75 元。投入的资金占企业注册资本的 18.36%。

(3)31 日，本商厦持有的安宝公司按面值发行的 3 年期债券 145 000 元，年利率为 8%，到期一次还本付息，已按持有至到期投资入账，现决定将其重分类为可供出售金融资产，该债券账面价值成本为 145 145 元，应计利息为 7 750 元，现公允价值为 152 998 元，予以转账。

(4)31 日，本商厦持有的以可供出售金融资产入账的天平公司股票 18 000 股，其账面价值成本为 86 013元，公允价值变动为借方余额 3 026 元，今日该股票每股公允价值为 5.10 元，予以转账。

(5)31 日，本商厦持有兴安公司 40%的股权，采用权益法核算，年末兴安公司除净损益外，所有者权益增加了 35 000 元，持股比例未变，予以转账。

(6)31 日，按本商厦净利润 475 000 元的 10%计提法定盈余公积，6%计提任意盈余公积。

(7)31 日，经上级批准，分别用资本公积 150 000 元、法定盈余公积 100 000 元和任意盈余公积 50 000元转增资本。

要求：编制会计分录。

第十五章

期间费用和政府补助

第一节　期间费用概述

一、期间费用的分类

商品流通企业的期间费用是指本期发生的、不能直接归属于商品成本而直接计入损益的费用。它是保证商品流通企业商品购销业务顺利进行必须开支的各项费用，是商品流通企业当期发生的费用中的重要组成部分。

期间费用可以按不同的标准分类，现分别予以阐述。

（一）按与商品的关系可分为直接费用和间接费用两类

(1)直接费用。它是指发生的费用能够直接认定其用于某种商品的费用。

(2)间接费用。它是指发生的费用无法认定其用于某种商品的费用。

按这种标准分类，有利于正确反映每种商品应负担的期间费用和实现的利润或发生的亏损。

（二）按与商品流通额的关系可分为可变费用与不变费用两类

(1)可变费用。它是指费用的发生额与商品流通额有直接联系的费用。可变费用随着商品流通额的增加而增加；随着商品流通额的减少而减少。通常直接费用属于可变费用。

(2)不变费用。它是指费用的发生额与商品流通额没有直接联系的费用。不变费用不随着商品流通额的增减变动而变动。通常间接费用属于不变费用。

按这种标准分类,有利于对费用进行管理和分析,控制费用的发生。

(三)按发生的环节可分为销售费用、管理费用和财务费用

(1)销售费用。它是指企业为销售商品所发生的各项费用。

(2)管理费用。它是指企业行政管理部门为组织和管理企业经营活动所发生的各项费用。

(3)财务费用。它是指企业为筹集业务经营所需资金等而发生的各项费用。

按这种标准分类,可以对各个环节前后各期发生的费用进行比较分析,研究其升降的原因,以有利于寻求降低期间费用的途径。

二、各个期间费用的明细项目

(一)销售费用的明细项目

(1)运杂费。它是指企业在销售商品过程中,使用各种运输工具所支付的运费和运输过程中发生的搬运费,以及与运输有关的各项杂费,如调车费、站台、码头租用费、港口建设费等。

(2)装卸费。它是指企业销售商品在车站、码头、仓库、货场发生的支付给装卸单位的费用。

(3)包装费。它是指企业包装或改变包装所支付的商品包装装潢设计费和商品包装装潢用品费,包装物折损与修理费,包装物挑选、洗刷、修补费,包装用品租用费。

(4)保险费。它是指企业向保险公司投保商品等流动资产和经营业务使用的固定资产所支付的国内保险费用。

(5)差旅费。它是指企业按规定支付给经营人员因业务、工作需要出差人员的住宿费、交通费、伙食补助等费用。

(6)展览费。它是指企业为开展促销活动或宣传商品等举办商品展览、展销和交易会所支出的各项费用。

(7)保管费。它是指企业的商品在储存过程中所支付的保管费用,包括倒库、晾晒、冷藏、保暖、消防、护仓、照明、保管用品、委托保管费、畜禽的饲料费、养护商品等所耗费的物品和费用。

(8)检验费。它是指企业按规定支付给商品检验局检验商品时所发生的检验费、鉴定费、委托代验或自行化验商品的化验费和进出口商品的签证费。

(9)广告费。它是指企业为向社会宣传商品而设置的宣传栏、橱窗、板报、印刷宣传资料和购置适量宣传品,在报刊、电台、电视台刊登、广播业务广告等所支付的费用。

(10)商品损耗。它是指企业的商品在保管过程中所发生的自然损耗、定额损耗和正常的超定额损耗。

(11)经营人员职工薪酬。它是指企业发生的从事经营业务人员的工资、奖金、津贴和补贴以及按照规定计提的职工福利费、工会经费、职工教育经费、社会保险费和住房公积金等职工薪酬。

(12)邮电费。它是指因业务需要而邮寄函件、样品及联系业务等发生的邮寄费和电讯费。

(13)折旧费。它是指企业为经营业务提供服务的固定资产,如营业用房、仓库、运输工具等计提的折旧费。

(14)低值易耗品摊销。它是指为经营业务提供服务的低值易耗品按规定标准和摊销办法摊销的低值易耗品费用。

(15)修理费。它是指为经营业务提供服务的固定资产和低值易耗品所发生的修理费用。

(16)劳务手续费。它是指企业委托其他单位代销、代储、代运商品、代办业务事项等按规定所支付的手续费。

(17)租赁费。它是指企业租赁营业用房、仓库等营业用固定资产和低值易耗品发生的租赁费用。

(18)其他销售费用。它是指不能列入上列各明细项目的各项销售费用。

(二)管理费用的明细项目

(1)管理人员职工薪酬。它是指企业发生的行政管理人员的工资、奖金、津贴和补贴以及按照规定计提的职工福利费、工会经费、职工教育经费、社会保险费和住房公积金等职工薪酬。

(2)业务招待费。它是指企业为促进商品流通、扩大经营的合理需要而支付的有关业务交际费用。

(3)技术开发费。它是指企业研究开发新技术、新产品,包括企业改善商品的养护、保管、包装等而发生的各项不构成固定资产的样本样机费、技术图纸资料费、研究人员薪酬、研究设备的折旧、新产品试制费、委托其他单位进行科研试制的费用以及试制失败损失等费用。

(4)董事会会费。它是指企业最高权力机构及其成员为履行职能而发生的各项费用,包括差旅费、会议费等。

(5)劳动保险费。它是指企业按规定支付的离休干部的各项经费及长病假人员的工资和提取的职工福利费等。

(6)涉外费。它是指企业按国家规定支付的因业务需要必须开支的有关费用,包括人员出国费用、接待外宾费用和驻外代表及驻外机构办公费用等开支。

(7)租赁费。它是指企业租赁行政管理部门办公用房、办公设备等固定资产和低值易耗品发生的租赁费用。

(8)咨询费。它是指企业向有关咨询机构进行科学技术、经营管理等咨询时,按有关规定所支付的费用。

(9)诉讼费。它是指企业因经济纠纷起诉或应诉而发生的各项费用。

(10)商标注册费。它是指企业为了取得某种商标的专利权,在国家工商行政管理局登记注册时所支付的费用。

(11)技术转让费。它是指企业使用非专利技术时而支付的费用,包括以技术转让为前提的技术咨询、技术服务和技术培训过程中发生的有关开支等。

(12)低值易耗品摊销。它是指为行政管理部门提供服务的低值易耗品按规定标准和摊销的办法摊销的低值易耗品费用。

(13)折旧费。它是指企业为行政管理部门提供服务的固定资产按照规定的折旧办法计算提取的折旧额。

(14)保险费。它是指企业向保险公司投保的为行政管理提供服务的固定资产和流动资产所支付的保险费用。

(15)无形资产摊销。它是指企业按规定的期限摊销列支无形资产的价值。

(16)开办费。它是指企业在筹建期间所发生的筹建人员工资、办公费、差旅费、印刷费、培训费、律师费、注册登记费、业务招待费等费用。

(17)修理费。它是指为行政管理部门提供服务的固定资产和低值易耗品所发生的修理费用。

(18)上交上级管理费。它是指企业支付的经财政机关批准的上级管理机构经费。

(19)聘请中介机构费。它是指企业聘请中介机构进行查账验资以及进行资产评估等发生的各项费用。

(20)其他管理费用。它是指不能列入上列各明细项目的各项管理费用,如办公费、文具纸张费、书报费、水电费、会议费等。

(三)财务费用的明细项目

(1)利息支出。它是指企业支付的短期借款利息、应付票据利息、商业汇票贴现利息,以及长期借款利息和应付债券利息中非资本化的利息。

(2)手续费。它是指企业因办理国内结算和国际结算而支付给金融机构的手续费等。

(3)汇兑损失。它是指企业的外币货币性资产和外币货币性负债因汇率变动所造成的损失。若发生汇兑收益,则记入贷方。外贸企业可以将其上升为“汇兑损益”科目。

(4)其他财务费用。它是指企业发生的不能列入上列各项目的筹资费用。

以上销售费用、管理费用和财务费用各明细项目中应冲减各项费用的收入，如商品的自然升溢、保险费赔偿收入、向职工收取的宿舍租金和水电费收入、银行存款的利息收入等，凡能分清项目的，直接冲减有关明细项目，不能分清项目的均冲减其他费用明细项目。

三、期间费用的列支方式

商品流通企业支付的期间费用一般是由当期负担的。但是，有些期间费用企业虽已支付，却应由以后各受益期负担；有些期间费用应由本期负担，而本期尚未支付。为了正确地反映本期所应负担的期间费用，期间费用的核算必须按照权责发生制的要求进行核算。凡属于本期负担的期间费用，不论其款项是否已经支付，均作为本期的期间费用处理；凡不属于本期负担的期间费用，即使款项已经支付，也不能作为本期期间费用入账。这样企业列支的期间费用就出现了以下四种方式：

(1)直接支付。它是指企业日常支付的属于本期负担的费用。它是根据费用凭证以货币资金支付的，如支付本月的运杂费、装卸费、保管费、工资、业务招待费、咨询费、聘请中介机构费、修理费和其他各项费用等。

(2)转账摊销。它是指不通过货币结算而采用转账形式摊销应由本期负担的费用。如包装物折损费、低值易耗品摊销费、固定资产折旧费、无形资产摊销、长期待摊费用摊销以及日常耗用原材料的转销等。

(3)预付待摊。它是指过去已预先支付，应由本期摊销负担的费用。如预付的财产保险费和租赁费的摊销等。

(4)预提待付。它是指应由本期负担而在以后各期支付的费用。如预提的职工福利费、职工教育经费、短期借款利息和应付票据利息等。

第二节　期间费用的核算

一、期间费用的总分类核算

期间费用核算的内容很广泛，它分为3个科目40多个子目，其中有不少子目在核算上具有共性。期间费用的四种列支方式中，直接支付和转账摊销的核算，在前面各有关章节中已作了详细的阐述，不再重复。

(一)预付待摊费用的核算

商品流通企业拥有大量的商品和其他各项实物资产，为了增强遭受水灾、火灾等灾害和意外事故损失的应变能力，企业一般向保险公司投保，以便在遭受意外损失时，可以从保险公司取得补偿，以减少对企业的影响。

企业投保时的财产保险费一般是按年度支付的，为了正确反映企业各期的利润，在支付全年保险费时，应先记入“待摊费用”账户，然后按受益期根据不同的受益对象摊入“销售费用”和“管理费用”账户。

【例 15－1】 1 月 2 日，上海服装公司签发转账支票支付太平洋保险公司本年度的财产保险费 36 000 元，作分录如下：

借：待摊费用——保险费	51 000.00	
贷：银行存款		51 000.00

1 月 31 日，摊销应由本月份负担的财产保险费 4 250 元，其中：业务部门负担3 000元，行政管理部门负担 1 250 元，作分录如下：

借：销售费用——保险费	3 000.00	
管理费用——保险费	1 250.00	
贷：待摊费用——保险费		4 250.00

此外，房屋、建筑物等固定资产租赁费也是采用预付的方式，也可以按受益期进行摊销。

待摊费用的摊销期限，不得超过 12 个月，但可以跨年。

“待摊费用”是资产类账户，用以核算企业已经支付但应由本期和以后各期分别负担的分摊期限在一年以内(含一年)的各项费用。企业支付待摊费用时，记入借方；企业摊销待摊费用时，记入贷方；期末余额在借方，表示企业已经支付尚待摊销的费用。

(二)预提待付费用的核算

企业向银行借入的短期借款，银行一般在季末结算利息。为了使企业费用负担合理，真实地反映各期利息支出的情况，就应在每个季度的前两个月计算它们当月发生的短期借款利息，予以预先计提列支。其计算方式如下：

$$\text{本月短期借款利息}=\text{本月短期借款平均余额}\times\text{月利率}$$

$$\text{本月短期借款平均余额}=\frac{\text{本月短期借款账户余额累计数}}{30\text{天}}$$

【例 15－2】 上海电器公司第一季度短期借款情况如下：

(1)1 月份短期借款账户平均余额为 1 000 000 元，月利率为 6‰，计算该月份应负担的利息如下：

1 月份短期借款利息＝1 000 000×6‰＝6 000(元)

根据计算的结果，计提本月份应列支的短期借款利息，作分录如下：

借：财务费用——利息支出	6 000.00	
贷：应付利息		6 000.00

(2)2 月份计提短期借款利息 6 330 元，3 月末接到“短期借款计息单”，本季度共支付

短期借款利息 19 080 元，计算本月份应负担利息如下：

3 月份短期借款利息＝19 080－(6 000＋6 330)＝6 750(元)

根据计算的结果，作分录如下：

借：应付利息　　12 330.00

　　财务费用——利息支出　　6 750.00

　贷：银行存款　　19 080.00

“财务费用”是损益类账户，用以核算企业为筹集资金而发生的各项费用。企业在经营期间发生利息支出(予以资本化的利息除外)、支付给金融机构手续费和其他筹资费用时，记入借方；企业冲转利息支出或月末将其余额转入“本年利润”账户时，记入贷方。

(三)水电费等含税费用的核算

在我国提供电力、热力、气体等货物及修理修配劳务的企业要交纳增值税，因此，企业支付的电费、煤气费和修理费等是含税价格，企业在收到上述货物或劳务的专用发票、支付款项时，应根据货款或劳务费借记“销售费用”或“管理费用”账户；根据增值税额借记“应交税费”账户；根据价税合计数贷记“银行存款”账户。

【例 15－3】 1 月 31 日，浦江商厦收到电力公司专用发票一张，开列电费 3 000 元、增值税额 510 元，当即以现金支票付讫。电费中仓库耗用 600 元，业务部门耗用1 500元和行政管理部门耗用 900 元，作分录如下：

借：销售费用——保管费　　600.00

　　　　　　——其他费用　　1 500.00

　　管理费用——其他费用　　900.00

　　应交税费——应交增值税——进项税额　　510.00

　贷：银行存款　　3 510.00

“销售费用”是损益类账户，用以核算企业在销售过程中发生的各项费用。企业发生销售费用时，记入借方；企业月末将其余额结转“本年利润”账户时，记入贷方。

“管理费用”是损益类账户，用以核算企业行政管理部门为组织和管理企业经营活动所发生的费用。企业发生管理费用时，记入借方；月末企业将其余额结转“本年利润”账户时，记入贷方。

二、期间费用的明细分类核算

商品流通企业的期间费用是通过“销售费用”、“管理费用”和“财务费用”账户进行总分类核算的，通过核算反映了销售费用、管理费用和财务费用的总括情况。为了反映和监督期间费用开支的详细情况，并为分析检查销售费用、管理费用和财务费用预算的执行情况，为改善经营管理提供资料，必须对销售费用、管理费用和财务费用进行明细分类核算。

销售费用、管理费用和财务费用按子目设置明细分类账户，可以采用“三栏式”账页。为了在账页上集中反映销售费用、管理费用和财务费用各项目开支的情况，便于记账，也可以采用“多栏式”账页，现将销售费用多栏式明细分类账的格式列示如表15－1所示。

表15－1　销售费用明细分类账　单位：元

2016年		凭证号数	摘　要	运杂费	装卸费	广告费	经营人员职工薪酬	合　计
月	日							
1	2	7	支付销售商品的运杂费和装卸费	1 800	320			2 120
	4	48	支付广告费			1 500		1 500
	5	56	分配经营人员工资				56 000	56 000
	6	69	计提经营人员职工福利费				7 840	7 840

由于销售费用、管理费用和财务费用账户明细项目较多，平时发生的主要是借方金额，因此采用多栏式账页时，每个子目只设一个金额栏，登记借方发生额，若发生贷方发生额时，则可以金额栏内用红字登记。

第三节　政府补助

一、政府补助概述

政府补助是指企业从政府无偿取得货币性资产或非货币资产，但不包括政府作为所有者投入的资本。政府包括各级政府及其所属机构，国际上类似的组织也在此范围之内。

（二）政府补助的特征

1. 政府补助是无偿的

政府向企业提供补助，并不因此而享有企业的所有权，企业未来也不需要以提供服务、转让资产等方式偿还。

2. 政府补助是有条件的

政府补助通常附有一定的条件，主要包括政策条件和使用条件。政策条件是指企业只有符合政府补助政策的规定，才有资格申请政府补助。符合政策规定的，不一定都能够取得政府补助；不符合政策规定、不具备申请补助资格的，不能取得政府补助。使用条件是指已获批准取得政府补助的，应当按照政府规定的用途使用。

3. 政府资本性投入不属于政府补助

政府以投资者身份向企业投入资本，享有企业相应的所有权，两者之间只是投资者与被投资者的关系。政府拨入的投资补助等专项拨款中，在相关文件规定作为“资本公积”

处理的，也属于资本性投入的性质。这些均不属于政府补助。

(二)政府补助的主要形式

政府补助的形式主要有：财政拨款、财政贴息和税收返还等。

财政拨款是指政府无偿付给企业的资金，通常在拨款时明确规定了资金的用途。比如，财政部门拨付给企业用于构建固定资产或进行技术改造的专项资金，鼓励企业安置职工就业而给予的奖励款项，拨付企业的粮食定额补贴，拨付企业开展研究活动的研发经费等。

财政贴息是指政府为支持特定领域或区域的发展，根据国家宏观经济形势和政策目标，对承贷企业的银行贷款利息给予补贴。

税收返还是指政府按照国家有关规定采取先征后返(退)、即征即退等办法向企业返还的税款。

(三)政府补助的分类

政府补助分为与资产相关的政府补助和与收益相关的政府补助两类。

与资产相关的政府补助是指企业取得的、用于购建或以其他方式形成的长期资产的政府补助。

与收益相关的政府补助是指除与资产相关的政府补助之外的政府补助。

(四)政府补助的计量

1. 货币性资产形式的政府补助

企业取得的各种政府补助为货币性资产的，如通过银行转账等方式拨付的补助，通常按照实际收到的金额计量；存在确凿证据表明该项补助是按照固定的定额标准拨付的，如按照实际销售量或储备量与单位补贴定额的补助等，可以按照应收的金额计量。

2. 非货币性资产形式的政府补助

政府补助为非货币性资产的，应当按照公允价值计量；公允价值不能可靠取得的，按照名义金额计量，名义金额计量为1元。

二、政府补助的核算

(一)与资产相关的政府补助的核算

企业取得政府补助的长期资产时，不能直接计入当期损益，而应当确认为递延收益。届时借记"固定资产"、"无形资产"等账户；贷记"递延收益"账户。

【例15—4】 3月20日，嘉华化工贸易公司收到当地政府作为补助拨付的环保设备一台，该设备的公允价值为90 000元，已达到预定可使用状态，由业务部门验收使用，作分录如下：

借：固定资产　　90 000

　　贷：递延收益　　90 000

当企业取得政府补助的长期资产投入使用后，在该资产的使用寿命内计提折旧或者进行摊销时，先借记“销售费用”、“管理费用”等账户；贷记“累计折旧”或“累计摊销”账户。然后，再确认当期的收益，借记“递延收益”账户；贷记“营业外收入”账户。

【例 15－5】 续上例，4 月 30 日，政府补助的环保设备预计使用寿命为 6 年，预计净残值率为 4%。

(1)计提本月份固定资产折旧费，作分录如下：

借：销售费用——折旧费　　1 200

　贷：累计折旧　　1 200

(2)确认本期收益，作分录如下：

借：递延收益　　1 200

　贷：营业外收入——政府补助　　1 200

相关资产在使用寿命结束前被出售、转让、报废或发生毁损时，应将尚未分配的递延收益金额一次性转入资产处置当期的“营业外收入”账户。

(二)与收益相关的政府补助的核算

企业取得与收益相关的政府补助，用于补偿其已发生的相关费用或损失的，应当直接计入当期损益。

【例 15－6】 10 月 25 日，松江医药公司因执行政府指令储备的防疫药品已过有效期而报废，损失 10 200 元，今收到地方政府划拨的补助 10 200 元，存入银行，作分录如下：

借：银行存款　　10 200

　贷：营业外收入——政府补助　　10 200

如果政府是按照国家定额标准拨付的，期末可以按照实际销售或储备量与单位补贴定额计算的补助金额借记“其他应收款”账户；贷记“营业外收入”账户。

【例 15－7】 3 月 31 日，金山粮食公司执行政府的粮食政策销售粳米 1 200 吨，政府规定每吨给予补贴定额 20 元，予以转账，作分录如下：

借：其他应收款——应收政府补助款　　24 000

　贷：营业外收入——政府补助　　24 000

俟收到政府拨付的补助款时，再借记“银行存款”账户；贷记“其他应收款”账户。

企业取得与收益相关的政府补助，用于补偿企业以后期间的相关费用或损失的，在取得政府补助时，借记“银行存款”账户；贷记“递延收益”账户。在确认相关费用的期间计入当期损益时，再借记“递延收益”账户；贷记“营业外收入”账户。

【例 15－8】 凯达电器公司吸收了 3 位中年残疾人员就业，将取得地方政府的补助。

(1)3 月 10 日，收到地方政府划拨的政府补助 96 000 元，存入银行，作分录如下：

借：银行存款　　96 000

　　贷：递延收益　　96 000

(2)3月31日，该批残疾人员预计工作8年，确认本月份的收入，作分录如下：

借：递延收益　　1 000

　　贷：营业外收入——政府补助　　1 000

“递延收益”是负债类账户，用以核算企业确认的应在以后期间计入当期损益的政府补助。企业收到应在以后期间计入当期损益的政府补助时，记入贷方；企业在确认政府补助的当期收益时，记入借方；期末余额在贷方，表示企业应在以后期间计入当期损益的政府补助。

练习题

一、简答题

1. 什么是期间费用？它有哪几种分类？
2. 分述销售费用、管理费用和财务费用的定义及其明细项目。
3. 试述保险费和利息在核算上的特点。
4. 试述政府补助的计量。

二、名词解释题

直接支付　　转账摊销　　预付待摊　　预提待付　　政府补助

三、是非题

1. 按期间费用发生环节可分为销售费用、管理费用和财务费用。　　(　　)
2. 按商品经营人员工资总额提取的职工教育经费应列入“管理费用”账户。　　(　　)
3. 企业发生的含税费用中的增值税额，应作为进项税额入账。　　(　　)
4. 政府补助具有无偿的和有条件的特征。　　(　　)
5. 政府补助为非货币性资产的，可以按照公允价值计量，也可以按照名义金额计量。　　(　　)

四、单项选择题

1. 计提固定资产折旧费属于________方式。

　A. 直接支付　　B. 转账摊销　　C. 预付待摊　　D. 预提待付

2. 支付全年保险费属于________方式。

　A. 直接支付　　B. 转账摊销　　C. 预付待摊　　D. 预提待付

3. 商品经营部门长期病假人员的工资应列入“________”账户。

　A. 销售费用　　B. 管理费用　　C. 营业外支出　　D. 应付福利费

五、多项选择题

1. 按期间费用与商品的关系不同，期间费用可分为________。

　A. 可变费用　　B. 不变费用　　C. 直接费用　　D. 间接费用

2. 企业支付的________是含税费用。

A. 水电费　　B. 租赁费　　C. 煤气费　　D. 修理费

3. 政府补助的主要形式有________。

A. 财政拨款　　B. 财政拨物　　C. 财政贴息　　D. 税收返还

4. 政府补助分为________。

A. 与资产相关的政府补助　　B. 与负债相关的政府补助。

C. 与费用损失相关的政府补助　　D. 与收益相关的政府补助

六、实务题

习题(一)

目的:练习期间费用科目及其子目的划分。

资料:新光电器公司 12 月份发生下列经济业务:

经　济　业　务	属于期间费用	不属于期间费用
	应列入的科目、子目	应列入的科目
1. 支付接待外宾费用		
2. 分配本月份发放的商品经营业务人员薪酬		
3. 分配本月份发放的行政管理人员薪酬		
4. 支付仓库照明电费		
5. 摊销出借包装物损耗的价值		
6. 采购员预支差旅费		
7. 计提本月份短期借款利息		
8. 支付给商品检验局的商品检验费		
9. 计提的固定资产减值准备		
10. 摊销出租用包装物损耗的价值		
11. 因业务需要而发生的快递费		
12. 支付明年的财产保险费		
13. 支付企业因应诉发生的费用		
14. 支付委托代销商品的手续费		
15. 支付招待客户而发生的费用		
16. 为购货单位垫付商品运费		
17. 业务员出差回来报销差旅费		
18. 支付职工医药费		
19. 根据行政管理人员工资总额计提的失业保险费		
20. 摊销商场领用柜台的费用		

续表

经 济 业 务	属于期间费用	不属于期间费用
	应列入的科目、子目	应列入的科目
21. 支付电视台宣传商品的广告费		
22. 支付仓库叉车的修理费用		
23. 企业因办理结算支付给金融机构的手续费		
24. 向咨询机构进行经营管理咨询的费用		
25. 支付出口商品的保险费		
26. 支付其他业务经营人员工资		
27. 商品在保管过程中发生的定额损耗		

要求:指出上列经济业务是否属于期间费用开支范围。若属于期间费用开支范围,应填明科目及子目;若不属于期间费用开支范围,应填明列支的会计科目。

习题(二)

目的:练习期间费用的核算。

资料:天马服装公司 1 月份发生下列有关的经济业务:

(1)2 日,签发转账支票支付今年的财产保险费 48 000 元。

(2)4 日,签发转账支票支付销售商品的运杂费 1 020 元、装卸费 180 元和相应的增值税额 132 元。

(3)6 日,业务员刘欢出差回来报销差旅费 1 680 元,退回多余现金 120 元,以结清其预支款。

(4)10 日,工资结算单中列明本月应发职工薪酬合计 169 000 元,其中:商品经营人员 132 000 元,其他业务人员 8 600 元,行政管理人员 24 200 元,在建工程人员4 200元。代扣款项合计30 662元,其中:住房公积金 11 830 元,养老保险费 13 520 元,医疗保险费 3 380 元,失业保险费 1 690 元,个人所得税 242 元。实发金额138 338元。据以提取现金备发职工薪酬。

(5)10 日,发放本月份职工薪酬。

(6)12 日,提取本月份固定资产折旧费 4 135 元,其中业务、储运部门 3 090 元,行政管理部门 1 045 元。

(7)15 日,签发转账支票支付本月份电视台广告费 2 020 元。

(8)16 日,摊销本月份负担的保险费 4 160 元,其中:业务、储运部门 3 060 元,行政管理部门 1 100 元。

(9)18 日,行政管理部门领用文件柜 1 只,金额 1 500 元,按五五摊销法摊销。

(10)20 日,收到电力公司的专用发票,开列电费 3 600 元、增值税额 612 元,签发转账支票支付。电费中:仓库耗用 900 元、业务部门耗用 1 500 元,行政管理部门耗用 1 200 元。

(11)21 日,签发转账支票支付给商品检验局的商品检验费 1 080 元。

(12)23 日,领用随货出售不单独计价的包装商品用木箱 100 只,每只 18 元,计 1 800 元,予以转账。

(13)24 日,签发转账支票支付本月份联系业务的快递费 270 元。

(14)24 日,签发转账支票支付本月份业务经营而发生的电讯费 720 元。

(15)25 日,提取本月份坏账准备 605 元。

(16)28 日,分配本月份各类人员发放的职工薪酬。

(17)29 日,按本月份工资总额的 14%、2%和 1.5%分别计提职工福利费、工会经费和职工教育经费。

(18)29 日,按本月份工资总额的 12%计提医疗保险费。

(19)29 日,按本月份工资总额的 20%、2%和 7%分别计提养老保险费、失业保险费和住房公积金。

(20)30 日,将本月份应缴纳的医疗保险费、养老保险费、失业保险费和住房公积金(含为职工代扣的部分)分别交纳给社会保险事业基金结算管理中心和公积金管理中心。

(21)31 日,本月份短期借款平均余额为 1 015 000 元,月利率为 6‰,计提本月份应负担的利息。

(22)2 个月后,31 日,银行开来短期借款计息单,系支付第一季度短期借款利息 18 900 元,查 2 月份计提短期借款利息 6 300 元,予以转账。

要求:

(1)编制会计分录。

(2)根据编制的会计分录登记"销售费用"明细账。

习题(三)

目的:练习政府补助的核算。

资料:

1. 嘉兴粮食公司发生下列有关的经济业务:

(1)4 月 5 日,收到当地政府作为补助拨付的粮仓 2 座,每座公允价值 90 000 元,已达到预定可使用状态,由业务部门验收使用。

(2)4 月 30 日,执行政府的粮食政策,本月份销售粳米 18 000 吨,政府规定每吨给予补贴定额 15 元,予以转账。

(3)5 月 10 日,收到地方政府拨付上月份销售粳米补贴款,存入银行。

(4)5 月 31 日,政府补助拨付的粮仓预计使用寿命 10 年,计提其本月份折旧,并确认收益。

2. 青浦医药公司 6 月份发生下列有关的经济业务:

(1)2 日,吸收 2 位中等残疾人员就业,收到地方政府补助 86 400 元,存入银行。

(2)20 日,因执行政府指令储备的防疫药品已过有效期,而报废损失了 9 875 元,今收到地方政府划拨的补助 9 875 元,存入银行。

(3)31 日,月初吸收的 2 位残疾人员预计工作 9 年,确认本月份的收入。

要求:编制会计分录。

第十六章

税　金

第一节　税金概述

一、税金的意义

税金是指企业和个人按照国家税法规定的税率向税务部门缴纳的税款。它是国家财政收入的一个重要组成部分。

(一)税收的特征

税收是指国家为了行使其职能取得的财政收入的一种方式。它实质上也就是企业和个人缴纳的税金。税收主要有以下三个特征：

(1)具有强制性。税收是国家以社会管理者的身份,用法律、法规等形式对征收税款加以规定,并依照法律强制征税。

(2)具有无偿性。国家征税后,税款即成为财政收入,不再归还纳税人(法律、法规规定可以退税的除外),也不支付其任何报酬。

(3)具有固定性。国家在征税之前,以法的形式预先规定了课税对象、课税额度和课税方法等。

(二)税收的作用

税收对保证完成财政收入,为经济建设积累资金;对宏观调控生产和消费,调节社会成员的收入水平；对开展企业之间的竞争，促进社会主义市场经济的发展，促进企业加强经济核算，改善经营管理，提高经济效益；对推动国民经济协调发展等均具有重要的作用。

二、税金的分类

税金的种类较多，按其性质不同，可以分为流转税、收益税和其他税三类。

（一）流转税

流转税是指以流转额和服务收入额为纳税对象的税款。它主要有关税、消费税、增值税、营业税和城市维护建设税等。

（1）关税。它是指对在我国境内从事进出口货物和物品的单位和个人，就其进出口额征收的税款。

（2）消费税。它是指在我国境内从事生产或进口税法规定的应税消费品的单位和个人，就其取得的销售额或进口额征收的税款。

（3）增值税。它是指对在我国境内销售货物或者提供加工、修理、修配劳务（简称应税劳务），交通运输业、邮政业、部分现代服务业等提供的服务（简称应税服务），以及进口货物的单位和个人，就其销售货物、提供应税劳务和应税服务的增值额和货物进口金额计算征收的税款。

（4）城市维护建设税。它是指在我国境内交纳增值税、消费税和营业税的单位和个人，就其应缴纳的增值税、消费税和营业税等为计税依据而征收的税款。

（二）收益税

收益税是指以收益额为纳税对象征收的税款。它主要有企业所得税和个人所得税等。

（1）企业所得税。它是指在我国境内的各种企业和其他组织，就其生产、经营所得和其他所得征收的税款。

（2）个人所得税。它是指对在我国境内的个人取得的各项应税所得征收的税款。

（三）其他税

其他税是指除流转额、收益额外，以其他方面为纳税对象征收的税款。它主要有印花税、车船使用税、城镇土地使用税和房产税等。

（1）印花税。它是指对在我国境内进行经济活动和经济交往中书立、使用、领受具有法律效力的凭证的单位和个人征收的税款。

（2）车船税。它是指对在我国境内行驶于公共道路的车辆和航行于河流、湖泊和领海的船舶的单位和个人，征收的税款。

（3）城镇土地使用税。它是指对在我国境内拥有土地使用权的单位和个人，依据实际使用土地面积征收的税款。

(4)房产税。它是指对在我国境内拥有房产的单位和个人,依据房产价格或房产租金收入征收的税款。

第二节 税金的核算

一、关税

(一)关税计算的依据

关税是价内税,它是由海关负责征收的。关税计算的依据是完税价格和关税税率。

海关以进出口货物的实际成交价格为基础审定完税价格。实际成交价格是指一般贸易项目下进口或出口货物的买方为购买该项货物向卖方实际支付或应当支付的价格。它包括两层含义:一是确定完税价格时必须以货物的实际成交的价格为基础;二是纳税义务人向海关申报的价格并不一定等于完税价格,只有经过海关审核并接受的申报价格才能作为完税价格。对于不真实或不准确的申请价格,海关可依照税法规定对有关进出口货物的申报价格另行估定完税价格。

关税按照其征收的环节不同,可分为进口关税和出口关税两种。

1.进口关税计算的依据

进口关税计算的依据是进口商品完税价格和进口关税税率。

(1)进口商品完税价格。进口货物以海关审定的成交价格为基础的 CIF 价格作为完税价格。它包括货价,加上货物运抵中国关境内输入地起卸前的包装、运输、保险和其他劳务费用。

(2)进口关税税率。国家对国内不能生产或供应不足的生活必需品和生产资料实行低税率或免税;对国内已能生产或非国计民生必需品,实行较高的税率,以限制进口。进口关税税率共分 21 类,详细内容见《中华人民共和国进出口税则》。

2.出口关税计算的依据

出口关税计算的依据是出口商品完税价格和出口关税税率。

(1)出口商品完税价格。出口货物以海关审定的成交价格为基础的售予境外的 FOB 价格,扣除出口关税后作为完税价格。

出口货物成交价格中含有支付给国外的佣金,如与货物的 FOB 价格分列,应予以扣除;如未单独列明的,则不予扣除。

出口货物的 FOB 价格,应以该项货物运离关境前的最后一个口岸的 FOB 价格为实际 FOB 价格。

(2)出口关税税率。国家为了发展出口贸易,保护国内资源,优化出口商品结构,除了对需要限制出口的极少数原材料及半成品等35种商品征收出口关税外，其他绝大多数商品都免征出口关税，出口关税税率在20%～50%之间。

（二）关税的计算和核算

1.进口关税的计算和核算

进品货物以外币计价成交的，由海关按照填发税款交纳凭证之日中国人民银行公布的人民币对外币交易的中间价折合成人民币。完税价格计算到元为止，元以下四舍五入。关税的起征点为人民币10元。进口关税应作为商品采购成本的组成部分。其计算公式如下：

应交进口关税额＝进口商品完税价格×进口关税税率

进口商品完税价格＝进口商品CIF价格(原币)×市场汇率(中间汇率)

【例16－1】 浦江烟酒进出口公司从英国进口卷烟一批，CIF价格为60 000英镑，进口关税税率为25%，收到海关填发的税款缴纳凭证，当日英镑汇率的中间价为8.30元。计算应缴纳的进口关税额如下：

卷烟完税价格＝60 000×8.30＝498 000(元)

卷烟应交进口关税额＝498 000×25%＝124 500(元)

根据计算的结果，作分录如下：

借：在途物资——英国卷烟 124 500

　　贷：应交税费——应交进口关税 124 500

如为代理进口业务发生的关税额，应由受托的外贸企业代征代交的，受托的外贸企业收到海关填发的税款缴纳凭证时，则应借记“应收账款”账户；贷记“应交税费——应交进口关税”账户。

2.出口关税的计算和核算

出口货物以外币计价成交的，计征关税时的外币折合、完税价格的取值和起征点与对进口关税的规定相同，在此不再重述。出口关税额应列入“营业税金及附加”账户，其计算公式如下：

应交出口关税额＝出口商品完税价格×出口关税税率

$$\text{出口商品完税价格}=\frac{\text{出口商品 FOB 价格(原币)}}{1+\text{出口关税税率}}\times\text{市场汇率(中间价)}$$

【例16－2】 江西矿产进出口公司出口钨矿砂一批，FOB价格96 000美元，出口关税税率为20%，收到海关填发的税款缴纳凭证，当日美元汇率的中间价为6.75元，计算应缴纳的出口关税税额如下：

$$\text{钨矿砂完税价格}=\frac{96\,000}{1+20\%}\times 6.75=540\,000(\text{元})$$

应交出口关税额＝540 000×20%＝108 000(元)

根据计算的结果，作分录如下：

借：税金及附加　　108 000

　　贷：应交税费——应交出口关税　　108 000

如为代理出口业务发生的关税额，应由受托的商品流通企业征代交的，受托的商品流通企业收到海关签发税款缴纳凭证时，则应借记“应付账款”账户；贷记“应交税费——应交出口关税”账户。

进出口货物的纳税人或他们的代理人应当在海关填发税款交纳凭证的次日起 7 日内向指定银行缴纳。进口货物在完税后才能进入国内市场流通，出口货物完税后才能装船出口。在缴纳关税时，借记“应交税费”账户；贷记“银行存款”账户。

二、消费税

消费税是价内税，是国家对某些特定商品进行特殊调节而设立的税种。征收消费税的消费品包括烟、酒、化妆品、贵重首饰及珠宝玉石、鞭炮和焰火、成品油、摩托车、小汽车高尔夫球及球具、高档手表、游艇、木制一次性筷子、实木地板、电池和涂料 15 个税目。商品流通企业进口这些商品均要交纳消费税。

（一）消费税计算的依据

商品流通企业进口应税消费品的消费税由海关代征，由进口人向报关地海关申报纳税。消费税的计税办法有从价定率和从量定额两种。这两种办法的计算依据是不同的。

1.消费税从价定率计算的依据

从价定率是指根据进口消费品的组成计税价格和确定的消费税税率计算消费税额的办法。它计算的依据有以下两项。

(1)组成计税价格。进口商品以关税完税价格，加上关税，除以 1 减消费税率后的商数，作为进口商品消费税的组成计税价格。

(2)消费税税率。进口商品按不同的税目或子目确定消费税税率，税率为3%～40%。

2.消费税从量定额计算的依据

从量定额的计算方法是指根据进口消费品的数量和确定的单位税额计算消费税额的办法。采用这种办法计算的依据是海关核定的应税消费品的进口征税数量和税法规定的单位税额。

在应税消费品中，除黄酒、啤酒、汽油、柴油等商品实行从量定额计税办法外，其他商品均实行从价定率的计税办法。

（二）消费税的计算和核算

进口商品消费税额主要采用从价定率办法计算。进口商品的消费税额应列入商品采购成本，其计算公式如下：

$$应交消费税额=组成计税价格\times消费税税率$$

$$组成计税价格=\frac{关税完税价格[①]+关税额}{1-消费税税率}$$

【例 16－3】 浦江烟酒进出口公司从英国进口卷烟一批，关税完税价格为 498 000 元，关税额为 124 500 元，按 40％消费税率计算其应交消费税额如下：

$$卷烟组成计税价格=\frac{498\ 000+124\ 500}{1-40\%}=1\ 037\ 500(元)$$

卷烟应交消费税额＝1 037 500×40％＝415 000(元)

收到海关根据计算结果填发的税款缴纳凭证时，作分录如下：

借：在途物资——英国卷烟　　415 000

　　贷：应交税费——应交消费税　　415 000

进口商品消费税额采用从量定额办法计算时，其计算公式如下：

$$应交消费税额=应税消费品数量\times消费税单位税额$$

三、增值税

(一)增值税计算的依据

增值税是价外税，我国计算增值税采用扣税法。扣税法是指先按销售货物或应税劳务的销售额计算增值税额(简称销项税额)，然后再按税法规定抵扣购进货物或者应税劳务时已缴纳的增值税额(简称进项税额)，计算其应交增值税额的方法。

上列所指的货物是指有形动产，包括库存商品、原材料、包装物、低值易耗品及电力、热力和气体等。

1. 进项税额的确认和计算的依据

进项税额是指纳税人购进货物或者接受应税劳务和应税服务所支付或者负担的增值税额。在经营活动中，销售方收取的销项税额，也就是购买方支付的进项税额。外贸企业在其经营活动中既会发生销售货物或提供应税劳务和应税服务，又会发生购进货物或接受应税劳务和应税服务，因此都会有收取的销项税额和支付的进项税额。增值税额的核心就是纳税人收取的销项税额抵扣其支付的进项税额，其余额为纳税人实际缴纳的增值税额。

(1)国内购进商品进项税额的确认。商品流通企业国内购进商品支付的进项税额并不是都可以从销项税额中抵扣的，需要确认能抵扣的进项税额。

商品流通企业能从销项税额中抵扣的进项税额有下列两项内容：一是纳税人购进货物或者应税劳务和应税服务，从销售方取得的增值税专用发票上注明的增值税额；二是纳

---

① 它是指海关核定的进品商品的 CIF 价格。

税人购进农业产品的进项税额，它按买价依照13%的扣除率计算，其计算公式如下：

购进农业产品进项税额=买价×13%

商品流通企业不能从销项税额中抵扣的进项税额有下列七项内容：①购进货物或者应税劳务未按规定取得并保存增值税扣税凭证的；②购进货物或者应税劳务的增值税扣税凭证上未按规定注明增值税及其他有关事项，或者虽有注明但不符合规定的；③用于非增值税应税项目的购进货物或者应税劳务；④用于免征增值税项目的购进货物或者应税劳务；⑤用于集体福利或者个人消费的购进货物或者应税劳务，包括交际应酬的烟、酒和个人消费的摩托车、汽车和游艇等；⑥非正常损失的购进货物及相关的应税劳务；⑦非正常损失的在产品、产成品所用的购进货物或者应税劳务。

(2)进口商品进项税额计算的依据。商品流通企业进口商品进项税额计算的依据是组成计税价格和增值税税率。

①组成计税价格。进口商品以关税完税价格，加上关税和消费税之和作为计算进口商品增值税的组成计税价格。

②增值税税率。进口商品的增值税税率有低税率和基本税率两种。低税率为13%，国家对进口粮食、食用植物油、天然气、图书、报纸、杂志、饲料、化肥、农药、农机、农膜等，按低税率计征。基本税率为17%，国家对进口商品的征税除了符合低税率的条件外，一般都按基本税率征收。

2. 销项税额计算的依据

销项税额计算的依据是销售额和增值税税率，其计算公式如下：

销项税额=销售额×增值税税率

(1)销售额的确定。销售额是指纳税人销售货物或者提供应税劳务向购买方收取的全部价款和价外费用，但不包括收取的销项税额。

价外费用是指价外向购买方收取的手续费、补贴、基金、集资费、返还利润、奖励费、违约金、滞纳金、延期付款利息、赔偿金、代收款项、包装费、包装物租金、储备费、优质费、运输装卸费以及其他各种性质的价外费用。

凡随同销售货物或提供应税劳务向购买方收取的价外费用，无论其会计上如何核算，均应计入销售额计算应纳税额。

(2)增值税税率。它有基本税率、低税率和零税率三种。

①基本税率。基本税率为17%，适用于一般货物和应税劳务。

②低税率。低税率有13%、11%和6%三种。13%税率适用于食用植物油、食用盐、自来水、暖气、冷气、热水、天然气、煤气、石油液化气、天然气、沼气、居民用煤炭制品、图书、报纸、杂志、饲料、化肥、农药、农机、农膜和农业产品等。农业产品是指种植业、养殖业、林业、牧业、水产业生产的各种植物和动物的初级产品。11%税率适用于交通运输服

务，邮政、基础电信、建筑、不动产租赁服务，销售不动产，转让土地使用权。6%税率适用于提供现代服务业服务(不动产租赁除外)、增值电信服务、生活服务、销售无形资产(转让土地使用权除外)。

③零税率。零税率适用于的税人出口货物和财政部、国家税务总局规定的应税服务。

(二)增值税的计算和核算

商品流通企业应在“应交税费”账户下设置“应交增值税”和“未交增值税”“待抵扣进项税额”等多个二级明细账户。

在“应交增值税”二级明细账户下再设置“销项税额”、“出口退税”、“进项税额转出”、“进项税额”、“销项税额抵减”、“已交税金”、“减免税款”、“出口抵减内销产品应纳税额”、“转出未交增值税”和“转出多交增值税”等三级明细账户。现将这些三级明细账户的核算内容说明如下：

“销项税额”明细账户：企业销售货物或提供应税劳务应收取销项税额时，记入贷方；退回销售货物，应冲销销项税额时，则用红字记入贷方。

“出口退税”明细账户：企业出口适用零税率的货物，凭出口报关单等有关凭证，向税务机关申报办理出口退税，在收到退回增值税额时记入贷方；出口货物办理退税后，若发生退货或者退关而补交已退增值税额时，则用红字记入贷方。

“进项税额转出”明细账户：企业购入的货物发生非正常损失，以及改变用途等原因时，其已入账的进项税额应转入本账户的贷方，而不能从销项税额中抵扣。

“进项税额”明细账户：企业购入货物或接受应税劳务，支付符合从销项税额中抵扣的进项税额时，记入借方；退出所购货物冲销进项税额时，则用红字记入借方。

“销项税额抵减”明细账户：企业按照现行增值税制度规定因扣减销售额而减少销项税额时，记入借方。

“已交税金”明细账户：企业缴纳当月发生的增值税额时，记入借方；收到退回当月多交增值税额时，则用红字记入借方。

“减免税款”明细账户：企业按规定获准减免增值税款时，记入借方。

“出口抵减内销产品应纳税额”明细账户：企业按规定计算的出口货物的进项税额抵减内销产品的应交税额时，记入借方。

“转出未交增值税”明细账户：企业在月末发生当月应交未交增值税额时，记入借方。

“转出多交增值税”明细账户：企业在月末发生当月多缴纳的增值税额尚未退回时，记入贷方。

在“未交增值税”二级明细账户下再设置“转入未交增值税”和“转入多交增值税”两个三级明细账户。现将这两个三级明细账户的核算内容说明如下：

“转入未交增值税”明细账户：企业在月末发生当月应交未交的增值税额转入时，记入贷方；在以后缴纳时，记入借方。

“转入多交增值税”明细账户：企业在月末发生当月多缴纳的增值税额尚未退回时，记入借方；在以后退回时，记入贷方。

商品流通企业进口商品发生的增值税额是价外税，在缴纳时列入“应交税费”账户，其计算公式如下：

应交增值税额＝组成计税价格×增值税税率

组成计税价格＝关税完税价格＋关税额＋消费税额

【例 16—4】 浦江烟酒进出口公司从英国进口卷烟一批，关税完税价格为 498 000 元，关税额为 124 500 元，消费税额为 415 000 元，增值税税率为 17%，计算其应交的增值税额如下：

卷烟组成计税价格＝498 000＋124 500＋415 000＝1 037 500(元)

卷烟应交增值税额＝1 037 500×17%＝176 375(元)

在缴纳增值税额时，作分录如下：

借：应交税费——应交增值税——进项税额　　176 375.00

　　贷：银行存款　　176 375.00

增值税额的纳税期限由主管税务机关根据纳税人应交税额的多少分别核定。企业应交增值税额的计算公式如下：

$$\text{应交增值税额}=\text{销项税额}+\text{出口退税}+\text{进项税额转出}+\text{转出多交增值税}-\text{进项税额}-\text{销项税额抵减}-\text{已交税金}-\text{减免税款}-\text{出口抵减内销产品应交税额}-\text{转出未交增值税}$$

【例 16—5】 上海食品进出口公司纳税期限为 1 个月，3 月 31 日应交增值税二级账户的三级明细分类账户的余额如下：

销项税额　255 000　　进项税额　249 900

出口退税　91 000　　转出未交增值税　64 120

(1)3 月 31 日，仓库被盗窃商品一批，金额 2 000 元，该批商品的增值税税率为 17%，予以转账。作分录如下：

借：待处理财产损溢　　2 340

　　贷：库存商品　　2 000

　　　　应交税费——应交增值税——进项税额转出　　340

(2)3 月 31 日，根据上列资料计算 3 月份应交增值税额如下：

应交增值税额＝255 000＋91 000＋340－249 900－64 120＝32 320(元)

根据计算的结果，作分录如下：

借:应交税费——应交增值税——转出未交增值税　　32 320

　　贷:应交税费——未交增值税——转入未交增值税　　32 320

如计算的结果为负数,则表示多交增值税额,应借记“应交税费——未交增值税——转入多交增值税”账户;贷记“应交税费——应交增值税——转出多交增值税”账户。

(3)4 月 8 日,填制增值税缴款书,缴纳 3 月份增值税额,作分录如下:

借:应交税费——未交增值税——转入未交增值税　　32 320

　　贷:银行存款　　32 320

增值税的纳税人分为一般纳税人和小规模纳税人两种,其核算方法是不同的。前述增值税的核算方法是一般纳税人采用的。

(三)小规模纳税人增值税的计算和核算

小规模纳税人是指年销售额在财政部门规定的标准以下的,并且会计核算不健全,不能按照规定报送有关税务资料的增值税纳税人。

小规模纳税人销售货物或者应税劳务所得的销售额,按 3%的征收率计算应交税额,不得抵扣进项税额。因此,小规模纳税人购进货物时,应将支付的货款和进项税额全部作为货物的进价,记入“在途物资”账户,将价税合计数作为库存商品或原材料等存货的采购成本。销售商品时,不得填制专用发票,只能采用普通发票,将取得的收入全部记入“主营业务收入”账户,这样“主营业务收入”账户反映的是含税收入,因而,月末要将其调整为真正的销售额,将增值税额从含税收入中分离出来,其调整的公式如下:

$$\text{销售额}=\frac{\text{含税收入}}{1+\text{征收率}}$$

然后根据调整的结果,再计算应交增值税额,其计算公式如下:

$$\text{应交增值税额}=\text{销售额}\times\text{征收率}$$

【例 16—6】 天骄服装商店为小规模纳税人,1 月 31 日“主营业务收入”账户余额为 113 300元,增值税征收率为 3%,将增值税额从含税收入中分离出来,计算的结果如下:

$$\text{销售额}=\frac{113\ 300}{1+3\%}=110\ 000(\text{元})$$

$$\text{应交增值税额}=110\ 000\times3\%=3\ 300(\text{元})$$

根据计算的结果,调整本月份的商品销售收入和应纳增值税额,作分录如下:

借:主营业务收入　　3 300

　　贷:应交税费——应交增值税　　3 300

“应交税费”是负债类账户,用以核算企业按照税法规定计算应交纳的各种税费。企业发生应交税费时,记入贷方;企业缴纳税费时,记入借方;若期末余额在贷方,表示企业尚未交纳的税费,若期末余额在借方,则表示企业多交或尚未抵扣的税费。

四、城市维护建设税

(一)城市维护建设税计算的依据

城市维护建设税税款专门用于城市的公用事业和公共设施的维护建设。它以纳税人实际缴纳的增值税额和消费税额为计税的依据,将其乘以规定的税率。城市维护建设税的税率分为以下3种:纳税人所在地为市区的,税率为7%;纳税人所在地为县城、镇的,税率为5%;纳税人所在地不在市区、县城或者镇的,税率为1%。

(二)城市维护建设税的计算和核算

商品流通企业负担的城市维护建设税,因经营业务而发生的,应列入"营业税金及附加"账户;因出售无形资产而发生的,应列入"营业外收入"账户;因出售不动产而发生的,则应列入"固定资产清理"账户。应交城市维护建设税的计算公式如下:

应交城市维护建设税额=(增值税+消费税)×适用税率

城市维护建设税一般在月末提取,次月初缴纳。

【例16-7】 星月服装公司1月份已交增值税额30 600元,出租无形资产已交营业税额1 500元,按7%的税率计算本月份应纳城市维护建设税如下:

应交城市维护建设税额=(30 600+1 500)×7%=2 247(元)

根据计算的结果,提取应交城市维护建设税额,作分录如下:

借:税金及附加　　2 247

　　贷:应交税费——应交城市维护建设税　　2 247

五、印花税

印花税根据各种合同、产权转移书据和股份转让书据的金额,按税法规定的税率交纳;营业账簿中记载资金的账簿,根据"实收资本"加"资本公积"两项的合计金额5‰的税率缴纳,其他账簿每件缴纳5元;权利、许可证照每件缴纳5元。

印花税由纳税人自行计算自行购买印花税票,自行贴花,并由纳税人在每枚税票的骑缝处盖戳注销。企业根据业务需要购买印花税票时,借记"税金及附加"账户;贷记"库存现金"或"银行存款"账户。

六、房产税、车船税和城镇土地使用税

房产税有从价计征和从租计征两种,企业自用的房产采用从价计征。根据房产的余值,按1.2%的税率缴纳,其计算公式如下:

应交房产税额=房产余值×1.2%

房产余值=房产原值×[1-(10%~30%)]

企业出租的房产，根据房产的租金收入，按12%的税率缴纳，其计算公式如下：

应交房产税额＝房产租金收入×12%

车船税以辆、净吨位和载重吨位从量计征。乘人汽(电)车、摩托车、非机动车以辆为计税标准，机动船舶和载重汽车以净吨位为计税标准，非机动船按载重吨位为计税标准。

城镇土地使用税根据实际使用土地的面积，按税法规定的单位税额交纳。其计算公式如下：

应交城镇土地使用税额＝应税土地的实际占用面积×适用单位税额

房产税、车船税和城镇土地使用税均采取按年征收，分期缴纳的方法。

【例16－8】 星月服装公司拥有自用房产原值510 000元，允许减除20%计税，房产税年税率为1.2%；小汽车1辆，每年税额300元；载重汽车1辆，计净吨位10吨，每吨年税额60元；占用土地面积为1 350平方米，每平方米年税额为6元；税务部门规定对房产税、车船税和城镇土地使用税在季末后10日内缴纳，1月31日计算本月份应交各项税额如下：

$$月应交房产税额=\frac{510\ 000\times(1-20\%)\times1.2\%}{12}=\frac{4\ 896}{12}=408(元)$$

$$月应交车船税额=\frac{300+10\times60}{12}=\frac{900}{12}=75(元)$$

$$月应交城镇土地使用税额=\frac{1\ 350\times6}{12}=\frac{8\ 100}{12}=675(元)$$

根据计算的结果，提取应交房产税、车船税和城镇土地使用税。作分录如下：

借：税金及附加	1 158	
贷：应交税费——应交房产税		408
——应交车船使用税		75
——应交城镇土地使用税		675

七、教育费附加

教育费附加是国家为了加快教育事业的发展，扩大中小学教育经费的来源，而向单位和个人征收的附加费用，用于改善中小学基础教育设施和办学条件。

教育费附加以各单位和个人实际缴纳的增值税和消费税的税额为计征依据，教育费附加率为3%，一般月末提取，次月初缴纳。其计算和核算口径与城市维护建设税相同。

【例16－9】 星月服装公司1月份已交增值税额为30 600元，出租无形资产业务已交营业税额为1 500元，按税额的3%计提教育费附加时，作分录如下：

借：税金及附加	963	
贷：应交税费——教育费附加		963

在下月初缴纳教育费附加时,借记“应交税费——教育费附加”账户;贷记“银行存款”账户。

“税金及附加”是损益类账户,用以核算企业经营活动发生的消费税、城市维护建设税、关税、教育费附加及房产税、城镇土地使用税、车船税和印花税等。企业提取税金及附加时,记入借方;企业月末将其余额结转“本年利润”账户时,记入贷方。

为了便于教学,将所得税安排第十七章第一节中阐述。

第三节 出口退税的核算

一、出口退(免)税的意义

出口退税是指对货物在出口前实际承担的税收负担,按照规定的退税率计算后予以退还。出口免税是指对货物在出口环节不征增值税和消费税。由于各国的税收政策千差万别,同一种产品在不同的国家税负是不相同的。对国际贸易来说,国际间的税收差异,必然会造成各国出口货物成本的含税量不同,从而在国际上无法公平竞争,因此,国际上通行的做法是企业出口货物以不含税价格参与国际市场竞争。

我国为鼓励企业开展出口业务,按税法规定实行出口货物税率为零的优惠政策。实行零税率,是指货物在出口时整体税负为零。出口货物适用零税率,不但出口环节不必纳税,而且还可以退还以前纳税环节已纳的税款,从而为我国经营外贸业务的商品流通企业参与国际竞争创造了有利的条件。

二、出口退(免)税适用的范围

根据税法规定,凡是经批准有出口经营权的企业出口自己生产或收购的货物,或代理出口的货物,除规定的免税货物,限制或禁止出口的货物外,都可以给予出口免税并退税。

(一)出口货物给予免税不予退税的货物

(1)属于生产企业的小规模纳税人自营出口、委托商品流通企业代理出口的自产货物。

(2)商品流通企业从小规模纳税人购进并持普通发票的货物出口,免税但不予退税。但对抽纱、工艺品、香料油、山货、草柳竹藤制品、渔网渔具、松香、五倍子、生漆、鬃尾、山羊板皮、纸制品等出口货物,考虑其占出口比重较大及其生产、采购的特殊因素,特准退税。

(3)商品流通企业直接购进国家规定的免税货物(包括免税农产品)出口的,免税但不退税。

(二)出口免税但不予退税的货物

(1)来料加工复出口的货物。即原材料进口免税,加工自制的货物出口不退税。

(2)药品和书。避孕药品和用具、古旧图书,内销免税,出口也免税。

(3)出口卷烟。有出口卷烟权的企业出口国家出口卷烟计划内的卷烟,在生产环节免征增值税、消费税,出口环节不办理退税。其他非计划内出口的卷烟,照章征收增值税和消费税,出口一律不退税。

(三)出口不免税也不退税的货物

这些货物包括:原油;援外出口货物;国家禁止出口的货物,包括天然牛黄、麝香、铜及铜基合金、白银、糖等。

三、出口退免税的税种和退税率

我国出口货物退、免税的税种包括增值税和消费税两种。

(一)增值税的退税率

我国从1994年税制改革以来,对出口货物增值税退税率作了多次较大的调整。目前的退税率为17%、15%、13%、11%和5%等。

此外,对从小规模纳税人购进货物出口特准退税的增值税退税率为6%。

(二)消费税的退税率

出口货物中,除了国家规定不予退、免税的以外,出口消费税应税货物的退、免税率或退、免单位税额应按照税法中规定的税率或单位税额执行。

四、企业办理出口退税必须提供的凭证

1.相关的进货纳税凭证

商品流通企业应提供购进出口货物的增值税专用发票(税项抵扣联)或普通发票。申请退消费税的企业,还应提供由工厂开具并经税务机关和银行(国库)签章的《税收(出口产品专用)缴款书》。

2.出口货物销售明细账

该账必须由主管出口退税的税务机关与销售发票认真核对后予以确认。商品流通企业出口货物的增值税专用发票、消费税专用发票和销售明细账,必须于企业申请退税时提供。

3.盖有海关验讫章的《出口货物报关单(出口退税联)》

该单据原则应由商品流通企业于申请退税时附送。但对少数出口业务量大、出口口岸分散或距离较远而难以及时收回报关单的企业,经主管出口退税税务机关审核,如果财务制度健全并且从未发生过骗税行为的,可以批准延缓在3个月期限内提供。逾期不能

提供的，应扣回已退免税款。

4.出口收汇核销单

商品流通企业申请出口退税必须附送已办完核销手续的出口收汇核销单。

五、出口退税的计算和核算

(一)出口商品应退增值税的计算

1.出口商品单独设立库存商品和销售收入明细账企业应退税额的计算

商品流通企业出品商品单独设立库存商品和销售收入明细账的，应根据购进出口商品增值税专用发票所列明的进货金额和税额计算。其计算公式如下：

应退税额＝出口商品进货金额×适用退税率

如对库存商品采用加权平均法计算的企业，则计算公式如下：

应退税额＝出口商品数量×加权平均进价×适用退税率

2.出口商品不单独设立库存商品和销售收入明细账企业应退税额的计算

商品流通企业出口兼营内销，并且出口商品不能单独设账核算的，可先对内销商品计算销项税额，并扣除其进项税额；再根据计算的结果，区别情况确定出口商品的应退税额。计算公式和区别方法如下：

(1)出口商品 FOB 价格×外汇人民币中间价×适用税率≥未抵扣完的进项税额

应退税额＝未抵扣完的进项税额

(2)出口商品 FOB 价格×外汇人民币中间价×适用税率＜未抵扣完的进项税额

应退税额＝出口商品 FOB 价格×外汇人民币中间价×适用税率

结转下期抵扣的进项税额＝当期未抵扣完的进项税额－应退税额

3.进料加工复出口商品退税额的计算

商品流通企业以进料加工方式减税进口原材料、零部件转售给其他企业加工时，税务机关对这部分销售料件的销售发票上所注明的应交税额不计征入库，而由税务机关在商品流通企业办理出口退税时，在退税额中予以抵扣。其出口退税额的公式如下：

出口退税额＝出口商品应退税额－销售进口料件应交税额

$$\text{销售进口料件应交税额}=\text{销售进口料件金额}\times\text{税率}-\text{海关已对进口料件实征增值税额}$$

(二)出口商品应退消费税的计算

1.采用从价定率办法计算消费税的应税消费品应退税额的计算

采用从价定率办法计算消费税的应税消费品，应以商品流通企业从工厂购进货物时征收消费税的价格为依据。其计算公式如下：

应退消费税额＝出口商品的工厂销售额×消费税税率

2.采用从量定额办法计算消费税的应税消费品应退税额的计算

采用从量定额办法计算消费税的应税消费品，应以货物购进和报关出口的数量为依据。其计算公式如下：

应退消费税额＝出口数量×消费税单位税额

（三）出口退税的核算

商品流通企业在商品报关离境，并在会计上作商品销售核算后，可以按规定向税务机关提出退税申请。

增值税是价外税，在申报退税后，根据应退的增值税额，借记“应收出口退税”账户；根据国家不予退税的金额，借记“自营出口销售成本”账户；根据出口商品购进时支付的增值税额，贷记“应交税费”账户。消费税是价内税，在销售时，已列入出口商品销售成本，在申报退税时，则借记“应收出口退税”账户；贷记“自营出口销售成本”账户，予以从出口商品销售成本中冲回。

俟收回税务机关退回税款时，再借记“银行存款”账户；贷记“应收出口退税”账户。

【例16－10】 西南烟酒进出口公司出口白酒一批。白酒购进时的进价为990 000元，增值税率为17%，已付增值税额168 300元。

(1)白酒的增值税退税率为15%，计算其应退增值税额如下：

白酒应退增值税额＝990 000×15%＝148 500(元)

根据计算的结果，作分录如下：

借：应收出口退税　　148 500

　　自营出口销售成本　　19 800

　　贷：应交税费——应交增值税——出口退税　　168 300

(2)白酒的消费税退税率为20%，计算其应退消费税额如下：

白酒应退消费税额＝990 000×20%＝198 000(元)

根据计算结果，作分录如下：

借：应收出口退税　　198 000

　　贷：自营出口销售成本　　198 000

(3)收到出口退税款346 500元时，作分录如下：

借：银行存款　　346 500

　　贷：应收出口退税　　346 500

“应收出口退税”是资产类账户，用以核算企业应收出口退税的数额。企业申报出口退税时，记入借方；企业收到出口退税款时，记入贷方，期末余额在借方，表示企业尚待收回出口退税的数额。

练习题

一、简答题

1. 什么是税金？简述税收的特征和作用。
2. 什么是收益税和其他税？它们各有哪些种类？
3. 分述进口关税和出口关税计算的依据。
4. 试述增值税进项税额的确认与计算的依据。
5. 试述增值税销项税额的计算依据。
6. 什么是出口退税？它有哪些作用？

二、名词解释

流转税　　关税　　消费税　　增值税　　出口免税

三、是非题

1. 流转税主要有关税、消费税和增值税。（　　）
2. 消费税的计税办法有从价定率和从量定额两种，以从价定率为主。（　　）
3. 进口商品以关税完税价格，加上消费税作为计算其增值税的组成计税价格。（　　）
4. 企业购入的货物发生非常损失，以及改变用途等原因时，其已入账的进项税额不能从销项税额中扣除。（　　）
5. 我国出口货物退、免税的税种包括关税、增值税和消费税。（　　）

四、单项选择题

1. 出口商品以海关审定的成交价格为基础售予境外的________，扣除出口关税后作为完税价格。

A.FOB 价格　　B.CIF 价格　　C.CFR 价格

2. ________属于价外税。

A.关税　　B.消费税　　C.增值税　　D.城市维护建设税

3. ________以完税价格作为计算应交税额的依据。

A.关税　　B.消费税　　C.增值税　　D.城市维护建设税

五、多项选择题

1. 税收的特征具有________。

A.强制性　　B.无偿性　　C.固定性　　D.合法性

2. 进口商品的完税价格包括货价，以及货物运抵中国关境内输入地起卸前的________。

A.包装费　　B.运输费　　C.保险费　　D.其他劳务费用

3. 列入商品采购成本的有________。

A.进口关税　　B.出口关税　　C.消费税　　D.增值税

4. 企业办理出口退税提供的凭证有盖有海关验讫章的《出口货物报关单(出口退税联)》、________。

A.相关的进货纳税凭证　　B.出口货物发票

C.出口货物销售明细账　　D.出口收汇核销单

六、实务题

习题(一)

目的:练习关税、消费税和增值税的核算。

(1)资料:中原五金进出口公司6月份发生下列有关的经济业务:

①3日,从瑞士进口钢材一批,CIF价格为90 000美元,进口关税税率为10%。收到海关填发的税款缴纳凭证。当日中间汇率为6.75元。

②10日,以银行存款缴纳3日进口钢材的关税额。

③20日,出口铅矿砂一批,FOB价格为80 000美元,出口关税税率为30%。收到海关填发的税款缴纳凭证。当日中间汇率为6.75元。

④25日,代理江海公司出口硅铁一批,FOB价格为78 000美元,出口关税税率为25%。收到海关填发的税款缴纳凭证。当日中间汇率为6.75元。

⑤28日,以银行存款缴纳20日出口铅矿砂和25日出口硅铁的关税额。

(2)华夏烟酒进出口公司3月上旬发生下列有关的经济业务:

①1日,从美国进口卷烟一批,CIF价格为90 000美元,进口关税税率为25%。收到海关填发的税款缴纳凭证。当日中间汇率为6.75元。

②2日,从德国进口啤酒400吨,CIF价格80 000欧元,进口关税税率为5%。收到海关填发的税款缴纳凭证,当日中间汇率为7.40元。

③3日,从美国进口卷烟的消费税税率为40%。收到海关填发的税款缴纳凭证。当日中间汇率为6.35元。

④4日,从德国进口啤酒每吨应纳消费税额220元。收到海关填发的税款缴纳凭证。

⑤8日,以银行存款支付本月份进口卷烟和啤酒的关税。

⑥9日,以银行存款支付本月份进口卷烟和啤酒的消费税。

⑦10日,从美国进口卷烟和从德国进口啤酒的增值税税率均为17%。分别收到税务机关填发的税款缴纳凭证。当日美元和欧元的中间汇率分别为6.75元和7.40元。以银行存款支付本月份进口卷烟和啤酒的增值税。

要求:编制会计分录。

习题(二)

目的:练习增值税和城市维护建设税的核算。

资料:华夏烟酒进出口公司有关资料如下:

(1)2月28日,应交增值税明细账户的三级明细分类账户的余额如下:

销项税额	173 400元	进项税额	138 550元
出口退税	73 100元	转出未交增值税	51 850元

(2)本月份进口商品共发生应交消费税125 000元。

(3)接着又发生下列经济业务:

①3月31日,因遭受火灾,商品仓库转来存货毁损报废报告单,计毁损商品20 000元,该批商品的增值税税率为17%,予以转账。

②3月31日，将本月份应交未交的增值税额转账。

③3月31日，根据本月份应缴纳的增值税额和消费税额，按7%税率计提城市维护建设税。

④3月31日，将城市维护建设税结转“本年利润”账户。

⑤4月10日，分别填制消费税、增值税和城市维护建设税交款书，缴纳上月份消费税、增值税额和城市维护建设税额。

要求：编制会计分录。

习题（三）

目的：练习印花税、房产税、车船税、城镇土地使用税和教育费附加的核算。

资料：华夏烟酒进出口公司发生下列有关的经济业务：

(1)3月1日，年初总分类账簿中实收资本账户余额为1 750 000元，资本公积账户余额为150 000元。按5‰税率缴纳印花税，日记账簿和明细分类账簿共8本，每本缴纳5元印花税，当即签发转账支票付讫。

(2)3月31日，本企业拥有自用房产560 000元，允许减除20%计税，房产税年税率为1.2%，计提本月份房产税额。

(3)3月31日，本企业拥有小汽车1辆，年税额360元，载重汽车2辆，计净吨位10吨，每吨年税额60元，占用土地面积为1 500平方米，每平方米年税额为6元，分别计提本月份车船税额和城镇土地使用税额。

(4)3月31日，根据本章习题(二)资料中该公司发生的应交增值税额和消费税额，按教育费附加率的3%，计提本月份教育费附加。

(5)3月31日，将税金及附加结转“本年利润”账户。

(6)4月5日，缴纳第一季度房产税额、车船税额和城镇土地使用税额，查1、2月份应交的房产税额、车船使用税额和城镇土地使用税额与3月份相同。

(7)4月10日，签发转账支票支付上月份教育费附加。

要求：编制会计分录。

习题（四）

目的：练习出口退税的核算。

资料：华夏烟酒进出口公司发生下列有关的经济业务：

(1)1月31日，本月份出口白酒一批，购进时的进价为890 000元，增值税率为17%，已交增值税额为151 300元，增值税退税率为15%，向税务机关申报出口退税。

(2)1月31日，上项出口白酒消费税退税率为20%，向税务机关申报出口退税。

(3)1月31日，本月份出口黄酒一批，购进时的进价为780 000元，增值税退税率为15%，向税务机关申报出口退税。

(4)1月31日，上项出口黄酒为350吨，每吨应退税额240元，向税务机关申报出口退税。

(5)2月10日，收到税务机关退回白酒和黄酒的增值税额。

(6)2月12日，收到税务机关退回白酒和黄酒的消费税额。

要求：编制会计分录。

第十七章

利润和利润分配

第一节 利 润

一、利润的意义

利润是指企业在一定会计期间内所取得的全部收入,抵补全部费用后的净额。如果企业一定会计期间内所取得的全部收入抵补不了全部费用,其差额则为亏损。

利润是综合反映企业会计期间经营成果的重要指标。商品流通企业商品销售的多少、商品成本的升降、期间费用的省费、经济效益的高低、经营管理水平的好差等,都会通过利润指标综合地反映出来。因此商品流通企业必须准确地核算利润,以便通过利润指标的分析,不断地改善经营管理,提高经济效益。

二、利润总额的构成

企业的利润总额由营业利润和营业外收支净额两个部分组成。

(一)营业利润

营业利润是指企业从各种经营活动中所取得的利润。它由营业收入、营业成本、营业税金及附加、期间费用、资产减值损失、公允价值变动收益和投资收益七个部分组成。

(1)营业收入。它是指企业经营主要业务和其他业务所确认的收入总额。

(2)营业成本。它是指企业经营主要业务和其他业务发生的实际成本总额。

(3)税金及附加。它是指企业经营业务应负担的消费税、关税、城市维护建设税等税费和教育费附加。

(4)期间费用。它是指企业在经营活动中发生的应当由本期负担的销售费用、管理费用和财务费用。

(5)资产减值损失。它是指企业各项资产发生的减值损失。

(6)公允价值变动收益。它是指企业按照规定应当计入当期损益的交易性金融资产以及其他相关资产公允价值变动净收益。

(7)投资收益。它是指以各种方式对外投资取得的净收益。

(二)营业外收支净额

营业外收支净额是指企业发生的与生产经营无直接关系的其他各项收入与支出的差额,由营业外收入与营业外支出两个部分组成。

1. 营业外收入

营业外收入是指企业发生的与企业生产经营无直接关系的各项收入。它主要包括下列内容:

(1)非流动资产处置利得。它是指处置固定资产、无形资产所取得的收入大于处置固定资产、无形资产的账面价值和处置费用的差额。

(2)债务重组利得。它是指企业在进行债务重组时按规定应确认的利得。

(3)政府补助。它是指企业按规定实际取得的各级政府的补助。它包括退还的增值税,或根据销售量或工作量等和国家规定的补助定额计算并按期给予的定额补贴。

(4)盘盈利得。它是指企业盘盈的固定资产和流动资产经批准作为企业的利得。

(5)捐赠利得。它是指企业接受社会各方捐赠而产生的利得。

(6)罚款净收入。它是指企业因供货单位不履行合同或协议而向其收取的赔款,因购货单位不履行合同、协议支付货款而向其收取的赔偿金、违约金等各种形式的罚款收入,在扣除了因对方违反合同或协议而造成的经济损失后的净收入。

2. 营业外支出

营业外支出是指企业发生的与企业生产经营无直接关系的各项支出。它主要包括下列内容:

(1)非流动资产处置损失。它是指企业处置固定资产、无形资产所取得的收入小于处置固定资产、无形资产的账面价值和处置费用之间的差额。

(2)债务重组损失。它是指企业因债务人发生债务困难,在进行债务重组时,因向债务人作出让步而发生的损失。

(3)公益性捐赠支出。它是指企业对外进行公益性捐赠的现金及财产物资的价值。

(4)非常损失。它是指自然灾害造成的各项资产净损失，并包括由此造成的停工损失和善后清理费用。

(5)盘亏损失。它是指盘亏的固定资产和流动资产经批准作为企业的损失。

(6)罚款支出。它是指企业因未履行经济合同、协议而向其他单位支付的赔偿金、违约金、罚息等。

三、利润核算前的准备工作

企业的利润总额是企业生产经营活动的总成果，为了正确地核算企业的利润总额，企业必须做好账目核对、清查财产和账项调整等准备工作。

(一)账目核对

账目核对是指企业将各种有关的账簿记录进行核对，通过核对做到账账相符。如果发现不符，应立即查明原因，予以更正。

账目核对的具体内容有：总分类账中各资产类及成本、费用类账户的余额之和应与各负债类、所有者权益类及收入类账户的余额之和核对相符；各总分类账户的期末余额应与其所统驭的明细分类账户的余额之和核对相符；银行存款日记账应与银行对账单核对相符；应收账款、应付账款、其他应收款和其他应付款各账户的余额应与其往来单位账核对相符。

(二)清查财产

清查财产是指根据账簿记录对企业的现金和各项财产物资及有价证券进行清查盘点，通过清查盘点做到账实相符。

清查财产的具体内容包括库存现金、原材料、包装物、低值易耗品、库存商品、固定资产及股票、债券等。如果发现短缺或溢余，应及时查明原因，并进行账务处理，以保护企业财产的安全与完整，并保证核算资料的准确性和真实性。

(三)账项调整

账项调整是将属于本期已经发生而尚未入账的经济业务，包括本期应得的收入和应负担的支出，按照权责发生制的要求调整入账。

账项调整是在账账相符、账实相符的基础上进行的，商品流通企业账项调整的具体内容如下：

(1)本期已实现而尚未入账的主营业务收入及其相应的主营业务成本。

(2)本期已实现而尚未入账的其他业务收入及其相应的其他业务成本。

(3)本期已领用的原材料、包装物、低值易耗品的转账和待摊费用的摊销。

(4)本期固定资产折旧的计提和无形资产、长期待摊费用的摊销。

(5)本期职工福利费、工会经费、职工教育经费、职工社会保险费和住房公积金的计提。

(6)本期已实现的公允价值变动损益、投资收益、利息收入、汇兑损益和已发生的短期负债、非流动负债的利息支出。

(7)本期应负担而尚未支付的各种税金和教育费附加。

(8)本期已批准核销转账的待处理财产损溢。

(9)本期发生减值的资产减值准备的计提。

(10)外币账户期末余额按市场汇率的折算调整。

四、利润总额的核算

期末企业通过账目核对、清查财产和账项调整等一系列利润核算前的准备工作后,在试算平衡的基础上,将企业损益类账户所归集的数额全部转入"本年利润"账户,其借贷方余额相抵后的差额,即为企业实现的利润总额。

【例 17—1】 1 月 31 日,东方服装公司账项调整后,损益类账户的余额如下:

贷方余额账户	金 额	借方余额账户	金 额
主营业务收入	680 000	主营业务成本	578 000
其他业务收入	30 000	其他业务成本	18 000
公允价值变动损益	1 200	税金及附加	3 250
投资收益	2 800	销售费用	34 500
营业外收入	2 000	管理费用	19 800
		财务费用	3 960
		资产减值损失	1 990
		营业外支出	2 500

(1)将损益类贷方余额账户结转"本年利润"账户,作分录如下:

	借方	贷方
借:主营业务收入	680 000.00	
其他业务收入	30 000.00	
公允价值变动损益	1 200.00	
投资收益	2 800.00	
营业外收入	2 000.00	
贷:本年利润		716 000.00

(2)将损益类借方余额账户结转"本年利润"账户,作分录如下:

	借方	贷方
借:本年利润	662 000.00	
贷:主营业务成本		578 000.00

其他业务成本	18 000.00
税金及附加	3 250.00
销售费用	34 500.00
管理费用	19 800.00
财务费用	3 960.00
资产减值损失	1 990.00
营业外支出	2 500.00

通过结账分录，将损益类账户的余额全部转入“本年利润”账户，从而在“本年利润”账户内集中予以反映。现将上列两笔业务登记“本年利润”账户如表17—1所示。

表 17—1 **本年利润**

2016年		凭证号数	摘　要	借　方	贷　方	借或贷	余　额
月	日						
1	31		主营业务收入转入		680 000		
			其他业务收入转入		30 000		
			公允价值变动损益转入		1 800		
			投资收益转入		2 800		
			营业外收入转入		2 000		
			主营业务成本转入	578 000			
		（略）	其他业务成本转入	18 000			
			税金及附加转入	3 250			
			销售费用转入	34 500			
			管理费用转入	19 800			
			财务费用转入	3 960			
			资产减值损失转入	1 990			
			营业外支出转入	2 500		贷	54 000
1	31		本期发生额及余额	662 000	716 000	贷	54 000

上列“本年利润”账户的贷方余额为54 000元，系东方服装公司1月份实现的利润总额。

五、所得税的核算

(一)利润总额与应纳税所得额之间的差异

所得税是指企业就其全年的生产经营所得和其他所得征收的税款,它是以企业全年的所得额作为纳税依据,然而,在经济领域中,会计和税收是两个不同的分支,分别遵循不同的原则,规范不同的对象。因此,在企业会计准则和税收法规中,均体现了会计和税收各自相对的独立性和适当分离的原则。

从会计核算的角度来看,应以会计年度的利润总额作为企业全年的所得额。这样往往会与税法规定的一个时期的应纳税所得额有所不同,它们之间由于确认的范围和时间不同而产生差异,从而导致会计和税收上对应纳税所得额的计算也出现差异。

(二)利润总额与应纳税所得额之间差异的种类

利润总额与应纳税所得额之间产生的差异,就其原因和性质的不同,可分为永久性差异和暂时性差异两种。

1. 永久性差异

永久性差异是指根据会计核算要求和税法对收入、费用等会计项目的确认范围不同产生的差异。这种差异可能会在各个会计期间发生,并且一旦发生,在以后的会计期间不会再转回。永久性差异的主要内容如下:

(1)利息支出。企业会计准则规定,所有借款的利息(固定资产在建工程用借款除外),均按实际发生数通过财务费用计入利润总额,但税法规定,企业从非金融机构借款的利息支出,高于金融机构同类、同期贷款利率的部分,不得计入应纳税所得额。

(2)违法经营的罚款和被没收财物的损失。企业会计准则规定,企业将违法经营的罚款和被没收财物的损失,通过营业外支出而计入利润总额,但税法规定这部分支出不得计入应纳税所得额。

(3)支付各项税收的滞纳金。企业会计准则规定,企业将违反税法规定支付各项税收的滞纳金,通过营业外支出而计入利润总额,但税法规定,这部分支出不得计入应纳税所得额。

(4)公益性捐赠支出。企业会计准则规定,公益性捐赠均可通过营业外支出而计入利润总额,但税法规定企业用于公益的捐赠,在年度内超过利润总额12%的部分,以及用于非公益的捐赠和不通过规定的组织直接赠给受赠人的捐赠,均不得计入应纳税所得额。

(5)赞助支出。企业会计准则规定,各种赞助支出均可通过营业外支出而计入利润总额,但税法规定,只有广告性的赞助支出可以计入应纳税所得额,而非广告性的赞助支出不得计入应纳税所得额。

(6)业务招待费。企业会计准则规定,业务招待费按实际发生的数额通过管理费用计入利润总额,但在税法上规定企业发生的与生产经营活动有关的业务招待费支出中的

40％不得计入应纳税所得额。

（7）对外投资分回利润。企业会计准则规定，企业从其他单位分回已经缴纳所得税额的利润，通过投资收益计入利润总额，但税法规定，企业从其他单位分回的已缴纳所得税的利润，可从应纳税所得额中扣除，以避免重复纳税。

（8）国债利息收入。企业会计准则规定，国债利息收入，通过投资收益计入利润总额，但税法规定企业的国债利息收入可以免交所得税额，其数额应从应纳税所得额中扣除。

2. 暂时性差异

暂时性差异是指资产或负债的账面价值与其计税基础之间的差额。

资产的计税基础是指企业收回资产账面价值过程中，计算应纳税所得额时按照税法规定可以自应税经济利益中抵扣的金额。通常情况下，资产取得时其入账价值与计税基础是相同的，后续计量过程中因企业会计准则规定与税法规定不同，可能产生资产的账面价值与其计税基础的差异。例如，资产发生减值，提取减值准备。根据企业会计准则规定，资产的可变现净值或可收回金额低于其账面价值时，应当计提减值准备；而税法规定，企业提取的减值准备一般不能税前抵扣，只有在资产发生实质性损失时，才允许税前扣除，由此产生了资产的账面价值与计税基础之间的暂时性差异。又如，企业会计准则规定，企业自行开发的无形资产在满足资本化条件时应当资本化，将其开发阶段的支出确认为无形资产成本；而税法规定，企业无形资产开发阶段的支出可于发生当期扣除，由此产生了自行开发的无形资产在持有期间的暂时性差异。

负债的计税基础是指负债的账面价值减去未来期间计算应纳税所得额时按照税法规定可予抵扣的金额。通常，负债的确认和偿还不会对当期损益和应纳税所得额产生影响，其计税基础即为账面价值。但在某些情况下，负债的确认可能会影响损益，进而影响不同期间的应纳所得税额，使得其计税基础与账面价值之间产生差额。例如，企业因或有事项确认的预计负债，企业会计准则规定，按照最佳估计数确认，计入当期损益；而税法规定，与确认预计负债相关的费用在实际发生时准予税前扣除，该负债的计税基础为零，因此形成了负债的账面价值与计税基础之间的暂时性差异。

按照暂时性差异对未来期间应税金额的影响不同，可分为应纳税暂时性差异和可抵扣暂时性差异两种。

应纳税暂时性差异是指在确定未来收回资产或清偿负债期间的应纳税所得额时，将导致产生应税金额的暂时性差异。资产的账面价值大于其计税基础或者负债的账面价值小于其计税基础时，产生应纳税暂时性差异。

可抵扣暂时性差异是指在确定未来收回资产或清偿负债期间的应纳税所得额时，将导致产生可抵扣金额的暂时性差异。资产的账面价值小于其计税基础或者负债的账面价值大于其计税基础时，产生可抵扣暂时性差异。

企业应当将当期和以前期间应交未交的所得税确认为负债，将已支付的所得税超过应支付的部分确认为资产。

对于存在应纳税暂时性差异的所得额，应当按照规定确认递延所得税负债，对于存在可抵扣暂时性差异的所得额，应当按照规定确认递延所得税资产。

(三)所得税费用的计算和核算

企业的所得税额是以全年的应纳税所得额为依据的，其计算公式如下：

所得税额＝应纳税所得额×适用税率

由于利润总额与应纳税所得额之间存在着永久性差异和暂时性差异。因此，在计算所得税额时，需要将利润总额调整为应纳税所得额，其调整的公式如下：

应纳税所得额＝利润总额±永久性差异±暂时性差异

而所得税费用是由本期所得税额和递延所得税费用两个部分组成的，递延所得税费用又分为递延所得税负债和递延所得税资产，其计算公式分解如下：

本期所得税额＝应纳税所得额×适用税率

递延所得税费用＝递延所得税负债－递延所得税资产

递延所得税负债＝应纳税暂时性差异×适用税率

递延所得税资产＝可抵扣暂时性差异×适用税率

所得税费用＝本期所得税额＋递延所得税负债－递延所得税资产

初始会计年度可以按照上列公式确认所得税费用。

【例 17－2】 华欣服装公司第一年利润总额为 700 000 元，所得税税率为 25%，该公司发生业务招待费22 000元，从被投资单位分得股利 15 000 元，影响计税基础的有关账户余额为：坏账准备 4 010 元，存货跌价准备 3 550 元，预计负债90 000元，无形资产 136 000 元，为刚确认的自行开发的专利权，尚未摊销，计算其所得税费用如下：

本期所得税额＝(700 000＋22 000×40%－15 000＋4 010＋3 550＋90 000
－136 000)×25%
＝163 840(元)

递延所得税负债＝136 000×25%＝34 000(元)

递延所得税资产＝(4 010＋3 550＋90 000)×25%＝24 390(元)

所得税费用＝163 840＋34 000－24 390＝173 450(元)

(1)根据计算的结果，将本年度所得税费用入账，作分录如下：

借：所得税费用	173 450	
递延所得税资产	24 390	
贷：应交税费——应交所得税		163 840
递延所得税负债		34 000

(2)将所得税费用结转“本年利润”账户，作分录如下：

借：本年利润　163 840.00

　　贷：所得税费用　163 840.00

后续年度确认递延所得税费用时，还应考虑“递延所得税资产”账户和“递延所得税负债”账户原有的余额。

【例17—3】 华欣服装公司第二年利润总额为750 000元，所得税税率为25%，该公司发生业务招待费24 000元，从被投资单位分得股利16 660元。“递延所得税资产”账户余额24 390元，“递延所得税负债”账户余额34 000元，影响计税基础的有关账户余额为：坏账准备3 880元，存货跌价准备4 360元。“无形资产”账户中有自行开发的无形资产136 000元，已摊销13 600元。计算其所得税费用如下：

本期所得税额＝[750 000＋24 000×40%－16 660＋3 880＋4 360－(136 000－13 600)]×25%

＝157 195(元)

递延所得税负债＝(136 000－13 600)×25%＝30 600(元)

递延所得税资产＝(3 880＋4 360)×25%＝2 060(元)

上列计算的递延所得税负债和递延所得税资产的金额是这两个账户应保留的金额，在核算时应减去这两个账户原来的余额。

(1)根据计算的结果，将本年度所得税费用入账，作分录如下：

借：所得税费用(157 195－3 400＋22 330)　176 125.00

　　递延所得税负债(30 600－34 000)　3 400.00

　　贷：应交税费——应交所得税　157 195.00

　　　　递延所得税资产(24 390－2 060)　22 330.00

(2)将所得税费用结转“本年利润”账户，作分录如下：

借：本年利润　176 125.00

　　贷：所得税费用　176 125.00

“所得税费用”是损益类账户，用以核算企业确认的应当从当期利润总额中扣除的所得税费用。企业确认所得税费用时，记入借方；企业月末将其余额结转“本年利润”账户时，记入贷方。

“递延所得税资产”是资产类账户，用以核算企业确认的可抵扣暂时性差异产生的所得税资产。企业确认递延所得税资产时，记入借方；企业转销递延所得税资产时，记入贷方；期末余额在借方，表示企业已确认的递延所得税资产。

“递延所得税负债”是负债类账户，用以核算企业确认的应纳税暂时性差异产生的所得税负债，企业确认递延所得税负债时，记入贷方；企业转销递延所得税负债时，记入借方；期末余额在贷方，表示企业已确认的递延所得税负债。

（四）所得税额提取和缴纳的核算

所得税额虽然是以企业全年的所得额为纳税依据，然而为了保证国家财政收入的及时和均衡，并使企业能够有计划合理地安排经营资金，一般采取按月或按季预征，年终汇算清缴，多退少补的办法。企业应交纳的所得税额，一般应根据当地税务部门的规定，在月末或季末预提，次月初或次季初缴纳，其计算公式如下：

本期累计应交所得税额＝本期累计应纳税所得额×适用税率

本期应交所得税额＝本期累计应交所得税额－上期累计已交所得税额

为了简化核算手续，企业平时可按利润总额作为计算应交所得税额的依据，在年终清算时，再将利润总额与应纳税所得额之间的永久性差异和暂时性差异进行调整。

【例 17－4】 静安商厦 11 月 30 日止已确认并缴纳了所得税额 111 500 元，11 月 30 日结算后利润总额为 500 000 元，所得税税率为 25％，计算本月份应交所得税额如下：

本期累计应交所得税额＝500 000×25％＝125 000（元）

本期应交所得税额＝125 000－111 500＝13 500（元）

（1）根据计算的结果，作分录如下：

借：所得税费用　　13 500.00

　　贷：应交税费——应交所得税　　13 500.00

（2）将所得税费用结转“本年利润”账户，作分录如下：

借：本年利润　　13 500.00

　　贷：所得税费用　　13 500.00

（3）次月初以银行存款缴纳所得税额时，作分录如下：

借：应交税费——应交所得税　　13 500.00

　　贷：银行存款　　13 500.00

税法规定 12 月份或第 4 季度的所得税应在年终前几天预交。预交的所得税额是根据当月或当季的收入情况测算的。预交时借记“应交税费”账户；贷记“银行存款”账户。预交的所得税额和年终决算的应交所得税额之间的差额通过汇算清交来解决。

【例 17－5】 续前例，静安商厦预计 12 月份实现利润总额为 56 000 元。

（1）12 月 26 日，预交本月份所得税额，作分录如下：

借：应交税费——应交所得税　　14 000.00

　　贷：银行存款　　14 000.00

（2）12 月 31 日，年终决算时，利润总额为 580 000 元，发生业务招待费 18 000 元，取得国债利息收入12 000元。“递延所得税负债”账户余额为 10 500 元。“递延所得税资产”账户余额为2 300元，影响计税基础的有关账户余额为：坏账准备 2 780 元，存货跌价准备3 920元，固定资产减值准备5 000元，“无形资产”账户中有自行开发的专利权120 000元，已摊销了90 000元，确认本年度所得税费用，并清算本年度应交所得税额如下：

本年所得税额＝[580 000＋18 000×40%－12 000＋2 780＋3 920＋5 000
－(120 000－90 000)]×25%
＝139 225(元)

本月所得税额＝139 225－125 000＝14 225(元)

递延所得税负债＝(120 000－90 000)×25%＝7 500(元)

递延所得税资产＝(2 780＋3 920＋5 000)×25%＝2 925(元)

根据计算的结果，作分录如下：

借：所得税费用(14 225－3 000－625) 10 600.00
递延所得税负债(10 500－7 500) 3 000.00
递延所得税资产(2 925－2 300) 625.00
贷：应交税费——应交所得税 14 225.00

(3)同时，将所得税费用结转“本年利润”账户，作分录如下：

借：本年利润 10 600.00
贷：所得税费用 10 600.00

(4)次月1月8日，清交所得税额，计算结果如下：

应清交所得税额＝14 225－14 000＝225(元)

根据计算的结果，清交所得税额时，作分录如下：

借：应交税费——应交所得税 225.00
贷：银行存款 225.00

“本年利润”是所有者权益类账户，用以核算企业在本年度内实现的净利润。在月末，企业将各收入类账户转入时，记入贷方；企业将各费用类账户转入时，记入借方。期末余额一般在贷方，表示企业实现的净利润；若期末余额在借方，则表示企业本年发生的净亏损。

第二节 利润分配

一、利润分配的意义和顺序

(一)利润分配的意义

利润分配是指企业按照国家规定的政策和企业章程的规定，对已实现的净利润在企业和投资者之间进行分配。首先,企业通过提取法定盈余公积和任意盈余公积,作为企业发展生产经营规模的后备资金。其次,通过将一部分利润分配给投资者,作为企业对投资者的回报。最后,企业为了平衡各会计年度的投资回报水平,以丰补歉,留有余地,还留存一部分未分配利润。因此企业要认真做好利润分配工作,处理好企业和投资者之间的经济关系。

(二)利润分配的顺序

利润分配的顺序基本上也是按照企业和投资者的顺序进行的,有限责任公司与股份有限公司有所不同,具体分配顺序分别列示如下:

有限责任公司	股份有限公司的企业
(1)以税前利润弥补亏损	(1)以税前利润弥补亏损
(2)以税后利润弥补亏损	(2)以税后利润弥补亏损
(3)提取法定盈余公积	(3)提取法定盈余公积
(4)提取任意盈余公积	(4)分派优先股股东股利
(5)向投资者分配利润	(5)提取任意盈余公积
	(6)分派普通股股东股利

二、利润分配的核算

企业对实现的利润进行分配,就意味着利润的减少。为了全面地反映整个会计年度利润的完成情况,以便与利润预算的执行情况进行对比分析,因此在利润分配时,不直接冲减"本年利润"账户,而是设置"利润分配"账户进行核算。以下将按照利润分配的顺序阐述其核算方法。

(一)弥补亏损的核算

根据我国财务制度规定,企业发生年度利润亏损后,可以用下一年度的税前利润弥补,若下一年度利润不足弥补的,可以在 5 年内延续弥补。若 5 年内还没有以税前利润将亏损弥补足额,从第 6 年开始,则只能以税后利润弥补亏损。

由于以前年度的亏损反映为"利润分配"账户的借方余额,而本年度内实现的利润反映为"本年利润"账户的贷方余额,年终清算后,"本年利润"账户的余额转入"利润分配"账户贷方时,即对以前年度的亏损作了弥补。因此,无论以税前利润弥补亏损,还是以税后利润弥补亏损,均不必另行编制会计分录。

(二)提取法定盈余公积和任意盈余公积的核算

企业的利润总额缴纳所得税后,剩余的部分称为税后利润,又称净利润,它应按规定的比例提取法定盈余公积和任意盈余公积。法定盈余公积按净利润10%的比例提取，任意盈余公积的提取比例由公司自行确定。

【例17—6】 华欣服装公司全年实现净利润531 300元，分别按净利润的10%和6%提取法定盈余公积和任意盈余公积，作分录如下：

借：利润分配——提取法定盈余公积 53 130.00
　　　　　　——提取任意盈余公积 31 878.00
　贷：盈余公积——法定盈余公积 53 130.00
　　　　　　　——任意盈余公积 31 878.00

(三)向投资者分配利润的核算

1. 有限责任公司向投资者分配利润的核算

有限责任公司的净利润在提取法定盈余公积和任意盈余公积后，剩余的部分可以作为投资者的收益，按投资的比例向投资者进行分配。在分配时，一般根据谨慎的要求而留有余地，以防将来可能遭受到意外损失。企业在确定分配给投资者利润时，借记"利润分配"账户；贷记"应付股利"账户。

【例17—7】 续前例。华欣服装公司决定按净利润的70%分配给投资者，该企业黄浦公司投资60%，长宁公司投资40%，作分录如下：

借：利润分配——应付股利 371 910.00
　贷：应付股利——黄浦公司 223 146.00
　　　　　　　——长宁公司 148 764.00

当以现金向投资者分配利润时，借记"应付股利"账户；贷记"银行存款"账户。

"利润分配"是所有者权益类账户，也是"本年利润"的抵减账户，用以核算企业利润的分配(或亏损的弥补)和历年分配(或弥补)后的余额。分配利润或年终亏损转入时，记入借方；将盈余公积弥补亏损，以及年终将"本年利润"账户余额转入时，记入贷方；平时期末余额一般在借方，表示年内利润分配累计数。年终"本年利润"账户余额转入后，若期末余额在贷方，表示未分配利润；若期末余额在借方，则表示未弥补亏损。

"应付股利"是负债类账户，用以核算企业应向投资者分配的现金股利或利润。企业计算出应向投资者分配的现金股利或利润时，记入贷方；企业向投资者分配现金股利或利润时，记入借方；期末余额在贷方，表示企业尚未向投资者支付的现金股利或利润。

企业年终清算，向投资者分配利润或股利时，也可以根据具体需要，将历年结余的未分配利润，并入本年度进行分配。

2. 股份有限公司向股东分派股利的核算

股份有限公司是以向股东分派股利的形式分配净利润的。股份有限公司的净利润在提取法定盈余公积后，首先是发放优先股股利，其次是提取任意盈余公积，最后才是发放普通股股利。

(1)发放优先股股利的核算。优先股股利是指股份有限公司从其净利润中分配给优先股股东的作为其对公司投资的报酬。股份有限公司一般以现金发放优先股股利。优先股的股利率通常是事先约定的,在宣告发放优先股股利日,按优先股的股数乘以优先股股利率,计算出优先股股利,据以借记"利润分配"账户;贷记"应付股利"账户。

俟发放优先股股利时,再借记"应付股利"账户;贷记"银行存款"账户。

(2)提取任意盈余公积的核算。股份有限公司在发放了优先股股利后,其净利润可以按公司章程或股东会规定的比例提取任意盈余公积。提取时,借记"利润分配"账户;贷记"盈余公积"账户。

(3)发放普通股股利的核算。普通股股利是指股份有限公司从其净利润中分配给普通股股东的作为其对公司投资的报酬。

股份有限公司发放普通股股利,可以根据具体情况,采取现金股利或股票股利的方式进行。

①发放现金股利的核算。现金股利是指以现金方式发放给股东的股利,这是一种常见的方式。

股份有限公司在宣告发放普通股现金股利日,已形成了负债,届时借记"利润分配"账户,贷记"应付股利"账户;俟发放普通股现金股利时,再借记"应付股利"账户,贷记"银行存款"账户。

【例 17—8】 天成电器进出口股份有限公司有 12 000 000 股普通股。

3 月 18 日,该公司宣告将于 3 月 28 日分派普通股现金股利,每股 0.15 元,作分录如下:

借:利润分配——应付普通股股利　　1 800 000.00

　　贷:应付股利　　1 800 000.00

3 月 28 日,发放普通股现金股利时,作分录如下:

借:应付股利　　1 800 000.00

　　贷:银行存款　　1 800 000.00

②发放股票股利的核算。股票股利是指以增发股票方式分发给股东的股利。作为股利发放股票又称送股。采取发放股票股利方式,实质上是将一部分净利润资本化。

股票股利一般按股东持有普通股份的比例,分发给普通股的股东,如每 10 股可分发 2 股股票股利,其送股比例为 10 送 2,这样通过送股后,并不会改变股东在股份有限公司中所拥有的股份比例。

股份有限公司经股东大会或类似机构决议分派给普通股股东股票股利,应在办理好增资手续后,借记"利润分配"账户;贷记"股本"账户。

【例 17—9】 续前例，天成电器进出口股份有限公司经股东大会决议，分派普通股股东股票股利，每 10 股分派 1.2 股，每股面值 1 元，3 月 28 日已办妥增资手续，予以转账，作分录如下：

借：利润分配——转作股本的股利　　1 440 000.00

　　贷：股本——普通股　　1 440 000.00

二、"本年利润"账户和"利润分配"账户的转销

年终清算后，"本年利润"账户归集了全年实现的净利润，而"利润分配"账户则归集了全年已分配的利润和历年积存的未分配利润，这时必须结束旧账，开设新账。

企业在结束旧账前，应将"本年利润"账户余额和"利润分配"账户下各明细分类账户的余额全部转入"利润分配"账户下"未分配利润"明细分类账户。

【例 17—10】 华欣服装公司 12 月 31 日有关账户余额如下：

贷方余额账户		借方余额账户	
本年利润	531 300	利润分配——提取法定盈余公积	53 130
利润分配——未分配利润	117 866	利润分配——提取任意盈余公积	31 878
		利润分配——应付股利	371 910

(1)将"本年利润"账户余额结转"利润分配——未分配利润"账户，作分录如下：

借：本年利润　　531 300.00

　　贷：利润分配——未分配利润　　531 300.000

(2)将"利润分配"各明细分类账户余额结转"利润分配——未分配利润"账户，作分录如下：

借：利润分配——未分配利润　　456 918.00

　　贷：利润分配——提取法定盈余公积　　53 130.00

　　　　　　　　——提取任意盈余公积　　31 878.00

　　　　　　　　——应付股利　　371 910.00

根据上列两笔分录登记"利润分配——未分配利润"账户如表 17—2 所示。

表 17—2 利润分配——未分配利润 单位:元

2016 年 月	日	凭证号数	摘要	借方	贷方	借或贷	余额
1	1		上年结转			贷	117 866
12	31	(略)	本年利润转入		531 300		
	31		提取法定盈余公积转入	531 300			
	31		提取任意盈余公积转入	31 878			
	31		应付股利转入	371 910		贷	192 248
12	31		本期发生额及余额	456 918	531 300	贷	192 248

练习题

一、简答题

1. 试述利润总额的构成及利润核算前应做好的准备工作。
2. 试述账目核对和清查财产的具体内容。
3. 试述账项调整的具体内容。
4. 永久性差异包括哪些内容?
5. 分述资产的计税基础和负债的计税基础。
6. 分述在什么情况下产生应纳税暂时性和可抵扣暂时性差异。
7. 什么是利润分配?试述利润分配的顺序。

二、名词解释题

利润　营业利润　账项调整　永久性差异　应纳税暂时性差异　可抵扣暂时性差异

三、是非题

1. 利润总额由营业利润和营业外收入净额组成。 (　　)
2. 营业外收入主要包括非流动资产处置利得、债务重组利得、政府补助、盘盈利得、捐赠利得和罚款收入等。 (　　)
3. 非流动资产处置损失、债务重组损失、公益性捐赠支出、非常损失、盘亏损失、罚款支出等均属于营业外支出。 (　　)
4. 账目核对是指将企业各种有关账簿记录进行核对,通过核对做到账实相符。 (　　)
5. 对于存在可抵扣暂时性差异的所得额应当按照规定确认递延所得税负债。 (　　)
6. 企业以税前利润弥补 5 年以内的亏损,以税后利润弥补 5 年以上的亏损均不必编制会计分录。 (　　)
7. 企业年终决算后,“利润分配——未分配利润”账户的余额,倘若在借方,表示未分配利润,倘若在贷方,则表示未弥补亏损。 (　　)

四、单项选择题

1. ________属于应纳税暂时性差异。

A. 公益性捐赠　　B. 计提坏账准备

C. 自行开发的无形资产　　D. 超过规定标准的业务招待费

2. ________属于可抵扣暂时性差异。

A. 赞助支出　　B. 预计负债

C. 自行开发的无形资产　　D. 支付各项税收的滞纳金

五、多项选择题

1. 永久性差异有________等内容。

A. 对外投资分回的利润　　B. 国债利息收入

C. 职工薪酬超过计税薪酬　　D. 计提的资产减值准备

2. ________产生应纳税暂时性差异。

A. 资产的账面价值大于其计税基础　　B. 负债的账面价值大于其计税基础

C. 资产的账面价值小于其计税基础　　D. 负债的账面价值小于其计税基础

3. 利润分配的内容有________。

A. 提取法定盈余公积　　B. 向投资者分配利润

C. 提取任意盈余分积　　D. 上年利润的调整

六、实务题

习题(一)

目的:练习利润总额的核算。

资料:

1. 多美电器公司1月31日损益类账户余额如下:

贷方余额账户		借方余额账户	
主营业务收入	450 000	主营业务成本	360 000
其他业务收入	18 000	其他业务成本	10 800
公允价值变动损益	1 200	销售费用	30 100
投资收益	2 500	管理费用	24 600
营业外收入	1 800	财务费用	510
		资产减值损失	1 320
		营业外支出	1 570

2. 该公司1月31日发生下列经济业务:

(1)本月26日盘亏的库存商品120元,系日常工作中的差错,经批准予以核销转账。

(2)摊销应由本月份负担的财产保险费1 800元,其中储运、业务部门1 250元,行政管理部门550元。

(3)预提本月份短期借款利息3 510元。

(4)将本月份应交未交的增值税额 15 300 元转账。

(5)计提应由本月份负担的房产税 370 元,城镇土地使用税 620 元。

(6)根据本月份应交的增值税额按 7%税率计提城市维护建设税。

(7)根据本月份应交的增值税额按 3%提取率计提教育费附加。

(8)将损益类贷方余额的账户结转"本年利润"账户。

(9)将损益类借方余额的账户结转"本年利润"账户。

要求:

(1)编制会计分录。

(2)登记"本年利润"账户。

习题(二)

目的:练习所得税费用的核算。

资料:长城化工国际贸易公司有关资料如下:

(1)第一年利润总额为 540 000 元,所得税税率为 25%,该公司发生业务招待费 18 800 元,从被投资单位分得股利 12 500 元,影响计税基础的有关账户余额为:坏账准备 4 570 元,存货跌价准备 3 880 元,固定资产减值准备 4 210 元,预计负债 81 000 元,无形资产 150 000 元,为刚确认的自行开发的专利权,尚未摊销。

(2)第二年利润总额为 600 000 元,所得税税率为 25%,该公司发生业务招待费 19 600 元,从被投资单位分得股利 16 000 元,影响计税基础的有关账户余额为:坏账准备 4 710 元,存货跌价准备 4 590 元,固定资产减值准备 5 100 元,"无形资产"账户中有自行开发的无形资产150 000元,已摊销 15 000 元。

要求:计算确认所得税费用并编制相应的会计分录。

习题(三)

目的:练习利润的核算。

资料:

1. 沪光商厦 11 月 30 日各有关账户的余额如下:

贷方余额账户		借方余额账户	
主营业务收入	600 000	主营业务成本	468 000
其他业务收入	120 000	其他业务成本	8 000
公允价值变动损益	1 800	税金及附加	2 900
投资收益	3 750	销售费用	36 100
营业外收入	1 220	管理费用	27 200
		财务费用	4 050
		资产减值损失	1 880
		营业外支出	1 640

2. 接着又发生下列经济业务：

(1)11 月 30 日，将损益类贷方余额的账户结转“本年利润”账户。

(2)11 月 30 日，将损益类借方余额的账户结转“本年利润”账户。

(3)11 月 30 日，按 25%税率确认本月份所得税费用。

(4)11 月 30 日，将所得税费用结转“本年利润”账户。

(5)12 月 10 日，以银行存款交纳上月确认的所得税额。

(6)12 月 25 日，预计本月份实现利润总额 66 000 元，按 25%税率预交本月份所得税额。

(7)12 月 31 日，年终决算利润总额为 736 000 元，已提取并缴纳所得税额161 250元(不含预交数)，发生业务招待费 22 500 元，取得国债利息收入 9 000 元，“递延所得税负债”账户余额为 11 800 元，“递延所得税资产”账户余额为 5 780 元。影响计税基础的有关账户余额为：坏账准备 2 760 元，存货跌价准备 4 840元，固定资产减值准备 5 000 元，“无形资产”账户中有自行开发的专利权 118 000 元，已摊销了 82 600元，清算本年度应交所得税额。

(8)12 月 31 日，将所得税费用结转“本年利润”账户。

(9)次年 1 月 12 日，以银行存款清交上年度所得税额。

要求：编制会计分录。

习题(四)

目的：练习利润分配的核算。

资料：

1. 华阳食品公司 2016 年共实现净利润 550 000 元，接着又发生下列经济业务：

(1)12 月 31 日，按净利润 10%的比例计提法定盈余公积，按 8%的比例计提任意盈余公积。

(2)12 月 31 日，按净利润 70%的比例分配给投资者利润，其中沪江公司投资 70%，华生公司投资 30%。

(3)次年 1 月 18 日，以银行存款支付应付给投资者的利润。

2. 张江商厦股份有限公司有普通股 10 000 000 股，2008 年实现净利润3 660 000元，接着又发生下列有关的经济业务：

(1)12 月 31 日，按净利润 10%的比例计提法定盈余公积。

(2)12 月 31 日，按净利润 5%的比例计提任意盈余公积。

(3)次年 3 月 10 日，公司宣告将于 3 月 24 日发放现金股利，每 10 股发放现金 0.50 元。

(4)次年 3 月 24 日，经股东大会决议，向普通股股东分派股票股利，每 10 股分派 1.5 股，每股面值 1 元，并已办好增资手续，予以转账。

(5)次年 3 月 24 日，以银行存款分派普通股现金股利完毕，予以入账。

要求：编制会计分录。

第十八章

财务报告

第一节　财务报告概述

一、财务报告的意义

财务报告是指企业对外提供的反映企业某一特定日期财务状况和某一会计期间经营成果、现金流量等会计信息的文件。财务报告包括财务报表和其他应当在财务报告中披露的相关信息和资料。

财务报表是指对企业财务状况、经营成果和现金流量的结构性表述。它是财务报告的主体。商品流通企业在经营活动中,发生了大量的经济业务。会计部门根据反映经济业务的原始凭证编制记账凭证,并分门别类地登记入开设的账户中去。通过总分类核算,提供总括的信息;通过明细分类核算,提供详细的信息,以全面、系统、完整地反映企业经营活动的状况。然而通过核算在会计账簿中归集的信息是分散的,为了集中地向各有关方面提供企业的财务状况、经营成果和现金流量等会计信息,就必须将分散在账簿中的信息,进行归类、整理、分析后,定期地编制财务报表。

二、财务报表的作用

财务报表的编制是会计核算工作的组成部分,财务报表对考核企业的经营活动、经营成果和现金流量有着重要的作用，主要表现在以下四个方面。

（一）有利于企业管理层改善经营管理

企业管理层通过财务报表可以了解企业的财务状况、经营成果和现金流量，有利于企业进行分析对比，总结经验，找出差距及改进的措施，以改善企业的经营管理，增强竞争能力，并为企业制订预算以及保证决策的科学性和准确性提供了重要的信息和依据。

（二）有利于投资者和债权人进行决策

企业的投资者、债权人通过财务报表可以分析企业的财务状况、经营成果和现金流量，从而判断企业的盈利能力和偿债能力，有助于投资者进行投资决策，债权人进行信贷决策或赊销决策。

（三）有利于国家有关部门的检查

国家财政、税务和审计部门通过财务报表可以检查企业是否严格遵守国家规定的财务制度和财经纪律，检查企业资金运用情况和利润形成情况以及各种税费的缴纳情况。

（四）有利于国家进行宏观调控

企业是国民经济的细胞，通过对企业提供的财务报表的会计信息进行汇总分析，国家有关部门可以考核国民经济各部门的运行情况，一旦发现问题，可以通过各种经济杠杆和政策倾斜，发挥政府在市场经济优化资源配置中的补充作用。

三、财务报表的组成和编制要求

（一）财务报表的组成

财务报表至少应当包括下列组成部分：(1)资产负债表；(2)利润表；(3)现金流量表；(4)所有者权益（或股东权益）变动表；(5)附注。

（二）财务报表的编制要求

由于财务报表有着重要的作用，而财务报表的质量决定了其发挥作用的程度。因此各企业必须根据会计准则的有关规定，按照以下四点要求，认真地编制财务报表。

(1)数字真实。财务报表是一个信息系统，要求各项数字真实，以客观地反映企业的财务状况、经营成果和现金流量，不得匡计数据，更不得弄虚作假，隐瞒谎报数据。

(2)计算准确。财务报表必须在账账相符、账实相符的基础上编制，并对报表中的各项指标要认真地计算，做到账表相符，以保证会计信息的准确性。

(3)内容完整。财务报表必须全面地反映企业的财务状况、经营成果和现金流量，各财务报表之间、财务报表的各项指标之间是相互联系、互为补充的。因此企业要按照国家统一规定的报表种类、格式和内容进行填报，不得漏编、漏报。

(4)报送及时。财务报表必须在规定的期限内及时报送。使投资者、债权人、财政、税务和上级主管部门及时了解企业的财务状况、经营成果和现金流量，以保证会计信息的使用者进行决策时的时效性。

四、财务报表的分类

企业的财务报表按照不同的标准，主要有以下三种分类。

(一)按照财务报表反映的经济内容分类

企业主要的财务报表可分为以下五种：

(1)资产负债表。反映企业财务状况的报表。

(2)利润表。反映企业经营成果的报表。

(3)现金流量表。反映企业的现金和现金等价物流入和流出的报表。

(4)所有者权益(或股东权益)变动表。反映企业所有者权益结构和变动情况的报表。

(5)利润分配表。反映企业利润分配情况的报表。

(二)按照财务报表的编制时期分类

(1)月度报表(月报)，指月度计算报告。

(2)季度报表(季报)，指季度计算报告。

(3)半年度报表(半年报)，指半年度计算报告。

(4)年度报表(年报)，指年度决算报告。

(三)按照财务报表母子公司的关系分类

(1)个别财务报表。它是指由母公司或子公司编制的，仅反映母公司或子公司自身财务状况、经营成果和现金流量的报表。

(2)合并财务报表。它是指由母公司编制的，反映母公司和其全部子公司形成的企业集团整体财务状况、经营成果和现金流量的报表。

第二节　资产负债表

一、资产负债表的意义和作用

资产负债表是指反映企业在某一特定日期财务状况的报表。它反映了企业所掌握的各种资产的分布和结构，企业所承担的各种债务，以及投资者在企业中所拥有的权益。

通过对资产负债表的分析，可以了解资产的分布是否得当；资产、负债和所有者权益之间的结构是否合理；企业的财务实力是否雄厚；短期偿债能力的强弱；所有者持有权益的多少；企业财务状况的发展趋势等。从而为企业管理当局挖掘内部潜力和制定今后发展方向等进行预测和决策提供了重要的经济信息，并为投资者和债权人服务。

二、资产负债表的结构和内容

（一）资产负债表的结构

资产负债表的结构由表头和正表两个部分组成。

资产负债表的正表是根据资金运动的规律，即资产的总额与负债和所有者权益的总额必然相等的原理设计的。

资产负债表的正表采用账户结构，将报表分为左右两方，左方反映企业拥有资产的分布状况；右方反映企业所负的债务和所有者拥有权益的状况，“金额栏”设有“期末余额”和“年初余额”两栏，以便于报表的使用者掌握和分析企业财务状况的变化及发展趋势。

（二）资产负债表的内容

资产负债表的表头由报表名称、编制单位、编制日期和金额单位等内容组成。

资产负债表的正表由资产、负债和所有者权益三部分组成。

1. 资产

资产按照其变现能力及耗用周期的不同，可分为流动资产和非流动资产两类。

(1)流动资产。它是指预计在一个正常营业周期中变现、出售或耗用、或者主要为交易目的而持有、或者预计在资产负债表日起一年内变现、或者自资产负债表日起一年内，交换其他资产或清偿负债能力不受限制的现金或现金等价物。它具有较强的流动性。

现金等价物是指企业持有的期限短、流动性强、易于转换为已知金额的现金、价值变动风险很小的投资。期限短，一般是从购买日起 3 个月以内到期。现金等价物通常是指在 3 个月内到期的短期债券投资。

流动资产由货币资金、交易性金融资产、应收票据、应收账款、预付款项、应收利息、应收股利、其他应收款、存货、一年内到期的非流动资产和其他流动资产等项目组成。流动资产表明了企业的短期偿债能力，又可为下一期经营时所运用。因此，它在企业的资产中占有重要的地位。

(2)非流动资产。它是指流动资产以外的资产。它的流动性是很弱的。

非流动资产主要由可供出售金融资产、持有至到期投资、长期应收款、长期股权投资、投资性房地产、固定资产、在建工程、工程物资、固定资产清理、无形资产、开发支出、商誉、长期待摊费用、递延所得税资产和其他长期资产等项目组成。

2. 负债

负债按照其流动性的不同，可分为流动负债和非流动负债。

(1)流动负债。它是指企业预计一个正常营业周期中清偿的、或者主要为交易目的而持有的债务、或者自资产负债表日起一年内到期应予以清偿的债务、或者企业无权自主地将清偿推迟至资产负债表日后一年以上的债务。

流动负债由短期借款、交易性金融负债、应付票据、应付账款、预收款项、应付职工薪酬、应交税费、应付利息、应付股利、其他应付款、一年内到期的非流动负债和其他流动负债等项目组成。

(2)非流动负债。它是流动负债以外的负债。

非流动负债由长期借款、应付债券、长期应付款、专项应付款、预计负债、递延所得税负债和其他非流动负债等项目组成。

3. 所有者权益

所有者权益由实收资本、资本公积、库存股、盈余公积和未分配利润等项目组成。

资产负债表的格式及其具体内容如表18—1所示。

表18—1 **资产负债表**

会企01表

编制单位:浦江食品公司　　2016年12月31日　　单位:元

资　产	行次	期末余额	年初余额	负债和所有者权益(或股东权益)	行次	期末余额	年初余额
流动资产:				流动负债:			
货币资金	1	222 000	205 000	短期借款	56	390 000	375 000
交易性金融资产	2	136 000	131 000	交易性金融负债	57		
应收票据	3	128 000	107 500	应付票据	58	69 800	62 000
应收账款	4	439 000	419 000	应付账款	59	152 400	149 700
预付款项	5	66 000	121 200	预收款项	60	48 600	46 000
应收利息	6	16 600	14 200	应付职工薪酬	61	32 100	29 800
应收股利	7			应交税费	62	41 980	38 760
其他应收款	8	11 600	12 800	应付利息	63		
存货	9	1 131 000	1 077 200	应付股利	64	361 500	333 000
一年内到期的非流动资产①	21	60 000	45 000	其他应付款	65	12 020	11 240
其他流动资产②	24	21 100	18 000	一年内到期的非流动负债	70	30 000	20 000
流动资产合计	31	2 231 300	2 150 900	其他流动负债	71		
非流动资产:				流动负债合计	75	1 138 400	1 065 500
可供出售金融资产	32			非流动负债:			
持有至到期投资	33	150 000	110 000	长期借款	81		
长期应收款	34			应付债券	82	110 000	90 000
长期股权投资	35	240 000	240 000	长期应付款	83		
投资性房地产	36			专项应付款	84		
固定资产	37	1 062 800	1 036 200	预计负债	85		
在建工程	38	137 000	52 000	递延所得税负债	95	22 000	13 200
工程物资	39	30 000	20 000	其他非流动负债	96		
固定资产清理	40			非流动负债合计	98	132 000	103 200
生产性生物资产	41			负债合计	100	1 270 400	1 168 700
油气资产	42			所有者权益(或股东权益):			
无形资产	43	108 000	120 000	实收资本(或股本)	101	2 320 000	2 120 000
开发支出	44			资本公积	102	37 200	237 200

续表

资　产	行次	期末余额	年初余额	负债和所有者权益（或股东权益）	行次	期末余额	年初余额
商誉	45			减:库存股	103		
长期待摊费用	46	98 000	107 000	盈余公积	104	318 680	241 560
递延所得税资产	47	8 400	7 200	未分配利润	105	119 220	75 840
其他非流动资产	48						
非流动资产合计	50	1 834 200	1 692 400	所有者权益(或股东权益)合计	106	2 795 100	2 674 600
资产总计	55	4 065 500	3 843 300	负债和所有者权益（或股东权益）总计	110	4 065 500	3 843 300

注:①该项目的期末余额和期初余额中都有一年内到期的长期待摊费用 9 000 元,其余均为一年内到期的持有至到期投资。

②该项目的期末余额和期初余额中均为“待摊费用”账户余额。

三、资产负债表的编制方法

资产负债表“期末余额”栏内各个项目的金额,主要是根据总分类账户的期末余额填列的,有些项目则需要根据有关总分类账户和明细分类账户的资料,经过分析计算调整后填列。

现将有关项目的分析计算调整填制方法说明如下:

(1)“货币资金”项目。该项目根据“库存现金”、“备用金”、“银行存款”和“其他货币资金”账户期末余额合计数填列。

(2)“应收账款”项目。该项目根据“应收账款”账户所属各明细分类账户的期末借方余额合计数,减去“坏账准备——应收账款”明细账户期末余额后的差额填列。如“预收账款”账户所属有关明细分类账户有借方余额的,也应包括在本项目内。

(3)“预付款项”项目。该项目根据“预付账款”账户所属明细分类账户的期末借方余额合计数填列。如“应付账款”账户所属有关明细分类账户有借方余额的,也应包括在本项目内。

(4)“其他应收款”项目。该项目根据“其他应收款”账户期末余额,减去“坏账准备——其他应收款”明细分类账户期末余额后的差额填列。

(5)“存货”项目。该项目根据“在途物资”、“原材料”、“库存商品”、“发出商品”、“委托代销商品”、“商品进销差价”、“受托代销商品”、“受托代销商品款”、“委托加工物资”、“包装物”、“低值易耗品”、“存货跌价准备”等账户的期末借贷方余额相抵后的差额填列。

(6)“一年内到期的非流动资产”项目。该项目根据“持有至到期投资”、“长期应收款”和“长期待摊费用”账户的期末余额分析填列。

(7)“其他流动资产”项目。根据“应交税费”账户下的“应交增值税”、“未交增值税”等明细分类账户的借方余额、“待抵扣进项税额”明细分类账户中将在一年内抵扣的税额,以及“待摊费用”账户的期末余额的合计数填列。

(8)“可供出售金融资产”项目。该项目根据“可供出售金融资产”账户的期末余额，减去该账户中将于一年内到期的可供出售金融资产的数额后的差额填列。

(9)“持有至到期投资”项目。该项目根据“持有至到期投资”账户的期末余额，减去该账户中将于一年内到期的持有至到期投资的数额，再减去“持有至到期投资减值准备”账户期末余额后的差额填列。

(10)“长期应收款”项目。该项目根据“长期应收款”账户的期末余额，减去该账户将于一年内收回的款项后的差额填列。

(11)“长期股权投资”项目。该项目根据“长期股权投资”账户的期末余额，减去“长期股权投资减值准备”账户期末余额后的差额填列。

(12)“投资性房地产”项目。该项目根据“投资性房地产”账户的期末余额减去“投资性房地产累计折旧”和“投资性房地产减值准备”账户期末余额后的差额填列。

(13)“固定资产”项目。该项目根据“固定资产”账户的期末余额减去“累计折旧”和“固定资产减值准备”账户期末余额后的差额填列。

(14)“无形资产”项目。该项目根据“无形资产”账户的期末余额减去“累计摊销”和“无形资产减值准备”账户期末余额后的差额填列。

(15)“长期待摊费用”。该项目根据“长期待摊费用”账户的期末余额减去一年内(含一年)摊销的数额后的差额填列。

(16)“其他非流动资产”项目。该项目根据“应交税费——待抵扣进项税额”明细分类账户期末余额减去一年内可抵扣税额的差额填列。

(17)“应付账款”项目。该项目根据“应付账款”账户所属各有关明细分类账户的期末贷方余额合计数填列。如“预付账款”账户所属明细分类账户有贷方余额的，也应包括在本项目内。

(18)“预收账款”项目。该项目根据“预收账款”账户所属有关明细分类账户的期末贷方余额合计数填列。如“应收账款”账户所属明细分类账户有贷方余额的，也应包括在本项目内。

(19)“应交税费”项目。该项目根据“应交税费”账户下的“未交增值税”、“应交所得税”、“应交城市维护建设税”、“应交教育费附加”等明细分类账户的贷方余额合计数填列。

(20)“一年内到期的非流动负债”项目。该项目根据“长期借款”、“应付债券”、“长期应付款”、“专项应付款”和“递延收益”等非流动负债账户的期末余额分析填列。

(21)“其他流动负债”项目。该项目反映企业除以上流动负债项目以外的其他流动负债。可以根据有关账户的期末余额填列。

(22)“长期借款”项目。该项目根据“长期借款”账户的期末余额减去一年内到期的长期借款数额后的差额填列。

(23)“应付债券”项目。该项目根据“应付债券”账户的期末余额减去一年内到期的应付债券数额后的差额填列。

(24)“长期应付款”项目。该项目根据“长期应付款”账户的期末余额,减去“未确认融资费用”账户期末余额,再减去一年内到期的长期应付款数额后的差额填列。

(25)“专项应付款”项目。该项目根据“专项应付款”账户的期末余额,减去一年内到期的专项应付款数额后的差额填列。

(26)“未分配利润”项目。该项目根据“本年利润”账户期末余额与“利润分配”账户期末余额计算填列。

资产负债表“年初余额”栏内各个项目的金额是根据上年年末资产负债表“期末余额”栏内所列的数据填列。

第三节 利润表

一、利润表的意义和作用

利润表是指反映企业在一定会计期间内利润(亏损)实现情况的报表。它反映了企业的各项收入和各项成本、费用以及净利润或净亏损的构成。

通过对利润表的分析,可以检查利润预算的完成情况和营业收入、营业成本、销售费用、管理费用、财务费用预算的执行情况,了解企业的盈利能力,有利于经营者掌握企业在生产经营过程中存在的问题,以促使其提高经营管理水平和经济效益,也有利于投资者作出正确的决策。

二、利润表的结构和内容

利润表的结构由表头和正表两个部分组成。

利润表的表头由报表名称、编制单位、报表时期和金额单位等内容组成。

利润表的正表部分采用多步式结构,分为五个部分。第一部分是营业收入。第二部分是营业利润,它是以营业收入减去营业成本、营业税金及附加、销售费用、管理费用、财务费用和资产减值损失,加上公允价值变动收益和投资收益后的数额,用以反映企业的经营成果。第三部分是利润总额,它是以营业利润加上营业外收入,减去营业外支出后的数额,用以反映企业的税前利润。第四部分是净利润,是以利润总额减去所得税费用后的数额,用以反映企业的税后利润,即反映企业的净收益。第五部分是每股收益。

“利润表”正表部分各项目均分设“本月金额”和“本年累计金额”两栏金额,“本月金额”栏内的金额主要反映当月利润实现的情况;“本年累计金额”栏内的金额主要反映自年度开始起，至报告期止的累计数额。

利润表的格式及其具体内容如表 18—2 所示。

表 18—2 **利润表**

会企 02 表

编制单位：浦江食品公司 2016 年 12 月 单位：元

项　目	行次	本月金额	本年累计金额
一、营业收入	1	836 000	9 750 000
减：营业成本	2	686 600	8 008 000
税金及附加	3	3 525	41 620
销售费用	4	47 100	564 200
管理费用	5	36 500	436 480
财务费用	6	4 350	50 760
资产减值损失	7	2 025	12 800
加：公允价值变动收益（损失以“—”号填列）	9	120	850
投资收益（损失以“—”号填列）	10	9 620	25 200
其中：对联营企业和合营企业的投资收益	11		
二、营业利润（亏损以“—”号填列）	15	65 640	662 190
加：营业外收入	16	1 880	20 280
减：营业外支出	17	2 020	22 470
其中：非流动资产处置损失	18		
三、利润总额（亏损总额以“—”号填列）	20	65 500	660 000
减：所得税费用	21	29 375	178 000
四、净利润（净亏损以“—”号填列）	22	36 125	482 000
五、每股收益：	23		
（一）基本每股收益	24		
（二）稀释每股收益	25		

三、利润表的编制方法

利润表各项目的“本月金额”主要根据损益类总分类账户的净发生额填列；“本年累计数”则根据各损益类总分类账户的累计净发生额填列，或者根据上月末本表的“本年累计数”金额加上本表的“本月数”金额后填列。

现将利润表具体项目的填列方法说明如下：

（1）“营业收入”项目。该项目根据“主营业务收入”和“其他业务收入”账户净发生额之和填列。

(2)“营业成本”项目。该项目根据“主营业务成本”和“其他业务成本”账户净发生额之和填列。

(3)“税金及附加”项目。该项目根据“税金及附加”账户净发生额填列。

(4)“销售费用”、“管理费用”、“财务费用”和“资产减值损失”项目。这些项目分别根据“销售费用”、“管理费用”、“财务费用”和“资产减值损失”账户的净发生额填列。

(5)“公允价值变动收益”和“投资收益”项目。这些项目分别根据“公允价值变动损益”和“投资收益”账户的净发生额填列。

(6)“营业利润”项目。该项目根据该表“营业收入”项目的金额减去“营业成本”、“营业税金及附加”、“销售费用”、“管理费用”、“财务费用”和“资产减值损失”项目的金额,加上“公允价值变动收益”和“投资收益”项目的金额后的数额填列。

(7)“营业外收入”和“营业外支出”项目。这些项目分别根据“营业外收入”和“营业外支出”账户的净发生额填列。

(8)“利润总额”项目。该项目根据该表“营业利润”项目加上“营业外收入”项目的金额,减去“营业外支出”项目的金额后的数额填列。

(9)“所得税费用”项目。该项目根据“所得税费用”账户的净发生额填列。

(10)“净利润”项目。该项目根据“利润总额”项目的金额减去“所得税费用”项目的金额后的差额填列。

(11)“基本每股收益”项目。该项目根据该表“净利润”项目的金额除以该公司普通股股票的股数的商填列。

(12)“稀释每股收益”项目。该项目根据该表“净利润”项目的金额除以该公司普通股与潜在普通股以后而取得的商填列。潜在普通股主要包括可转换公司债券、认购权证等。

四、利润分配表

(一)利润分配表的意义和作用

利润分配表是指反映企业一定会计期间对实现净利润以及以前年度未分配利润的分配或者亏损弥补的报表。它是伴随着利润的产生而出现的,与利润表有着密切的关系,因此,它是利润表的一张附表。

通过利润分配表可以了解利润分配的详细情况,并可据以检查企业是否按规定提存盈余公积和应付股利或利润等。

(二)利润分配表的内容和结构

利润分配表的结构由表头和正表两部分组成。

利润分配表的正表部分与利润表相同,其采用多步式结构,分为四个部分。第一部分是净利润。第二部分是可供分配的利润，它是净利润加上年初未分配利润和盈余公积补亏后的数额。第三部分是可供投资者分配的利润，它是可供分配的利润减去提取法定盈余公积、提取职工奖励及福利基金、提取储备基金、提取企业发展基金以及利润归还投资后的数额。第四部分是未分配利润，它是可供投资者分配的利润减去应付优先股股利、提取任意盈余公积、应付普通股股利和转作资本（或股本）的普通股股利后的数额。利润分配表的各项目均分设"本年实际金额"和"上年实际金额"两栏金额。

利润分配表的格式及其具体内容如表18－3所示。

表18－3 **利润分配表**

会02表附表1

编制单位：浦江食品公司 2016年度 单位：元

项　目	行次	本年实际金额	上年实际金额
一、净利润	1	482 000	444 000
加：年初未分配利润	2	75 840	35 880
盈余公积补亏	4		
二、可供分配的利润	8	557 840	479 880
减：提取法定盈余公积	9	48 200	44 400
提取职工奖励及福利基金	11		
提取储备基金	12		
提取企业发展基金	13		
利润归还投资	14		
三、可供投资者分配的利润	16	509 640	435 480
减：应付优先股股利	17		
提取任意盈余公积	18	28 920	26 640
应付普通股股利	19	361 500	333 000
转作资本（或股本）的普通股股利	20		
四、未分配利润	25	119 220	75 840

（三）利润分配表的编制方法

1."本年实际金额"栏的填列方法

该栏应根据当年"本年利润"账户和"利润分配"账户及其所属明细账户的净发生额或有关数据分析计算填列。其具体填列方法如下：

（1）"净利润"项目。该项目根据"本年利润"账户的净发生额填列，其应与利润表中的"净利润"项目的数额相一致。

(2)“年初未分配利润”项目。该项目根据“利润分配”账户所属“未分配利润”明细账户的期初余额填列。

(3)“盈余公积补亏”项目。该项目根据“利润分配”账户所属的“盈余公积补亏”明细账户的期末余额填列。

(4)“可供分配的利润”项目。该项目根据本表“净利润”项目的金额加上“年初未分配利润”和“盈余公积补亏”项目金额后的数额填列。

(5)“提取法定盈余公积”项目。该项目根据“利润分配”账户所属的“提取法定盈余公积”明细账户的净发生额填列。

(6)“提取职工奖励及福利基金”、“提取储备基金”和“提取企业发展基金”项目。这些项目分别根据“利润分配”账户所属的“提取职工奖励及福利基金”、“提取储备基金”和“提取企业发展基金”明细账户的净发生额填列。这三个明细账户是外商投资企业采用的。

(7)“利润归还投资”项目。该项目根据“利润分配”账户的“利润归还投资”明细账户的净发生额填列。

(8)“可供投资者分配的利润”项目。该项目根据本表“可供分配的利润”项目的金额，减去“提取法定盈余公积”、“提取职工奖励及福利基金”、“提取储备基金”、“提取企业发展基金”和“利润归还投资”项目金额后的数额填列。

(9)“应付优先股股利”、“提取任意盈余公积”、“应付普通股股利”和“转作资本(股本)的普通股股利”项目。这些项目分别根据“利润分配”账户所属的“应付优先股股利”、“提取任意盈余公积”、“应付普通股股利”和“转作资本(股本)的普通股股利”明细账户的净发生额填列。

(10)“未分配利润”项目。该项目根据本表“可供投资者分配的利润”项目的金额,减去“应付优先股股利”、“提取任意盈余公积”、“应付普通股股利”和“转作资本(股本)的普通股股利”项目金额后的差额填列。其数额应与“资产负债表”中“未分配利润”项目的数额相一致。

2.“上年实际金额”栏的填列方法

该栏各个项目的金额根据上年的“利润分配表”、“本年实际金额”栏内各个项目的金额填列。

第四节　现金流量表

一、现金流量表的意义和作用

现金流量表是指反映企业一定会计期间现金和现金等价物流入和流出的报表。该表是半年度的财务报表。现金有狭义和广义之分,狭义的现金通常是指库存现金。这里所讨论的是广义的现金,是指企业的库存现金以及可以随时用于支付的存款。现金流量是指企业在一定期间的现金和现金等价物的流入和流出。

现金流量表为财务报表使用者提供企业一定会计期间内现金和现金等价物流入和流出的信息,财务报表使用者通过对现金流量表的分析,可以评价企业在未来会计期间的现金流量,评估企业偿还债务及支付企业投资者投资报酬的能力,了解企业本期净利润与经营活动中现金流量发生差异的原因,掌握本期内影响或不影响现金流量的投资活动与筹资活动,并可据以预测企业未来的现金流量。

二、现金流量表的结构和内容

现金流量表的结构由表头、正表和补充资料三个部分组成。

现金流量表的表头部分由报表名称、编制单位、报表时期和金额单位等内容组成。

现金流量表的正表部分采用多步式。它由以下六个部分组成。

(一)经营活动产生的现金流量

经营活动是指企业投资活动和筹资活动以外的所有交易和事项。企业随着经营活动的开展将会产生经营活动的现金流入量和流出量。

1. 经营活动的现金流入量

经营活动的现金流入量由销售商品、提供劳务收到的现金、收到的税费返还、收到其他与经营活动有关的现金三个项目组成。

(1)“销售商品、提供劳务收到的现金”项目。该项目反映企业本期销售商品和提供劳务收到的现金,前期销售商品和提供劳务本期收到的现金、销售商品实际收到的增值税额,以及本期预收的账款,减去本期退回本期销售的商品和前期销售本期退回的商品支付的现金。

(2)“收到的税费返还”项目。该项目反映企业收到返还的各种税费,如收到的增值税、消费税、营业税、所得税和教育费附加返还等。

(3)“收到其他与经营活动有关的现金”项目。该项目反映企业除了上述各项目外,收到其他与经营活动有关的现金流入。如罚款现金收入、没收包装物押金收入、流动资产损失中获得赔偿的现金收入等。

2. 经营活动的现金流出量

经营活动的现金流出量由购买商品、接受劳务支付的现金、支付给职工以及为职工支付的现金、支付的各项税费和支付其他与经营活动有关的现金等四个项目组成。

(1)“购买商品、接受劳务支付的现金”项目。该项目反映企业本期购进商品、原材料、接受劳务支付的现金、本期支付前期购进商品、原材料、接受劳务的未付款项和本期预付款项，以及企业购进商品、原材料等实际支付的能够抵扣销项税额的进项税额。进货退出商品、原材料收到的现金应从本项目内减去。

(2)"支付给职工以及为职工支付的现金"项目。该项目反映企业实际支付给职工的薪酬，以及为职工支付现金。它包括本期实际支付给职工的工资、奖金、各种津贴和补贴等，以及实际支付的医疗保险费等社会保险费、住房公积金、职工福利费、工会经费和职工教育经费等。但不包括支付的离退休人员的各项费用和支付的在建工程人员的职工薪酬等。

(3)"支付的各项税费"。该项目反映企业按规定支付的各种税费，包括本期发生并支付的税费，以及本期支付以前各期发生的税费和预交的税金，如支付的增值税、消费税、营业税、所得税、城市维护建设税、教育费附加、印花税、房产税、土地使用税、车船税等，但是不包括计入固定资产价值实际支付的耕地占用税等。

(4)"支付其他与经营活动有关的现金"项目。该项目反映企业除上述各项目外，支付其他与经营活动有关的现金流出。如捐赠现金支出、罚款支出、支付的差旅费、业务招待费、保险费以及企业支付的离退休人员的各项费用等。

(二)投资活动产生的现金流量

投资活动是指企业长期资产的购建和不包括在现金等价物范围内的投资及其处置活动。企业随着投资活动的开展将会产生投资活动的现金流入量和流出量。

1. 投资活动的现金流入量

投资活动的现金流入量由收回投资收到的现金、取得投资收益收到的现金、处置固定资产、无形资产和其他长期资产收回的现金净额、处置子公司及其他营业单位收到的现金净额和收到其他与投资活动有关的现金等五个项目组成。

(1)"收回投资收到的现金"项目。该项目反映企业出售、转让或到期收回除现金等价物以外的交易性金融资产、可供出售金融资产、长期股权投资中除处置子公司、营业单位以外而收到的现金，以及收回持有至到期投资本金而收到的现金。

(2)"取得投资收益收到的现金"项目。该项目反映企业因持有交易性金融资产、可供出售金融资产、持有至到期投资和长期股权投资而取得的现金股利和利息，以及从子公司、联营企业和合资企业分回利润收到的现金。但不包括股票股利。

(3)"处置固定资产、无形资产和其他长期资产收回的现金净额"项目。该项目反映企业处置固定资产、无形资产和其他长期资产收回的现金，减去为处置这些资产而支付的有关费用后的净额。

(4)"处置子公司及其他营业单位收到的现金净额"项目。该项目反映企业处置子公司及其他营业单位收到的现金减去为处置这些资产而支付的有关费用后的净额。

(5)"收到其他与投资活动有关的现金"项目。该项目反映企业除了上述各项目外，收到其他与投资活动有关的现金流入。

2. 投资活动的现金流出量

投资活动的现金流出量由购建固定资产、无形资产和其他长期资产支付的现金、投资支付的现金、取得子公司及其他营业单位支付的现金净额和支付其他与投资活动有关的现金四个项目组成。

(1)“购建固定资产、无形资产和其他长期资产支付的现金”项目。该项目反映企业购买建造固定资产,取得无形资产和其他长期资产支付的现金。它不包括为购建固定资产而发生的借款利息资本化的部分,以及融资租入固定资产支付的租赁费。

(2)“投资支付的现金”项目。该项目反映企业取得的除现金等价物以外的交易性金融资产、可供出售金融资产、持有至到期投资以及长期股权投资中除购买子公司及其他营业单位外支付的现金,以及支付的相关交易费用。

(3)“取得子公司及其他营业单位支付的现金净额”项目。该项目反映企业购买子公司其他营业单位成本中以现金支付的部分。

(4)“支付其他与投资活动有关的现金”项目。该项目反映企业除了上述各项目以外,支付其他与投资活动有关的现金流出。

(三)筹资活动产生的现金流量

筹资活动是指导致企业资本及债务规模和构成发生变化的活动。企业随着筹资活动的开展,将会产生筹资活动的现金流入量和流出量。

1. 筹资活动的现金流入量

筹资活动的现金流入量由吸收投资收到的现金、取得借款收到的现金和收到其他与筹资活动有关的现金三个项目组成。

(1)“吸收投资收到的现金”项目。该项目反映企业收到的投资者投入的现金,包括以发行股票、债券等方式筹集的资金实际收到的款项净额(发行收入减去支付的佣金等发行费用后的净额)。

(2)“取得借款收到的现金”项目。该项目反映企业举借各种短期、长期借款所收到的现金。

(3)“收到其他与筹资活动有关的现金”项目。该项目反映企业除上述各项目外,收到其他与筹资活动有关的现金流入。

2. 筹资活动的现金流出量

筹资活动的现金流出量由偿还债务支付的现金、分配股利、利润或偿付利息支付的现金和支付其他与筹资活动有关的现金三个项目组成。

(1)“偿还债务支付的现金”项目。该项目反映企业以现金偿还债务的本金,包括偿还金融企业的借款本金、偿还债券本金等。

(2)“分配股利、利润或偿付利息支付的现金”项目。该项目反映企业实际支付的现金股利、支付给其他投资单位的利润以及支付的借款利息、债券利息等。

(3)“支付其他与筹资活动有关的现金”项目。该项目反映企业除了上述各项目外，支付其他与筹资活动有关的现金流出。

(四)汇率变动对现金及现金等价物的影响

“汇率变动对现金及现金等价物的影响”项目。该项目反映企业外币现金流量及境外子公司的现金流量折算为人民币时，所采用的现金流量发生日的即期汇率折算的人民币金额与“现金及现金等价物净增加额”中外币现金净增加额按期末汇率折算的人民币金额之间的差额。

(五)现金及现金等价物净增加额

“现金及现金等价物净增加额”项目。该项目反映企业现金及现金等价物的流入量与流出量之间的差额。

(六)期末现金及现金等价物余额

“期末现金及现金等价物余额”项目。该项目反映企业期末现金余额和期末现金等价物余额的合计数。

补充资料是指未能列入现金流量表正表的、而需要予以披露的内容。补充资料由将净利润调节为经营活动的现金流量、不涉及现金收支的投资和筹资活动和现金及现金等价物净增加额三个部分的内容组成。

三、现金流量表的编制方法

现金流量表正表虽然分为六个部分，但最复杂的部分是经营活动产生的现金流量净额。由于经营活动产生的现金流量净额是根据收付实现制确认的净利润反映的，而企业会计准则要求会计核算按权责发生制确认净利润。因此，在编制现金流量表时，就需要将权责发生制确认的净利润转换为收付实现制下的净利润，转换的方法有直接法和间接法两种。

直接法是指以利润表中各主要经营收支项目为基础，并以实际的现金收入和现金支出进行调整，结算出现金流入量、现金流出量和现金流量净额的方法。间接法是指以净利润为基础，以非现金费用和债权债务以及存货的变动额加以调整，结算出现金流量净额的方法。现金流量表中，经营活动产生的现金流量净额在正表部分采用的是直接法；在补充资料部分采用的是间接法。现将现金流量表各项目的填列方法说明如下：

(一)经营活动产生的现金流量各项目的填列方法

(1)“销售商品、提供劳务收到的现金”项目。该项目根据利润表“营业收入”项目的金额，加上“应交税费——应交增值税”账户所属的“销项税额”明细账贷方净发生额，再加上资产负债表“应收票据”、“应收账款”项目的年初余额和“预收款项”项目的期末余额，减去“应收票据”、“应收账款”项目的期末余额和“预收款项”项目的年初余额，减去“坏账准备——应收账款”账户贷方发生额填列。

(2)“收到的税费返还”项目。该项目根据“其他应收款”和“营业外收入”账户的贷方发生额中收到的增值税、消费税、所得税和教育费附加返还额填列。

(3)“收到其他与经营活动有关的现金”项目。该项目根据“营业外收入”、“其他应付款”结合“库存现金”、“银行存款”等有关账户发生额分析填列。

(4)“购买商品、接受劳务支付的现金”项目。该项目根据利润表“营业成本”项目的金额，加上“应交税费——应交增值税”账户所属的“进项税额”的净发生额，加上存货中未列入成本减少的金额，再加上资产负债表中“存货”项目的期末余额，减去“存货”项目的年初余额，加上“应付票据”、“应付账款”项目的年初余额和“预付款项”项目的期末余额，减去“应付票据”、“应付账款”项目的期末余额和“预付款项”项目的年初余额，加上“存货跌价准备”账户的贷方发生额，减去已计入其他业务成本的折旧费、职工薪酬以及其他不需要支付现金的金额后的数额填列。

(5)“支付给职工以及为职工支付的现金”项目。该项目根据“应付职工薪酬”账户借方净发生额，扣除列入“在建工程”账户中的金额后的差额填列。

(6)“支付的各项税费”项目。该项目根据利润表“税金及附加”项目的金额，加上“应交税费”账户的年初余额和“应交税费”账户所属“未交增值税”、“应交所得税”明细账户的期末余额，减去“应交税费”账户的期末余额和“应交税费”账户所属“未交增值税”、“应交所得税”明细账户的年初余额加上“应交税费——应交增值税——已交税金”、“应交税费——未交增值税——转入未交增值税”和“应交税费——应交所得税”三个明细分类账户的借方发生额之和填列。

(7)“支付的其他与经营活动有关的现金”项目。该项目根据利润表“销售费用”、“管理费用”、“财务费用”、“营业外支出”四个项目金额之和，减去这四个项目中不需要以现金支付的金额，再减去这四个项目中已经包含的、并且已列入本表的“支付给职工以及为职工支付的现金”项目中的职工薪酬，还要减去已列入“财务费用”项目、但将列入本表的“分配股利、利润或偿付利息所支付的现金”、“支付其他与筹资活动有关的现金”和“汇率变动对现金及现金等价物的影响”这三个项目的金额，加上“待摊费用”、“长期待摊费用”账户借方发生额，再加上“其他应收款”账户借方发生额，减去“其他应收款”账户贷方发生额后的差额填列。

不需要以现金支付的数额是指提取的固定资产折旧费、待摊费用、无形资产、长期待摊费用的摊销数，固定资产盘亏(扣除盘盈)、固定资产清理净损失等。

（二）投资活动产生的现金流量各项目的填列方法

（1）“收回投资所收到的现金”项目。该项目根据“交易性金融资产”账户贷方发生额，减去该账户所属“现金等价物”明细账户的贷方发生额，加上“可供出售金融资产”、“持有至到期投资”和“长期股权投资”、“无形资产减值准备”账户的贷方发生额，减去“持有至到期投资——应计利息”明细账户的贷方发生额，再减去这些账户中收回的非现金数额和处置子公司及其他营业单位收到的现金数额后的差额后的差额填列。

（2）“取得投资收益所收到的现金”项目。该项目根据利润表“公允价值变动收益”、“投资收益”项目的金额之和，加上“应收股利”、“应收利息”和“持有至到期投资——应计利息”三个账户的年初余额，减去这三个账户的期末余额填列。

（3）“处置固定资产、无形资产和其他长期资产收回的现金净额”项目。该项目根据“固定资产清理”账户的借、贷方发生额、“投资性房地产”和“无形资产”、“无形资产减值准备”账户的贷方发生额，并结合“银行存款”等有关账户的发生额分析后的差额填列。

（4）“处置子公司及其他营业单位收到的现金净额”项目。该项目根据“长期股权投资”账户的贷方发生额中处置子公司及其他营业单位收到的现金及现金等价物的数额填列。

（5）“购建固定资产、无形资产和其他长期资产支付的现金”项目。该项目根据“固定资产”、“在建工程”、“工程物资”、“无形资产”、“研发支出——开发支出”账户的借方发生额，加上“固定资产减值准备”、无形资产减值准备账户的贷方发生额，减去本期在建工程动用工程物资的金额、本期融资租入固定资产的价值和为购建固定资产而发生的借款利息资本化的金额，再减去因赊购、接受投资、接受捐赠或收回投资等各种原因未支付现金而取得固定资产、在建工程、工程物资和无形资产的数额后的差额填列。

（6）“投资支付的现金”项目。该项目根据“交易性金融资产”、“可供出售金融资产”、“持有至到期投资”和“长期股权投资”账户的借方发生额合计数，减去这些账户中未支付现金而增加的投资的数额，减去“交易性金融资产——现金等价物”和“持有至到期投资——应计利息”账户的借方发生额，再减去“长期股权投资”账户中购买子公司及其他营业单位支付的现金数额后的差额填列。

（7）“取得子公司及其他营业单位支付的现金净额”项目。该项目根据“长期股权投资”账户的借方发生额中因购买子公司及其他营业单位支付的现金及现金等价物的数额填列。

（三）筹资活动产生的现金流量各项目的填列方法

（1）“吸收投资收到的现金”项目。该项目有限责任公司根据“实收资本”账户贷方发生额中收到现金的金额；股份有限公司根据“股本”账户贷方发生额中收到现金的金额，然后这两种企业都要加上“资本公积”账户贷方发生额中收到的现金的金额，再加上“应付债券——本金”账户贷方发生额，减去未收到现金而增加的应付债券本金的数额后的差额填列。

(2)“借款收到的现金”项目。该项目根据“短期借款”、“长期借款——本金”账户贷方发生额的合计数填列。

(3)“偿还债务支付的现金”项目。该项目根据“短期借款”、“长期借款——本金”、“应付债券——本金”账户的借方发生额合计数填列。

(4)“分配股利、利润或偿付利息支付的现金”项目。该项目根据“应付利息”、“应付股利”账户借方发生额，加上“财务费用”、“在建工程”账户中所列支的银行借款利息和债券利息，加上“预提费用——利息”、“长期借款——利息”、“应付债券——应计利息”账户的借方发生额，减去上述三个账户的贷方发生额后的差额填列。

(5)“支付其他与筹资活动有关的现金”项目。该项目根据“长期应付款”账户的借方发生额加上“财务费用”账户中发行债券费用，再加上“实收资本”或“股本”、“资本公积”、“盈余公积”等账户借方发生额中以现金支付金额后的数额填列。

(四)汇率变动对现金及现金等价物的影响项目的填列方法

“汇率变动对现金及现金等价物的影响”项目根据“财务费用——汇兑损失”账户净发生额填列。发生汇兑损失用负数表示；发生汇兑收益则用正数表示。

(五)现金及现金等价物净增加额项目的填列方法

“现金及现金等价物净增加额”项目根据资产负债表中“货币资金”项目的期末余额减去该项目的年初余额，再加上“交易性金融资产——现金等价物”账户的期末余额减去该账户的年初余额填列。其计算的结果应与前面四大部分之和相等。

(六)期末现金及现金等价物余额项目的填列方法

(1)“期初现金及现金等价物余额”项目。该项目根据资产负债表中“货币资金”项目的期初余额，加上“交易性金融资产——现金等价物”账户的期初余额填列。

(2)“期末现金及现金等价物余额”项目。该项目根据本表“现金及现金等价物净增加额”项目与“期初现金及现金等价物余额”项目的金额之和填列。

(七)补充资料

1. 将净利润调节为经营活动的现金流量各项目的填列方法

(1)“净利润”项目。该项目根据利润表中“净利润”项目的数额填列。

(2)“资产减值准备”项目。该项目根据利润表中“资产减值损失”项目的金额填列。

(3)“固定资产折旧”项目。该项目根据“累计折旧”账户的贷方发生额分析填列。

(4)“无形资产摊销”项目。该项目根据“累计摊销”账户的贷方发生额分析填列。

(5)“长期待摊费用摊销”项目。该项目根据“长期待摊费用”账户的贷方发生额分析填列。

(6)“处置固定资产、无形资产和其他长期资产的损失(减收益)”项目。该项目根据“营业外支出——处置非流动资产损失”明细账户的净发生额,减去“营业外收入——处置非流动资产利得”明细账户的净发生额,再减去“其他业务收入”账户出租无形资产的收入金额,加上“其他业务成本”账户出租无形资产的支出(不含其中的职工薪酬)后的金额填列。

(7)“固定资产报废损失”项目。该项目根据“营业外支出”账户所属的“盘亏损失——固定资产盘亏”明细账户的净发生额,减去“营业外收入”账户所属的“盘盈利得——固定资产盘盈”明细账户的净发生额后的差额填列。

(8)“公允价值变动损失”项目。该项目根据利润表中“公允价值变动收益”项目的金额填列,收益用负数反映。

(9)“财务费用”项目。该项目根据“财务费用”账户发生的利息、筹资费用、汇兑损失的合计数填列。

(10)“投资损失(减:收益)”项目。该项目根据利润表“投资收益”项目的金额填列,收益用负数反映。

(11)“递延所得税资产减少”项目。该项目根据资产负债表中“递延所得税资产”项目的年初余额减去期末余额后的差额填列。

(12)“递延所得税负债增加”项目。该项目根据资产负债表中“递延资产所得税负债”项目的期末余额减去年初余额后的差额填列。

(13)“存货的减少(减:增加)”项目。该项目根据资产负债表中的“存货”项目的年初余额减去期末余额后的数额填列。

(14)“经营性应收项目的减少(减:增加)”项目。该项目根据资产负债表中的“应收票据”、“应收账款”、“预付款项”、“其他应收款”、项目的年初余额之和,减去上列各项目的期末余额,减去列入本表的“资产减值准备”项目中的计提的坏账准备金额后的数额填列。

(15)“经营性应付项目的增加(减:减少)”项目。该项目根据资产负债表中的“应付票据”、“应付账款”、“预收账款”、“应付职工薪酬”、“应交税费”、“其他应付款”项目的期末余额之和,减去上述各项目的年初余额之和,再减去列入本表的“资产减值准备”项目中计提的存货跌价准备金额后的数额填列。

(16)“其他”项目。该项目根据“待摊费用”账户的年初余额减去期末余额,再加上“预提费用”账户的期末余额减去年初余额后的数额填列。

(17)“经营活动产生的现金流量净额”项目。该项目根据前列 16 个项目之和填列。

2. 不涉及现金收支的重大投资和筹资活动各项目的填列方法

(1)“债务转为资本”项目。该项目反映企业本期转为资本的债务金额。根据“应付票据”、“应付账款”、“短期借款”、“长期借款”、“长期应付款”等负债账户的借方发生额中转为资本的数额填列。

(2)“一年内到期的可转换公司债券”项目。该项目反映企业一年内到期的可转换公司债券的本息。根据“应付债券——可转换公司债券”明细账户的贷方发生额分析填列。

(3)“融资租入固定资产”项目。该项目反映企业本期融资租入固定资产计入“长期应付款”账户的金额。根据“长期应付款——融资租入固定资产价款”账户的贷方发生额填列。

3. 现金及现金等价物净变动情况的各项目的填列方法

(1)“现金的期末余额”、“现金的期初余额”项目。这些项目分别根据资产负债表“货币资金”项目的期末余额和年初余额填列。

(2)“现金等价物的期末余额”、“现金等价物的期初余额”项目。这些项目分别根据“交易性金融资产——现金等价物”账户的期末余额和期初余额填列。

现根据表 18－1 资产负债表、表 18－2 利润表、表 18－3 利润分配表及下列有关资料编制的现金流量表,如表 18－4 所示。

(1)有关明细账户的期末余额与年初余额如下:

账户名称	期末余额	年初余额
交易性金融资产——现金等价物	33 000	30 000
应交税费——未交增值税	20 060	18 500
应交税费——应交所得税	12 120	11 340
持有至到期投资——应计利息	4 500	3 000

(2)有关账户的借贷方发生额如下:

账户名称	借方	贷方
交易性金融资产	140 000	135 000
其中:现金等价物	48 000	45 000
应收利息	17 500	15 100
其他应收款——包装物押金	12 900	14 100
坏账准备——应收账款		3 990
存货跌价准备		4 950
待摊费用	21 100	18 000
持有至到期投资	91 000	36 000
其中:应计利息	4 500	3 000

账户名称	借方	贷方
固定资产	145 000	81 200
累计折旧	61 300	98 500
在建工程	85 000	
工程物资	17 800	7 800
固定资产减值准备		3 860
累计摊销		12 000
长期待摊费用		9 000
短期借款	375 000	390 000
其他应付款——包装物押金	11 820	12 600
应付职工薪酬	384 700	387 000
应付股利	333 000	361 500
应交税费——应交增值税——销项税额		1 632 000
应交税费——应交增值税——进项税额转出		3 400
应交税费——应交增值税——进项税额	1 354 900	
应交税费——未交增值税——转入未交增值税	278 940	280 500
应交税费——应交所得税	169 620	170 400
应付债券	20 000	50 000
其中:应计利息	4 000	5 000

(3)销售费用有关明细账户净发生额如下：

包装费(包装物摊销)	6 800
低值易耗品摊销	4 500
职工薪酬	280 000
保险费(待摊费用摊销)	14 400
固定资产折旧	49 100
修理费(长期待摊费用转入)	9 000

(4)管理费用有关明细账户净发生额如下：

职工薪酬	80 000
保险费(待摊费用转入)	3 600
低值易耗品摊销	7 100
固定资产折旧	21 600

无形资产摊销　12 000
其他费用——物料消耗　5 760

(5)财务费用有关明细账户净发生额如下：

利息支出　39 150
筹资费用　120
汇兑损失　3 520
手续费　7 970

(6)其他业务成本有关明细账户净发生额如下：

职工薪酬　27 000
包装物摊销　19 600
固定资产折旧　27 800

(7)营业外收入有关明细账户净发生额如下：

非流动资产处置利得(固定资产)　2 550
没收包装物押金收入　6 080
罚款收入现金　11 650

(8)营业外支出有关明细账户净发生额如下：

非流动资产处置损失(固定资产)　5 600
捐赠支出现金　12 000
罚款支出现金　4 870

(9)其他有关资料如下：

①存货被盗窃 20 000 元，连同其进项税额 3 400 元全部由保险公司赔偿，已收到现金。

②“其他应付款”账户中反映的内容全部为包装物押金的收付。

③出售固定资产与报废清理固定资产残料收入现金 17 750 元，出售与报废固定资产以现金支付清理费用 900 元。

④增加的固定资产和工程物资的金额全部以现金支付。

⑤增加的在建工程，除了 7 800 元系领用工程物资和 5 000 元为在建工程发生的债券利息资本化外，其余金额全部以现金支付。

表 18—4

现金流量表

会企 03 表

编制单位：浦江食品公司　　2016 年度　　单位：元

项　目	行次	金额
一、经营活动产生的现金流量		
销售商品、提供劳务收到的现金	1	11 340 110
收到的税费返还	3	
收到其他与经营活动有关的现金	8	41 910
经营活动现金流入小计	9	11 382 020
购买商品、接受劳务支付的现金	10	9 345 310
支付给职工以及为职工支付的现金	12	384 700
支付的各项税费	13	489 300
支付其他与经营活动有关的现金	18	551 560
经营活动现金流出小计	20	10 770 870
经营活动产生的现金流量净额	21	611 150
二、投资活动产生的现金流量		
收回投资收到的现金	22	123 000
取得投资收益收到的现金	23	22 150
处置固定资产、无形资产和其他长期资产收回的现金净额	25	16 850
处置子公司及其他营业单位收到的现金净额	26	
收到其他与投资活动有关的现金	28	
投资活动现金流入小计	29	162 000
购建固定资产、无形资产和其他长期资产支付的现金	30	238 860
投资支付的现金	31	178 500
取得子公司及其他营业单位支付的现金净额	32	
支付其他与投资活动有关的现金	35	
投资活动现金流出小计	36	417 360
投资活动产生的现金流量净额	37	—255 360
三、筹资活动产生的现金流量		
吸收投资收到的现金	38	45 000
取得借款收到的现金	40	390 000
收到其他与筹资活动有关的现金	43	
筹资活动现金流入小计	44	435 000
偿还债务支付的现金	45	391 000
分配股利、利润或偿付利息支付的现金	46	376 150
支付其他与筹资活动有关的现金	52	120
筹资活动现金流出小计	53	767 270
筹资活动产生的现金流量净额	54	—332 270
四、汇率变动对现金及现金等价物的影响	55	—3 520

续表

补充资料	行次	金额
五、现金及现金等价物净增加额	56	20 000
加:期初现金及现金等价物余额	57	235 000
六、期末现金及现金等价物余额	58	255 000
1. 将净利润调节为经营活动现金流量:		
净利润	59	482 000
加:资产减值准备	60	12 800
固定资产折旧	61	98 500
无形资产摊销	62	12 000
长期待摊费用摊销	63	9 000
处置固定资产、无形资产和其他长期资产的损失(收益以"－"填列)	64	3 050
固定资产报废损失(收益以"－"填列)	65	
公允价值变动损失(收益以"－"填列)	66	－850
财务费用(收益以"－"填列)	67	42 790
投资损失(收益以"－"填列)	68	－25 200
递延所得税资产减少(增加以"－"填列)	69	－1 200
递延所得税负债增加(减少以"－"填列)	70	8 800
存货的减少(增加以"－"填列)	71	－53 800
经营性应收项目的减少(增加以"－"填列)	72	11 910
经营性应付项目的增加(减少以"－"填列)	73	14 450
其他	74	－3 100
经营活动产生的现金流量净额	75	611 150
2. 不涉及现金收支的投资和筹资活动:		
债务转为资本	76	
一年内到期的可转换公司债券	77	
融资租入固定资产	78	
3. 现金及现金等价物净增加情况:		
现金的期末余额	79	222 000
减:现金的期初余额	80	205 000
加:现金等价物的期末余额	81	33 000
减:现金等价物的期初余额	82	30 000
现金及现金等价物净增加额	83	20 000

编制现金流量表有关行次数据具体计算如下：

行次 1＝9 750 000＋1 632 000＋107 500＋419 000＋48 600－128 000－439 000－46 000－3 990＝11 340 110(元)

行次 8＝6 080＋11 650＋12 600－11 820＋23 400＝41 910(元)

行次 10＝8 008 000＋1 354 900＋6 800＋4 500＋7 100＋5 760＋20 000＋1 131 000－1 077 200＋62 000＋149 700＋66 000－69 800－152 400－121 200＋4 950－27 000－27 800＝9 345 310(元)

行次 13＝41 620＋38 760＋20 060＋12 120－41 980－18 500－11 340＋278 940＋169 620＝489 300(元)

行次 18＝564 200＋436 480＋50 760＋22 470－6 800－4 500－280 000－14 400－49 100－9 000－80 000－3 600－7 100－21 600－12 000－5 760－39 150－120－3 520－5 600＋21 100＋12 900－14 100＝551 560(元)

行次 22＝135 000－45 000＋36 000－3 000＝123 000(元)

行次 23＝850＋25 200＋14 200＋3 000－16 600－4 500＝22 150(元)

行次 30＝145 000＋85 000＋17 800＋3 860－5 000－7 800＝238 860(元)

行次 31＝140 000－48 000＋91 000－4 500＝178 500(元)

行次 45＝375 000＋20 000－4 000＝391 000(元)

行次 46＝333 000＋39 150＋5 000＋4 000－5 000＝376 150(元)

行次 72＝107 500＋419 000＋121 200＋12 800－128 000－439 000－66 000－11 600－3 990＝11 910(元)

行次 73＝69 800＋152 400＋48 600＋321 000＋41 980＋12 020－62 000－149 700－46 000－29 800－38 760－11 240－4 950＝14 450(元)

第五节　所有者权益变动表

一、所有者权益变动表的意义和作用

所有者权益变动表是指反映企业在一定会计期间构成所有者权益的各组成部分增减变动情况的报表。它反映了企业所有者权益的结构及其增减变动情况。

通过对所有者权益变动表的分析，可以了解企业实收资本[①]、资本公积、库存股、盈余公积和未分配利润的增减变动的详细情况，掌握企业增资扩股的能力及其资金的来源。

---

① 股份有限公司为股本。

二、所有者权益变动的内容和结构

所有者权益变动表的结构由表头和正表两个部分组成。

所有者权益变动表的正表分为四个部分，第一部分是上年年末余额。第二部分是本年年初余额，它是上年年末余额加上会计政策变更和前期差错更正后的数额。第三部分是本年增减变动金额，它由净利润、直接计入所有者权益的利得和损失、所有者投入和减少资本、利润分配和所有者权益内部结转五个小部分组成。第四部分是本年年末余额，它是本年年初余额，加上或减去本年变动金额后的数额。

所有者权益变动表金额栏分为本年金额和上年金额两个部分，本年金额栏和上年金额栏均采用多栏式，分别为实收资本①、资本公积、库存股、盈余公积、未分配利润和所有者权益合计六栏。

所有者权益变动表的格式及其具体内容如表18－5所示。

三、所有者权益变动表的编制方法

（一）“本年金额”栏的填列方法

（1）“上年年末余额”项目。该项目分别根据“实收资本”②、“资本公积”、“库存股”、“盈余公积”、“利润分配——未分配利润”账户上年的年末余额填列。

（2）“会计政策变更”、“前期差错更正”项目。这些项目分别根据“盈余公积”、“利润分配——未分配利润”账户分析填列。

（3）“本年年初余额”项目。该项目根据本表“上年年末余额”项目的金额，加上“会计政策变更”、“前期差错更正”两个项目金额后的数额填列。

（4）“净利润”项目。该项目根据“本年利润”账户的净发生额填列，其应与利润分配表中的“净利润”项目的数额相符。

（5）“直接计入所有者权益的利得和损失”中的四个明细项目。这四个明细项目分别为“可供出售金融资产公允价值变动净额”、“权益法下被投资单位其他所有者权益变动的影响”、“与计入所有者权益项目相关的所得税影响”和“其他”，分别根据“资本公积”账户及其他相关账户的发生额分析填列。

（6）“所有者投入和减少资本”中的三个明细项目。这三个明细项目分别为“所有者投入资本”、“股份支付计入所有者权益的金额”和“其他”，分别根据“实收资本”、“资本公积”账户的发生额分析填列。

（7）“利润分配”中的三个明细项目。这三个明细项目分别为“提取盈余公积”、“对所

①② 股份有限公司为股本。

表 18—5

所有者权益变动表

会企 04 表

编制单位：浦江食品公司　　2016 年度　　单位：元

项　目	行次	本年金额						上年金额					
		实收资本（或股本）	资本公积	减：库存股	盈余公积	未分配利润	所有者权益合计	实收资本（或股本）	资本公积	减：库存股	盈余公积	未分配利润	所有者权益合计
一、上年年末余额	1	2 120 000	237 200		241 560	75 840	2 674 600	1 900 000	237 200		170 520	35 880	2 343 600
加：会计政策变更	2												
前期差错更正	3												
二、本年年初余额	4	2 120 000	237 200		241 560	75 840	2 674 600	1 900 000	237 200		170 520	35 880	2 343 600
三、本年增减变动金额（减少以“—”号填列）													
（一）净利润	5						482 000						444 000
（二）直接计入所有者权益的利得和损失													
1. 可供出售金融资产公允价值变动净额	6												
2. 权益法下被投资单位其他所有者权益变动的影响	7												
3. 与计入所有者权益项目相关的所得税影响	8												
4. 其他	9												
上述（一）和（二）小计	10						482 000						444 000
（三）所有者投入和减少资本													
1. 所有者投入资本	11							220 000					220 000
2. 股份支付计入所有者权益的金额	12												
3. 其他	13												
（四）利润分配													
1. 提取盈余公积	14				77 120						71 040		
2. 对所有者（或股东）的分配	15						361 500						333 000
3. 其他	16					43 380						39 960	
（五）所有者权益内部结转													
1. 资本公积转增资本（或股本）	17	200 000	200 000										
2. 盈余公积转增资本（或股本）	18												
3. 盈余公积弥补亏损	19												
4. 其他	20												
四、本年年末余额	21	2 320 000	37 200		318 680	119 220	2 795 100	2 120 000	237 200		241 560	75 840	2 674 600

有者(或股东)的分配”和“其他”,分别根据“利润分配”相关明细账户的净发生额填列。

(8)“所有者权益内部结转”中的四个明细项目。这四个明细项目分别为“资本公积转增资本(或股本)”、“盈余公积转增资本(或股本)”、“盈余公积弥补亏损”和“其他”,分别根据“实收资本”、“资本公积”、“盈余公积”和“利润分配——盈余公积补亏”账户的净发生额填列。

(9)“本年年末余额”项目。该项目根据本表的“本年年初余额”项目的金额,加上“净利润”项目的金额,加上或减去“直接计入所有者权益的利得和损失”中各明细项目的金额,再加上或减去“利润分配”中各明细项目和“所有者权益内部结转”中各明细项目的金额后的数额填列。

(二)“上年金额”栏的填列方法

“上年金额”栏各个项目的数额可以根据该表上一年度的“本年金额”栏的数额填列。

现根据图表18—1资产负债表、图表18—3利润分配表及下列有关资料编制所有者权益变动表,如图表18—5所示。

该企业本年和上年均未发生会计政策变更和前期差错更正业务,本年将200 000元资本公积转增资本、上年投资者追加投资220 000元,上年金额中的上年年初余额实收资本为1 900 000元,资本公积为237 200元,盈余公积为170 520元,未分配利润为35 880元。

第六节 附 注

一、附注概述

附注是指对资产负债表、利润表、现金流量表和所有者权益变动表等报表中列示项目的文字描述或明细资料,以及对未能在这些报表中列示项目的说明等。

附注应当披露财务报表的编制基础,相关信息应当与资产负债表、利润表、现金流量表和所有者权益变动表等报表中列示的项目相互参照。企业还应当在附注中披露企业注册地、组织形式和总部地址;企业的业务性质和主要经营活动;母公司以及集团最终母公司的名称;财务报表的批准报出者和财务报表批准报出日等。

二、附注的主要内容

附注是财务报告的重要组成部分。企业应当按照规定披露附注信息。附注主要包括下列内容。

(一)企业的基本情况

它主要包括:①企业注册地、组织形式和总部地址。②企业的业务性质和主要经营活动。③母公司以及集团最终母公司名称。④财务报告的批准报出者和财务报告批准报出日。

（二）财务报表的编制基础

财务报表的编制基础包括会计年度、记账本位币、会计计量所运用的计量基础等。

（三）遵循企业会计准则的声明

企业应当声明，编制的财务报表符合《企业会计准则》的要求，真实、完整地反映了企业的财务状况、经营成果和现金流量等有关的信息。

（四）重要会计政策和会计估计

企业应当披露采用的重要会计政策和会计估计，届时应当披露重要会计政策的确定依据和财务报表项目的计量基础，以及会计估计中所采用的关键假设和不确定因素。

（五）会计政策和会计估计变更以及差错更正的说明

企业应当按照《企业会计准则》及其《企业会计准则——应用指南》的规定，披露会计政策和会计估计变更以及差错更正的有关情况。

（六）报表重要项目的说明

企业对报表重要项目的说明，应当按照资产负债表、利润表、现金流量表和所有者权益变动表及其项目列示的顺序，采用文字和数字描述相结合的方式进行披露。报表重要项目的明细金额合计，应当与报表项目金额相衔接。

第七节 财务报表的分析

商品流通企业定期编制的各种财务报表，主要是向企业管理当局、投资者、债权人等进行决策提供会计信息。然而财务报表只能粗略地反映企业的财务状况和经营成果，为了充分地发挥财务报表的作用，还必须将财务报表上相关的财务指标有机地联系起来，通过计算、比较和综合分析，藉以全面正确地评价企业财务状况的优劣、经营管理水平的高低，以及企业发展前景的好坏，以便作出正确的决策。

财务报表按照其分析的目的不同，可以分为偿债能力分析、营运能力分析和盈利能力分析三类。

一、偿债能力分析

偿债能力分析分为短期偿债能力分析和长期偿债能力分析两种。

（一）短期偿债能力分析

短期偿债能力分析是指企业偿还流动负债的能力。反映企业短期偿债能力的指标主要有流动比率和速动比率两种。

1. 流动比率

流动比率是指企业流动资产与流动负债的比率。它用于衡量企业流动资产在短期债务到期前可以变为现金用于偿还流动负债的能力。

用流动比率来衡量资产流动性的大小，要求企业的流动资产在清偿流动负债以后，还有余力去应付日常经营活动中其他资金的需要。从债权人的角度来看，流动比率越高，债权越有保障；但从企业角度来看，过高的流动比率表明资金在生产经营过程中运转不畅，会影响企业的盈利能力。通常认为流动比率在200%左右较好，流动比率的计算公式如下：

$$\text{流动比率}=\frac{\text{流动资产}}{\text{流动负债}}\times 100\%$$

【例 18—1】 根据表 18—1 资产负债表的有关资料计算浦江食品公司 2016 年的流动比率如下：

$$\text{流动比率}=\frac{2\ 231\ 300}{1\ 138\ 400}\times 100\%=196.00\%$$

这一比率已接近 200%，表明该公司短期偿债能力较强，流动资金运用得当。

2. 速动比率

速动比率是指企业速动资产与流动负债的比率。它用于衡量企业流动资产中可以立即用于偿还负债的能力。速动资产是指流动资产中变现能力较强的那部分资产。它是流动资产减去存货和预付款项后的差额。

在流动资产中，交易性金融资产可以立刻在证券市场出售而转化为现金，应收票据和应收账款通常也能在较短时期内变为现金。而存货的流动性较差，变现时间长，不包括在速动资产内；预付款项不能变现或不能直接用于偿还债务。因此流动资产剔除这些因素后就形成了速动资产。速动比率是流动比率的补充，通常认为速动比率在 100%左右较好，但这个比率因不同行业的经营性质不同而有所区别，需参照同行业的资料和本企业的历史情况进行判断。速动比率的计算公式如下：

$$\text{速动比率}=\frac{\text{速动资产}}{\text{流动负债}}\times 100\%$$

$$\begin{matrix}\text{速动}\\\text{资产}\end{matrix}=\begin{matrix}\text{流动}\\\text{资产}\end{matrix}-\text{存货}-\begin{matrix}\text{预付}\\\text{款项}\end{matrix}-\begin{matrix}\text{一年内到期的}\\\text{非流动资产}\end{matrix}-\begin{matrix}\text{其他流}\\\text{动资产}\end{matrix}$$

【例 18—2】 根据表 18—1 资产负债表的有关资料计算浦江食品公司 2016 年的速动比率如下：

速动资产＝2 231 300－1 131 000－66 000－60 000－21 100＝953 200(元)

$$\text{速动比率}=\frac{953\ 200}{1\ 138\ 400}\times 100\%=83.73\%$$

这一比率表明该公司立即偿还流动负债的能力为83.73%，这一指标需要同资产营运能力指标结合起来分析。

(二)长期偿债能力分析

长期偿债能力分析是指企业偿还长期负债的能力。反映企业长期偿债能力的指标是资产负债率。资产负债率是指企业负债总额与资产总额的比率。负债总额由流动负债和长期负债两部分构成。资产负债率用来衡量企业利用债权人提供资金进行经营活动的能力，反映了债权人提供贷款的安全程度。

资产负债率从债权人的角度来看越小越好，因为债权人收回债务的安全保障程度较高，该项比率越大，债权人得到的安全保障程度越低。如果资产负债率大于100%，则表明企业已资不抵债，即将破产。从投资者的角度来看，则希望资产负债率能高一些，以充分利用社会资金为企业生产经营服务。资产负债率的计算公式如下：

$$资产负债率=\frac{负债总额}{资产总额}\times 100\%$$

【例18—3】 根据表18—1资产负债表的有关资料计算浦江食品公司2016年的资产负债率如下：

$$资产负债率=\frac{1\ 270\ 400}{4\ 065\ 500}\times 100\%=31.25\%$$

这一比率表明该公司经营资金主要是投资者所有，财务状况良好，企业有足够的资产来偿还其全部债务，使债权人放心，但仅有31.25%的经营资金是从社会筹集的，表明企业的筹资能力一般。

二、营运能力分析

营运能力分析是指对企业的资产周转速度及其影响程度所进行的分析。反映企业营运能力的指标主要有应收账款周转率、存货周转率和流动资产周转率。

1. 应收账款周转率

应收账款周转率是指一定时期内企业的营业收入与应收账款平均余额的比率。它反映了企业应收账款的流动程度。

应收账款周转率用以估计应收账款变现的速度和管理的效率，周转迅速，既可以节约资金，又表明企业信用状况良好，不易发生坏账损失。因此应收账款周转率越高越好，其计算公式如下：

$$应收账款周转率=\frac{营业收入}{应收账款平均余额}$$

$$应收账款平均余额=\frac{1}{2}\times(应收账款期初余额+应收账款期末余额)$$

【例 18－4】 根据表 18－1 资产负债表和表 18－2 利润表的有关资料，计算 2016 年应收账款周转率如下：

$$应收账款平均余额=\frac{1}{2}\times(419\ 000+439\ 000)=429\ 000(元)$$

$$应收账款周转率=\frac{9\ 750\ 000}{429\ 000}=22.73(次)$$

这一应收账款周转率表明该公司的应收账款变现速度很快。

2. 存货周转率

存货周转率是指企业一定时期内的营业成本与存货平均余额的比率。营业成本由主营业务成本与其他业务成本构成。存货周转率用来衡量企业的营销能力和存货的周转速度，其计算公式如下：

$$存货周转率=\frac{营业成本}{存货平均余额}$$

$$存货平均余额=\frac{1}{2}\times(存货期初余额+存货期末余额)$$

【例 18－5】 根据表 18－1 资产负债表和表 18－2 利润表的有关资料，计算浦江食品公司 2016 年存货周转率如下：

$$存货平均余额=\frac{1}{2}\times(1\ 077\ 200+1\ 131\ 000)=1\ 104\ 100(元)$$

$$存货周转率=\frac{8\ 008\ 000}{1\ 104\ 100}=7.25(次)$$

这一存货周转率表明该公司的营销能力较强，存货周转率速度较快，经营状况较好。

3. 流动资产周转率

流动资产周转率是指企业一定时期内的营业收入与流动资产平均余额的比率。流动资产周转率用来衡量企业流动资产的使用效率，其计算公式如下：

$$流动资产周转率=\frac{营业收入}{流动资产平均余额}$$

$$流动资产平均余额=\frac{1}{2}\times(流动资产期初余额+流动资产期末余额)$$

【例 18－6】 根据表 18－1 资产负债表、表 18－2 利润表的有关资料，计算浦江食品公司 2016 年的流动资产周转率如下：

$$流动资产平均余额=\frac{1}{2}\times(2\ 150\ 900+2\ 231\ 300)=2\ 191\ 100(元)$$

$$流动资产周转率=\frac{9\ 750\ 000}{2\ 191\ 100}=4.45(次)$$

这一流动资产周转率表明该公司流动资产的使用效率一般，流动资产营运能力也一般。

三、盈利能力分析

反映企业盈利能力的分析指标主要有营业利润率、营业净利率、净资产收益率和总资产报酬率。

1. 营业利润率和营业净利率

营业利润率是指企业一定时期内的营业利润与营业收入的比率。该指标用来衡量企业营业收入获取营业利润的能力。其计算公式如下：

$$营业利润率=\frac{营业利润}{营业收入}\times 100\%$$

营业净利率是指企业一定时期内的净利润与营业收入的比率。营业净利率用来衡量企业营业收入获取净利润的能力。其计算公式如下：

$$营业净利率=\frac{净利润}{营业收入}\times 100\%$$

【例 18—7】 根据表 18—2 利润表的有关资料，计算浦江食品公司 2016 年营业利润率和营业净利率如下：

$$营业利润率=\frac{662\ 190}{9\ 750\ 000}\times 100\%=6.79\%$$

$$营业收入净利率=\frac{482\ 000}{9\ 750\ 000}\times 100\%=4.94\%$$

这一指标反映了该公司每 100 元的营业收入能获得营业利润和营业净利润分别为 6.79 元和 4.94 元，营业利润率和营业净利率越高表明企业盈利能力愈强。

2. 净资产收益率

净资产收益率是指企业一定时期内的净利润与净资产平均余额的比率。净资产是总资产减去负债后的差额，属于投资者所有，其实质也就是所有者权益。

净资产收益率是用于衡量投资者投资的收益水平的指标。净资产收益率越高，表明投资者投资的收益水平越强。净资产收益率又是衡量企业负债资金成本高低的指标。从投资者的角度看，企业通过举债所筹集的资金与投资者在投资经营活动中发挥着同样的作用。如果净资产收益率高于同期的借款利率，表示企业负债资金成本低，企业举债经营增加了投资者的利益；反之，如果净资产收益率低于同期的借款利率，表示企业负债资金成本高，企业举债经营减少了投资者的利益，净资产收益的计算公式如下：

$$净资产收益率=\frac{净利润}{所有者权益平均余额(净资产平均余额)}\times 100\%$$

$$\begin{matrix}所有者权益平均余额\\(净资产平均余额)\end{matrix}=\frac{1}{2}\times\left(\begin{matrix}所有者权益\\期初余额\end{matrix}+\begin{matrix}所有者权益\\期末余额\end{matrix}\right)$$

【例 18—8】 根据表 18—1 资产负债表和表 18—2 利润表的有关资料，计算浦江食品公司 2016 年净资产收益率如下：

$$所有者权益平均余额=\frac{1}{2}\times(2\ 674\ 600+2\ 795\ 100)=2\ 734\ 850(元)$$

$$净资产收益率=\frac{482\ 000}{2\ 734\ 850}\times 100\%=17.62\%$$

这一指标反映了该公司每 100 元净资产能获得净利润 17.62 元，净资产收益率越高表明企业净资产的盈利能力愈强。该指标是投资者考虑对企业是否进行再投资的重要资料。

3. 总资产报酬率

总资产报酬率是指企业一定时期内获得的报酬总额与总资产的比率。它是反映企业资产综合利用效果的指标，也是衡量企业利用债权人和所有者权益总额所取得盈利的重要指标。总资产报酬率越高，表明企业对总资产的利用效益越好，整个企业的盈余能力越强，经营管理水平也越高。总资产报酬率的计算公式如下：

$$总资产报酬率=\frac{利润总额+利息支出}{总资产平均余额}\times 100\%$$

$$总资产平均余额=\frac{1}{2}\times(总资产期初余额+总资产期末余额)$$

【例 18—9】 浦江食品公司 2016 年利息支出为 39 150 元，根据表 18—1 资产负债表和表 18—2 利润表的有关资料，计算浦江食品公司 2016 年总资产报酬率如下：

$$总资产平均余额=\frac{1}{2}\times(3\ 843\ 300+4\ 065\ 500)=3\ 954\ 400(元)$$

$$总资产报酬率=\frac{660\ 000+39\ 150}{3\ 954\ 400}\times 100\%=17.68\%$$

这一指标反映了该公司每 100 元总资产能获得报酬 17.68 元，总资产报酬率越高，表明企业总资产的盈利能力越强。

第八节　前期差错及其更正

一、前期差错概述

(一)前期差错的含义及包括的内容

前期差错是指由于没有运用或错误运用信息，而对前期财务报表造成省略或错报。上述的信息有两种：一是编报前期财务报表时预期能够取得并加以考虑的可靠信息；二是前期财务报告批准报出时能够取得的可靠信息。

前期差错通常包括计算错误、应用会计政策错误、疏忽或曲解事实、舞弊产生的影响，以及存货、固定资产盘盈等。

（二）前期差错的类型

前期差错按其对财务报表使用者的影响程度不同，可分为不重要的前期差错和重要的前期差错两类。

不重要的前期差错是指不足以影响财务报表使用者对企业财务状况、经营成果和现金流量作出正确判断的会计差错。重要的前期差错是指足以影响财务报表使用者对企业财务状况、经营成果和现金流量作出正确判断的前期差错。前期差错影响的财务报表的金额越大、性质越严重，其重要性就越大。

二、前期差错的更正方法

企业对于不同类型的前期差错，采用不同的更正方法，现分别予以阐述。

（一）不重要的前期差错的更正方法

企业对于不重要的前期差错，不需要调整财务报表相关项目的期初数，但应调整发生当期的相关项目，属于影响损益的，应直接计入当期相关的损益项目。

【例 18－10】 2016 年 1 月 31 日，卢湾电器公司经检查发现 2015 年少提销售部门用设备折旧费 1 500 元，予以更正。作分录如下：

借：销售费用——折旧额	1 500	
贷：累计折旧		1 500

企业发生固定资产盘盈往往是以前年度账务处理差错所造成的，因此也应作为前期差错更正处理。

【例 18－11】 2016 年 12 月 27 日，虹桥商厦盘盈电脑一台，经检查发现，该电脑系 2015 年 12 月 18 日购进，价值 4 000 元，已计入当月的管理费用。该电脑预计可使用 5 年，预计净残值率为 4%，该商厦固定资产折旧采用年限平均法，予以更正。作分录如下：

借：固定资产	4 000	
贷：累计折旧		768
管理费用		3 232

（二）重要的前期差错的更正方法

企业对于重要的前期差错，应当采用追溯重述法进行更正，但确定前期差错累积影响数不切实可行的除外。追溯重述法是指在发现前期差错时，视同该项前期差错从未发生过，从而对财务报表相关项目进行更正的方法。

企业应当在其发现重要的前期差错的当期财务报表中，调整前期比较数据。具体地说，通过下述处理对其进行追溯更正：①追溯重述差错发生期间列报的前期比较金额。

②如果前期差错发生在列报的最早前期之前，则追溯重述列报的最早前期的资产、负债和所有者权益相关项目的期初余额。

对于发生的重要的前期差错，如果影响损益，应将其对损益的影响数调整发生差错当期的期初留存收益，财务报表其他相关项目的期初数也应一并调整；如果不影响损益，应调整财务报表相关项目的期初数。

【例 18—12】 长宁电器公司 2016 年发现 2015 年多计商品销售成本100 000元，该公司的所得税税率为 25%。公司分别按净利润的 10%和 6%计提法定盈余公积和任意盈余公积。

(1)分析前期差错的影响数。该公司多计商品销售成本，将会少计利润总额，从而造成少计提应交所得税额和少计净利润，并造成少计提盈余公积。

(2)编制相关项目的调整分录。

①冲转多计商品销售成本：

	借方	贷方
借：库存商品	100 000.00	
贷：以前年度损益调整		100 000.00

②补计提应交所得税额：

	借方	贷方
借：以前年度损益调整	25 000.00	
贷：应交税费——应交所得税		25 000.00

③结转“以前年度损益调整”账户：

	借方	贷方
借：以前年度损益调整	75 000.00	
贷：利润分配——未分配利润		75 000.00

④补提法定盈余公积和任意盈余公积：

	借方	贷方
借：利润分配——未分配利润	12 000.00	
贷：盈余公积——法定盈余公积		7 500.00
——任意盈余公积		4 500.00

(3)财务报表的调整和重述。长宁电器公司在列报 2013 年财务报表时，应调整 2013 年资产负债表有关项目的年初余额，利润表及所有者权益变动表的上年金额也应进行调整。

①资产负债表相关项目金额的调整。调增“库存商品”项目年初余额100 000元，调增“应交税费”项目年初余额 25 000 元；分别调增“盈余公积”项目年初余额和“未分配利润”项目年初余额 12 000 元和 63 000 元。

②利润表项目的调整。调减“营业成本”项目上年金额 100 000 元；分别调增“销售利润”项目和“利润总额”项目上年金额各 100 000 元；分别调增“所得税费用”项目和“净利润”项目上年金额 25 000 元和75 000元。

③所有者权益变动表项目的调整。分别调增“前期差错更正”项目中“盈余公积”栏和“未分配利润”栏上年金额 12 000 元和 63 000 元，以及“所有者权益合计”栏上年金额 75 000元。

“以前年度损益调整”是损益类账户，用以核算企业本年度发生的调整以前年度损益的事项以及本年发现的重要前期差错瑑正涉及调整以前年度损益的事项。企业调整增加的以前年度利润或调整养活的以前年度亏损，由于调整减少或增加以前年度利润或亏损而相应减少所得税费用，以及将以前年度多计的净利润结转“利润分配”账户时，记入贷方；企业调整减少的以前年度利润或调整增加的以前年度的亏损，由于调整增加或减少以前年度利润或亏损而相应增加的所得税费用，以及将以前年度少计的净利润结转“利润分配”账户时，记入借方。

三、前期差错更正的披露

企业应当在附注中披露与前期差错更正有关的信息：①前期差错的性质。②各个列报前财务报表中受影响的项目名称和更正金额。③无法进行追溯重述的，说明该事实和原因以及对前期差错开始进行更正的时点、具体更正情况等。

一、简答题

1. 什么是财务报表？为何要编制财务报表？它有哪些作用？
2. 什么是资产负债表？试述资产负债表的作用及其结构？
3. 什么是利润表？试述利润表的作用及其结构？
4. 试述现金流量表的作用及其结构。
5. 企业应如何进行偿债能力分析、营运能力分析和盈利能力分析？

二、名词解释题

现金等价物　现金流量表　现金流量　直接法　间接法　所有者权益变动表　会计政策　净资产收益率

三、是非题

1. 编制财务报表要求数字真实、计算准确、内容完整和报送及时。（　）
2. 资产负债表中一年内到期的非流动资产项目应根据“持有至到期投资”和“长期应收款”账户的期末余额分析填列。（　）
3. 利润表的正表由营业收入、营业利润、利润总额、净利润和每股收益五个部分组成。（　）
4. 利润分配表中“本年实际金额”栏，应根据“利润分配”账户及其所属明细分类账户的数据分析计算填列。（　）

5. 现金流量表正表部分由经营活动产生的现金流量、投资活动产生的现金流量、筹资活动产生的现金流量和现金及现金等价物净增加额组成。 （ ）

6. 投资活动产生的现金流入量，应由收回投资收到的现金、取得投资收益收到的现金和收到其他与投资活动有关的现金等项目组成。 （ ）

7. 公允价值变动收益应作为投资活动产生的现金流量，列入取得投资收益收到的现金项目。 （ ）

8. 附注是指对资产负债表、利润表、现金流量表和所有者权益变动表等报表中列示的项目的文字描述或明细资料。 （ ）

9. 反映企业盈利能力的指标主要有营业收入净利率、净资产收益率和总资产报酬率。 （ ）

10. 前期差错是指由于错误运用信息，而对前期财务报表造成错报。 （ ）

四、单项选择题

1. 资产负债表中各项的数据应按企业本期总分类账户或明细分类账户中的________直接填列或经过分析计算调整后填列。

A. 期初余额和发生额　　B. 期末余额

C. 期末余额和发生额　　D. 期初余额和期末余额

2. 资产负债表中“应收账款”项目内除了包括“应收账款”账户所属各明细分类账户借方余额合计数外，还应包括________。

A.“应付账款”账户所属各明细分类账户借方余额合计数

B.“预收账款”账户所属各明细分类账户借方余额合计数

C.“预付账款”账户所属各明细分类账户借方余额合计数

D.“其他应收款”账户所属各明细分类账户借方余额合计数

3. 利润表各项项目的数据应按企业本期总分类账户的________直接填列或经过计算后填列。

A. 发生额　　B. 期末余额

C. 发生额和期末余额　　D. 期初余额和期末余额

4. 现金流量表中“借款收到的现金”项目根据________账户贷方发生额的合计数填列。

A. 应付账款、短期借款、长期借款

B. 短期借款、长期借款、应付债券

C. 短期借款、长期借款

D. 短期借款、长期借款——本金

5. 反映企业长期偿债能力的指标有________。

A. 流动比率　　B. 存货周转率　　C. 速动比率　　D. 资产负债率

6. 企业年终结账完毕，次年发现多计商品销售成本 105 000 元，应编制调整分录，借记“________”账户；贷记“________”账户。

A. 库存商品　主营业务成本　　B. 以前年度损益调整　库存商品

C. 库存商品　以前年度损益调整　　D. 以前年度损益调整　主营业务成本

五、多项选择题

1. 财务报表分为________。

A. 年度财务报表　　B. 半年度财务报表　　C. 季度财务报表　　D. 月度财务报表

2. 通过对资产负债表的分析，可以了解企业资产的分布是否得当；资产、负债和所有者权益之间的结构是否合理；企业的财务实力是否雄厚；________等。

A. 短期偿债能力的强弱　　B. 盈利能力的强弱

C. 所有者持有权益的多少　　D. 财务状况的发展趋势

3. 资产负债表中"应付账款"项目内填列的内容应包括________。

A. "应收账款"所属各明细分类账户的贷方发生额合计数

B. "应付账款"所属各明细分类账户的贷方发生额合计数

C. "预收账款"所属各明细分类账户的贷方发生额合计数

D. "预付账款"所属各明细分类账户的贷方发生额合计数

4. 现金流量表中"经营活动产生的现金流入量"应由________等项目组成。

A. 收到的税费返还

B. 销售商品、提供劳务收到的现金

C. 处置固定资产、无形资产和其他长期资产收到的现金

D. 收到其他与经营活动有关的现金

5. 现金流量表中"经营活动产生的现金流出量"应由________和支付其他与经营活动有关的现金等项目组成。

A. 支付给职工以及为职工支付的现金

B. 购建固定资产支付的现金

C. 支付的各项税费

D. 购买商品、接受劳务支付的现金

六、实务题

习题(一)

目的：练习财务报表的编制。

资料：天安食品公司系批零兼营企业，12 月 31 日有关资料如下：

1. 年终结账后有关账户余额：

借方余额账户	年末余额	年初余额	贷方余额账户	年末余额	年初余额
库存现金	1 500	1 350	坏账准备	3 600	3 300
银行存款	188 300	174 450	商品进销差价	98 600	93 670
备用金	1 200	1 200	存货跌价准备	4 360	3 880
其他货币资金	20 000	18 000	固定资产减值准备	3 750	2 920
交易性金融资产	131 000	124 000	累计折旧	161 000	153 000
应收票据	122 000	102 100	累计摊销	22 800	11 400
应收账款	217 650	207 510	短期借款	372 000	360 000
预付账款	76 680	130 800	应付票据	66 300	58 900

应收利息	15 800	13 500	应付账款	133 800	133 200
其他应收款	11 020	13 490	预收账款	33 000	31 900
在途物资	108 000	102 600	受托代销商品款	34 500	32 800
原材料	25 200	23 900	应付职工薪酬	30 500	28 300
库存商品	1 059 800	1 008 690	应交税费	42 800	39 800
发出商品	51 600	49 100	应付股利	327 000	302 250
委托代销商品	43 720	51 540	其他应付款	11 420	10 680
受托代销商品	34 500	32 800	应付债券	135 000	105 000
委托加工物资	12 200	11 600	递延所得税负债	21 640	12 540
包装物	29 840	28 350	实收资本	2 230 000	2 050 000
低值易耗品	36 600	34 770	资本公积	35 340	215 340
待摊费用	20 040	17 100	盈余公积	247 820	178 060
持有至到期投资	190 000	138 000	利润分配	156 710	117 470
长期股权投资	228 000	228 000			
固定资产	1 174 450	1 140 320			
在建工程	130 150	49 400			
工程物资	28 500	19 000			
无形资产	114 000	114 000			
长期待摊费用	92 000	102 000			
递延所得税资产	8 190	6 840			

2. 有关明细分类账户余额及有关资料：

	期末余额	年初余额
(1)“应收账款”账户借方余额	230 850	219 310
“应收账款”账户贷方余额	13 200	11 800
(2)“应付账款”账户借方余额	11 000	9 000
“应付账款”账户贷方余额	144 800	142 200
(3)“持有至到期投资”账户中一年内到期的债券	65 000	50 000
(4)“长期待摊费用”账户中一年内到期的待摊费用	10 000	10 000
(5)“应付债券”账户中一年内到期的债券	28 000	19 000

(6)“应交税费”各明细分类账户均为贷方余额。

3. 本年损益类账户净发生额：

账户名称	12 月数	1～11 月数
主营业务收入	720 000	7 905 000
其他业务收入	12 800	137 200

主营业务成本	591 400	6 516 600
其他业务成本	8 360	90 640
税金及附加	3 220	34 540
销售费用	42 420	465 360
管理费用	34 370	357 170
财务费用	3 810	41 880
资产减值损失	1 980	9 520
公允价值变动损益	110	650
投资收益	8 810	13 890
营业外收入	1 770	16 480
营业外支出	1 930	17 510
所得税费用	25 000	135 000

4. 利润分配明细分类账户净发生额：

账户名称	本年数	上年数
提取法定盈余公积	43 600	40 300
提取任意盈余公积	26 160	24 180
应付股利	327 000	302 250

5. 上年净利润 403 000 元，上年初未分配利润为 81 200 元。

6. 有关明细账户的年末余额和年初余额如下：

账户名称	年末余额	年初余额
交易性金融资产——现金等价物	56 000	45 000
应交税费——未交增值税	23 120	21 250
应交税费——应交所得税	10 900	10 200
持有至到期投资——应计利息	5 000	3 500

7. 有关总分类账户和明细分类账户的借贷方发生额：

账户名称	借方余额	贷方余额
交易性金融资产	135 000	128 000
其中：现金等价物	61 000	50 000
应收利息	16 870	14 570

其他应收款——包装物押金	27 200	29 670
坏账准备——应收账款		3 500
存货跌价准备		4 760
待摊费用	20 040	17 100
持有至到期投资	102 000	50 000
其中:应计利息	5 000	3 500
固定资产	159 600	125 470
累计折旧	75 370	84 200
在建工程	80 750	
工程物资	18 600	9 100
固定资产减值准备		3 240
累计摊销		11 400
长期待摊费用		10 000
短期借款	360 000	372 000
应付职工薪酬	377 400	379 600
应付股利	302 250	327 000
应交税费——应交增值税——销项税额		1 466 250
应交税费——应交增值税——进项税额转出		2 550
应交税费——应交增值税——进项税额	1 219 410	
应交税费——未交增值税——转入未交增值税	247 520	249 390
应交税费——应交所得税	151 550	152 250
其他应付款——包装物押金	26 260	27 000
应付债券	30 000	60 000
其中:应计利息	5 000	6 000

8. 有关明细账户净发生额:

(1)销售费用有关明细账户净发生额:

职工薪酬	276 000
保险费(待摊费用转入)	13 680
包装费(包装物摊销)	6 600
低值易耗品摊销	4 800
折旧费	48 200
修理费(长期待摊费用转入)	10 000

(2)管理费用有关明细账净发生额:

职工薪酬	78 000
保险费(待摊费用转入)	3 420
低值易耗品摊销	7 500
折旧费	18 400
无形资产摊销	11 400
其他费用——物料消耗	6 050

(3)财务费用有关明细账户净发生额:

利息支出	34 290
发行债券费用	100
汇兑损失	3 750
手续费	7 550

(4)其他业务成本有关明细账户净发生额:

职工薪酬	25 600
包装物摊销	18 800
固定资产折旧	17 600

(5)营业外收入有关明细账户净发生额如下:

非流动资产处置利得(固定资产)	3 060
罚款收入现金	8 400
没收包装物押金	6 790

(6)营业外支出有关明细账户净发生额如下:

非流动资产处置损失(固定资产)	4 980
罚款支出现金	5 460
捐赠支出现金	9 000

9. 其他有关资料如下:

(1)存货被盗窃 15 000 元,连同进项税额 2 550 元全部由保险公司赔偿,已收到现金。

(2)"其他应付款"账户中反映的内容全部为包装物押金的收付。

(3)出售与报废固定资产以现金支付清理费用 1 080 元,出售固定资产与固定资产残料收入现金 49 260元。

(4)增加固定资产和工程物资的数额均以现金支付。

(5)增加在建工程的数额中,除 9 100 元系领用工程物资和 6 000 元为在建工程发生的债券利息资本化外,其余的金额均以现金支付。

10. 该公司本年和上年均未发生会计政策变更和前期差错更正业务,本年将 180 000 元资本公积转增资本,上年所有者追加投资 185 000 元,上年金额中的上年年初余额实收资本为 1 865 000 元,资本公积为 215 340 元,盈余公积为 113 580 元,未分配利润为 81 200 元。

要求:

(1)根据"资料 1"、"资料 2"编制资产负债表。

(2)根据“资料3”,编制利润表。

(3)根据“资料4”、“资料5”和利润表,编制利润分配表。

(4)根据“资料6”、“资料7”、“资料8”、“资料9”和资产负债表、利润表等财务报表,编制现金流量表。

(5)根据“资料10”和资产负债表、利润分配表编制所有者权益变动表。

习题(二)

目的:练习财务报表的分析。

资料:习题(一)编制的资产负债表和利润表。

要求:根据上列资料进行偿债能力分析、营运能力分析和盈利能力分析。

习题(三)

目的:练习前期差错的更正。

资料:申江五金公司2016年发生下列有关的经济业务:

(1)1月20日,经检查,发现2015年销售部门少提固定资产折旧1 200元,予以更正。

(2)2月27日,盘盈仪器一台,经检查该仪器系2015年4月18日购进,价值4 200元,已由业务部门领用,并已计入当月的管理费用,该仪器预计可使用5年,预计净残值率为4%,该公司固定资产折旧采用年限平均法,予以更正。

(3)3月25日,经检查,发现2015年多计商品销售成本120 000元,该公司的所得税税率为25%,公司分别按净利润的10%和6%计提法定盈余公积和任意盈余公积,予以更正。

要求:编制更正或调整分录,并对财务报表进行调整和重述。

附录一

现值系数表

计息期数 \ 利率	1%	2%	3%	4%	5%	6%	7%	8%	9%	10%
1	0.990 1	0.980 4	0.970 9	0.961 5	0.952 4	0.943 4	0.934 6	0.925 9	0.917 4	0.909 1
2	0.980 3	0.961 2	0.942 6	0.924 6	0.907 0	0.890 0	0.873 4	0.857 3	0.841 7	0.826 4
3	0.970 6	0.942 3	0.915 1	0.889 0	0.863 8	0.839 6	0.816 3	0.793 8	0.772 2	0.751 3
4	0.961 0	0.923 8	0.888 5	0.854 8	0.822 7	0.792 1	0.762 9	0.735 0	0.708 4	0.683 0
5	0.951 5	0.905 7	0.862 6	0.821 9	0.783 5	0.747 3	0.713 0	0.680 6	0.649 9	0.620 9
6	0.942 0	0.888 0	0.837 5	0.790 3	0.746 2	0.705 0	0.666 3	0.630 2	0.596 3	0.564 5
7	0.932 7	0.870 6	0.813 1	0.759 9	0.710 7	0.665 1	0.622 7	0.583 5	0.547 0	0.513 2
8	0.923 5	0.853 5	0.789 4	0.730 7	0.676 8	0.627 4	0.582 0	0.540 3	0.501 9	0.466 5
9	0.914 3	0.836 8	0.766 4	0.702 6	0.644 6	0.591 9	0.543 9	0.500 2	0.460 4	0.424 1
10	0.905 2	0.820 3	0.744 1	0.675 6	0.613 9	0.558 4	0.508 3	0.463 2	0.422 4	0.385 5
11	0.896 3	0.804 3	0.722 4	0.649 6	0.584 7	0.526 8	0.475 1	0.428 9	0.387 5	0.350 5
12	0.887 4	0.788 5	0.701 4	0.624 6	0.556 8	0.497 0	0.444 0	0.397 1	0.355 5	0.318 6
13	0.878 7	0.773 0	0.681 0	0.600 6	0.530 3	0.468 8	0.415 0	0.367 7	0.326 2	0.289 7
14	0.870 0	0.757 9	0.661 1	0.577 5	0.505 1	0.442 3	0.387 8	0.340 5	0.299 2	0.263 3
15	0.861 3	0.743 0	0.641 9	0.555 3	0.481 0	0.417 3	0.362 4	0.315 2	0.274 5	0.239 4
16	0.852 8	0.728 4	0.623 2	0.533 9	0.458 1	0.393 6	0.338 7	0.291 9	0.251 9	0.217 6
17	0.844 4	0.714 2	0.605 0	0.513 4	0.436 3	0.371 4	0.316 6	0.270 3	0.231 1	0.197 8
18	0.836 0	0.700 2	0.587 4	0.493 6	0.415 5	0.350 3	0.295 9	0.250 2	0.212 0	0.179 9
19	0.827 7	0.686 4	0.570 3	0.474 6	0.395 7	0.330 5	0.276 5	0.231 7	0.194 5	0.163 5
20	0.819 5	0.673 0	0.553 7	0.456 4	0.376 9	0.311 8	0.258 4	0.214 5	0.178 4	0.148 6

附录二

年金现值系数表

计息期数 \ 利率	1%	2%	3%	4%	5%	6%	7%	8%	9%	10%
1	0.990 1	0.980 4	0.970 9	0.961 5	0.952 4	0.943 4	0.934 6	0.925 9	0.9174	0.909 1
2	1.970 4	1.941 6	1.913 5	1.886 1	1.859 4	1.833 4	1.808 0	1.783 3	1.7591	1.735 5
3	2.941 0	2.883 9	2.828 6	2.775 1	2.723 2	2.673 0	2.624 3	2.577 1	2.5313	2.486 9
4	3.9020	3.807 7	3.717 1	3.629 9	3.546 0	3.465 1	3.387 2	3.312 1	3.2397	3.169 9
5	4.853 4	4.713 5	4.579 7	4.451 8	4.329 5	4.212 4	4.100 2	3.992 7	3.8897	3.790 8
6	5.795 5	5.601 4	5.417 2	5.242 1	5.075 7	4.917 3	4.766 5	4.622 9	4.4859	4.355 3
7	6.728 2	6.472 0	6.230 3	6.002 1	5.786 4	5.582 4	5.389 3	5.206 4	5.0330	4.868 4
8	7.651 7	7.325 5	7.019 7	6.732 7	6.463 2	6.209 8	5.971 3	5.746 6	5.5348	5.334 9
9	8.566 0	8.162 2	7.786 1	7.435 3	7.107 8	6.801 7	6.515 2	6.246 9	5.9952	5.759 0
10	9.471 3	8.982 6	8.530 2	8.110 9	7.721 7	7.360 1	7.023 6	6.710 1	6.4177	6.144 6
11	10.367 6	9.786 8	9.252 6	8.760 5	8.306 4	7.886 9	7.498 7	7.139 0	6.8052	6.495 1
12	11.255 1	10.575 3	9.954 0	9.385 1	8.863 3	8.383 8	7.942 7	7.536 1	7.1607	6.813 7
13	12.133 7	11.348 4	10.635 0	9.985 6	9.393 6	8.852 7	8.357 7	7.903 8	7.4869	7.103 4
14	13.003 7	12.106 2	11.296 1	10.563 1	9.898 6	9.295 0	8.745 5	8.244 2	7.7862	7.366 7
15	13.865 1	12.849 3	11.937 9	11.118 4	10.379 7	9.712 2	9.107 9	8.559 6	8.060 7	7.606 1
16	14.717 9	13.577 7	12.561 1	11.652 3	10.837 8	10.105 9	9.446 6	8.851 4	8.312 6	7.823 7
17	15.562 3	14.291 9	13.166 1	12.165 7	11.274 1	10.477 3	9.763 2	9.121 6	8.543 6	8.021 6
18	16.398 3	14.992 0	13.753 5	12.659 3	11.689 6	10.827 6	10.059 1	9.371 9	8.755 6	8.201 4
19	17.226 0	15.678 5	14.323 8	13.133 9	12.085 3	11.158 1	10.335 6	9.603 6	8.950 1	8.364 9
20	18.045 6	16.351 4	14.877 5	13.590 3	12.462 2	11.469 9	10.594 0	9.818 1	9.128 5	8.513 6

附录三

是非题、单项选择题、多项选择题答案

第一章　总论

是非题 1. √　2. ×　3. ×　4. ×　5. ×　6. √

单项选择题 1. D　2. B　3. D

多项选择题 1. AD　2. BCD　3. ABC

第二章　货币资金和国内结算

是非题 1. ×　2. ×　3. √　4. ×　5. ×　6. √　7. ×　8. √　9. √

单项选择题 1. B　2. A　3. D　4. C　5. A

多项选择题 1. ABCD　2. ABC　3. ABD　4. ABDEG　5. CDEFGH

第三章　外币业务和国际贸易结算

是非题 1. √　2. ×　3. √　4. ×　5. ×　6. √　7. ×　8. ×

单项选择题 1. B　2. A　3. B

多项选择题 1. ABD　2. BC　3. AC　4. ABC　5. ACD　6. BCD　7. BD　8. ABCD

第四章　商品流通核算概述

是非题 1. √　2. √　3. ×　4. ×　5. ×

单项选择题 1. A　2. C　3. C

多项选择题 1. ABC　2. BC　3. AD

第五章　国内贸易——批发商品流通

是非题 1. ×　2. √　3. ×　4. √　5. ×　6. √　7. ×

单项选择题 1. B　2. A　3. D　4. A　5. C　6. A

多项选择题 1. AB　2. ABD　3. BCD　4. ACD　5. BD　6. BD

第六章　国内贸易——零售商品流通

是非题 1. ×　2. ×　3. √　4. √　5. √　6. ×　7. √　8. ×

单项选择题 1. D　2. C　3. C

多项选择题 1. AB　2. BCD　3. BC　4. BCD

第七章　国际贸易——出口贸易
是非题 1. √　2. ×　3. √　4. ×　5. ×　6. ×　7. √
单项选择题 1. C　2. A　3. D　4. B
多项选择题 1. ABCD　2. ABD　3. ACD

第八章　国际贸易——进口贸易
是非题 1. ×　2. √　3. √　4. ×　5. ×
单项选择题 1. A　2. B　3. D
多项选择题 1. ABCD　2. BCD

第九章　应收及预付款项
是非题 1. √　2. ×　3. ×　4. ×　5. ×
单项选择题 1. D　2. C　3. B
多项选择题 1. ABD　2. ACD　3. ABD　4. ABC

第十章　存货
是非题 1. ×　2. ×　3. √　4. ×
单项选择题 1. D　2. D　3. B
多项选择题 1. BC　2. ABD

第十一章　固定资产、无形资产和长期待摊费用
是非题 1. ×　2. ×　3. ×　4. √　5. √　6. ×　7. ×　8. √
单项选择题 1. D　2. B　3. D　4. B
多项选择题 1. ABCD　2. BC　3. ACD　4. ACD　5. ACD

第十二章　对外投资
是非题 1. √　2. √　3. ×　4. √　5. ×　6. ×　7. √　8. √　9. ×　10. ×
单项选择题 1. C　2. B　3. D　4. A
多项选择题 1. ACD　2. ABC　3. ACD　4. AB　5. CD　6. BC

第十三章　负债
是非题 1. ×　2. ×　3. √　4. √　5. ×　6. √　7. ×　8. ×　9. √　10. ×
单项选择题 1. A　2. B　3. B

多项选择题 1. ABD　2. ABD　3. BCD　4. ACD　5. AD

第十四章　所有者权益

是非题 1. ×　2. √　3. √　4. ×　5. ×　6. ×

单项选择题 1. C　2. D　3. B　4. C

多项选择题 1. ABD　2. ABC　3. ABC

第十五章　期间费用和政府补助

是非题 1. √　2. ×　3. √　4. √　5. ×

单项选择题 1. B　2. C　3. B

多项选择题 1. CD　2. ACD　3. ACD　4. AD

第十六章　税金

是非题 1. ×　2. √　3. ×　4. √　5. ×

单项选择题 1. A　2. C　3. A

多项选择题 1. ABC　2. ABCD　3. AC　4. ACD

第十七章　利润和利润分配

是非题 1. ×　2. √　3. √　4. ×　5. ×　6. √　7. ×

单项选择题 1. B　2. C

多项选择题 1. ABC　2. AD　3. ABC

第十八章　财务报告

是非题 1. √　2. ×　3. √　4. ×　5. ×　6. ×　7. √　8. ×　9. √　10. ×

单项选择题 1. B　2. B　3. A　4. D　5. D　6. C

多项选择题 1. ABCD　2. ACD　3. BD　4. ABD　5. ACD